utb 6088

Eine Arbeitsgemeinschaft der Verlage

Brill | Schöningh – Fink · Paderborn
Brill | Vandenhoeck & Ruprecht · Göttingen – Böhlau · Wien · Köln
Verlag Barbara Budrich · Opladen · Toronto
facultas · Wien
Haupt Verlag · Bern
Verlag Julius Klinkhardt · Bad Heilbrunn
Mohr Siebeck · Tübingen
Narr Francke Attempto Verlag – expert verlag · Tübingen
Psychiatrie Verlag · Köln
Ernst Reinhardt Verlag · München
transcript Verlag · Bielefeld
Verlag Eugen Ulmer · Stuttgart
UVK Verlag · München
Waxmann · Münster · New York
wbv Publikation · Bielefeld
Wochenschau Verlag · Frankfurt am Main

Friedrich Schweitzer

Lernen im Religionsunterricht

Was der RU leisten kann und wie er seine Ziele erreicht

Vandenhoeck & Ruprecht

Dr. Dr. h. c. Friedrich Schweitzer ist Seniorprofessor für Praktische Theologie/Religionspädagogik an der Universität Tübingen. Er leitet das Evangelische Institut für berufsorientierte Religionspädagogik in Tübingen (EIBOR).

Online-Angebote oder elektronische Ausgaben sind erhältlich unter **www.utb.de**

Mit einer Abbildung und einer Tabelle

Bibliografische Information der Deutschen Nationalbibliothek
Die Deutsche Nationalbibliothek verzeichnet diese Publikation in der Deutschen Nationalbibliografie; detaillierte bibliografische Daten sind im Internet über https://dnb.de abrufbar.

Umschlaggestaltung: siegel konzeption | gestaltung, Stuttgart
Satz: SchwabScantechnik, Göttingen
Druck und Bindung: Elanders Waiblingen GmbH
Printed in the EU

UTB-Band-Nr. 6088
ISBN 978-3-8252-6088-0

Inhalt

Zur Einleitung

Teil 1: Ein religionspädagogisch-bildungstheoretischer Rahmen – fünf Antwortversuche

Teil 2: Entfaltungen

Teil 3: Perspektiven für ein religionspädagogisches Lernverständnis

Zur Einleitung

1 Die Ausgangsfrage: Was kann der Religionsunterricht leisten?

Die Frage, was der Religionsunterricht leisten kann, ist gar nicht so leicht zu beantworten. Sie stellt sich aber jeder Religionslehrkraft alltäglich ebenso wie der wissenschaftlichen Religionspädagogik. Auch in Bildungspolitik und Öffentlichkeit wird sie diskutiert, heute oft kritisch. Sie betrifft in grundlegender Weise das Lernen im Religionsunterricht und damit nach heutiger Auffassung das, wovon der Sinn eines Schulfachs insgesamt abhängt. Zugleich erscheint das Lernen im Religionsunterricht vielen in Öffentlichkeit und Politik, aber auch Eltern allzu unbestimmt oder sogar diffus. Nicht zuletzt sehen viele Schüler:innen im Religionsunterricht primär eine Gelegenheit, sich vom Schulstress zu erholen.

Dabei ist Lernen heute wieder neu zum Megathema geworden, national wie international. Vor dem Hintergrund internationaler Schulleistungsvergleichsuntersuchungen wird kritisch gefragt, wie es um den Kompetenzerwerb in der Schule steht und wie entsprechende Fähigkeiten, die dann häufig als Literacy bezeichnet werden, ausgeprägt sind. Das betrifft auch die Religious Literacy, an der es vielfach zu fehlen scheint. Heftig debattiert wird zudem international die aus England stammende These, die „Krise des Religionsunterrichts" sei im Kern eine „Krise des Wissens".

Hinter solchen Wahrnehmungen kann eine Blickverengung stehen. Der Religionsunterricht soll kein „Lernfach" sein, sondern hat ein besonderes Profil, das häufig mehr mit den beteiligten Personen als mit den Inhalten zu tun zu haben scheint. Dennoch: In der Schule bleibt die Frage nach dem Lernen unausweichlich, auch für den Religionsunterricht.

Bislang kommen Religionslehrkräfte ebenso wie Religionspädagog:innen in der Wissenschaft schnell in Verlegenheit, wenn sie auf die Frage nach dem Lernen im Religionsunterricht überzeugende Antworten geben sollen. Auch die Bildungspläne für den Religionsunterricht führen in dieser Hinsicht meistens kaum weiter. In vielen Fällen wirken sie eher zufällig – wie ein Gemisch aus fortgeschriebenen Traditionen und allgemeinen bildungspolitischen Vorgaben. Sie lassen nicht recht erkennen, welche dann auch in Wissenschaft und Politik,

Schule und Öffentlichkeit überzeugende Systematik ihnen zugrunde liegt. Und wenn es beispielsweise darum geht, warum bestimmte Inhalte einer bestimmten Jahrgangsstufe zugeordnet werden, fallen vor allem die in den Bundesländern unterschiedlich getroffenen Entscheidungen ins Auge: Wie soll hier der Eindruck von Beliebigkeit vermieden werden?

Beantwortet werden muss die Frage nach dem Lernen aber auch von jeder einzelnen Religionslehrkraft, die für sich selbst und für andere klären will, was die Schüler:innen aus einer Stunde oder aus einem Schuljahr Religion eigentlich „mitgenommen" haben. Dabei geht es nicht nur um verantwortliche Rechenschaft, sondern immer auch um die Weiterentwicklung des eigenen Religionsunterrichts und damit um die nicht immer leicht aufrechtzuerhaltende Motivation im Lehrberuf.

Dieses Buch versucht, die damit für Wissenschaft und Praxis angesprochenen Fragen zu klären und zugleich Perspektiven für die praktische Weiterentwicklung des Religionsunterrichts aufzuzeigen. Damit wendet es sich ebenso an Religionslehrkräfte wie an Multiplikator:innen sowie wissenschaftlich in der Religionspädagogik Tätige.

Im Einzelnen werden drei Grundaufgaben beschrieben: religiöse und weltanschauliche Traditionen in Geschichte und Gegenwart kennenlernen *(Wissen)*, religiöse und weltanschauliche Zusammenhänge deuten *(Verstehen)* sowie den reflektiert-kritischen Umgang damit zu fördern *(Urteilsfähigkeit)*. Diese Grundaufgaben werden im Religionsunterricht in den doppelten Horizont einer gesellschaftlichen und existenziellen Positionierung gestellt *(religiöse Orientierungsfähigkeit und existenzielle Klärung)*.

Die Plausibilität dieser Darstellung setzt zugleich ein spezifisch *religionspädagogisches Lernverständnis* voraus. Lernen mit einem transzendenten Horizont sieht anders aus als in anderen Fächern der Schule, auch wenn der Religionsunterricht ebenso Anteile umfasst, die mit anderen Fächern vergleichbar sind. Religiöses Lernen bezieht sich letztlich auf eine Transformation und Rekonstruktion der Person, die aber weit über die Schule hinausweist und deshalb auch nicht einfach Ziel des Unterrichts sein kann. Auch das Lernen im Religionsunterricht ist Schule und soll Schule bleiben.

Der letzte Teil des Buches ist der Frage gewidmet, wie das Lernen im Religionsunterricht konkret unterstützt werden kann. Dazu werden *Perspektiven für einen religionsdidaktischen Perspektivenwechsel im Horizont des Lernens* beschrieben.

Damit stellt diese Publikation eine notwendige Weiterführung meines Buches „Religion noch besser unterrichten" (Schweitzer, 2020) dar, das sich stärker auf die Unterrichtsentwicklung sowie das Wie des Unterrichtens bezieht. Demgegenüber soll nun auch das Was des Lernens in den Blick genommen werden – nicht im Sinne einer isolierten Konzentration allein auf Inhalte, sondern durchweg im Horizont der tatsächlichen Lernprozesse im Unterricht.

Wie am Inhaltsverzeichnis abzulesen ist, wird in Teil 1 in knapper und zum Teil thesenhafter Form vorgestellt, was in den weiteren Teilen des Buches dann genauer entfaltet wird. Insofern folgt die Darstellung einer konzentrischen Anlage, bei der die zentralen Fragen mehrfach aufgenommen werden. Die dabei zu berücksichtigenden Diskussionszusammenhänge sind weit gespannt und betreffen mehrere wissenschaftliche Disziplinen. Um der Lesbarkeit willen wurden die Literaturverweise beschränkt. Die Verweise sind jedoch so gewählt, dass sie gezielt weitere Informationen bieten, auch im Blick auf die in diesem Buch nicht erwähnte Literatur.

Hinter diesem Buch stehen zahlreiche Gespräche und mitunter kontroverse Diskussionen, für die ich mich an dieser Stelle nur summarisch bedanken kann – bei Kolleg:innen in Praxis und Wissenschaft, Mitarbeiter:innen an der Universität Tübingen sowie Studierenden in zahlreichen Lehrveranstaltungen. Besonderen Dank schulde ich den studentischen Mitarbeiter:innen, ohne deren Hilfe auch dieses Buch nicht hätte entstehen können: Raffaela Ehrenfeuchter, Antonia Lehmann, Angelika Frescher und Marie Straßer, die mich unermüdlich mit Literatur versorgt und auch Teile des Textes „probegelesen" haben. Ebenso dankbar bin ich dem Verlag und namentlich Elisabeth Schreiber-Quanz für die wiederum sehr hilfreiche Begleitung des Vorhabens.

2 Problemwahrnehmungen und aktuelle Herausforderungen

2.1 Reli – nur eine Erholungsstunde?

Fragt man die Schüler:innen, wie sie den Religionsunterricht wahrnehmen, so scheint vielfach die Einschätzung vorzuherrschen, dass dieses Fach für sie vor allem eine Art *Erholungsstunde* darstellt. Zu diesem Ergebnis führt jedenfalls eine zusammenfassende Auswertung von Befragungen von Schüler:innen in verschiedenen Bundesländern aus den letzten zwanzig Jahren (Schwarz, 2019). Für die Kinder und Jugendlichen scheint dies nicht unbedingt ein Problem zu sein – schließlich erleben sie die Schule vielfach als „stressig", was nicht zuletzt mit Leistungsanforderungen und Schulnoten zusammenhängen dürfte. Wenn es in manchen Fächern anders zugeht – vielleicht in Kunst und Sport oder eben Religion –, dann ist ihnen dies durchaus willkommen. Für die Religionslehrkräfte hingegen kann diese Wahrnehmung recht enttäuschend sein. Bietet ihr Unterricht wirklich nicht mehr als willkommene Erholung?

Auch in Öffentlichkeit und Politik kann die Wahrnehmung von „Reli als Erholungsstunde" das Fach nicht stärken. In den knappen Zeitrastern der Schule sind Erholungsstunden nicht vorgesehen – dafür gebe es schließlich die Pausen! Vor allem erscheint es nicht verantwortbar, dafür erhebliche finanzielle Ressourcen in Gestalt kostspieliger Deputate für Lehrkräfte einzusetzen.

Gewiss: Weder bei den Schüler:innen noch in Politik und Öffentlichkeit ist dies die einzige Wahrnehmung. Die weiterreichende Bedeutung des Religionsunterrichts für die Klärung existenzieller Fragen, für die Persönlichkeitsentwicklung sowie die Wertebildung ist vielfach ebenfalls bewusst und anerkannt. Dennoch sollte der offenbar weithin vorherrschende Eindruck von „Reli als Erholungsstunde" zu denken geben. Wird die Frage, was in diesem Fach denn eigentlich zu lernen sei (und auch tatsächlich gelernt wird!), in der religionspädagogischen Theorie und Praxis genügend ernst genommen? Oder werden Antworten darauf vielleicht noch immer als eher selbstverständlich vorausgesetzt und nicht wirklich geklärt?

Der Klärungsbedarf erwächst ebenso aus der Praxis. Wenn sich auch den Religionslehrkräften selbst, zumindest immer wieder einmal, die Frage stellt, was die Kinder oder Jugendlichen wohl aus ihrem Unterricht mitnehmen konnten, sind sie auf solche Antworten angewiesen. Anlass dafür kann eine besonders gut gelungene Unterrichtsstunde sein, nach der sich das beglückende Gefühl einstellt, dass heute zumindest einigen Schüler:innen wirklich etwas aufgegangen oder ein schwerer Groschen gefallen ist. Manchmal gibt es im Unterricht Momente, in denen Lernen spürbar oder sichtbar wird. In anderen Fällen aber scheint sich der Unterricht eher dahinzuschleppen und es bleibt schwer zu sagen, was jemand daraus vielleicht mitnehmen konnte oder nicht.

Aber ist die Frage nach dem Lernen im Religionsunterricht diesem Fach überhaupt angemessen und richtig gestellt? Ist Lernen im Religionsunterricht wirklich so wichtig?

2.2 Kein Lernfach, aber geforderte Rechenschaft

Vielfach wird das Lernen in der religionspädagogischen Literatur eher nebenbei behandelt. Auf jeden Fall scheint es nicht die erste Frage zu sein, die sich hier stellt. Zwar gibt es durchaus Veröffentlichungen, die sich auf „religiöses Lernen" beziehen (vgl. bes. Kießling, 2003; Porzelt, 2009), aber dabei geht es eher um Grundsatzfragen wie die, was im Blick auf Religion überhaupt gelernt werden kann. Damit steht vor allem die Lehrbarkeit von Religion zur Debatte und weniger das Lernen im Religionsunterricht, auch wenn sich beides überschneidet. Solche Grundsatzfragen sind für den Religionsunterricht bedeutsam, aber eine Auskunft zum alltäglichen Religionsunterricht ergibt sich daraus noch nicht. Vielmehr brechen sogleich Rückfragen auf: Geht es in Schule und Religionsunterricht tatsächlich um „*religiöses* Lernen"? Ist es nicht angemessener, hier zurückhaltender von einem Lernen *in Bezug auf Religion* oder *im Horizont von Religion* zu sprechen? Wäre der Alltag von Unterricht nicht mit allen weiterreichenden Erwartungen religiöser Art bloß hoffnungslos überfordert?

Auch eine grundsätzliche Abwehr der Frage nach dem Lernen im Religionsunterricht („kein Lernfach!") führt aber nicht weiter. Denn ein Schulfach, in dem es nichts zu lernen gibt, kann es kaum geben. Das würde dem Sinn der Schule als einer staatlichen Pflichtveranstaltung zutiefst widersprechen und würde vor allem auch nicht der Tatsache gerecht, dass die Schüler:innen im Rahmen der Schulpflicht an diesem Unterricht teilnehmen müssen. Daran ändert die Wahlmöglichkeit zwischen Religion und Ethik kaum etwas. Denn auch dann geht es um einen Pflichtunterricht, und diese Pflicht lässt sich kaum anders rechtfertigen als damit, dass in der Schule etwas Wichtiges gelernt wird. Das gilt für alle Fächer gleichermaßen, wenn auch nicht in gleicher Weise. Lernen ist nicht immer gleich Lernen, sondern hängt von Fächern und Gegenständen ab. Aber auch im Kollegium oder bei der Schulleitung ließe sich kaum auf Zustimmung zu einem Fach hoffen, in dem es – ausdrücklich – *nichts* zu lernen gibt.

Dennoch bleibt es für die Identität des Religionsunterrichts wichtig, dass er tatsächlich kein „Lernfach" sein soll. Mit diesem Anspruch verbindet sich aber nicht einfach die Auffassung, dass es hier tatsächlich „nichts" zu lernen gebe. Vielmehr soll im Religionsunterricht durchaus etwas erreicht werden, sowohl in der Sicht der Religionslehrkräfte als auch der wissenschaftlichen Religionspädagogik (vgl. zur Sicht der Lehrkräfte Lehner-Hartman, 2014). Wie bei allen Fächern geht es auch hier um Kenntnisse und Fähigkeiten beispielsweise des Verstehens und Urteilens, die deshalb in diesem Buch genauer beschrieben werden.

Auch im Religionsunterricht soll also etwas gelernt werden, aber eben in einem anderen Sinne als beispielsweise im Bereich der Naturwissenschaften oder der Fremdsprachen –, ohne dass diesen Fächern unterstellt werden könnte, dass sie „bloße Lernfächer" wären. Wenn dies zutrifft, braucht der Religionsunterricht allerdings auch ein *ausweisbares Lernverständnis,* das seinen Zielen gerecht wird und das dennoch im Horizont des mit der Schule verbundenen Verständnisses von Lernen plausibilisiert werden kann.

Wenn es dabei auch im Religionsunterricht nicht einfach um „religiöses Lernen" gehen kann, so müssen andere Bestimmungen für das religionsunterrichtliche Lernverständnis gefunden werden. Am nächsten liegt dafür der Bezug auf *religiöse Bildung* und damit auf eine bestimmte Sachthematik, also auf das Thema Religion im weitesten Sinne. In der Begrifflichkeit der heutigen Bildungsdiskussion stellt Religion eine eigene *Inhaltsdomäne* dar und müssen Bestimmungen zum Lernen im Religionsunterricht aus der Eigenart dieser Domäne erwachsen – im Sinne einer Inhalts- oder Domänenspezifität des Lernens. Es muss beschrieben werden, was es bei dieser Domäne zu lernen gibt, welche inhaltlichen Anforderungen sich bei der Erschließung dieser Domäne ergeben und welche Kenntnisse und Fähigkeiten dafür erforderlich sind. Der Begriff der religiösen Bildung macht zugleich bewusst, dass diese Erschließung reflektiert und kritisch sein muss (vgl. Schweitzer, 2014b). Lernen im Religionsunterricht ist daher so zu bestimmen, dass dieses Lernen auf den Erwerb oder die Ausbildung der *für eine reflexive und kritische Erschließung von Religion erforderlichen Kenntnisse und Fähigkeiten* zielt. Dabei handelt es sich allerdings noch um eine lediglich formale Bestimmung, die erst dadurch weiter an Aussagekraft gewinnen kann, dass diese Kenntnisse und Fähigkeiten inhaltlich ausgewiesen und im Einzelnen beschrieben werden.

Für den Religionsunterricht wird darüber hinaus häufig darauf hingewiesen, dass dieser Unterricht nicht einfach von einer bestimmten Thematik oder von Inhalten lebt, sondern immer auch von einer besonderen *Beziehungsqualität,* die in diesem Unterricht erfahren werden kann (vgl. Boschki, 2003). Mit dem Hinweis auf diese Qualität kann dabei Unterschiedliches gemeint sein. An erster Stelle wird zumeist an die Beziehung zwischen den Religionslehrkräften und den Schüler:innen sowie an die Beziehungen zwischen den Schüler:innen in der Lerngruppe gedacht. Erwartet wird dann von der Religionslehrkraft, dass sie in besonderem Maße Zuwendung und Offenheit zeigt sowie ein persönliches Interesse an den Schüler:innen, das spürbar über die formale und institutionell vorgegebene Lehrer:innen- und Schüler:innenrolle hinausreicht. Mitunter schwingen dabei sogar seelsorgerliche Aspekte mit, vor allem aber die Wahrnehmung, dass es bei Religion immer auch um eine sehr persönliche Thematik geht und dass diese im Unterricht zumindest ein Stück weit – soweit es die Schule zulässt – erfahrbar sein sollte.

Damit ist zugleich ein zweiter Aspekt von Beziehungsqualität angesprochen, nämlich die Beziehung sowohl der Lehrkräfte als auch der Schüler:innen zum *Inhalt.* Auch wenn beispielsweise Bibeltexte zunächst einfach Texte wie alle anderen Texte sind, die man lesen oder hören muss, um sie kennenzulernen, so gehört es doch zugleich zur Eigenart dieser Texte, dass sie vom Glauben sprechen und damit die Leser:innen dazu herausfordern, ihr persönliches Verhältnis zu diesem Glauben zu klären. Sie haben vielfach Anredecharakter und wollen die Leser:innen existenziell ansprechen. Damit ist eine weitere konstitutive Dimension von Lernen im Religionsunterricht berührt. Dieses Fach soll die Möglichkeit *existenzieller Klärungen* eröffnen – in der Auseinandersetzung mit religiösen Deutungen des eigenen Lebens, aber auch in gesellschaftlichen Zusammenhängen, die sich heute nur noch im globalen Horizont begreifen lassen.

Ein dem Religionsunterricht angemessenes Lernverständnis muss also sowohl in der *Inhaltsdimension* als auch in der *Beziehungsdimension* entfaltet werden. Für sich genommen lässt sich aus keiner dieser beiden Dimensionen allein ein solches Lernverständnis gewinnen. Kommunikation über Religion ohne Inhalte ist nicht denkbar, und eine bloße Vermittlung von Inhalten würde den Zielen des Religionsunterrichts widersprechen. Vielmehr scheint es gerade das Ineinander von Inhalten und Beziehungen zu sein, auf das es für das Lernen im Religionsunterricht ankommt.

Was dies für das Verständnis von Lernen im Religionsunterricht bedeutet, muss im Folgenden genauer geklärt werden. Zunächst aber soll noch auf weitere Zusammenhänge eingegangen werden, aus denen die Frage nach dem Lernen im Religionsunterricht erwächst. Dazu gehört vor allem die Sorge, dass sich heute ein religiöser Analphabetismus breitmache und es vielfach an religiöser Sprachfähigkeit mangele. Zwei Debatten machen das besonders deutlich – etwas weiter zurückliegend zum „Weltwissen" von Kindern und Jugendlichen sowie aktuell zur sogenannten Religious Literacy.

2.3 Gehört Religion (noch) zum „Weltwissen" von Kindern und Jugendlichen?

Vor zwanzig Jahren veröffentliche Donata Elschenbroich (2001) ein kleines Buch „Weltwissen der Siebenjährigen. Wie Kinder die Welt entdecken können", das damals erhebliche Aufmerksamkeit auf sich zog. Die Autorin beschreibt darin die Ergebnisse einer breit angelegten Befragung von Menschen in der ganzen Gesellschaft dazu, was Kinder bis zu diesem Alter, also bis etwa zum Schuleintritt, schon erlebt haben sollten und was sie können und wissen sollten.

An diesem Buch entzündeten sich auch *religionspädagogisch kontroverse Fragen,* abzulesen an einer Stellungnahme von Karl Ernst Nipkow (2011), einem der damals führenden Fachvertreter. Denn auf der vor der Befragung von Elschenbroich erstellten Liste waren zwar auch einige wenige religiöse Themen zu finden: „einmal auf einem Friedhof gewesen sein", „ein Gebet kennen", „in einer Kirche (Moschee, Synagoge ...)" gewesen sein (Elschenbroich, 2001, S. 21 f.). Bei der späteren Auflistung wichtiger Themen kommen die religiösen Themen aber nicht mehr vor (vgl. S. 28 ff.), auch wenn die Autorin durchaus eine gewisse religiöse Bildung für Kinder bejaht (vgl. S. 119 ff.).

Nipkow kommentierte dies kritisch so, dass „Religion im Alltag der Kinder" offenbar „auch aus der Perspektive der befragten Erwachsenen ihren früheren Rang verloren" habe (Nipkow, 2011, S. 106). Eine Ausnahme stellte dabei ein von Elschenbroich befragter Erzbischof dar. Denn dieser Mann äußert in religiöser Hinsicht klare Erwartungen („das Kreuzzeichen machen können", „die Messe regelmäßig besuchen", S. 107). Wie Nipkow kritisch feststellt, passen solche kirchlichen Erwartungen aber kaum zu dem Begriff des „Weltwissens" (S. 107). Kritisch zu sehen sei jedoch auch das Buch von Elschenbroich selbst, weil es von einem Selbstwiderspruch geprägt sei: Die von der Autorin berichteten Gespräche mit Pädagog:innen, aber auch mit Eltern lassen nach Nipkow deutlich ein ausgeprägtes Interesse an religiösen Fragen erkennen und verweisen auf die religiösen Fragen der Kinder selbst – ihre sogenannten „großen Fragen" (S. 107). Insofern sei kaum nachzuvollziehen, dass religiöse Themen bei der am Ende gebotenen Bestimmung des für Kinder erforderlichen Weltwissens keine Berücksichtigung mehr finden. Für Erziehungswissenschaftler:innen wie Elschenbroich gehört Religion offenbar nur sehr bedingt zu dem erforderlichen Weltwissen.

Nipkow nahm dies darüber hinaus zum Anlass, zu fragen, wie es denn nach Auskunft der *Bildungspläne* im Blick auf das bis zum Ende der Schulzeit zu erwerbende Weltwissen stehe. Dabei kommt er zu dem Schluss, dass diese Bildungspläne zwar auch in Zeiten der Kompetenzorientierung ein breites Wissen voraussetzen oder dessen Vermittlung einfordern, dass sie eine Antwort auf die Frage nach einer „begründeten Auswahl" aber schuldig bleiben. Ein verlässliches religiöses „Weltwissen" werde nicht gewährleistet (Nipkow, 2011, S. 111).

Nipkow entwickelt dann selbst einen Vorschlag, den er einerseits aus einem globalen Horizont heraus formuliert und andererseits in den Zusammenhang der Elementarisierung stellt. Dieser Vorschlag ist nach wie vor interessant und soll deshalb an späterer Stelle in diesem Buch genauer erörtert werden (→ S. 75). Zunächst kommt es nur darauf an, dass es sich namentlich für die *Erziehungswissenschaft* heute keineswegs mehr von selbst versteht, dass Religion zum Weltwissen gehört und daher auch in Gestalt von Religionsunterricht in der Schule präsent sein muss. Damit gewinnt die Frage nach dem Lernen im Religionsunterricht noch eine weitere Bedeutung. Es geht auch um die Stellung des Faches in der Schule: Ohne eine bildungstheoretisch plausible Antwort darauf, was im Religionsunterricht aus welchen Gründen gelernt werden soll, fehlt dem Fach in erziehungswissenschaftlicher Sicht jede Begründung.

Der Begriff des „*Weltwissens*" bietet für solche Begründungen, aber auch sonst noch nicht genutzte Chancen. Denn dieser Begriff stammt nicht aus der Wissenschaft, sondern bewegt sich eher auf einer alltagsnahen Ebene, die gerade auch für eine breitere Öffentlichkeit oder auch für die Bildungspolitik zugänglicher ist als wissenschaftliche Begriffe. Deshalb soll die Frage nach religionsbezogenem Wissen als Bestandteil des für Kinder und Jugendliche erforderlichen Weltwissens in diesem Buch eigens aufgenommen werden (→ S. 60 ff.).

In der Gegenwart hat der Bezug auf Religious Literacy eine ähnliche Funktion. Auch hier geht es um eine möglichst allgemeinverständliche Anforderung an die Kenntnisse und Fertigkeiten, über die Menschen verfügen sollten, und zugleich um den Beitrag, den der Religionsunterricht dazu leisten kann.

2.4 Was trägt der Religionsunterricht zu Religious Literacy bei?

Der Begriff *Religious Literacy* ist verhältnismäßig neu. Er kommt aus der internationalen Diskussion, hat aber auch im deutschsprachigen Bereich Aufnahme gefunden. Dabei ist dieser Begriff nur schwer zu übersetzen. In der Regel geht es in dieser Diskussion um die Wahrnehmung, dass es jungen Menschen an einem entsprechenden Wissen oder an religionsbezogener Sprach- und Deutungsfähigkeit fehle. Deshalb, so das Argument, können sie religiöse Phänomene nicht „lesen“. Vom Religionsunterricht und von der Schule insgesamt wird dann eine Unterstützung von Religious Literacy gefordert.

Ihren Ursprung hatte die Debatte um Religious Literacy im United Kingdom und in den USA (vgl. Wright, 1993; Prothero, 2007). Auch dort stand die *fehlende Literacy* im Vordergrund. Die Debatte wurde inzwischen in vielen anderen Ländern aufgenommen und weitergeführt – von Schweden bis nach Australien (von Brömssen, 2013; Halafoff et al., 2020). Mitunter hat die Wahrnehmung mangelnder religiöser Sprach- und Deutungsfähigkeit sogar zu regelmäßig wiederkehrenden Evaluationen des Wissens von Schüler:innen geführt, etwa in Gestalt standardisierter Tests, wiederum in Australien und schon seit längerer Zeit in Schweden, wo solche Tests in allen Fächern durchgeführt werden und dementsprechend nicht nur im Blick auf Religious Literacy (vgl. Schweitzer et al., 2022).

Große Aufmerksamkeit findet bis heute die ebenfalls aus den USA stammende Darstellung von Diane Moore „Overcoming religious illiteracy: A cultural studies approach to the study of religion in secondary education“ (2007), der sich auch die American Academy of Religion unterstützend angeschlossen hat. Bei diesem Projekt stehen vor allem die von Religion und Religionen ausgehenden Wirkungen auf Kultur, Gesellschaft und Politik im Vordergrund. Ziel ist es, die Schüler:innen dazu zu befähigen, die entsprechenden Zusammenhänge wahrnehmen und deuten zu können (genauere Informationen dazu unten, → S. 81 ff.).

In den USA gibt es in der Schule in der Regel allerdings keinen Religionsunterricht, sodass bei diesem Projekt offenbleibt, auf welche Bildungsangebote es sich bezieht. In Deutschland und Europa hingegen führt fehlende Religious Literacy unmittelbar zu der Frage nach dem Lernen im Religionsunterricht. Allerdings muss dann eigens bildungstheoretisch geklärt werden, was zu einer solchen Literacy gehören soll. In dieser Hinsicht bleibt die Debatte bislang weithin begründete Antworten schuldig (vgl. Schweitzer et al., 2022).

Bildungstheoretische Fragen im Blick auf Religious Literacy haben erst in der aktuellen Diskussion stärkere Aufmerksamkeit gefunden (s. bes. Biesta et al., 2019). Den Ausgangspunkt stellt dabei die Frage nach dem Wissen dar. Bildungstheoretisch weiterführende Perspektiven werden dann vor allem mit dem Begriff *Powerful Knowledge* verbunden, der auf den Bildungssoziologen Michael Young (2008) zurückgeht. Damit ist ein Wissen gemeint, das dem aktuellen Stand der wissenschaftlichen Forschung entspricht und das insofern die zu einer bestimmten Zeit am besten bewährten Erkenntnisse über die Welt bietet. Schule und Unterricht haben demzufolge eine Pflicht, die Weitergabe dieses Wissens an die junge Generation zu gewährleisten.

Enttäuschend bei der Debatte über Religious Literacy bleibt bislang jedoch, dass es den entsprechenden Darstellungen an einer *empirischen Grundlage* fehlt. Soweit überhaupt empirische Befunde konsultiert oder selbst empirisch nach der Ausprägung der bei Kindern und Jugendlichen tatsächlich vorhandenen Religious Literacy gefragt wird, kommen vor allem allgemeine Umfragen in der Bevölkerung in den Blick, die sich eher an der Meinungsforschung als an bildungstheoretischen Bestimmungen orientieren. Nach solchen Bestimmungen wird daher in der vorliegenden Darstellung noch genauer zu fragen sein. Wenn Religious Literacy erworben oder aufgebaut werden soll, muss zunächst geklärt werden, wie es um das religionsbezogene Wissen und Verstehen von Kindern und Jugendlichen steht und welche didaktischen Strategien in diesem Falle empfehlenswert sind (erste Befunde bei Schnaufer et al., 2023).

Zunächst ist festzuhalten, dass die Debatte um Religious Literacy einen Problemhorizont eröffnet, der im Blick auf das Lernen im Religionsunterricht grundlegende Fragen aufwirft. Wenn eine solche Literacy als gesellschaftlich, aber auch für die individuelle Orientierung erforderlich angesehen wird und wenn zugleich wahrgenommen wird, dass es heute weithin an einer solchen Sprach- und Deutungsfähigkeit fehlt, ergeben sich entsprechende Erwartungen an den Religionsunterricht: Was trägt dieser Unterricht zu Religious Literacy bei? Und wie kann dieser Beitrag gestärkt werden?

2.5 Kompetenzorientierung – bei beliebigen Inhalten?

Die derzeit wohl am weitesten verbreitete Antwort auf die Frage danach, was im Religionsunterricht zu lernen ist, bezieht sich auf die *Kompetenzen,* deren Erwerb im Religionsunterricht unterstützt werden soll. Das gilt auch für die Bildungspläne, die sich inzwischen in wohl allen Bundesländern in zentraler Weise als durch den Kompetenzbegriff bestimmt zeigen.

In seiner aktuellen Verwendung geht der *Kompetenzbegriff* vor allem auf die internationalen Untersuchungen aus der Empirischen Bildungsforschung zurück, die – neben dem Begriff der Literacy – mit dem Kompetenzbegriff operieren (vgl. grundlegend Deutsches PISA-Konsortium, 2001). Kennzeichnend für den Ansatz der PISA-Studien ist dabei der Versuch, Fähigkeiten und Fertigkeiten als Kompetenzen *unabhängig von den Inhalten* zu erfassen, die in den Bildungsplänen der untersuchten Länder in sehr unterschiedlicher Art und Weise und damit in kaum miteinander vergleichbarer Form vorgeschrieben sind. Für die bei diesen Studien vorrangig erfassten Bereiche von Sprache, Mathematik und Naturwissenschaften leuchtet dieser Ansatz zumindest insofern ein, als es hier am Ende auf allgemeine Fähigkeiten, etwa des Textverstehens oder der mathematischen Modellierung von Problemen, ankommt und nicht auf die einzelnen Inhalte, anhand derer solche Fähigkeiten ausgebildet wurden. Allerdings kann auch beispielsweise im Blick auf das Fach Deutsch gefragt werden, ob hier tatsächlich eine völlige Austauschbarkeit zwischen verschiedenen Romanen oder Dramen besteht oder ob es nicht doch auch, im Sinne der jeweiligen kulturellen Zusammenhänge und Traditionen, auf die Kenntnis bestimmter Texte ankommt. Hier könnte dann etwa mit der hervorgehobenen Wirkungsgeschichte solcher Werke in einem Kulturraum argumentiert werden, auch wenn dies rasch vor das bekannte – und eben ungelöste – Kanonproblem führt. Einen allgemein als „Bildung" vorauszusetzenden Literaturkanon gibt es bekanntlich nicht mehr. Im vorliegenden Zusammenhang entscheidend ist, dass aus der Kompetenzdiskussion keine Antwort auf die Frage nach den Inhalten des Lernens erwächst. In dieser Hinsicht wird im Kompetenzdiskurs vielmehr auf *bildungstheoretische Grundlegungen* verwiesen, aus denen Kompetenzbeschreibungen allererst folgen könnten (vgl. Klieme et al., 2003, S. 7).

Für den *Religionsunterricht* ergab sich hinsichtlich der Kompetenzorientierung von Anfang an die Verlegenheit, dass sich für dieses Fach eine Austauschbarkeit und damit letztlich Beliebigkeit der Inhalte kaum plausibel machen lässt. Schon verschiedene Bibeltexte weisen bekanntlich jeweils ein höchst individuelles Gepräge auf. Von einer allgemeinen Kompetenz, biblische Texte verstehen zu können, lässt sich insofern kaum sprechen. Auch wenn im Blick auf das Ziel des Religionsunterrichts beispielsweise ganz allgemein von „religiöser Kompetenz" gesprochen wird, so wie dies bei dem damals bundesweit ersten kompetenzorientierten Bildungsplan in Baden-Württemberg der Fall war, sah man sich alsbald gezwungen, den allgemeinen Kompetenzbeschreibungen auch inhaltsbezogene Kataloge hinzuzufügen (vgl. Ministerium für Kultus, Jugend und Sport Baden-Württemberg, 2004). Diese wurden dann – vom Kompetenzbegriff her gesehen, der ja gerade nicht an bestimmte Inhalte gebunden sein sollte – missverständlich als „inhaltsbezogene Kompetenzen" bezeichnet. Ähnliche Inhaltskataloge finden sich heute auch in anderen kompetenzorientierten Bildungsplänen. Offen blieb und bleibt dabei freilich die Frage, wie eine *begründbare Auswahl* der Inhalte vorgenommen werden soll und auf welche Weise eine solche Auswahl im jeweiligen Bildungsplan erreicht wurde.

Derzeit liegt vielen Bildungsplänen für den Religionsunterricht in den verschiedenen Bundesländern eine Systematik zugrunde, die sich an den Begriffen *Mensch, Welt und Verantwortung, Bibel, Gott, Jesus Christus, Kirche und Kirchen, Religion und Religionen* orientiert. Theologisch können gegen diese mehr oder weniger vom Apostolischen Glaubensbekenntnis ausgehende Systematik diverse Einwände erhoben werden. Beispielsweise bleiben die für den christlichen Glauben entscheidenden Verbindungen etwa zwischen Christologie und Gotteslehre hier eher undeutlich. Fragen der religiösen Pluralität werden nur in einem gesonderten Themenbereich akzentuiert, während sie sich heute doch gerade auf alle Themen beziehen müssten, auf das Thema Gott (Stichwort: monotheistische Religionen) ebenso wie auf das Thema Jesus Christus (Stichwort: Jesus im Judentum und im Koran). Dieser Einwand betrifft zugleich die Didaktik, da entsprechend gegliederte Bildungspläne eine separate Behandlung der religiösen Pluralität nahelegen, was religionsdidaktisch nicht immer einleuchtet. Noch weiter reicht die religionsdidaktische Anfrage, ob die in den Bildungsplänen genannten Themen denn nicht viel stärker von den Interessen der Schüler:innen her formuliert sein müssten und ob die Bildungspläne das subjektorientierte Profil des Religionsunterrichts nicht auch von vornherein kenntlich machen sollten (vgl. Kliemann, 2016). Die Themen im Ethikunterricht erscheinen in dieser Hinsicht gerade Jugendlichen offenbar häufig viel attraktiver (vgl. Schweitzer et al., 2018).

Zusammenfassend ist festzuhalten, dass die Kompetenzorientierung nur zu einer teilweisen Antwort auf die Frage nach dem Lernen im Religionsunterricht geführt hat und dass inhaltsbezogene Antworten von diesem Ansatz auch nicht erwartet werden können, weil die Konstruktion von Kompetenzbeschreibungen von vornherein nicht auf Inhalte bezogen sein soll. Dadurch entsteht für die kompetenzorientierten Bildungspläne eine empfindliche Lücke, die derzeit offenbar nur pragmatisch oder heuristisch geschlossen werden kann – etwa durch die beschriebene Themensystematik, die sich theologisch und religionsdidaktisch allerdings gleichermaßen als Problem erweist.

2.6 Internationale Debatten: die „Krise des Religionsunterrichts" – eine „Krise des Wissens"?

Von einer *„Krise des Religionsunterrichts"* kann derzeit insbesondere im Blick auf das United Kingdom gesprochen werden, wo eine Abschaffung des Fachs diskutiert wird. Auch in anderen Ländern wird aber eine ähnliche – drohende oder bereits fortschreitende – Marginalisierung des Religionsunterrichts wahrgenommen (vgl. Schreiner, 2020). Für das United Kingdom hat die Commission on Religious Education (2018) aufgrund ihrer kritischen Diagnosen vorgeschlagen, den Religionsunterricht aufgrund seiner Qualitätsprobleme durch ein Fach „Religion and Worldviews" zu ersetzen. Dabei spielt die Frage nach dem Wissen, das im Religionsunterricht erworben werden soll, eine wichtige Rolle. Da diese Frage in der jüngeren religionspädagogischen Diskussion kaum Beachtung gefunden habe, sei es nun höchste Zeit, dies zu ändern.

Ganz in diese Richtung gehen auch die *kritischen Einschätzungen* von Richard Kueh, Her Majesty's Inspector, Schools & Subject Lead (Religious Education) bei Ofsted, der britischen Aufsichtsbehörde für Schule und Unterricht. Kuehs Einschätzungen haben großes Aufsehen erregt, und sie sind in der Tat herausfordernd, auch über das United Kingdom hinaus.

Für Kueh steht die Krise des Religionsunterrichts in einem engen Zusammenhang mit der Frage nach dem Wissen:

> „Der Grund, warum der Religionsunterricht sich in einer Krise befindet, liegt darin, dass er im Blick auf das Wissen nach wie vor von einer signifikanten und gewichtigen Problematik belastet wird. Vor dem Hintergrund der eigenen Tradition des Faches, in der die legitimierende Begründung für den Religionslehrplan sich bewegt hat und bewegt, nämlich mit der Berufung auf vielfältige (allgemein formuliert) nicht wissensbasierte Begründun-

gen (von spiritueller Begegnung bis zu Sozialkapital und der ganzheitlichen Entwicklung des Menschen in einem demokratischen Kontext), ist es der Religionspädagogik nicht gelungen, einen starken und kohärenten Konsens über den Stellenwert, die Funktion und den Nutzen von Wissen in diesem Fach zu finden. Wenn es überhaupt Hoffnung auf ein funktionsfähiges Modell für den Religionsunterricht gibt, dann müssen Praxis und Theorie den dringenden Bedarf dafür erkennen, einem anerkannten Verständnis des Wissens, das dieser Unterricht eröffnet, einen deutlichen Schub zu verleihen." (Kueh, 2018, S. 53, im Original kursiv)

So kann es auch nicht überraschen, dass der daran anschließende Forschungsbericht der staatlichen Aufsichtsbehörde Ofsted (Ofsted, 2021) einen ausführlichen Teil zu „curriculumbezogenen Lernfortschritten und Debatten über Wissen im Religionsunterricht" einschließt. Ausgangspunkt ist dabei die ausdrückliche Annahme, dass ein „Religionsunterricht von hoher Qualität" von dem Wissen abhängig ist, das in diesem Fach erworben werden kann.

Zumindest teilweise beruft sich auch Kueh (2018) für diese Annahme auf die bereits erwähnten Arbeiten von Michael Young (Young, 2008; s. auch Young, 2013) zu „powerful knowledge". Was dies im Einzelnen für den Religionsunterricht bedeutet, wird aber nicht genauer dargelegt. Der Erwerb von Wissen wird eingeklagt, aber es wird nicht gesagt, worin dieses Wissen bestehen soll. Insofern kann diese Debatte vor allem als Krisendiagnose bezeichnet werden. Auf jeden Fall verdeutlicht sie erneut, warum es heute so wichtig ist, nach dem Lernen im Religionsunterricht zu fragen.

2.7 Lernen im Religionsunterricht als drängende Frage

Die bislang aufgenommenen Wahrnehmungen und Auseinandersetzungen zum Religionsunterricht führen aus unterschiedlicher Perspektive zu der Einschätzung, dass es derzeit in Praxis und Wissenschaft gleichermaßen an überzeugenden Antworten auf die Frage fehlt, was im Religionsunterricht gelernt werden kann und was hier gelernt werden soll. Noch weiter zugespitzt geht es um die Realität dieses Lernens und darum, was in diesem Fach tatsächlich gelernt wird. Diese Situation ist unbefriedigend, und dies zugleich nach mehreren Seiten hin. Den *Religionslehrkräften* macht sie es schwer, motivierende Erfolgserlebnisse für sich selbst ebenso wie für die Schüler:innen hinsichtlich einer auf das Lernen bezogene Zielsetzung zu identifizieren. Denn das Gefühl erfolgreichen Unterrichts setzt ein klares Bewusstsein davon voraus, wie weit man – heute oder in diesem Schuljahr – auf dem Weg zu diesem Ziel vorangekommen ist. Zugleich untergräbt es zwangsläufig auch die Stellung des Religionsunterrichts in der Schule, wenn gegenüber *Kolleg:innen, Schulleitungen, Eltern, Öffentlichkeit* und *Politik* nicht plausibel dargelegt werden kann, was in diesem Unterricht erreicht werden soll. So ist es nicht erstaunlich, dass es heute auch in Deutschland und anderen Ländern immer wieder Initiativen zur Abschaffung des Religionsunterrichts gibt oder zumindest dafür, diesen Unterricht durch ein „besseres" Fach zu ersetzen. Wie deutlich geworden ist, berufen sich solche Initiativen nicht nur auf Religionskritik oder Säkularismus, sondern häufig auf die Zielunsicherheit und die in der Folge unzureichende Qualität des Religionsunterrichts. Auch wenn solche Vorwürfe, wie leicht zu erkennen ist, in der Regel eher auf Vorurteilen als auf empiriebasierten Befunden beruhen, unterstreichen bereits die politischen Folgen entsprechender Argumente die Notwendigkeit, gerade im Blick auf das Lernen im Religionsunterricht überzeugendere Antworten zu gewinnen und klare Zielhorizonte auszuweisen. Dieser Aufgabe muss sich dieses Buch stellen.

Hinsichtlich der religionspädagogischen Diskussion überraschend ist wohl vor allem die hervorgehobene Rolle, die dabei das im Religionsunterricht zu erwerbende *Wissen* spielt. In der Religionsdidaktik ist diese Frage lange Zeit eher vernachlässigt worden und auch der aktuelle Kompetenzdiskurs bietet genau dazu keine Antworten. Die Konzentration auf Kompetenzen als allgemeine Fähigkeiten ist zwar auch als eine Antwort auf die Frage nach dem Lernen im Religionsunterricht zu verstehen, aber wenn dabei beispielsweise von Deutungsfähigkeit oder auch von Urteilsfähigkeit gesprochen wird, bleibt offen, was genau hier eigentlich gedeutet und beurteilt werden soll. Kommt es darauf tatsächlich nicht weiter an? Und was würde dies für die fachliche Identität von Religionsunterricht bedeuten?

Teil 1: Ein religionspädagogisch-bildungstheoretischer Rahmen – fünf Antwortversuche

Ein Schulfach sowie seine Inhalte und Ziele lassen sich nicht einfach theoretisch deduzieren. Sie sind historisch gewachsen und Ausdruck bestimmter theologischer und pädagogischer Überzeugungen sowie politischer Entscheidungen. Insofern sind sie kontingent. Für die Praxis ebenso wie für die Wissenschaft bleibt dies aber unbefriedigend. Wenn nicht erklärt werden kann, warum etwas so sein soll, wie es ist, müssen darauf bezogene Entscheidungen willkürlich erscheinen. Ohne sachliche und fachliche Begründungen lassen sich auch keine Perspektiven für die Weiterentwicklung von Unterricht beschreiben.

Aus diesem Grund wird im Folgenden ein Rahmen entwickelt, der sich sowohl an religionspädagogischen als auch bildungstheoretischen Kriterien orientiert. Dabei ist die Transparenz des Begründungsverfahrens entscheidend, weshalb dieses Verfahren eigens ausgewiesen werden muss.

3 Zur Begründung religionspädagogischer und bildungstheoretischer Kriterien

In der Einleitung zu diesem Buch wurden diverse Diskussionszusammenhänge aufgenommen, die in der nicht zureichend beantworteten Frage nach dem Lernen im Religionsunterricht münden. Wenn Antworten auf diese Frage nicht bloße Behauptungen bleiben sollen, muss geprüft werden, wie ein dabei vorausgesetzter *religionspädagogisch-bildungstheoretischer Rahmen* gewonnen werden kann. Prinzipiell bieten sich dafür verschiedene Möglichkeiten an.

Die Frage nach dem Lernen im Religionsunterricht könnte so verstanden werden, dass geprüft werden soll, *was tatsächlich in diesem Unterricht gelernt wird.* So gesehen ginge es um eine *empirische Darstellung,* etwa im Anschluss an die internationalen Schulleistungsuntersuchungen wie PISA oder, in der Religionspädagogik, das Projekt QUIRU (Qualität und Qualitätsentwicklung im RU, vgl. Schweitzer, 2020; Schweitzer & Rutkowski, 2022; mit interessanten Fallstudien aus einem anderen Kontext: Hennecke, 2012). Schon in der Einleitung zu diesem Buch ist aber deutlich geworden, dass heute beim Thema Lernen im Religionsunterricht Fragen aufbrechen, die sich nicht allein empirisch beantworten lassen, sondern eine *theoretische Klärung* erfordern. Das gilt vor allem für die Ziele, die im Unterricht erreicht werden sollen. Für normative Fragen bietet die Empirie keine ausreichenden Bestimmungsgründe. Aus dem Sein folgt auch hier kein Sollen. Umgekehrt darf eine Darstellung von Zielen nicht einfach losgelöst von der Realität geschehen, wenn sie nicht in praxisfernen Erwartungen stecken bleiben soll. Im Folgenden werden daher durchweg ebenso theoretische wie empirische Zugänge zu berücksichtigen sein.

Aus diesen Überlegungen folgt aber noch nicht die Art und Weise, wie der gesuchte religionspädagogisch-bildungstheoretische Rahmen zu gewinnen ist. Im Folgenden sollen dafür drei Wege beschritten werden: Erstens wird nach den *Funktionen* gefragt, die ein solcher Rahmen erfüllen soll. Zweitens kommen schon dabei die unterschiedlichen *Adressat:innen* in den Blick und drittens sollen vor diesem Hintergrund die *Konstruktionsprinzipien* für den gesuchten Rahmen geklärt werden.

Funktionen:
Was soll der religionspädagogisch-bildungstheoretische Rahmen leisten?

Die erste Funktion der vorliegenden Darstellung bezieht sich auf die *Identität des Faches Religionsunterricht.* Dabei gibt es zahlreiche Möglichkeiten, diese Identität zu bestimmen, so wie dies beispielsweise in der religionspädagogischen Lehrbuchliteratur geschieht (vgl. Rothgangel, Adam & Lachmann, 2013; Schweitzer, 2019; Schröder, 2021). Mit der Frage nach dem Lernen im Religionsunterricht wird allerdings eine bestimmte Perspektive gewählt. Die Gründe dafür wurden zum Teil bereits in der Einleitung angesprochen. Sie lassen sich zu der These verdichten, dass Bestimmungen zur Identität des Religionsunterrichts heute nur noch dann überzeugen können, wenn sie zumindest einen Schwerpunkt auf das Lernen in diesem Fach legen. Anders ausgedrückt, werden Aussagen zur Identität des Faches nur dann tragfähig sein, wenn dabei klar wird, was im Religionsunterricht gelernt werden kann.

Einer solchen auf das Lernen im Religionsunterricht bezogenen Bestimmung der Identität des Faches kommt auch für die Aus- und Fortbildung und damit für die *Professionalität von Religionslehrkräften* entscheidende Bedeutung zu. Denn in beiden Fällen geht es darum, welche Kenntnisse und Fähigkeiten – angehende oder in der Praxis tätige – Lehrkräfte brauchen, um Lernen im Religionsunterricht zu ermöglichen. Insofern beruhen auch alle Richtlinien für das Studium oder für das Referendariat und Vikariat auf Annahmen, die den Zusammenhang zwischen einer bestimmten Form der Ausbildung und dem Lernen im Religionsunterricht betreffen. Ähnlich verhält es sich bei der Ausgestaltung der Fortbildung für den Religionsunterricht. In beiden Fällen bleiben die entsprechenden Annahmen bislang allerdings weithin implizit oder unbestimmt, was den Erfolg der Ausbildung empfindlich einschränken kann. Zugespitzt: Nur wenn diese Annahmen transparent sind und wissenschaftlich-diskursiv geprüft werden können, sind begründete Hoffnungen auf den Ausbildungserfolg erreichbar.

Richtlinien für die Ausbildung sowie Angebote von Fortbildungsprogrammen stellen aber nur einen äußeren Rahmen dar. Entscheidend ist am Ende die *individuelle Nutzung* durch Studierende, Referendar:innen und Religionslehrkräfte, so wie dies heute sowohl für den Unterricht als auch für die Aus- und Fortbildung mit dem Angebots-Nutzungs-Modell dargestellt wird (vgl. Helmke, 2015; → S. 256). Im Unterricht wie in der Aus- und Fortbildung wird demnach ein Angebot bereitgestellt, das erfolgreich genutzt werden kann, aber eben nicht in allen Fällen auch so genutzt wird. Daraus ergibt sich, dass angehende ebenso wie bereits ausgebildete Religionslehrkräfte dazu in der Lage sein müssen, sich im Blick auf die verschiedenen Angebote selbstständig zu orientieren, um eine für sie selbst sinnvolle Nutzung zu erzielen. Das lässt sich auch als Implikation der für den Religionslehrberuf angestrebten und weiter anzustrebenden Professionalität verstehen (vgl. Simojoki et al., 2021). Zu dieser Professionalität gehört nicht zuletzt ein hohes Maß an Autonomie, die allerdings nicht einfach auf persönlichen Vorlieben beruhen kann, sondern eine Vertrautheit mit einem Professionswissen voraussetzt.

Antworten auf die Fragen nach dem Lernen im Religionsunterricht haben also eine grundlegende Bedeutung für das Fach Religion und für die Professionalität der Lehrkräfte. Das gilt sowohl im Blick auf das *Was* als auch – mit der didaktischen Tradition formuliert – das *Wie.* Es muss geklärt werden, was gelernt werden soll und auf welche Art und Weise dies geschehen soll. Damit ist zugleich das *Lehren* in seinem Verhältnis zum *Lernen* angesprochen, da es im Unterricht anders als etwa beim informellen Lernen in der Familie auf strukturierte, intentional unterstützte Lernprozesse ankommt. *Informelles Lernen* vollzieht sich gleichsam von selbst, ungeplant und ohne institutionelle Vorgaben, beispielsweise im Umgang mit Medien. *Formales Lernen* hingegen, wie es im Zentrum der Schule steht, ist geplant und findet in einem institutionellen Rahmen statt, der auf die Ermöglichung des Lernens zugeschnitten ist. In einem Bild gesprochen lassen sich die Bestimmung und Beschreibung des Lernens im Religionsunterricht als eine anatomische Aufgabe verstehen: Dabei müssen die einzelnen Bestandteile oder Komponenten dieses Lernens sowie ihr Zusammenspiel identifiziert werden. Der Sinn einer solchen Anatomie liegt dabei nicht in einem abstrakten Erkenntnisinteresse, sondern er erwächst aus dem für Wissenschaft und Praxis gleichermaßen zentralen Anliegen, den Unterricht weiterzuentwickeln und zu verbessern.

Eine solche *Anatomie des Lernens im Religionsunterricht* ist zugleich eine entscheidende Voraussetzung für die *religionspädagogische Unterrichtsforschung.* Untersuchungen zum Religionsunterricht lassen sich nur planen, wenn ein Gesamtbild des Unterrichts verfügbar ist, an dem sich die Fragestellungen einzelner Untersuchungen orientieren können. Erst ein solches Gesamtbild erlaubt es auch, verschiedene Forschungsergebnisse aufeinander zu beziehen. Nicht zuletzt wird auf diese Weise sichtbar, was bislang schon erforscht ist und wo sich noch ganz unerforschte Bereiche finden. Tatsächlich ist die religionspädagogische Unterrichtsforschung insgesamt noch wenig fortgeschritten (vgl. den Überblick bei Schweitzer & Boschki, 2018), sodass die vorliegende Darstellung auch in dieser Hinsicht Klärungsaufgaben erfüllen soll.

Die verschiedenen Adressat:innen und ihre Erwartungen

Bei der Beantwortung der Frage nach dem Lernen im Religionsunterricht müssen verschiedene Adressat:innen in den Blick genommen werden.

Wie bei allen Fächern der Schule ist auch beim Religionsunterricht zunächst an die *Bezugswissenschaft* zu denken, ohne die das Fach seine Kontur verlieren würde. Insofern muss das Lernen im Religionsunterricht den Erwartungen der *wissenschaftlichen Theologie* gerecht werden. Das gilt auch dann, wenn der Religionsunterricht inzwischen Erkenntnisse aus *weiteren Wissenschaften* einschließt – aus den Human- und Sozialwissenschaften ebenso wie aus der Religionswissenschaft oder der Kulturforschung, die unter verschiedenen Bezeichnungen betrieben wird. Ein Schulfach, das einfach aus einer Vielzahl und Vielfalt von Wissenschaften gespeist wird, ohne dass es eine integrierende Perspektive gäbe, ist schwer denkbar. Es bliebe unklar, ob es hier überhaupt noch einen fachlichen Zusammenhang gibt.

Alle Fächer der Schule stehen aber nicht nur im Horizont einer Bezugswissenschaft, die ihre fachliche Identität bedingt, sondern sie müssen zugleich *bildungstheoretisch* ausgewiesen sein. In dieser Hinsicht kommt es nicht nur darauf an, dass eine bestimmte inhaltliche Domäne in der Schule präsent ist, sondern was ein Fach zur Bildung von Kindern und Jugendlichen beiträgt (vgl. Benner, 1987). Eine solche Verknüpfung zwischen fachlichen Inhalten auf der einen und den Kindern und Jugendlichen auf der anderen Seite ist der Anspruch einer Bildungstheorie (vgl. Tenorth, 1994, 2020; Baumert, 2002). Auch wenn heute nicht mehr davon auszugehen ist, dass der Fächerkanon der Schule direkt aus einer bestimmten Bildungstheorie abgeleitet werden kann, bleibt dennoch die Forderung bestehen, dass der Bildungsbeitrag jedes einzelnen Faches ausweisbar sein muss. Neben den theologischen muss der Religionsunterricht deshalb ebenso *bildungstheoretischen Erwartungen* gerecht werden.

Im Falle des Religionsunterrichts ist allerdings eine wichtige Besonderheit zu beachten: Der Bezug auf die Theologie hängt hier auch damit zusammen, dass dieser Unterricht nicht einfach eine „Kunde“ als lediglich informative Darstellung von Sachverhalten sein soll, sondern dass er die Möglichkeit existenzieller Klärungen im Blick auf letzte Fragen des Menschseins ermöglichen soll. Dies wird mit dem heute nur noch schwer verständlichen Begriff der *Bekenntnisorientierung* zum Ausdruck gebracht. Im Hintergrund steht dabei das Grundgesetz, das die Erteilung des Religionsunterrichts „in Übereinstimmung mit den Grundsätzen der Religionsgemeinschaften“ vorsieht (Art. 7,3). Deshalb gehören auch die *Religionsgemeinschaften* – im Falle des christlichen Religionsunterrichts also die *Kirchen* – zu den Adressaten bei der Frage nach dem Lernen im Religionsunterricht. Antworten müssen auch in einem kirchlichen Horizont plausibel sein, obwohl Schule und Kirche nicht in eins gesetzt werden dürfen. Ähnlich stellt sich die Situation etwa beim islamischen Religionsunterricht dar, obwohl es hier keine mit den Kirchen vergleichbaren Religionsgemeinschaften gibt (vgl. Schweitzer & Ulfat, 2022). In der Bindung an eine Religionsgemeinschaft liegt allerdings auch ein Konfliktpotenzial: Immer wieder wurden und werden von kirchlicher Seite oder auch von anderen Religionsgemeinschaften Erwartungen hinsichtlich der Vermittlung eines katechetischen Wissens formuliert, die unter religionsdidaktischen Aspekten wenig sinnvoll erscheinen. Ein bekanntes Beispiel dafür sind Kataloge mit auswendig zu lernenden Texten oder Liedern, wie sie auch in manchen Bildungsplänen noch enthalten sind.

Religion ist jedoch keineswegs nur ein Thema der Wissenschaft oder der Kirche. Sie ist immer auch ein gesellschaftliches Phänomen, weshalb bei der Frage nach dem Lernen im Religionsunterricht ebenso die gesellschaftliche Plausibilität dieses Faches auf dem Spiel steht. In *Öffentlichkeit* und *Politik,* aber auch bis hinein in die Schulen, wird Religion heute ambivalent wahrgenommen. Auf der einen Seite wird nach wie vor anerkannt, dass Religion ein wichtiger Teil des Lebens ist und dass die Auseinandersetzung mit letzten Fragen für die Wertebildung ebenso bedeutsam ist wie für die Persönlichkeitsentwicklung insgesamt. Auf der anderen Seite stehen problematische Entwicklungen wie etwa der Fundamentalismus besonders im Bereich des Islam, aber auch im Christentum vor Augen und es wird gefragt, wie schulisch mit solchen Tendenzen umgegangen werden soll. Ohne Zweifel markiert heute auch sonst das Zusammenleben in einer multikulturellen und multireligiösen Gesellschaft den Horizont, in dem sich insbesondere für eine weitere Öffentlichkeit das Lernen im Religionsunterricht einzig noch plausibilisieren lässt.

Religionspädagogisch gesehen können aber weder die Wissenschaft noch die Religionsgemeinschaften noch Politik und Öffentlichkeit an erster Stelle stehen, wenn tragfähige Bestimmungen zum Lernen im Religionsunterricht gefunden werden sollen. Für die Religionspädagogik der Gegenwart stellt vielmehr der Begriff der *Subjektorientierung* eine Art unhintergehbares Axiom dar, von dem her alle Erwartungen an den Religionsunterricht kritisch zu beurteilen sind (vgl. Grümme, 2022). Auch wenn sich der Begriff der Subjektorientierung bei genauerer Prüfung keineswegs in jeder Hinsicht als tragfähig erweist (vgl. Schweitzer, 2022a), bleibt richtig, dass das Lernen im Religionsunterricht vor allem für diejenigen sinnvoll und gewinnbringend sein muss, die ihn als

Schüler:innen besuchen. Dabei geht es nicht nur um eine normative Setzung, sondern um eine Implikation der Schule als Institution. Welche Aufgaben auch immer die Schule sonst noch erfüllen mag, können Sinn und Recht dieser Institution nur darin bestehen, dass sie etwas für Kinder und Jugendliche leistet und sie in ihrem Aufwachsen unterstützt.

Leser:innen mögen sich aber aus gutem Grund bereits gefragt haben, ob sich vom Lernen im Religionsunterricht sinnvoll sprechen lässt, wenn nicht auch die *Religionslehrkräfte* von Anfang an mit im Blick sind. Das Verhältnis zwischen Lehren und Lernen wird heute zwar nicht mehr einfach als ein transitiver Zusammenhang verstanden. Das Lehren kann das Lernen nicht determinieren – es kann nur ein Lernangebot bereitstellen, dessen Aufnahme und Rezeption immer von den Schüler:innen abhängt. Gleichwohl spielen die Religionslehrkräfte eine konstitutive Rolle für das Lernen. Daher sind alle Bestimmungen zum Lernen im Religionsunterricht auch daraufhin zu prüfen, was sie für die Religionslehrkräfte bedeuten, ob sie ihnen einleuchten und ob es ihnen überhaupt möglich erscheint, die entsprechenden Aufgaben wahrzunehmen. Darüber hinaus soll eine Darstellung zum Lernen im Religionsunterricht gerade den Lehrkräften Möglichkeiten an die Hand geben, ihren Unterricht weiterzuentwickeln.

Konstruktionsprinzipien: Auf welchen Voraussetzungen kann ein religionspädagogisch-bildungstheoretischer Rahmen heute beruhen?

Zusammenfassend kann bislang festgehalten werden, dass sich der gesuchte religionspädagogisch-bildungstheoretische Rahmen auf die Schüler:innen und deren Selbstwerdung, auf die fachliche und bildungstheoretische Identität des Religionsunterrichts, die Professionalität der Religionslehrkräfte sowie die gesellschaftlichen und kirchlichen Erwartungen beziehen muss. Daraus ergeben sich zwar noch keine unmittelbaren inhaltlichen Konsequenzen, aber diese Bestimmungen schließen grundlegende Implikationen hinsichtlich der Kriterien ein, mit deren Hilfe ein religionspädagogisch-bildungstheoretischer Rahmen festgelegt werden kann.

Da es im Horizont des Religionsunterrichts immer um eine möglichst wirksame Unterstützung des Lernens geht, ist es darüber hinaus sinnvoll, eine weitere normative Dimension einzubeziehen, nämlich in Gestalt von Bestimmungen zu „gutem Religionsunterricht". Ohne solche Bestimmungen wäre eine Weiterentwicklung von Religionsunterricht kaum denkbar. Hinsichtlich solcher Bestimmungen hat sich, wie an anderer Stelle gezeigt (Schweitzer, 2020), ein dreifacher Horizont herauskristallisiert, der auch im vorliegenden Zusammenhang Orientierung bieten kann. Demnach ist „guter Religionsunterricht" als „guter *Unterricht*", als „guter *Fachunterricht*" sowie als „Fach mit einem *besonderen Profil*" zu verstehen. Er unterliegt den Ansprüchen unterrichtlicher Qualität, wie sie für alle Fächer in der Bildungswissenschaft sowie heute besonders in der Pädagogischen Psychologie oder Empirischen Bildungsforschung formuliert werden. Er muss den mit der Inhaltsdomäne „Religion" verbundenen fachlichen und fachdidaktischen Ansprüchen gerecht werden. Nicht zuletzt aber soll auch der für den Religionsunterricht in besonderer Weise bedeutsame Anspruch, dass in diesem Fach existenzielle Fragen Raum finden, zu seinem Recht kommen.

Im vorliegenden Zusammenhang führt dies zu *fünf Prinzipien für die Konstruktion eines religionspädagogisch-bildungstheoretischen Rahmens*, in dem die Frage nach dem Lernen im Religionsunterricht weiter geklärt werden kann:

- Der Religionsunterricht muss den *fachlichen Ansprüchen* gerecht werden, die heute in der Fachwissenschaft, also primär der Theologie, anerkannt sind.
- Der Religionsunterricht muss den *Ansprüchen der Fachdidaktik,* also primär der Religionsdidaktik, gerecht werden.
- Der Religionsunterricht muss *bildungstheoretischen Maßstäben* entsprechen.
- Der Religionsunterricht muss Raum für *existenzielle Klärungsprozesse* bieten.
- Der Religionsunterricht muss so ausgestaltet werden, dass seine Bedeutung im *gesellschaftlichen Horizont* erkennbar wird.

Es ist leicht, zu erkennen, dass diese fünf Prinzipien nicht einfach nebeneinanderstehen können, sondern ineinandergreifen müssen. Unterricht muss beispielsweise zugleich fachliche und fachdidaktische Kriterien erfüllen. Dieser Anspruch lässt sich auch nicht in eine zeitliche Abfolge bringen, sodass einmal die fachlichen und danach die fachdidaktischen Ansprüche zum Zuge kommen. Vielmehr geht es um eine konsequente Verbindung dieser Prinzipien. Das gilt auch dann, wenn die Implikationen dieser Prinzipien im Folgenden nacheinander dargestellt werden. Durchweg muss die *Verschränkung aller fünf Prinzipien* bewusst bleiben.

Allerdings können diese Prinzipien in *Spannung zueinander* treten. Beispielsweise war dies in der Vergangenheit schon im Verhältnis zwischen Fachwissenschaft und Fachdidaktik mitunter der Fall, wenn sich theologische Themensetzungen in fachdidaktischer Sicht kaum mit den Interessen und Lernmöglichkeiten der Schüler:innen verbinden ließen. Auch zwischen fachlichen und fachdidaktischen Auffassungen einerseits und bildungstheoretischen Kriterien andererseits bestand in der Geschichte von Religionsunterricht und Religionspädagogik nicht immer Harmonie. Ein berühmt gewordenes Beispiel ist der Vorwurf einer „Verleugnung des Kindes", die der Religionspädagogik von pädagogischer Seite gemacht wurde (Loch, 1968). Strittig kann aber auch die Frage sein, was es bedeutet, dass im Unterricht eine existenzielle Dimension zum Zuge kommen soll. In diesem Falle kann beispielsweise an den sogenannten Performativen Religionsunterricht gedacht werden, bei dem insbesondere liturgische Vollzüge im Unterricht erprobt werden sollen (vgl. Dressler, 2006). In der religionsdidaktischen Diskussion wird es häufig als übergriffig wahrgenommen, wenn etwa – wie es bei diesem Ansatz heißt – „probeweise" gebetet, gesegnet usw. werden soll. Darüber hinaus kann die bei diesem Ansatz gewählte Schwerpunktsetzung bei liturgischen Vollzügen, die dann als „die Praxis" des christlichen Glaubens verstanden werden, als einseitig hinterfragt werden. Die Praxis des christlichen Glaubens lässt sich kaum auf liturgische Vollzüge beschränken, die vielen Menschen, die sich als Christ:innen verstehen, offenbar nicht besonders wichtig sind.

Vor diesem Hintergrund soll nun in einer ersten Annäherung versucht werden, Religionsunterricht in die Perspektive fachlicher, fachdidaktischer, bildungstheoretischer, existenzieller sowie gesellschaftlicher Ansprüche und Bezüge zu rücken.

Fachliche Ansprüche an den Religionsunterricht

In der Vergangenheit wurden fachliche Ansprüche hinsichtlich der Schulfächer, also nicht nur des Religionsunterrichts, sondern aller Fächer, mitunter so verstanden, dass diese die jeweilige *wissenschaftliche Disziplin* möglichst vollständig abbilden sollten. Unterricht stellt dann gleichsam die jeweilige Wissenschaft en miniature dar. Im Falle des Religionsunterrichts wäre das eine Mini-Theologie. Mit dem Begriff der „Abbilddidaktik" werden solche Vorstellungen in den Fachdidaktiken seit langem grundsätzlich abgelehnt (vgl. Blankertz, 1969). Hinter dieser Kritik stehen verschiedene Argumente: Schon aus zeitlichen Gründen, also der Begrenztheit der Schulzeit insgesamt sowie der im Schulalltag immer knappen Zeitkontingente, kommt für den Unterricht von vornherein nur eine *Auswahl* fachlicher Inhalte infrage, was allgemein anerkannt ist. Weiterhin liegt Schulfächern und wissenschaftlichen Disziplinen jeweils eine eigene Logik zugrunde. Die Logik der Schule folgt dem Ziel der Bildung von Kindern und Jugendlichen, während in der Wissenschaft Forschungsperspektiven im Vordergrund stehen müssen, die zum Teil überaus komplex und hochspezialisiert sind. Abbilder der Wissenschaft können Schulfächer daher nicht sein.

Während demnach Forderungen nach einer möglichst vollständigen Aufnahme von Wissenschaften in der Schule abzulehnen sind, ist eine andere Forderung sehr plausibel: Wissenschaftliche Erkenntnisse, die im Unterricht aufgenommen werden, müssen dem *aktuellen Stand der Forschung* entsprechen. Da sich aber auch im Blick auf den Stand der Forschung der Einwand gegen Abbildungsverhältnisse wiederholt, ist eine eingeschränkte Formulierung angemessener: Die in der Schule präsentierten Erkenntnisse dürfen dem Stand der Wissenschaft *nicht widersprechen.* Wenn sich beispielsweise hinsichtlich der Entstehungszeit biblischer Schriften in den letzten Jahrzehnten in der wissenschaftlichen Theologie stark veränderte Auffassungen durchgesetzt haben, so kann auch im Religionsunterricht nicht an früheren Auffassungen festgehalten werden.

Eigene Beachtung verdient in diesem Zusammenhang auch das *Kontroversitätsprinzip,* das im Rahmen des sogenannten Beutelsbacher Konsenses für den Politikunterricht formuliert wurde und das inzwischen auch in anderen Fächern Beachtung findet: „Was in Wissenschaft und Politik kontrovers ist, muss auch im Unterricht kontrovers erscheinen" (Bundeszentrale für Politische Bildung, 2011; religionsdidaktisch vgl. dazu Herbst, 2021). In der Religionspädagogik ist bislang allerdings noch wenig geklärt, ob dieses Prinzip auch auf das Verhältnis zwischen Religionsunterricht und Theologie anzuwenden ist. Prinzipiell leuchtet dies jedoch durchaus ein. So wäre es nicht angemessen, theologisch-ethisch kontroverse Themen wie etwa das „therapeutische Klonen" (vgl. dazu bspw. EKD, 2005) im Religionsunterricht nur von einer der Positionen in diesem Streit her darzustellen. In solchen Fällen lässt sich das Kontroversitätsprinzip unmittelbar auf den Religionsunterricht anwenden.

Neben solchen allgemeinen Zusammenhängen zwischen Fachwissenschaft und Religionsunterricht gibt es zumindest manchmal auch ausdrückliche *fachwissenschaftliche Stellungnahmen.* Ein eindrückliches Beispiel stellen die Stellungnahmen aus der Heidelberger theologischen Fakultät zum damaligen Bildungsplan in Baden-Württemberg dar, die diesem Bildungsplan insbesondere eine „Verharmlosung" theologischer Inhalte, eine Verflachung sowie sogar eine „Selbstsäkularisierung" zum Vorwurf machen (vgl. Rupp & Schmidt, 2001). Im Einzelnen soll darauf erst später in diesem Buch eingegangen werden (→ S. 60 ff.). Zunächst ist nur der Hinweis wichtig, wie kontrovers sich die Verhältnisse zwischen Theologie und Religionsunterricht auch heute noch darstellen können.

Stellungnahmen wie die aus Heidelberg hinterlassen allerdings nicht zuletzt bei Religionslehrkräften ein deutliches Unbehagen. Auf der einen Seite treffen sie ihr theologisches Gewissen: Wer wollte schon für eine „Verharmlosung“ theologischer Inhalte oder gar für eine Verflachung des Glaubens verantwortlich sein? Auf der anderen Seite ist den Lehrkräften nur allzu bewusst, dass bei den wissenschaftlich-theologischen Stellungnahmen die Schüler:innen und das, was mit ihnen im Unterricht erreicht werden kann, oft gar nicht im Blick sind. Der bloße Hinweis darauf, dass zwischen wissenschaftlicher Theologie und Bildungsplänen eine Lücke klafft, hilft noch nicht weiter.

Fachdidaktische Ansprüche

Fachdidaktik ist die *Theorie des Lehrens und Lernens* in einem bestimmten Fach. Ihre Grundaufgabe kann als Transformation wissenschaftlicher Erkenntnisse in Themen für den Unterricht beschrieben werden. Dazu gehört an erster Stelle die erforderliche *Auswahl von Inhalten,* die nicht allein von den Wissenschaften her zu begründen ist. Damit der Unterricht das Lernen von Kindern und Jugendlichen unterstützen kann, müssen die Inhalte unter dem Aspekt ausgewählt werden, was sie für die Schüler:innen jetzt sowie in Zukunft bedeuten können. Genau darin kommt die Eigenlogik von Unterricht oder Bildung im Unterschied zur Logik von Forschung und Wissenschaft zum Ausdruck.

Ebenso wichtig wie die Auswahl von Inhalten ist aber deren *fachdidaktische Erschließung.* Inhalte müssen erst zu Themen für bestimmte lernende Personen werden (grundlegend: Faust-Siehl, 1987). Diese Transformation von Inhalten zu Themen geschieht dadurch, dass in einem sorgfältigen Prozess der Analyse und Konstruktion geklärt werden muss, wie ein Inhalt entweder bereits im Horizont von Kindern und Jugendlichen aufzufinden ist oder in diesen Horizont gerückt werden kann. Gerechtigkeit beispielsweise ist ein zentrales theologisches Thema, das sich fachwissenschaftlich-theologisch in vielerlei Hinsicht – exegetisch, historisch oder systematisch-theologisch sowie philosophisch – entfalten lässt. Solche Entfaltungen sind ebenso für den Unterricht wichtig, aber solange nicht geklärt ist, wo sie sich mit dem Denken und Erleben von Kindern und Jugendlichen berühren, kommen keine Lernprozesse zustande. Für die didaktische Erschließung von Inhalten stellt die Fachdidaktik ausgearbeitete Modelle bereit. Am bekanntesten und am weitesten verbreitet ist in der Religionsdidaktik der Gegenwart etwa das Modell der *Elementarisierung* (Schweitzer, Haen & Krimmer, 2019).

Im Rahmen solcher Modelle kommen immer auch bestimmte *didaktische Prinzipien* zum Einsatz, beispielsweise Erfahrungsorientierung, Subjektorientierung oder Handlungsorientierung. Diese Prinzipien haben einerseits grundlegende Bedeutung für die Religionsdidaktik, weil sie der unterrichtlichen Arbeit erst ihre Richtung geben. Andererseits können diese Prinzipien immer nur in Bezug auf bestimmte Inhalte zur Geltung gebracht werden, wenn es darum geht, wie die Inhalte für den Unterricht erschlossen werden sollen. Eine weiterreichende Bedeutung können solche Prinzipien allerdings bereits bei der Auswahl von Inhalten für den Unterricht gewinnen, gleichsam als eine Ausschlussregel: Folgt man etwa dem Prinzip der Subjektorientierung, können lediglich solche Inhalte im Unterricht aufgenommen werden, die sich überhaupt für Kinder und Jugendliche erschließen lassen und die zu ihrer Selbstwerdung beitragen. Hinter dieser Aussage stehen weiterreichende bildungstheoretische Bestimmungen und Ansprüche.

Bildungstheoretische Ansprüche

Den Ausgangspunkt stellt hier eine Grundentscheidung dar, die nicht nur den Religionsunterricht betrifft: Welchen Zwecken soll die Schule folgen? In der pädagogischen Tradition wird hier – vereinfacht formuliert – zwischen einem Verständnis von Unterricht als *Vermittlung von Kenntnissen und Fertigkeiten* einerseits und als *Bildung der Persönlichkeit* andererseits unterschieden (Überblick bei Grunder & Schweitzer, 1999). Die erste Verständnismöglichkeit wird dabei als unzureichend abgelehnt. Denn hier werde die Aufgabe verfehlt, durch die sich eine so aufwändige Einrichtung wie die Schule überhaupt erst rechtfertigen lässt. Nur wenn die Schule Kindern und Jugendlichen Möglichkeiten eröffnet, in reflektierter und verantwortlicher Form zu möglichst selbstbestimmten Subjekten zu werden, wird sie dieser weiterreichenden Aufgabe gerecht.

Für das Lernen im Religionsunterricht bedeutet dies, dass seine Konzeptualisierung, selbst wenn sie von fachlichen und fachdidaktischen Ansprüchen ausgeht, zugleich einem Bildungsanspruch gerecht werden muss. Im Falle des Religionsunterrichts ist in dieser Hinsicht allerdings von vornherein nicht mit grundlegenden Spannungen oder gar mit grundsätzlichen Widersprüchen zu rechnen. Denn Theologie und Religionspädagogik vertreten schon von sich aus einen Bildungsanspruch (Preul, 2013; Schweitzer, 2014b; Dressler, 2006). In seiner Geschichte ist sogar der Bildungsbegriff selbst durch die Theologie mitgeprägt worden. Dies schließt allerdings nicht aus, dass es hier doch zu kritischen Auseinandersetzungen kommen kann, etwa wenn der Religionsunterricht an Erwartungen katechetischer Art gemessen werden soll oder auch daran, was er zur Bindung an die Kirche im Sinne der Kirchenmitgliedschaft beiträgt.

Bildungstheoretische Bestimmungen im Blick auf religiöse Bildung werden in der Erziehungswissenschaft der Gegenwart allerdings nur selten entwickelt (vgl. Oelkers, Osterwalder & Tenorth, 2003). Eine der wenigen Ausnahmen ist der Berliner Erziehungswissenschaftler Dietrich Benner (2014), der im Rahmen seiner Bildungstheorie auch eine Begründung für religiöse Bildung entwickelt. Damit verbunden ist auch bei ihm der Anspruch, dass religiöse Bildung zur Selbstwerdung im Horizont von Mündigkeit und Freiheit beitragen muss.

Existenzielle Bezüge

Wenn der Religionsunterricht in seinem besonderen Profil wahrgenommen werden soll, müssen auch seine existenziellen Bezüge eigens in den Blick genommen werden. Wenn dabei von „Bezügen" und nicht von „Ansprüchen" die Rede ist, dann soll damit der übergreifende Charakter dieses Kriteriums zum Ausdruck gebracht werden und zugleich die Einschränkung, dass auch der Religionsunterricht von den Schüler:innen keineswegs verlangen kann, dass sie sich auf existenzielle Fragen einlassen, die auf die eigene Person bezogen sind.

Mit existenziellen Bezügen ist hier gemeint, dass zum Religionsunterricht unabdingbar die Möglichkeit gehören muss, letzte Fragen zu stellen, sie gemeinsam zu bearbeiten und, wo möglich, zu klären. Solche Fragen betreffen den Sinn des eigenen Daseins sowie den Glauben, an dem sich Antworten auf die Sinnfrage orientieren können. Anders ausgedrückt geht es um die Tragfähigkeit und Glaubwürdigkeit von Lebensdeutungen, von Hoffnungen und möglichen Gewissheiten.

Existenzielle Fragen dieser Art sind an erster Stelle im Leben der Kinder und Jugendlichen verankert und nicht im Unterricht. Sie können aber auch aus den Inhalten des Religionsunterrichts erwachsen. Besonders deutlich ist dies bei der Bibel: Biblische Texte zielen nicht einfach auf historische oder literarische Kenntnisse – sie bringen vielmehr eine bestimmte Sicht von Mensch und Welt zum Ausdruck. Damit fordern sie dazu heraus, sich mit dieser Sicht auseinanderzusetzen und zu prüfen, wie man sich selbst dazu verhält.

In der Religionsdidaktik wird in dieser Hinsicht manchmal von der *Wahrheitsfrage* gesprochen oder, beim Elementarisierungsmodell, von „elementaren Wahrheiten" (vgl. Schweitzer et al., 2019; → S. 279). Wahrheit kann bekanntlich nicht vermittelt werden, sondern kann Menschen nur aufgehen, wenn sie von etwas überzeugt werden oder sich einer Überzeugung gewiss werden. Im Blick auf den Unterricht setzt dies die Möglichkeit voraus, dass Kinder und Jugendliche hier über die zu lernenden Kenntnisse und Fähigkeiten hinaus die Glaubwürdigkeit von Überzeugungen im Dialog mit anderen, Mitschüler:innen ebenso wie mit den Lehrkräften auf die Probe stellen können.

Solche Klärungsprozesse lassen sich auch im Horizont der *Selbstbildung* und damit bildungstheoretisch begreifen. Bildung im Sinne der Unterstützung der Entwicklung eines autonomen und verantwortlichen Selbst geschieht noch nicht durch die Aneignung von Wissen oder den Erwerb von Fähigkeiten. Weiterreichend muss vielmehr die Selbstwerdung eigens unterstützt werden. Das gilt wiederum für alle Fächer der Schule. Der spezifische Bildungsbeitrag des Religionsunterrichts kann darin gesehen werden, dass es hier um die religiöse Dimension der Selbstwerdung geht, also um Sinnfragen und Sinnfindung letzter Art.

Gesellschaftliche Plausibilität

Zumindest teilweise erwächst die gesellschaftliche Plausibilität von Religionsunterricht aus den bereits aufgenommenen Prinzipien, die die Qualität von Religionsunterricht sichern. Die gesellschaftliche Plausibilisierung stellt kein eigenes Prinzip dar, das mit den fachlichen, fachdidaktischen, bildungstheoretischen und existenziellen Begründungen und Bezügen vergleichbar wäre. Zugleich steht der Religionsunterricht in der Gegenwart aber unter besonderem Plausibilisierungsdruck (vgl. bspw. Gärtner, 2015; Domsgen & Witten, 2022), weshalb es durchaus sinnvoll ist, die gesellschaftliche Bedeutung des Religionsunterrichts eigens zu thematisieren und die dabei erhobenen Ansprüche auch bei der Gestaltung des Unterrichts erkennbar zu berücksichtigen.

Zumeist wird in dieser Hinsicht heute der Beitrag des Religionsunterrichts zur *Wertebildung* hervorgehoben, da dies einer allgemeinen gesellschaftlichen Erwartung entspricht. In einer multikulturellen und multireligiösen Gesellschaft ist die Bildung zu Toleranz, wechselseitigem Respekt und Anerkennung des Anderen besonders wichtig. Ebenso stellt die religiös-weltanschauliche Vielfalt jede und jeden Einzelne:n vor besondere Orientierungsaufgaben (vgl. EKD, 2014a). Darauf wird in diesem Buch noch einzugehen sein (→ S. 49). Darüber hinaus gewinnen gerade *interreligiöse Kompetenzen* in einer solchen Gesellschaft auch für berufliche Zusammenhänge an Bedeutung: In immer mehr gesellschaftlichen Bereichen – angefangen bei Sozialberufen und bis hin zu wirtschaftlichen Zusammenhängen (vgl. Merkt, Schweitzer & Biesinger, 2014; Schweitzer, Bräuer & Boschki, 2017) – ist die Fähigkeit erforderlich, mit Menschen anderer Religionszugehörigkeit oder auch ohne eine solche Zugehörigkeit zusammenzuarbeiten. Im Religionsunterricht wird dies allerdings offenbar häufig noch nicht genügend bewusst gemacht, sodass es auch den Schüler:innen nicht ausreichend vor Augen steht (vgl. die Befunde bei Schweitzer et al., 2018).

4 Was gibt der Religionsunterricht zu lernen?

Der hier zugrunde gelegte religionspädagogisch-bildungstheoretische Rahmen basiert auf den beschriebenen fachlichen, fachdidaktischen, bildungstheoretischen, existenziellen sowie gesellschaftlichen Bezügen. Diese Bezüge sind vielfach miteinander verschränkt und lassen sich deshalb nur bedingt in einem Nacheinander darstellen. Bei den im Folgenden vorgestellten fünf Antwortversuchen auf die Frage nach dem Lernen im Religionsunterricht treten mitunter bestimmte Aspekte besonders hervor, aber die anderen sind stets mit im Spiel.

Darüber hinaus hat sich gezeigt, dass sich die Frage nach dem Lernen im Religionsunterricht nicht auf *Inhalte* oder *Themen* beschränken kann, sondern dass auch die *Art und Weise des Lernens* von entscheidender Bedeutung ist. Auch dies soll bei den Antwortversuchen jeweils beachtet werden. Darüber hinaus wird im nächsten Teilkapitel das Verhältnis zwischen Lerninhalten, Lernaufgaben und Lernwegen eigens erörtert.

Schließlich ist bewusst zu halten, dass sich eine Antwort auf die Frage nach dem Lernen im Religionsunterricht nicht unmittelbar aus den genannten Prinzipien ableiten lässt. Weder für sich allein noch zusammengenommen erlauben diese Prinzipien eine solche Deduktion. Deshalb wird im Folgenden der Weg einer *Heuristik* gewählt. Es werden fünf Antwortversuche vorgestellt, und erst deren Erläuterung kann zeigen, wie plausibel der jeweilige Antwortversuch tatsächlich ist. Jede der Bestimmungen wird in diesem Kapitel nur angerissen. Die weitere Entfaltung erfolgt in späteren Kapiteln.

4.1 Religion, Religionen und Weltanschauungen kennenlernen

Seit es Religionsunterricht gibt, dient er an erster Stelle der Aufgabe, eine *bestimmte Glaubensweise* kennenzulernen. Im christlichen Bereich ging es dabei selbstverständlich um den christlichen Glauben, und bei anderen Religionen fiel die Zielsetzung analog aus. Darüber hinaus wurde das Religionsverständnis durch konfessionelle Zugehörigkeiten weiter präzisiert. Demnach geht es beispielsweise um den christlichen Glauben in evangelischer, katholischer oder orthodoxer Sicht.

In der Vergangenheit entstand daraus ein Angebot von Religionsunterricht, bei dem die verschiedenen Formen nebeneinanderstanden, im deutschsprachigen Raum vor allem als evangelischer und katholischer Religionsunterricht. Inhaltlich führte dieses *Nebeneinander* allerdings bereits früh zu – damals vor allem – kritischen Bezugnahmen auf die jeweils andere Konfession: Die Katechismen etwa des 17. Jahrhunderts legten großen Wert darauf, über die „Irrtümer" der anderen Glaubensweisen aufzuklären (vgl. Nipkow & Schweitzer, 1991, 1994). Während kontroverstheologische Intentionen aufgrund des Interesses an christlicher Ökumene stark zurückgetreten sind, gewinnen andere Ausweitungen an Gewicht. Angesichts der Veränderungen in der Gesellschaft, die zu einer immer stärkeren Durchmischung der Konfessionen und daher auch zur Auflösung konfessioneller Milieus geführt haben, begann sich der thematische Raum zu erweitern, der im Religionsunterricht zu erschließen ist. Prinzipiell kann es im Religionsunterricht heute nur noch um das *Christentum in seiner konfessionellen Vielfalt* gehen, nicht mehr um einen absolut gesetzten konfessionellen Standpunkt.

Mit der durch Migration, Flucht und andere Ursachen auch in Zentraleuropa veränderten religiösen Situation wurde es in den letzten Jahrzehnten darüber hinaus immer klarer, dass neben dem Christentum auch *andere Religionen* im Unterricht thematisiert werden müssen. Ein Verständnis der religiösen Gegenwartssituation kann sich nicht mehr ausschließlich auf das Christentum beschränken, sondern muss ebenso insbesondere das Judentum und den Islam sowie weitere Religionen im Blick haben. Darüber hinaus wird argumentiert, dass sich jede einzelne Religion erst dann wirklich verstehen lässt, wenn sie im Vergleich zu anderen Religionen sowie hinsichtlich des Verhältnisses zwischen den verschiedenen Religionen betrachtet wird. Deshalb wird bei diesem ersten Antwortversuch auf die Frage nach dem Lernen im Religionsunterricht nicht nur von „Religion" gesprochen, sondern von „Religionen".

In vielen europäischen Ländern ist weiterhin zu beobachten, dass eine wachsende Zahl von Menschen keiner kirchlichen oder sonst religiösen Institution oder Vereinigung angehören möchte (vgl. religionspädagogisch Käbisch, 2014; Domsgen, 2019). Sie halten das offenbar für überflüssig oder lehnen solche Zugehörigkeiten grundsätzlich ab. Bislang werden diese Menschen zumeist als *konfessionslos* bezeichnet. Inzwischen wächst aber das Bewusstsein, dass eine solche Bezeichnung, die vom Fehlen eines bestimmten Merkmals ausgeht, diesen Menschen nicht gerecht wird. Auch andere Bezeichnungen wie „religionslos“ treffen vielfach nicht zu, da sich nicht alle Konfessionslosen als religionslos oder gar als atheistisch verstehen. Obwohl es keine bestimmte Weltanschauung gibt, auf die sich konfessionslose Menschen berufen, spielen verschiedene Weltanschauungen in diesem Bereich doch eine hervorgehobene Rolle. Das gilt insbesondere für Menschen in Ostdeutschland, wo der aus der DDR-Zeit rührende Einfluss von materialistischen und atheistischen Weltanschauungen noch immer spürbar ist (vgl. bspw. Domsgen & Evers, 2014). Für den Religionsunterricht ergibt sich daraus eine weitere Ausweitung des Inhaltsbereichs: Wenn die Religionen heute neben *nicht-religiösen Weltanschauungen* stehen, müssen auch diese im Religionsunterricht erschlossen werden.

Zusammenfassend kann festgehalten werden, dass erst alle drei Inhaltsbezüge zu einer plausiblen Antwort führen: Religion, Religionen und Weltanschauungen. Schon an dieser Stelle bricht damit allerdings die Frage auf, wie ein oft auf zwei oder sogar nur eine Wochenstunde beschränktes Fach einen so weiten Inhaltsbereich auch nur näherungsweise erschließen können soll.

4.2 Religiöse und weltanschauliche Zusammenhänge verstehen

Musste in einem ersten Schritt zunächst geklärt werden, was der Gegenstand des Religionsunterrichts sein soll, so muss nun pädagogisch zwingend ein zweiter Schritt folgen. Denn die Frage nach den Inhalten eines Faches und dem zu erwerbenden Wissen sieht noch ganz von den Fähigkeiten ab, die dabei von den Schüler:innen ausgebildet werden sollen. Auch wenn die Bedeutung des in der Schule zu erwerbenden Wissens gerade im Bereich des Religionsunterrichts, wie kritische Stimmen monieren (→ S. 27), häufig unterschätzt zu werden scheint, bleibt doch umgekehrt richtig, dass der Wissenserwerb allein nicht schon die Gesamtaufgabe religiöser Bildung ausmachen kann. Vielmehr kommt es entscheidend auf den *Umgang mit dem Wissen* an.

Für den Religionsunterricht können die im Blick auf den Umgang mit Wissen erforderlichen Fähigkeiten in unterschiedlichen Hinsichten genauer gefasst werden. Als selbstverständlich kann angesehen werden, dass es immer um das *Verstehen* gehen muss. Das schon im Altertum geläufige Diktum „Vielwisserei macht noch keinen Verstand!“ (Heraklit) gilt nach wie vor.

Die Frage nach dem Verstehen findet sich im Übrigen schon im Neuen Testament, in besonders prominenter Form in der Erzählung, in der Philippus den

Kämmerer aus Äthiopien fragt (Apg 8,30): „Verstehst du auch, was du liest?" Die Bibel lediglich zu lesen reicht demnach nicht aus. Dabei wird in dieser Erzählung auch berichtet, was dieser Mann gelesen hat. „Die Stelle aber der Schrift, die er las, war diese (Jesaja 53,7–8): ‚Wie ein Schaf, das zur Schlachtung geführt wird, und wie ein Lamm, das vor seinem Scherer verstummt, so tut er seinen Mund nicht auf. In seiner Erniedrigung wurde sein Urteil aufgehoben. Wer kann seine Nachkommen aufzählen? Denn sein Leben wird von der Erde weggenommen'" (V. 32 f.). Was – so kann man sich fragen – wäre denn erforderlich gewesen, damit dieser Mann hätte sagen können: „Ja, ich verstehe sehr wohl, was ich da lese"?

Offenbar muss sich eine erste Ebene des Verstehens auf die *besondere Sprache* beziehen, die hier verwendet wird. Der von dem Mann gelesene Text arbeitet beispielsweise mit Vergleichen („wie ein Schaf") sowie mit Bildern (Schlachtung, geschoren werden), auf die sich das Verstehen einstellen können muss. Darüber hinaus gibt es zahlreiche innerbiblische Verweisungszusammenhänge (Schaf/Lamm, Erniedrigung, Nachkommen u. a.), die nur verständlich werden, wenn die hier aufgerufenen biblischen Zusammenhänge vertraut sind. Nicht zuletzt spielt die Herkunft des Textes aus dem Buch des Propheten Jesaja eine wichtige Rolle, wie auch dem Äthiopier vor Augen steht: „Ich bitte dich, von wem redet der Prophet das, von sich selber oder von jemand anderem?" (V. 34) Im Horizont der Apostelgeschichte verweist diese Bitte um eine Erklärung nicht nur auf den Propheten, sondern zugleich auf Jesus Christus: „Philippus aber tat seinen Mund auf und fing mit diesem Schriftwort an und predigte ihm das Evangelium von Jesus" (V. 35). Damit ist eine Ebene des Verstehens berührt, die über den Text in der Apostelgeschichte hinaus allgemeinere theologische Horizonte des christlichen Glaubens voraussetzt. Das Verstehen baut auf dem Wissen um verschiedene Zusammenhänge auf und führt dieses Wissen in der Anwendung weiter.

Auch wenn die Geschichte von dem äthiopischen Kämmerer keine Lehre vom Verstehen bieten will, lässt sich im Ausgang von ihr doch eine allgemeinere Beschreibung religionsbezogenen Verstehens formulieren. Demnach gehört zum Verstehen das *kundige Wahrnehmen,* nicht nur unmittelbar des Textes, sondern ebenso der darin enthaltenen inhaltlichen Strukturen. Weiterhin müssen die beabsichtigten *Funktionen* bestimmter Ausdrucksweisen erfasst und richtig gedeutet werden. Darüber hinaus müssen *Zusammenhänge* hergestellt werden, innerhalb des Textes selbst, aber auch über den Text hinaus, beispielsweise im Sinne verschiedener biblischer Schriften, der Christologie oder des Verhältnisses zwischen dem alttestamentlich-prophetischen Wort und dem Neuen Testament. Noch weiter reicht die Forderung, dass am Ende die Bedeutung des Textes – möglichst in eigenen Worten – *wiedergegeben* werden kann. Verstehen meint sowohl einen reproduktiven als auch einen produktiven Akt. Beide Aspekte mischen sich bei der Auslegung ebenso wie beim Verfassen von Texten, weil die eigene Produktivität schon bei der Rezeption gefragt ist.

Aus diesen Überlegungen lässt sich nun auch in einer ersten Form sagen, in welchem Sinne Verstehen zum Lernen im Religionsunterricht gehört (vgl. auch Benner et al., 2011, S. 31 ff.):

- Wahrnehmung von Strukturen,
- Wahrnehmung von Zusammenhängen,
- Erkennen von Funktionen,
- Identifikation von Bedeutungen,
- Einordnung in weiterreichende Deutungs- und Verweisungszusammenhänge,
- eigene Formulierung des Verstandenen (Reproduktion und Produktion).

Während diese Fähigkeiten ganz unabhängig von bestimmten Inhalten erforderlich sind, damit Verstehen möglich wird, kommt bei interreligiösen Themen oder auch unterschiedlichen Weltanschauungen darüber hinaus noch die Fähigkeit zur *Perspektivenübernahme* hinzu:

- Die Perspektive Angehöriger anderer Religionen oder nicht-religiöser Weltanschauungen übernehmen können.

Die genannten Fähigkeiten sollten demnach im Religionsunterricht erworben werden, wenn dieser Unterricht dem Verstehen dienen soll. Damit sind bereits sehr weitreichende Ziele beschrieben, aber gleichwohl führt der Weg des Lernens noch weiter, insbesondere zu eigener Urteilsfähigkeit als Voraussetzung von Mündigkeit.

4.3 Religiöse Urteilsfähigkeit ausbilden

Auch wenn das Verstehen häufig schon ein Urteilen einschließt, wird *Urteilsfähigkeit* zumeist als eigenes Ziel für den Religionsunterricht genannt. Das entspricht der besonderen Bedeutung dieser Fähigkeit aus bildungstheoretischer Perspektive. Wenn Bildung auf Selbstbestimmung zielt, reichen weder der Erwerb von Wissen noch ein nachvollziehendes Verstehen aus. Vielmehr müssen die Schüler:innen sich kritisch mit dem Gelernten auseinandersetzen können. Das ist besonders bei Inhaltsbereichen wie Religion, aber auch etwa Politik von eigenem Gewicht, da es hier häufig um unterschiedliche Positionen geht.

Was die im Religionsunterricht auszubildende *Kritikfähigkeit* im Einzelnen bedeutet, ist allerdings wenig geklärt. Manche religionspädagogische Autor:innen lehnen sich bei ihrem Verständnis von Kritik an bestimmte Auffassungen etwa aus der Soziologie und der Sozialphilosophie an und identifizieren das Verständnis von Kritik beispielsweise mit Ideologiekritik (vgl. Vierzig, 1975; Hull, 2000). In diesem Falle stehen dann das ideologiekritische Aufdecken der gesellschaftlichen, vor allem durch bestimmte Interessen gesteuerten Bestimmtheit oder sogar Determination des menschlichen Bewusstseins im Vordergrund sowie die Infragestellung der dadurch suggerierten Vorstellungen etwa von Gerechtigkeit oder einseitig ökonomisch bestimmter Menschenbilder in der Leistungsgesellschaft. Inzwischen wird Kritikfähigkeit aber auch von Managementtheorien als Eigenschaft von Führungskräften konzipiert (vgl. Fit in Führung, 2022), wobei ökonomische Zielsetzungen etwa eines Wirtschaftsbetriebs gerade nicht infrage gestellt, sondern unterstützt werden sollen. Über ein solches rein funktionales Verständnis von Kritikfähigkeit gehen bildungstheoretische und religionspädagogische Ziele notwendig hinaus, weil sie gerade auch scheinbare Sachzwänge hinterfragen. Im unterrichtlichen Bereich gibt es noch weitere Bezüge, etwa auf die Philosophie, in deren Bereich Kritikfähigkeit ebenfalls als Bildungsziel angesehen wird (vgl. Lindner, 2020). In der Religionspädagogik fehlt noch eine nicht allein auf die sogenannte Ideologiekritik beschränkte Darstellung zum kritischen Denken.

Im Religionsunterricht hat sich bislang vor allem ein Modell für die *ethische Urteilsbildung* durchgesetzt, welches inzwischen häufig auch im Sinne von Methodenkompetenz vermittelt wird (→ S. 190). Ein vergleichbares Modell für die *religiöse Urteilsbildung* ist bislang nicht verfügbar, obwohl in den Kompetenzbeschreibungen der Bildungspläne vielfach beides genannt wird, ethische ebenso wie religiöse Urteilsfähigkeit. Die Frage nach einem Modell für die religiöse Urteilsbildung soll deshalb im vorliegenden Buch besonders beachtet werden, mit dem Vorschlag für ein eigenes Modell (→ S. 194).

4.4 Orientierung in der religiös-weltanschaulichen Vielfalt gewinnen

Religiös-weltanschauliche Vielfalt wird weithin als Signatur der Gegenwart angesehen. Damit ist gemeint, dass es im eigenen Umfeld, der eigenen Stadt oder dem eigenen Land manifest nicht nur eine Glaubensweise oder Glaubensüberzeugung gibt, die von allen oder wenigstens den meisten Mitmenschen geteilt wird. Besonders in Zentraleuropa wird dies in der Gegenwart oft sehr eindrücklich erfahren, was nur vor einem historischen Hintergrund zu verstehen ist: Jahrhundertelang galt die vor allem mit dem Westfälischen Frieden (1648) verbundene Regelung, dass die Religionszugehörigkeit des jeweiligen Regenten für die Einwohner:innen seines Territoriums verbindlich war. Religiöse Homogenität zumindest in der Öffentlichkeit war die Folge dieser Regelung, die als Erwartung bis heute das Bewusstsein vieler Menschen prägt, bis hinein in aktuelle Auseinandersetzungen um eine „deutsche Leitkultur" (→ S. 50).

Aufgrund der Trennung von Staat und Kirche oder Religion sowie den vielfältigen Migrationsbewegungen in Folge von Flucht und Globalisierung kam es zu nachhaltigen Veränderungen (knapper Überblick: Bundeszentrale für politische Bildung, 2020). In Deutschland gehören nur noch etwas weniger als die Hälfte der Einwohner:innen einer der beiden großen Kirchen an. Zum Islam zählen sich geschätzte fünf Millionen (hier gibt es keine mit dem Christentum vergleichbaren festen Mitgliedschaftsverhältnisse). Dem Judentum gehören etwa 200.000 Menschen an. Andere Religionen und Religionsgemeinschaften gibt es in großer Zahl, auch wenn sich ihnen jeweils nur wenige Menschen formal zugehörig fühlen. Stark angewachsen ist der Anteil der Konfessionslosen – auf ca. ein Drittel der Bevölkerung. Die auch in diesem Teil der Bevölkerung vorherrschende Vielfalt religiöser und nicht-religiöser Überzeugungen gerät bei dieser Bezeichnung allerdings leicht aus dem Blick.

Auf jeden Fall geht es bei der religiös-weltanschaulichen Vielfalt nicht nur um Mitgliedschaftsverhältnisse, sondern ganz allgemein um kulturell und religiös bestimmte Überzeugungen und Möglichkeiten, das menschliche Dasein sowie die Welt zu deuten. Beispielsweise gibt es in Deutschland nur wenige Menschen, die Mitglied einer buddhistischen Vereinigung sind. Einflüsse des Buddhismus sind jedoch kulturell vielfach präsent – angefangen bei Meditationsübungen bis hin zur Karma-Lehre, die gerade auch Jugendliche in Deutschland attraktiv finden können (vgl. Mattes & Schweitzer, 2022). Auch die Verhältnisse innerhalb von Religionsgemeinschaften stellen sich vielfältig dar.

Eine solche Vielfalt bringt religionspädagogisch gesehen eine *dreifache Herausforderung* mit sich – für Kinder und Jugendliche, für die Gesellschaft sowie für Kirche und Religionsgemeinschaften (vgl. EKD, 2014):

- Für *Kinder und Jugendliche,* aber auch für Erwachsene stellen Religionszugehörigkeiten sowie Glaubensüberzeugungen keine Selbstverständlichkeit mehr dar. Sie werden nicht mehr automatisch mit der Herkunft aus dem Elternhaus übernommen, sondern werden – mit dem Religionssoziologen Peter Berger (1980) gesprochen – zu einem Gegenstand der individuellen Wahl: Die Religionszugehörigkeit ist demnach zur Folge einer Auswahlentscheidung geworden, die nur jede und jeder selbst für sich treffen kann. Der damit verbundene „Zwang zur Wahl" kann allerdings unterschiedlich ausfallen (vgl. Lorenzen, 2020). Er kann als wenig herausfordernd erfahren werden, sodass es doch bei einer nicht weiter hinterfragten *angestammten Zugehörigkeit* bleibt. Zumindest in Einzelfällen scheint die Vielfalt der Möglichkeiten aber auch als Überforderung erfahren zu werden, auf die dann in dem Sinne *fundamentalistisch* reagiert wird, dass alle Optionen außer der eigenen Überzeugung von vornherein als falsch abgelehnt werden. Stärker verbreitet sind jedoch wohl *relativistische* Reaktionsweisen, die zu einer Gleichgültigkeit gegenüber allen Glaubensüberzeugungen führen. In diesem Falle kann auch von einem Ausbleiben entsprechender Entscheidungen gesprochen werden, weil die Frage des eigenen Glaubens einfach mehr oder weniger offenbleibt – eine Entwicklung, die vom Anspruch religiöser Bildung her kritisch zu sehen ist, weil dann das Ziel einer reflektierten religiösen Mündigkeit verfehlt wird.
- Für die *Gesellschaft* erwachsen aus der religiös-weltanschaulichen Vielfalt vor allem hinsichtlich von *Wertorientierungen* neue Herausforderungen. Diese Herausforderungen werden heute oft in Verbindung mit Schlagworten wie „gemeinsames Wertefundament", „gesellschaftlicher Zusammenhalt" oder – problematischer – „deutsche Leitkultur" thematisiert (vgl. bspw. de Maizière, 2017). In der Vergangenheit, so heißt es dann, fungierten allgemein geteilte religiöse Überzeugungen als tragfähige Grundlage solcher Werte – mit der religiös-weltanschaulichen Pluralität stehe dies infrage. Auch wenn vor allem auf das Christentum zurückzuführende Wertorientierungen heute keineswegs einfach aus Kultur und Gesellschaft verschwunden sind, stellen sich in dieser Hinsicht neue Aufgaben. In einer religiös-weltanschaulich pluralen Situation müssen religiös und nicht-religiös begründete Wertorientierungen in ein Verhältnis zueinander gesetzt werden und es muss dafür gesorgt sein,

dass Wertorientierungen nicht einfach erodieren. Ein Werterelativismus stellt gesellschaftlich gesehen keine tragfähige Option dar.

- Der religiöse Wandel in der Gegenwart stellt nicht zuletzt die *Kirchen* vor große Herausforderungen. Aus ihrer Tradition heraus sind sie in Deutschland – abgesehen von den in der Regel sehr kleinen Freikirchen – als Großorganisationen angelegt, auch in institutioneller und ökonomischer Hinsicht. Durch die zahlreichen Kirchenaustritte sowie die gerade im evangelischen und katholischen Bereich rückläufigen Geburtenraten, die zu entsprechend geringeren Mitgliederzahlen führen, werden die in der Vergangenheit optimistisch getroffenen institutionellen und finanziellen Festlegungen zu einer Belastung, die in Zukunft immer weniger bewältigbar erscheint (vgl. die sog. Freiburger Studie: Gutmann & Peters, 2020). Zugleich stehen die Kirchen sowie auch alle anderen Religionsgemeinschaften in Deutschland vor der Herausforderung, sich inhaltlich im Horizont der religiös-weltanschaulichen Vielfalt zu positionieren und dabei ihre Attraktivität und Überzeugungskraft zu stärken.

Für den Religionsunterricht sind alle drei Herausforderungen bedeutsam. Sein Lernangebot bezieht sich an erster Stelle auf die Kinder und Jugendlichen, die bei ihrer religiösen Identitätsbildung begleitet werden sollen. Als Fach der staatlichen Schule kann sich der Religionsunterricht aber auch den gesellschaftlichen Erwartungen hinsichtlich von Werten nicht entziehen, zumal etwa aus der christlichen Ethik stammende und auch im Christentum selbst verankerte Motive für die Wertebildung eine wichtige Rolle spielen. Schließlich erwächst aus der grundgesetzlichen Regelung, dass der Religionsunterricht „in Übereinstimmung mit den Grundsätzen der Religionsgemeinschaften" erteilt wird (GG Art. 7,3), für diesen Unterricht auch ein grundlegender Bezug zur Kirche oder einer anderen Religionsgemeinschaft.

Daraus ergibt sich, dass das Lernen im Religionsunterricht im Horizont der Aufgabe, Kinder und Jugendliche dabei zu unterstützen, Orientierung in der religiös-weltanschaulichen Vielfalt zu gewinnen, in allen drei genannten Hinsichten wahrgenommen werden muss. Diese Aufgabe betrifft Sinn- und Wertorientierungen ebenso wie Konfessions- und Religionszugehörigkeiten. Auch das Verhältnis zu einer Religionsgemeinschaft und der Sinn religiöser Zugehörigkeiten gehören zu den Themen des Religionsunterrichts, auch wenn Schule und Unterricht keineswegs die Aufgabe haben, den Religionsgemeinschaften Mitglieder zuzuführen. Was es allerdings über die Aufnahme entsprechender

Themen hinaus genau bedeutet, wenn junge Menschen religiöse Orientierung gewinnen sollen, und was der Religionsunterricht dazu beitragen kann, muss im Folgenden noch weiter geklärt werden (→ S. 201 ff.).

4.5 Den eigenen Glauben klären

Schon die Aufgabe, Orientierungsfähigkeit in der religiös-weltanschaulichen Vielfalt zu unterstützen, bezieht sich immer auch auf den *eigenen Glauben,* der nun im Verhältnis zu dieser Vielfalt bestimmt werden muss. Zugleich geht es bei der Klärung des eigenen Glaubens für Kinder und Jugendliche nicht nur um die Situation der *Pluralität,* sondern ebenso um die in der *eigenen Lebensgeschichte* übernommenen oder ausgebildeten Überzeugungen, die vor allem im Jugendalter häufig auf den Prüfstand gestellt werden. Eine solche Klärung des eigenen Glaubens stellt so gesehen keine erst in der Gegenwart neu entstehende Aufgabe dar. Auf den eigenen Glauben bezogene Klärungen gehören vielmehr grundsätzlich zum Prozess des Aufwachsens (vgl. Schweitzer, 2016). In früheren Zeiten, als die religiöse Familiensozialisation noch stärker ausgeprägt war, stand dafür der Begriff des „Kinderglaubens", mit dem sich Jugendliche auf dem Weg zu eigener Mündigkeit auseinandersetzen mussten.

Es gehört zu den kennzeichnenden Merkmalen des *Religionsunterrichts* im Unterschied zur *Religionskunde,* etwa im Ethikunterricht (vgl. Alberts et al., 2023), dass in diesem Fach nicht nur neutral über verschiedene Religionen und Glaubensweisen informiert werden soll, sondern dass Raum für existenzielle Klärungsprozesse geboten wird. Für die Religionslehrkräfte bedeutet dies, dass sie ausdrücklich nicht auf die Rolle des neutralen Informierens beschränkt sind (obwohl der Religionsunterricht solche Informationsfunktionen ebenfalls wahrnimmt), sondern dass sie Position beziehen können und auch ausdrücklich Position beziehen sollen (vgl. bspw. Heimbrock, 2017). Für die Schüler:innen darf daraus allerdings keinerlei Zwang erwachsen, die von der Religionslehrkraft vertretene Position für sich zu übernehmen oder ihren persönlichen Glauben in der Klassenöffentlichkeit darzustellen. Vielmehr sollen sie eine eigene Position ausbilden können – in Auseinandersetzung mit sich positionierenden Religionslehrkräften sowie im Austausch mit ihren Mitschüler:innen. Positionierungen im Religionsunterricht müssen daher grundsätzlich *dialogisch* angelegt sein.

Unter dem Aspekt des Lernens im Religionsunterricht stellt sich die Frage, wie dieser Unterricht genau aussehen soll, damit er *existenzielle Klärungspro-*

zesse unterstützen kann. Dabei ist wiederum an mehrere Aspekte zu denken. Zunächst kommt es auch hier auf die Inhalte an, die mehr oder weniger auf existenzielle Fragen zugeschnitten sein können. Durch allgemeine Informationen über eine Religion tritt deren Funktion als Lebensdeutung noch nicht vor Augen. Darüber hinaus spielt die Art und Weise der unterrichtlichen Behandlung eine wichtige Rolle. Werden Fragen, die auf existenzielle Klärungsprozesse abheben, besonders beachtet und von der Lehrkraft eingespielt bzw. aufgenommen oder herrscht ein eher distanzierter Unterrichtsstil vor? Nicht zuletzt bedarf es einer Unterrichtsatmosphäre des Vertrauens, damit überhaupt persönliche Fragen, Sehnsüchte, Wünsche und Erfahrungen, aber auch Irritationen und Zweifel angesprochen werden können. Dafür sind die Beziehungen in einer Lerngruppe von entscheidender Bedeutung, insbesondere die Beziehung zwischen der Religionslehrkraft und den Schüler:innen, aber auch die Beziehungen zwischen den Schüler:innen. Besonders im Jugendalter erscheint es Schüler:innen oft riskant, sich in Fragen des Glaubens zu positionieren („sich outen"), sich damit zu exponieren und – so die Befürchtung – vor „den anderen" zu blamieren (vgl. etwa Mattes & Schweitzer, 2022).

Bei alldem ist bewusst zu halten, dass der Religionsunterricht immer *Teil der Schule* ist und bleiben soll. Seine Aufgabe ist religiöse Bildung. Dazu gehören auch Glaubensgespräche, aber eben im Modus der Bildung und nicht umgekehrt. Ebenso befinden sich die Religionslehrkräfte in einer bestimmten Rolle, die sich beispielsweise ebenso von Seelsorge wie von persönlichen Freundschaften unterscheidet. Anders als bei Freundschaften im außerschulischen Bereich können sich die Schüler:innen ihre Lehrkräfte nicht auswählen, sondern sie werden einer Lehrkraft zugeteilt, und auch dort, wo im Unterricht vielleicht seelsorgerliche Dimensionen spürbar werden, bleiben sie im Horizont der Schule Teil des schulischen definierten Raumes.

5 Rückfrage: kein ethisches Lernen im Religionsunterricht?

Vielfach wird in Öffentlichkeit und Politik, aber auch von den Eltern hinsichtlich des Religionsunterrichts in erster Linie Werteerziehung erwartet. Insofern liegt die Rückfrage nahe, warum bei den hier vorgeschlagenen Antworten auf die Frage, was der Religionsunterricht zu lernen gibt, *ethisches Lernen* nicht eigens genannt wird. In bestimmter Hinsicht wäre es sicher möglich, hier auch ethische Lernaufgaben als eigene Kategorie zu beschreiben – schon weil es sich bei den dargestellten Antwortversuchen um eine Heuristik handelt, die immer ein Stück weit unabgeschlossen bleibt. Auf jeden Fall muss an dieser Stelle das bei den beschriebenen Antwortversuchen vorausgesetzte Verständnis von Ethik und ethischem Lernen verdeutlicht werden.

In der in diesem Buch vertretenen Sichtweise besteht grundsätzlich ein *enges Verhältnis zwischen Religion und Ethik* (vgl. Schweitzer, 2014b). Religion wird als eine wichtige Quelle von Werten verstanden. Aus Glaubensüberzeugungen erwachsen immer auch bestimmte Wertorientierungen. In der Geschichte des Christentums kann dafür bereits auf die Bibel verwiesen werden, die ja ebenso Ausdruck von Glaubensüberzeugungen ist wie von damit verbundenen ethischen Ansprüchen. Dabei spielt sowohl im Alten als auch im Neuen Testament insbesondere die Vorstellung einer umfassenden Gerechtigkeit, die von Gott ausgeht und die den Menschen eine grundlegende Orientierung für ihr Leben anbietet, eine hervorgehobene Rolle. Zugespitzt: Im biblischen Sinne an Gott glauben ist gar nicht möglich, ohne sich zugleich auf die göttliche Gerechtigkeit einzustellen, bis hinein in das eigene Handeln. Exemplarisch abzulesen ist dies an den Zehn Geboten: Die ersten drei Gebote betreffen den Glauben an Gott – die darauf folgenden Gebote beschreiben eine Lebensordnung, deren Maß in der göttlichen Gerechtigkeit besteht. Ähnlich zentral ist die Gerechtigkeit etwa in der Bergpredigt Jesu oder bei Paulus.

In der theologischen Diskussion der Gegenwart wird großer Wert darauf gelegt, dass ethische Fragen nicht isoliert, also abgelöst von den ihnen zugrundeliegenden religiösen oder weltanschaulichen Überzeugungen behandelt werden sollten (vgl. bes. Herms, 1991). Denn hinter Wertorientierungen und ethischen Urteilen stehen immer auch *Menschenbilder* und *Weltbilder*, die eng mit dem Glauben zusammenhängen. Dies lässt sich am Zusammenhang zwischen Menschenwürde und Gottebenbildlichkeit verdeutlichen. Die in Gen 1,26f. dem Menschen von Gott unverlierbar zugesprochene Gottebenbildlichkeit stellt in moderner Terminologie ausgedrückt die Grundlage dafür dar, dass jeder Mensch, wie immer er auch ist und lebt, gleiche Würde besitzt (vgl. etwa Huber, 2001). Diese Begründung wird allerdings lediglich für diejenigen überzeugend sein, die den Glauben an den biblischen Gott teilen. Soweit dies nicht der Fall ist, müssen andere Begründungen gefunden werden. In der Tradition Immanuel Kants beispielsweise wird hier auf die Vernunftnatur des Menschen verwiesen: Als einem sich selbst bestimmenden Vernunftwesen komme dem Menschen eine besondere Würde zu (vgl. Kant, 1785/1956, S. 67ff.). Die Folgeprobleme einer solchen Begründung von Menschenwürde treten allerdings sogleich vor Augen, wenn Lebenslagen bedacht werden, in denen die menschliche Vernunft infrage steht, etwa aufgrund von Behinderungen oder von Unfällen, durch die Menschen dauerhaft das Bewusstsein verlieren. Haben solche Menschen keine Würde mehr?

Für das Lernen im Religionsunterricht folgt aus dem Zusammenhang zwischen Ethik und religiös begründeten oder jedenfalls religiös gehaltvollen Menschenbildern, dass ethische Themen im Religionsunterricht in einem religiösen Horizont aufzunehmen sind. Die Ethik gehört deshalb zwingend dazu, wenn oben vom Kennenlernen von Religion(en) und Weltanschauungen die Rede war und ebenso beim Verstehen und der Urteilsfähigkeit oder auch der Orientierung in der religiös-weltanschaulichen Vielfalt bis hin zur Klärung des eigenen Glaubens. Diese Orientierung hat nicht nur eine Sinn- oder Glaubensdimension, sondern auch eine ethische Dimension.

Aufgaben ethischen Lernens werden in der vorliegenden Darstellung also keineswegs übergangen, sondern als *integraler Bestandteil* des Lernens im Religionsunterricht verstanden. Darin unterscheidet sich der Religionsunterricht von einem philosophisch ausgerichteten Ethikunterricht, der zwar auch religiöse Begründungen ethischer Entscheidungen thematisieren kann und soll, der aber letztlich nicht auf eine religiöse Grundlegung der Ethik zielt.

6 Lerninhalte, Lernwege und Lernprinzipien: ein Implikationsverhältnis

Im Zentrum des vorliegenden Buches steht die Frage, was der Religionsunterricht zu lernen gibt. Das unterscheidet diese Darstellung vor allem von den zum Teil weitverbreiteten Leitfäden zu *Unterrichtsmethoden*. Denn solche Leitfäden (vgl. zuletzt Riegger, 2019) sparen die weiterreichende Frage nach dem „Was" des Lernens entweder ganz aus oder nehmen sie nur anhand einzelner Beispiele auf. Sie machen in der Regel auch keinen Versuch, zu klären, wie die vorgestellten Unterrichtsmethoden in einer bestimmten Inhaltsdomäne verankert sind – beispielsweise also, welche Entsprechungsverhältnisse zwischen Methoden und Inhalten angestrebt werden sollten. Insofern besteht eine Lücke, die mit dem vorliegenden Buch zumindest ein Stück weit geschlossen werden soll. Das ist nur möglich, wenn die inhaltliche und die methodische Dimension von Unterricht nicht einfach unverbunden nebeneinanderstehen.

In der vorliegenden Darstellung werden das Was und das Wie des Lernens konsequent miteinander verbunden. Bei den Lerninhalten statt bei den Methoden anzusetzen führt für sich allein genommen nicht zu einer befriedigenden Antwort auf die Frage nach dem Lernen im Religionsunterricht. Schon ob es in diesem Unterricht überhaupt etwas zu lernen gibt, das über die bloße Aneignung von Wissensbeständen hinaus *Bildung* genannt zu werden verdient, hängt unvermeidlich auch davon ab, *wie* im Religionsunterricht gelernt wird. Darauf verweist der Begriff „Lernwege". Dieser Begriff ist bewusst in einem weiteren Sinne zu verstehen als der Begriff der Unterrichtsmethoden (obwohl der Begriff „Methode" im wörtlichen Sinne ebenfalls einen „Weg" meint). Er zielt auf das Gesamtensemble und die Gesamtausrichtung von Unterricht. Diese Gesamtausrichtung wird durch bestimmte *Lernprinzipien* wie Subjektorientierung oder Erfahrungs- und Handlungsorientierung konkretisiert, auf die im Folgenden genauer einzugehen sein wird (→ S. 261 ff.).

Entscheidend ist im vorliegenden Zusammenhang aber der Hinweis auf das *Implikationsverhältnis zwischen dem Was und dem Wie*. Anders ausgedrückt lassen sich die mit den fünf beschriebenen Antwortversuchen auf die Frage, was der Religionsunterricht zu lernen gibt, verbundenen Erwartungen nur erfüllen, wenn das Lernen im Religionsunterricht eine bestimmte Gestalt aufweist und bestimmten didaktischen Grundsätzen folgt. Die größte Anerkennung genießt heute in der Religionspädagogik dabei das Prinzip der *Subjektorientierung.* Alles Lehren und Lernen muss demnach von den Kindern und Jugendlichen ausgehen und konsequent von ihren Lernmöglichkeiten sowie von ihren Bedürfnissen und Interessen her konzipiert werden (vgl. Religion subjektorientiert erschließen, 2022). Darüber hinaus impliziert Subjektorientierung die Anerkennung von Kindern und Jugendlichen als Subjekte – im Gegensatz zu bloßen Objekten der Instruktion und Belehrung – sowie die Ausrichtung des Unterrichts auf ihre Subjektwerdung als Zielhorizont.

Der Anspruch der Subjektorientierung soll dabei nicht nur dort zum Tragen kommen, wo es ausdrücklich um die für die individuelle Selbstständigkeit erforderliche Urteilsfähigkeit und Orientierungsfähigkeit geht, sondern bereits im Verhältnis zu den Inhalten des Unterrichts sowie zu den Fähigkeiten des Verstehens und Urteilens, die im Unterricht unterstützt werden sollen. Lernprinzipien wie die Subjektorientierung müssen demnach in den Horizont der Bestimmungen zum Lernen im Religionsunterricht gerückt werden. Außerhalb dieses Horizonts bleiben sie unspezifisch. Das religionspädagogische Lernverständnis soll in einem eigenen Kapitel weiter erörtert werden (→ S. 236 ff.).

7 Zusammenfassung

In diesem Teil des Buches wurde ein *religionspädagogisch-bildungstheoretischer Rahmen* entwickelt, von dem her sich eine Antwort auf die Frage nach dem Lernen im Religionsunterricht allererst begründen lässt. Da ein solcher Rahmen zugleich nicht einfach zur Verfügung steht oder sich von selbst versteht, wurden zunächst die Kriterien ausgewiesen, von denen dieser Rahmen seinerseits abhängig ist. Insbesondere fachliche, fachdidaktische und bildungstheoretische Maßstäbe erwiesen sich dabei als maßgeblich, darüber hinaus die gesellschaftliche Plausibilität des Faches sowie die Möglichkeit existenzieller Klärungsprozesse.

In einem weiteren Schritt wurden *fünf Antwortmöglichkeiten* umrissen, die zusammengenommen eine Antwort auf die Frage nach dem Lernen im Religionsunterricht ergeben. Demnach geht es im Religionsunterricht darum, Religion, Religionen und Weltanschauungen kennenzulernen, religiöse und weltanschauliche Zusammenhänge zu verstehen, religiöse Urteilsfähigkeit auszubilden, Orientierung in der religiös-weltanschaulichen Vielfalt zu gewinnen sowie den eigenen Glauben zu klären. Darüber hinaus wurde verdeutlicht, warum ethische Bildung dabei nicht als eigene Thematik aufgeführt, sondern einem integrativen Verständnis folgend als Dimension aller fünf vorgeschlagenen Lernaufgaben zu verstehen ist. Schließlich wurde anhand des Verhältnisses zwischen Lerninhalten, Lernwegen und Lernprinzipien dafür plädiert, das Wie des Lernens und insbesondere die Unterrichtsmethoden nicht isoliert zu betrachten, sondern von einem konstitutiven Zusammenhang zwischen Lernwegen und Lerninhalten auszugehen.

Die damit umrissenen Antwortversuche sollen nun im zweiten Hauptteil des Buches jeweils im Einzelnen entfaltet werden. Denn wie sich dabei zeigen wird, besteht die Herausforderung der Frage nach dem Lernen im Religionsunterricht keineswegs nur in der Identifikation übergreifender Lernperspektiven, sondern in der etwa in den Bildungsplänen, aber auch in der wissenschaftlichen Religionspädagogik häufig noch unzureichenden Präzisierung der damit verbundenen Lernaufgaben und Lernprozesse.

Teil 2: Entfaltungen

Die fünf Antwortversuche auf die Frage nach dem Lernen im Religionsunterricht, die in Teil 1 vorgestellt wurden, müssen weiter geklärt werden. Dabei soll jeweils auch der Stand der religionspädagogischen Diskussion aufgenommen werden. Hier zeigt sich allerdings, dass noch viele Fragen offen sind. Insofern soll die Darstellung zugleich Impulse und Perspektiven für die praktische und wissenschaftliche Weiterarbeit bieten.

Bei der Entfaltung wird darüber hinaus deutlich, dass sich die verschiedenen Antwortversuche am besten als unterschiedliche Perspektiven auf dieselbe Sache verstehen lassen und dass immer wieder mit Überschneidungen zu rechnen ist. Gleichwohl führt dies nicht zu unnötiger Redundanz, da jeweils bestimmte Aspekte in den Vordergrund treten und das Lernen im Religionsunterricht auf diese Weise jeweils ein Stück weiter geklärt werden kann.

8 Was gehört heute zum religiösen Weltwissen? Perspektiven jenseits falscher Enzyklopädie

8.1 Auswahlkriterien

Oft sind die einfachen Fragen die schwersten. Das scheint auch für die Frage zu gelten, welches Wissen so wichtig ist, dass es in der Schule und im Religionsunterricht erworben werden soll. Das hängt nicht zuletzt damit zusammen, dass *Wissen* in der Pädagogik überhaupt als ambivalenter Begriff wahrgenommen wird. Wissen erscheint in dieser Sicht häufig und schon lange als eine gleichsam objektive Vorgabe, die den Kindern und Jugendlichen fremd und äußerlich gegenübersteht – als lexikalischer oder gar enzyklopädischer Bestand von Kenntnissen –, während es pädagogisch doch immer auf die Entwicklung der Persönlichkeit oder, wie es heute heißt, des *Subjekts* ankommen muss. Wissen wird dann mit einer pädagogisch fragwürdigen Vermittlung von Wissensbeständen gleichgesetzt und in der Folge nicht mehr genauer betrachtet. Dazu kommt in der Gegenwart die sich mit der *Digitalisierung* einstellende Wahrnehmung, dass Wissen nunmehr jederzeit und überall verfügbar sei, im effektiven Zugriff von Suchmaschinen, die jede Belastung von Menschen als bloße Informationsspeicher überflüssig machen. Auch die Frage nach dem im Religionsunterricht zu erwerbenden Wissen stellt sich in den Zeiten digitaler Suchmaschinen anders als je zuvor.

Gleichwohl hat die Frage nach dem Wissen im Religionsunterricht in den letzten Jahren und Jahrzehnten kaum religionspädagogisches Interesse gefunden. Angesichts dieser Situation ist es erforderlich, zunächst die grundlegende Bedeutung von Wissen für alle Erziehung und Bildung, aber eben auch für die Selbstwerdung in den Blick zu nehmen. Dabei tritt sogleich vor Augen, dass es in pädagogischen Zusammenhängen von vornherein nur um eine *exemplarische Auswahl von Wissen* gehen kann, schon weil die der Schule zur Verfügung stehende Zeit immer begrenzt ist und jeder Versuch, „möglichst viel“ Wissen zu vermitteln, nur dazu führen kann, dass die Kinder und Jugendlichen „erschlagen“ werden. Auf diese Spannung verweist die Polarität zwischen einem nach wie vor anzustrebenden *Weltwissen,* das ebenso individuelle Handlungsfähigkeit begründet wie die Möglichkeit, mit anderen zu kommunizieren, und der Warnung vor enzyklopädisch orientierten Erwartungen, die nur zu menschlichen Lexika führen können.

Gerade die universelle Verfügbarkeit von Wissen im digitalen Raum kann allerdings auch eine Art Gegenbewegung auslösen. Dem stets in Überfülle verfügbaren Wissen, das ebenso leicht greifbar ist wie es rasch wieder vergessen wird, kann dann ein *intensives Wissen* als Vertrautheit mit zumindest einer Sache oder einem Thema gegenübergestellt werden: wenigstens *ein anspruchsvolles Buch* von Anfang bis Ende gelesen zu haben, wie ein traditioneller Buchdrucker genau mit den Regeln für den *Umgang mit Lettern* vertraut sein, *ein Stück Holz* stundenlang beschnitzen und tief in das Wissen über seine Faserstruktur eindringen. Es ist kein Zufall, dass solche Formen intensiven Vertrautwerdens gerade in Zeiten eines flüchtigen Wissens auf neue Art und Weise attraktiv werden.

8.1.1 Die Bildungsbedeutung von Wissen als Auswahlkriterium

Die Bestimmung der Bildungsbedeutung von Wissen ist von grundlegender Bedeutung für pädagogische Zusammenhänge allgemein und nach wie vor insbesondere für die Schule. Das gilt auch im Zeitalter von Google. Eine Schule, in der keinerlei Wissen erworben werden kann, würde wohl von den meisten Menschen als ein Widerspruch in sich selbst wahrgenommen werden. Das für die Pädagogik konstitutive Anliegen, dass der Wissenserwerb zugleich der *Bildung mündiger Menschen* dient, betrifft allerdings an erster Stelle die Art und Weise, *wie Wissen jeweils angeeignet werden soll* – nämlich immer so, dass das Lernen die Selbstwerdung unterstützt. Zugleich müssen sich aus der Bildungsbedeutung von Wissen aber auch Kriterien für die immer unvermeidliche *Auswahl von Wissen* für den Unterricht ergeben. Nicht alles Wissen kann für die Bildung gleichermaßen bedeutsam sein. „Alles" zu wissen ist kein sinnvolles Bildungsziel. Wenn aber die für Schule und Unterricht unvermeidlich zu treffende Auswahl in begründeter Weise geschehen soll, muss sie Maß an der Bildung des Menschen nehmen. Insofern liefert die Bestimmung der Bildungsbedeutung von Wissen zugleich Kriterien für die Auswahl des Wissens, das im (Religions-)Unterricht zu erwerben ist.

In der (religions-)pädagogischen Tradition gibt es eine Reihe von Ansätzen, aus denen sich unterschiedliche Antworten auf die Frage nach bildungsbedeutsamem Wissen ergeben und die zugleich zeigen, dass es nicht um „Wissen an sich“ gehen kann, auch wenn gerade heute auch nach einem möglichen *Eigenwert von Wissen* gefragt wird. Zur weiteren Klärung bietet sich, wie schon deutlich geworden ist, der Begriff des „Weltwissens“ an, der allerdings religionspädagogisch erst noch weiter geklärt werden muss.

8.1.2 Weltwissen religionspädagogisch

In der Religionspädagogik spielt der Begriff des Weltwissens bislang kaum eine Rolle. Weithin bekannt geworden ist der Begriff erst durch das Buch von Donata Elschenbroich „Weltwissen der Siebenjährigen. Wie Kinder die Welt entdecken können“ (Elschenbroich, 2001). Diese Darstellung ist eher populär ausgerichtet und entsprechend wenig um eine wissenschaftliche Klärung von Begriffen bemüht. Eine klare wissenschaftliche Verankerung ist für diesen Begriff auch nur schwer zu erreichen, wie entsprechende Versuche beispielsweise in der Deutschdidaktik zeigen (vgl. Stark, 2019). In der Philosophie kann zumindest das mit dem Begriff Gemeinte vor allem mit Husserls Phänomenologie verbunden werden (Plümacher, 2006). Allerdings wird der Ursprung des Begriffs weniger in der Philosophie gesehen als in der Sprachwissenschaft, weil der Begriff dort „spätestens seit den 1980er Jahren gebräuchlich geworden“ sei. Dabei werde „auch vom ‚Wissenshintergrund‘ oder dem ‚enzyklopädischen‘ und ‚kulturellen Wissen‘“ gesprochen – in Bezug „auf das gemeinsame Wissen der Gesprächspartner, das ihre Sprach- und Zeichenprozesse trägt“ (Plümacher, 2006, S. 248). Solche Formulierungen verweisen der Sache nach auf die Wissenssoziologie etwa von Peter Berger und Thomas Luckmann (1969), die vermittelt über den Soziologen Alfred Schütz ebenfalls an Husserl anschließen. Auch in diesem Falle wird die Rolle von Wissensbeständen hervorgehoben, die im Sinne kultureller Voraussetzungen sowohl individuelles als auch soziales Handeln sowie eine Koordination und Verständigung mit anderen Menschen allererst ermöglichen. Soziales Handeln ist in dieser Sicht grundlegend davon abhängig, dass ein gemeinsamer „Wissensvorrat“ verfügbar ist, an dem sich das Handeln der Beteiligten ausrichtet.

In der Gegenwart spielt der Begriff des Weltwissens darüber hinaus eine Rolle in der *Pädagogischen Psychologie* bzw. der *Empirischen Bildungsforschung*, beispielsweise im Zusammenhang mit der Lesekompetenz, wie sie in den PISA-Studien untersucht wird. Hier wird hervorgehoben, dass das Gelesene „in das inhaltliche Vorwissen der Lesenden“ eingeordnet werden muss, wenn es verstanden werden soll: „Beim Lesen von narrativen Texten, die sehr nahe an Alltagserfahrungen sind, wird in erster Linie allgemeines Weltwissen benötigt. Diese Form des Wissens besteht aus Skripten, Schemata, Vorurteilen und Gedächtnisrepräsentationen spezifischer Erfahrungen und ist hochgradig überlernt und automatisiert“ (Artelt et al., 2001, S. 72).

Im Blick auf Schule und Unterricht geht es somit um die Frage, was Kinder und Jugendliche im Sinne von Vorerfahrungen und Vorwissen schon mitbringen oder jedenfalls mitbringen sollten, wenn sie einem Text oder Thema begegnen. Zugleich lässt sich dieses Verständnis von Vor- oder Weltwissen auch über die Schule hinaus verallgemeinern. Denn hier geht es ebenso um das für das Verstehen von Sachverhalten oder Texten erforderliche Wissen, allerdings gerade nicht in einer fachspezifisch ausdifferenzierten Gestalt, sondern eines allgemeinen kulturellen Hintergrundwissens, das schon für die Identifikation von Phänomenen als solchen notwendig vorausgesetzt werden muss. In diesem Sinne ist der Begriff des Weltwissens offenbar auch bei Elschenbroich (2001, S. 14) gemeint, wobei sie ihn zugleich pädagogisch-normativ wendet: „Was sollte ein Kind in seinen ersten sieben Lebensjahren erfahren haben, können, wissen? Womit sollte es zumindest in Berührung gekommen sein?“

Dass der Begriff des Weltwissens auch religionspädagogisch anschlussfähig sein kann, hat sich bereits in der Einleitung zu diesem Buch – am Beispiel entsprechender Überlegungen von Karl Ernst Nipkow (2011) – gezeigt und soll im Folgenden weiter entfaltet werden. Offenbar verweist der Begriff Weltwissen über seine verschiedenen Verwendungsweisen hinweg auf Wissensbestände, die allgemein erforderlich oder wünschenswert sind, weil Menschen erst durch sie orientierungs- und handlungsfähig werden. Damit zielt der Begriff auf ein Wissen, das ebenso in individuellen wie in gesellschaftlichen Lebenszusammenhängen benötigt wird: Ohne ein solches Wissen kann man weder mit anderen kommunizieren noch gemeinsam handeln. Bei religionsbezogenem Wissen kommen dazu noch kirchliche Zusammenhänge oder sonst mit anderen geteilte religiöse Praktiken, bei denen die individuelle Teilhabe ein bestimmtes Wissen voraussetzt und deren Funktionieren seinerseits von einem solchen Wissen abhängig ist.

Ausgehend von diesem Verständnis von *religiösem* oder *religionsbezogenem Weltwissen* lässt sich dann fragen, was heute zu einem solchen individuell und gesellschaftlich sowie für kirchliche Zusammenhänge erforderlichen und wünschenswerten Wissensbestand gehört. Die Aufgabe des Religionsunterrichts ergibt sich dann daraus, die Aneignung gerade solcher Wissensbestände oder zumindest von Anteilen solcher Wissensbestände zu ermöglichen, die nicht oder nicht mehr durch die religiöse Sozialisation in Familie und Gesellschaft tradiert werden.

Welche Wissensbestände dies sein sollen, lässt sich allerdings nur in dem Sinne perspektivisch beantworten, dass bestimmte Erfordernisse identifiziert werden, für die ein bestimmter Wissensbestand benötigt wird. Die Bildungsbedeutung von Wissen ist dabei individuell, gesellschaftlich und kirchlich verankert. Diese unterschiedlichen Verankerungen müssen im Folgenden jeweils genauer betrachtet werden. Am Ende steht gleichsam als Gegenpol zu einer solchen funktionalen Betrachtungsweise die Frage nach einem – möglichen – Eigenwert von Wissen.

Zuvor sollen gleichsam als Vorzeichen drei Erinnerungen an oft als klassisch bezeichnete Positionen stehen, die jeweils grundlegende Perspektiven auf Wissen kenntlich machen.

8.1.3 Das Christentum kennen, die Welt verstehen, mündig werden: Grundlegende Perspektiven im Anschluss an Luther, Comenius und Kant

In der christlichen Tradition stellt der *Katechismus* das erste Beispiel für eine Auswahl von Wissen dar, das als notwendig erachtet wurde. Leitend sind dabei der Bezug auf den christlichen Glauben und das Ziel, das für diesen Glauben und ein christliches Leben erforderliche Wissen bereitzustellen. Besonders der Kleine Katechismus von Martin Luther (1529) hat in dieser Hinsicht eine enorme Wirkungsgeschichte entfaltet. Auch wenn das damals übliche katechetische Vorgehen des Abfragens auswendig gelernten Wissens heute als problematisch erscheinen muss, weil die Bildung des Subjekts dabei leicht außer Acht bleibt, ist doch die Art und Weise, wie beispielsweise Luther seinen Katechismus erstellt hat, noch immer aufschlussreich.

In der Vorrede zur Deutschen Messe bietet Martin Luther (1526) folgende *Definition:* „Katechismus aber heißt ein Unterricht, mit dem man die Heiden, die Christen werden wollen, lehrt und unterweist, was sie glauben, tun, lassen und wissen sollen im Christentum" (Luther, 1526/1982, S. 78). Es geht also darum, was jemand zum Christsein braucht. Die Bildungsbedeutung des katechetischen Wissens erwächst hier daraus, dass dieser Glaube ohne dieses Wissen nicht oder jedenfalls nicht in der angestrebten Weise bestehen kann. Bemerkenswert ist weiterhin, dass Dreierlei als entscheidend angesehen wird: *Glaube, Lebensführung* und *Wissen.* Auch wenn Luther ein bestimmtes Wissen für unverzichtbar hält, geht es ihm offenbar nicht um ein isoliertes Wissen, nicht um einen Wissensbestand an sich, sondern das Wissen ist auf Glaube und Lebensführung bezogen und wird von diesen, die auch zuerst genannt werden, so gerahmt, dass es erst durch den Bezug darauf seine Bedeutung gewinnt. Heute lässt sich das im Blick auf den Religionsunterricht wohl am besten so ausdrücken, dass dieser Unterricht ein Wissen bereitstellen soll, das für das Christsein erforderlich ist, sowohl hinsichtlich des Inhalts des christlichen Glaubens als auch der christlichen Ethik. Kurz gefasst: *Das Christentum kennenlernen und das dafür erforderliche Wissen erwerben.*

Dass sich Bildung und Religionsunterricht nicht auf das Christentum beschränken können, wurde schon in der Geschichte der Religionspädagogik und also nicht erst in der Gegenwart bewusst. Dafür kann exemplarisch Johann Amos Comenius genannt werden, der bereits im 17. Jahrhundert bis heute anregende ökumenische und ökologische Bildungsperspektiven entwickelt hat. Sein berühmtestes Buch ist der „Orbis Sensualium Pictus" (1658) oder in deutscher Übersetzung „Die sichtbare Welt". Dieses zweisprachige lateinisch-deutsche Schulbuch, das auch in vielen anderen Sprachen vorliegt, diente beidem, der Sprachbildung und der Sachbildung. Das Buch beginnt mit der Einladung des Lehrers an den Schüler: „Veni, Puer, disce Sapere" (S. 2). Das könnte mit „lerne, zu wissen" übersetzt werden, aber tatsächlich weist es in eine andere Richtung: Erworben werden soll hier Klugheit oder auch Weisheit. Erläutert wird dies mit dem Ziel, „Alles/ was nöthig ist/ recht verstehen/ recht thun/ recht ausreden" (S. 2). Gelernt werden soll, etwas sprachlich zum Ausdruck zu bringen oder, in heutiger Terminologie, kommunizieren zu können. Auch in diesem Falle ist das Wissen also bildungstheoretisch eingebunden. Es geht um Verstehen, verantwortliches Handeln sowie um Kommunikationsfähigkeit. Auch die christliche Religion gehört zu der von Comenius im „Orbis Pictus" dargestellten Welt. Anders aber als in Luthers Katechismus steht diese Religion von vornherein im weiteren Zusammenhang der Welt – oder wie man mit Comenius formulieren muss: der *ganzen* Welt, wozu für Comenius auch schon nicht-christliche Religionen zählen (auch wenn diese nicht in einem guten Licht dargestellt werden, vgl. Comenius, 1658, S. 294 ff.). Das Lernen soll bei alldem ebenso den Menschen gerecht werden wie den Dingen, so wie es Gottes Schöpfungswillen entspricht. Dieses Lernen ist auf eine umfassende Friedensordnung ausgerichtet, die ebenso die Menschen wie die Sachenwelt umfasst und heute häufig als „Natur" bezeichnet wird. Darin besteht sein letzter Zweck. Wiederum in knapper Form ausgedrückt: *Die Welt aus einer Perspektive verstehen lernen, die mit dem dreifachen Bezug auf die Menschen, die Sachenwelt sowie Gott bestimmt ist.* Wissen hat auch hier keinen Selbstzweck, sondern muss diesem Ziel dienen, für das es dann umgekehrt allerdings unverzichtbar und deshalb wertvoll ist sowie durch Unterricht erworben werden muss.

Comenius stand gleichsam auf der Schwelle zwischen Mittelalter und Neuzeit. Sein Denken war ebenso von den mittelalterlichen Traditionen geprägt wie von modernen Visionen im Sinne der Aufklärung. Gleichwohl kommen mit der *Aufklärung des 18. Jahrhunderts* auch für die religiöse Bildung maßgebliche neue Perspektiven ins Spiel. Das wird exemplarisch bereits an Immanuel Kants Versuch, Aufklärung zu definieren, deutlich: „Sapere aude!“ (wage, zu wissen; Kant, 1783/1964, S. 53). Das klingt ähnlich wie bei Comenius („disce sapere“/lerne wissen), gewinnt bei Kant aber eine veränderte Bedeutung. An seiner ausführlicheren Definition ist dies gut abzulesen:

> „*Aufklärung ist der Ausgang des Menschen aus seiner selbst verschuldeten Unmündigkeit.* Unmündigkeit ist das Unvermögen, sich seines Verstandes ohne Leitung eines anderen zu bedienen. *Selbstverschuldet* ist diese Unmündigkeit, wenn die Ursache derselben nicht am Mangel des Verstandes, sondern der Entschließung und des Mutes liegt, sich seiner ohne Leitung eines anderen zu bedienen. Sapere aude! Habe Mut, dich deines *eigenen* Verstandes zu bedienen! ist also der Wahlspruch der Aufklärung.“ (Kant, 1783/1964, S. 53)

Das Wissen oder die Fähigkeit, um die es hier geht, könnte heute vielleicht am besten als *kritisches Denken* umschrieben werden. Ziel ist eine *Mündigkeit,* die – das ist im vorliegenden Zusammenhang besonders wichtig – nicht als eine statische Gegebenheit im Sinne eines ein für alle Mal zu erreichenden Zustandes aufgefasst wird, sondern als ein fortwährender Prozess der Selbstbefreiung. Mündigkeit muss immer wieder neu gewonnen werden, nämlich durch den „Mut, sich seines eigenen Verstandes zu bedienen“, wie Kant in dem Zitat oben formuliert. Stärker als bei Luther oder Comenius tritt damit der einzelne Mensch als Subjekt in den Vordergrund. Wenn Bildung auch den Erwerb von Wissen bedeuten soll, kann es in dieser Perspektive immer nur um ein kritisch reflektiertes Wissen gehen, das die individuelle Mündigkeit stärkt.

Zusammengenommen machen diese drei Erinnerungen bewusst, dass Wissen von grundlegender Bedeutung für alle Bildung ist, aber eben pädagogisch immer in einen weiterreichenden Horizont eingeordnet und von diesem Horizont her erschlossen werden muss – dem Horizont des *Glaubens,* einer *Weis-*

heit, die ein Leben in Frieden und ökologischer Verantwortung ermöglicht, sowie der *kritischen Mündigkeit und Freiheit* jedes einzelnen Menschen. Damit sind drei Kriterien angesprochen, die bis heute für das Verständnis religiöser Bildung maßgeblich sein können. Das Lernen im Religionsunterricht muss so gesehen dem Ziel dienen, dass Kinder und Jugendliche Religion und Religionen kennenlernen, die Welt verstehen können sowie selbst Mündigkeit erlangen – im Glauben und im Leben.

Was dies für die Gegenwart bedeutet, ergibt sich allerdings nicht schon unmittelbar aus einer solchen Erinnerung an die Bildungstradition. Beispielsweise fällt aus heutiger Sicht rasch auf, dass andere Religionen und Weltanschauungen im Katechismus Luthers nicht erwähnt und bei Comenius nur in apologetisch-abwertender Weise thematisiert werden. Offenbar fällt die jeweilige Auswahl von Wissensbeständen immer auch zeitbedingt aus.

8.1.4 Zur Bedeutung religionsbezogenen Wissens im individuellen, kirchlichen und gesellschaftlichen Leben

Die Bedeutung religionsbezogenen Wissens im individuellen, kirchlichen und gesellschaftlichen Leben zu klären stellt ein umfassendes Vorhaben dar, das im Rahmen einer auf den Religionsunterricht bezogenen Darstellung bestenfalls ansatzweise umgesetzt werden kann. In konsequenter Durchführung müsste ein solches Vorhaben in die kaum überschaubaren Verästelungen des individuellen, kirchlichen und gesellschaftlichen Lebens hineinführen – und dies im globalen Horizont. Dafür wären nicht zuletzt auch religionsdidaktische Vorarbeiten erforderlich, wie sie bislang nicht zur Verfügung stehen. Insofern kann es hier nur darum gehen, grundlegende Perspektiven sowohl in individueller als auch kirchlicher und gesellschaftlicher Hinsicht zu entwickeln.

Wissen als Voraussetzung für die Teilhabe am kirchlichen Leben

Am leichtesten erkennbar ist die grundlegende Bedeutung religionsbezogenen Wissens im Blick auf gemeinschaftliche, beispielsweise also *kirchliche religiöse Praktiken und Vollzüge*. Die Teilhabe am kirchlichen Leben soll deshalb als erstes aufgenommen werden, auch wenn die Kirche heute nicht mehr den ersten Bezugspunkt für das Bildungsverständnis und für das Lernen in der Schule darstellen kann.

Der *Gottesdienst* ist ein gutes Beispiel dafür, dass eine Teilhabe ein bestimmtes Wissen voraussetzt. Die Teilnahme an einem christlichen Gottesdienst funktioniert nur, wenn die Menschen wissen, wie sie sich verhalten sollen. Man geht zu einer bestimmten Zeit zu einer Kirche, betritt den Kirchenraum, man muss wissen, dass man sich dann setzen sollte und wo dies geschehen kann, dass die Teilnahme durch ein Gesangbuch unterstützt wird und was in diesem Buch an welcher Stelle zu finden ist. Und einer Predigt wird kaum jemand folgen können, der nicht über ein bestimmtes Vorwissen verfügt, da Predigten einen bestimmten Sinnzusammenhang voraussetzen und vielfach auch Querverweise darauf enthalten, was als bekannt vorausgesetzt wird, beispielsweise der Schöpfungsglaube oder Jesu Tod am Kreuz.

Dass ein entsprechendes Wissen zwar erforderlich, aber gleichwohl nicht automatisch vorauszusetzen ist, tritt heute vor allem Pfarrer:innen beispielsweise bei Hochzeiten oder Taufen vor Augen. Bei solchen Gottesdiensten finden sich in der Kirche oft Menschen ohne Gesangbuch, weil sie nicht wussten, dass solche Bücher am Eingang bereit liegen. Andere blättern eher hilflos in diesem dicken Buch, weil sie nicht wissen, wo etwa die gemeinsam gesprochenen Psalmen zu finden sind. Auswendig gelernte Bekenntnisse werden in der Regel im Gottesdienst nicht mehr vorausgesetzt.

Aber nicht nur für den Gottesdienst ist ein Vorwissen erforderlich, sondern ebenso für alle *Interaktion und Kommunikation im Raum der Kirche.* Was ist eine Taufe – eine Erstkommunion, Firmung oder Konfirmation? Was ist ein Pfarramt und wann kann man sich auf welchem Wege an ein solches Amt wenden? Aus welchem Grund? Was bedeutet eigentlich Seelsorge und wozu soll sie gut sein?

Weiterreichend kann Kommunikation in der Kirche nur auf der Grundlage einer mit anderen geteilten *Vertrautheit mit dem christlichen Glauben* gelingen. Zumindest im weitesten Sinne muss dafür den Beteiligten bekannt sein, was zu diesem Glauben gehört und was nicht, was die Grundelemente dieses Glaubens jeweils bedeuten und welche Verbindlichkeit sie für diejenigen beanspruchen, die sich dem Christentum zurechnen. In diesem weiten Sinne leuchtet das in der Reformationszeit formulierte Bildungsziel noch immer ein: Das Christentum kennen.

Nach wie vor ist bei vielen Menschen in Zentraleuropa ein *religionsbezogenes Weltwissen* vorhanden, das Antworten auf die oben genannten Fragen erlaubt, aber offenbar nicht mehr bei allen. Eine Teilhabe am kirchlichen Leben setzt deshalb Möglichkeiten voraus, sich entsprechendes Wissen anzueignen. Auch wenn der Religionsunterricht als Fach der staatlichen Schule seine primäre Aufgabe heute – nach der Trennung von Staat und Kirche – nicht mehr einfach in Bezug auf kirchliche Bedürfnisse bestimmen kann, gehört eine grundlegende

Vertrautheit mit der kirchlich gelebten Gestalt des Christentums noch immer zu den Zielen dieses Unterrichts. Das gilt nicht nur im Blick auf Schüler:innen, die sich aktiv am kirchlichen Leben beteiligen möchten, sondern auch hinsichtlich des Verhältnisses zum Christentum insgesamt. Denn das Christentum zu kennen bedeutet unvermeidlich, es zumindest auch in seiner kirchlichen Gestalt wahrzunehmen.

Im Zusammenhang des Religionsunterrichts lassen sich dazu noch weitere Bestimmungen identifizieren, die zugleich *Verbindungen zwischen kirchlichen und gesellschaftlichen sowie individuellen Erfordernissen* erkennbar machen. In Deutschland und auch in vielen anderen Ländern wird der Religionsunterricht in staatlichen Schulen erteilt. Dies kann so verstanden werden, dass er, wie die Schule insgesamt, immer auch gesellschaftlichen Erwartungen gerecht werden muss. In Deutschland kommt durch die rechtliche Grundlegung des Religionsunterrichts im Grundgesetz darüber hinaus die Verbindung zur Kirche bzw. zu den Religionsgemeinschaften zum Ausdruck (nach dem Grundgesetz Art. 7,3 wird der Religionsunterricht „in Übereinstimmung mit den Grundsätzen der Religionsgemeinschaften" erteilt).

Da Kirche und Gesellschaft nicht einfach als aparte Größen zu verstehen sind – die Kirche ist immer auch Teil der Gesellschaft und zur Gesellschaft gehören auch die Religionsgemeinschaften –, überschneiden sich naturgemäß ihre Erwartungen an den Religionsunterricht, auch wenn diese Erwartungen in unterschiedliche Richtungen gehen. Zumindest im Falle des Christentums muss allerdings zugleich bewusst bleiben, dass die Ausrichtung am Gemeinwohl für diese Religionsgemeinschaft nicht nur ein von außen an sie herangetragener Anspruch ist, sondern aus den christlichen Glaubensüberzeugungen selbst hervorgeht.

Bezieht man die kirchlichen Erwartungen auf die Leitfrage nach dem im Religionsunterricht zu erwerbenden Wissen und den dabei einzusetzenden Auswahlkriterien, so ist erneut zu bedenken, dass der Religionsunterricht keineswegs kirchlich funktionalisiert werden darf. Darauf haben sowohl die evangelische Kirche als auch die katholische Kirche in maßgeblichen Äußerungen selbst hingewiesen. Religionsunterricht soll von der Kirche her ein „freier Dienst" an den Schüler:innen sein (EKD, 1958/1987, S. 38) bzw. ein ausdrücklich „uneigennütziger Dienst" (Gemeinsame Synode, 1973/2001, S. 14). Dem entspricht auch das Verständnis von Religionsunterricht als religiöse Bildung, nicht etwa als katechetische Unterweisung. Versuche, katechetische Erwartungen im Blick auf diesen Unterricht durchzusetzen, wie sie in der jüngeren Vergangenheit besonders auf katholischer Seite etwa durch den späteren Papst Ratzinger (1983) unternommen wurden, sind zurecht ins Leere gelaufen.

Wenn der Religionsunterricht jedoch im Sinne des Grundgesetzes von den „Grundsätzen" der Kirche ausgehen soll, dann müssen diese Grundsätze auch im Unterricht zur Darstellung kommen, sowohl im Sinne eines entsprechenden Wissens als auch der Möglichkeit, sich kritisch damit auseinanderzusetzen. Dabei geht es in erster Linie um Grundsätze des Glaubens, die, schulisch gesprochen, in wissenschaftlich und theologisch reflektierter Gestalt aufzunehmen sind. Diese Grundsätze sind zugleich in der Kirche als Institution verkörpert. Sie stellen dar, woran sich diese Institution selbst orientieren will, und darüber hinaus sind sie Teil von Gottesdiensten sowie des individuellen Glaubenslebens von Christ:innen. Für den Religionsunterricht bedeutet dies, dass ein darauf differenziert bezogenes Wissen, also als Wissen über das Christentum, sowohl in seiner gelehrten als auch in seiner gelebten Form erworben werden können soll. Ein solches Wissen ist für Christ:innen im Sinne Luthers für das Christsein erforderlich, für andere Menschen, die den christlichen Glauben für sich selbst nicht bejahen, stellt es die Voraussetzung für ein Verstehen sowie für eine Beurteilung des Christentums dar.

Theologisch wird dabei heute herausgestellt, dass eine Vertrautheit nur mit der eigenen konfessionellen Gestalt des Christentums mehrfach überschritten werden muss – ökumenisch im Blick auf andere christliche Konfessionen und interreligiös im Blick auf andere Religionen, hinsichtlich der gesellschaftlichen Situation schließlich auch auf nicht-religiöse Weltanschauungen (vgl. EKD, 2014a). Ohne ein solches breit angelegtes Wissen lässt sich auch eine konfessionelle Gestalt des Christentums nicht angemessen einordnen.

An diesem Punkt begegnen sich in unserer Gegenwart die kirchlichen bzw. theologischen und die gesellschaftlichen Erwartungen. Denn im Vordergrund steht für die Gesellschaft im Blick auf den Religionsunterricht nun weithin die Erwartung, dass dieser Unterricht zu einem Zusammenleben in Frieden und Toleranz, Respekt und wechselseitiger Achtung beitragen soll (vgl. Meyer, 2019a). Hervorgehoben werden in dieser Sicht zumeist entsprechende Werte wie interkulturelle und interreligiöse Offenheit, die im Religionsunterricht „vermittelt" werden sollen. Häufig wird aber auch an Werte appelliert, die einer – angeblichen oder vermeintlichen – „deutschen Leitkultur" entsprechen. Offener und angemessener formuliert kann es hier um die religiösen Wurzeln und Prägungen der europäischen Kultur gehen – vor allem im Blick auf Christentum und

Judentum, zum Teil aber auch im Blick auf den Islam. Diese Wurzeln und Prägungen sollen durch den Religionsunterricht erschlossen und in ihrem humanen Gehalt gestärkt werden.

Zur Bedeutung religionsbezogenen Wissens im individuellen Leben

Hinsichtlich der Bedeutung religionsbezogenen Wissens für das individuelle Leben muss zwischen unterschiedlichen Lebenssituationen differenziert werden. Zwei verschiedene Lebenszusammenhänge sind dabei entscheidend, weil der Religionsunterricht für beides offen sein soll: für Schüler:innen, die sich als Christ:innen verstehen, aber ebenso für diejenigen, auf die dies nicht zutrifft. In beiden Fällen ist ein religionsbezogenes Weltwissen für die eigene Handlungsfähigkeit erforderlich:

- Für *Menschen, die sich als Christ:innen verstehen,* gilt zunächst das bereits im Blick auf kirchliche Zusammenhänge Gesagte. Für sie ist es wichtig, über das Wissen zu verfügen, das für die Teilhabe an Kirche und kirchlichem Leben erforderlich ist. Bekanntlich verstehen sich aber auch zahlreiche Menschen – in Deutschland ist das die große Mehrheit der Kirchenmitglieder – als Christ:innen, auch wenn sie sich beispielsweise nur selten an einem Gottesdienst beteiligen. Gleichwohl verliert religionsbezogenes Wissen auch für diese Menschen keineswegs seine Bedeutung.

  Zum einen bleibt es unter dem Aspekt der Bildung bedeutsam, allen Schüler:innen eine bewusste Auseinandersetzung mit der eigenen Religiosität zu ermöglichen. Dazu gehört die immer auch von einem entsprechenden Wissen abhängige Reflexion des eigenen Glaubens im Verhältnis zur christlichen Tradition und Glaubensweise sowie, in der Gegenwart zunehmend, auch im Verhältnis zu anderen Traditionen und Glaubensweisen.

  Zum anderen begegnen Religion und Religionen den einzelnen Menschen in vielfacher Weise auch dann, wenn sie sich nicht am kirchlichen Leben beteiligen. Im Jahreskreis spielen in Deutschland und Zentraleuropa vor allem die christlichen Feste eine weit über die Kirche oder sogar über das Christentum hinausreichende Rolle – und zunehmend gilt dies beispielsweise auch für den Ramadan. Religion und Religionen sind in Gestalt kultureller Prägungen präsent, etwa in der Wahrnehmung von Zeit und Ewigkeit, von Herkunft und Zukunft des Menschen, aber auch in politischer Hinsicht. Vor allem im globalen Horizont wird dies besonders an Konflikten deutlich, bei denen religiöse Motive mitunter eine hervorgehobene Rolle spielen, etwa im Nahen Osten. In dieser Hinsicht überschneiden sich erneut die individuelle und die gesellschaftliche Bedeutung religionsbezogenen Wissens, weil Orientierungsfähigkeit und kompetente Teilhabe für beide wichtig sind – für einzelne Menschen ebenso wie für die Gesellschaft.

- Die Bedeutung religionsbezogenen Wissens ist also keineswegs auf diejenigen beschränkt, die sich mit dem Christentum oder einer anderen Religion identifizieren. Die genannten Orientierungsaufgaben im Blick auf Kultur, Gesellschaft und Politik stellen sich *allen Menschen,* und ohne ein entsprechendes religionsbezogenes Wissen können sie nicht bewältigt werden. Darüber hinaus stellen sich existenzielle Fragen auch jenseits von Religion und Religionen. Eine reflektierte Sicht im Blick auf Herkunft und Zukunft des Menschen, die Endlichkeit des menschlichen Lebens sowie die Sinnhaftigkeit oder Sinnlosigkeit der eigenen Existenz stellt ein Bildungsziel dar, dass nicht von einer Religionszugehörigkeit abhängig ist.

Die allgemeinen Bestimmungen zur Bedeutung religionsbezogenen Wissens im individuellen Leben lassen sich durch den Bezug auf *Kinder und Jugendliche* noch einmal weiter zuspitzen. Der Prozess ihres Aufwachsens kann als schrittweiser Erwerb von (Welt-)Wissen beschrieben werden, auch wenn dies natürlich nur ein eingeschränkter Blickwinkel auf diesen umfassenden Prozess darstellen kann. Ohne Zweifel aber brauchen Kinder und Jugendliche hinsichtlich ihres Lebens als Erwachsene, die als verantwortliche Mitglieder an einer Gesellschaft teilhaben, vielfältige Kenntnisse: sprachliche, naturwissenschaftliche, politische und ethische sowie religionsbezogene Kenntnisse, einschließlich der sinnhaften Deutung von Selbst und Welt. Der Religionsunterricht konzentriert sich naturgemäß auf die religiöse Dimension und damit auf religionsbezogenes Wissen.

Offenbar brauchen Kinder und Jugendliche ein Wissen, das ihnen Orientierung für ihr eigenes Leben sowie für das Zusammenleben mit anderen Menschen erlaubt. In der Kindheit beginnt dies ganz konkret mit religiösen Phänomenen oder Abläufen, die ihnen begegnen: ein Kirchengebäude, eine Moschee oder, in Deutschland aufgrund der Geschichte seltener, eine Synagoge, ein Gottesdienst, Gebete, ein Friedhof oder eine Bestattung, eine kirchliche Hochzeit oder einfach Bilder und Symbole, die beispielsweise an der Wand hängen. Kinder wollen wissen, was das alles bedeuten soll, und jede Antwort transportiert Wissen.

Bezeichnend für die Situation der Gegenwart ist dabei die Vielfalt unterschiedlicher religiöser Phänomene, denen Kinder und Jugendliche in ihrer eigenen Lebenswelt sowie in den Medien begegnen. Ihre Fragen lassen sich daher nicht mehr allein im Rahmen einer einzigen religiösen Tradition beantworten.

Aufgrund der gesellschaftlichen Situation wird auch das erforderliche religionsbezogene Wissen immer vielfältiger.

Was Kinder und Jugendliche brauchen, lässt sich so gesehen gut mit dem Begriff „Orientierung" umschreiben, auf den im Folgenden mit dem Begriff „Orientierungswissen" genauer eingegangen werden soll (→ S. 77 ff.). Dabei tritt die grundlegende Aufgabe in den Vordergrund, in religiöser Hinsicht Orientierung in der Welt zu gewinnen. Das entsprechende Wissen soll die dafür erforderlichen Informationen bereitstellen. Diese Aufgabe schließt nicht zuletzt den Erwerb einer Sprache ein, die geeignet ist, religiöse Inhalte zu kommunizieren. Eine Kirche beispielsweise lässt sich in nicht-religiöser Sprache einfach als ein besonders großes und häufig besonders aufwändiges Gebäude beschreiben, für dessen Bau erhebliche Mittel eingesetzt werden müssen. Bei einer solchen Beschreibung bleibt die religiöse Bedeutung als Gottes- oder Gebetshaus jedoch völlig außer Acht. Ähnlich lässt sich auch eine Bestattung rein technisch beschreiben – etwa als „Entsorgung" eines Leichnams. In welchem Sinne von einer Bestattungsfeier oder von einer Bestattung in Gestalt eines Gottesdienstes gesprochen werden kann, muss in einer anderen Sprache und Begrifflichkeit erfasst werden können.

Zugleich schließt die religiöse Sprache eine existenzielle, auf die eigene Person bezogene Dimension ein. Sie eröffnet die Möglichkeit, eigene Erfahrungen religiöser Art sprachlich fassen und mit anderen religiös kommunizieren oder sich über solche Erfahrungen austauschen zu können. Darauf wird im Folgenden unter dem Aspekt der „religiösen Alphabetisierung" genauer eingegangen (→ S. 81 ff.).

In allen genannten Hinsichten stellt sich wiederum das *Problem der Auswahl:* Wieviel und welches Wissen brauchen Kinder und Jugendliche für ihre Orientierung in der Welt? Eine erste Antwort ergibt sich daraus, was Kindern und Jugendlichen heute in religiöser Hinsicht tatsächlich begegnet. Sie sollen dazu befähigt werden, ihre Erfahrungen in ihrer Lebenswelt mithilfe entsprechender Informationen deuten zu können. Vor allem die Medien haben jedoch, verbunden mit der Globalisierung, dazu geführt, dass sich auch der individuelle Orientierungsraum enorm ausgeweitet hat. Das erforderliche Wissen gewinnt dadurch selbst eine globale Dimension und kann nicht mehr auf einen persönlichen Nahraum beschränkt sein. Wie sich im Folgenden noch zeigen wird, entspricht dies auch gesellschaftlichen Erfordernissen, die sich zunehmend nur noch in einem globalen Horizont erfüllen lassen. Beispielsweise setzt eine politisch verantwortliche Mitbestimmung heute Einsicht in religiöse Hintergründe politischer Konflikte voraus, sei es im Nahen oder im Fernen Osten, aber auch in anderen Teilen der Welt.

Ein Auswahlkriterium ergibt sich also auch aus der Frage, was Kinder und Jugendliche brauchen, also keineswegs schon unmittelbar. Festgehalten werden kann aber als allgemeines Prüfkriterium, dass die Auswahl des im Religionsunterricht zu erwerbenden Wissens immer vom *Lebenszusammenhang der Kinder und Jugendlichen* her bestimmt sein muss.

Zur gesellschaftlichen Bedeutung religionsbezogenen Wissens

Wie sich gezeigt hat, überschneiden sich die gesellschaftlichen, kirchlichen und individuellen Perspektiven hinsichtlich des jeweils erforderlichen Wissens. Gleichwohl ergeben sich aus der *gesellschaftlichen Perspektive* noch einmal weitere Akzentuierungen und Anforderungen.

Ein im Blick auf den Religionsunterricht häufig formulierter gesellschaftlicher Bedarf wird heute vor allem für *Werte* wahrgenommen. Angesichts von zunehmender gesellschaftlicher Pluralität oder, wie in der Pädagogik gern formuliert wird, wachsender gesellschaftlicher Heterogenität (vgl. Bohl, Budde & Rieger-Ladich, 2017) wird der Wunsch nach einem verlässlichen gesellschaftlichen Wertefundament dringlich. Mitunter nimmt dieser Wunsch dabei gerade in der politischen Diskussion problematische Formen an: Die schon mehrfach angesprochene „deutsche Leitkultur" kann dafür wiederum als Beispiel genannt werden. Problematisch ist diese Forderung dann, wenn beispielsweise eine Anpassung aller in Deutschland lebenden Menschen an sogenannte christlich-abendländische Werte verlangt wird – wobei unklar bleibt, was genau solche Werte sein könnten – und wenn dabei keine Rücksicht auf andere religiöse oder kulturelle Traditionen genommen werden soll.

Gleichwohl verliert die Orientierung an gemeinsamen Werten im gesellschaftlichen Leben durch solche Einwände nicht ihre Bedeutung. Dies wird aktuell etwa an der Debatte über den sogenannten *gesellschaftlichen Zusammenhalt* sichtbar (Forschungsinstitut gesellschaftlicher Zusammenhalt, 2022). Eine entscheidende Herausforderung besteht hier offenbar darin, wie in einer sich sozial, aber auch kulturell und religiös oder weltanschaulich immer weiter ausdifferenzierenden Gesellschaft Solidarität und die Bereitschaft zur aktiven Verantwortungsübernahme nicht nur in der eigenen Gruppe, sondern mit allen Menschen in der ganzen Gesellschaft und zunehmend auch in einem globalen Horizont gewährleistet werden können. Religion und Religionen erscheinen in diesem Zusammenhang als potenzielle Ressourcen für prosoziale oder solidarische Einstellungen, die angesichts eines zunehmend als prekär wahrgenommenen gesellschaftlichen Zusammenhalts kaum übergangen werden können. Mitunter wird allerdings auch befürchtet, dass die Religionen eher zu Konflikten führen können (vgl. im Bildungszusammenhang Fadel, Bialik & Trilling, 2017, S. 145). In jedem Falle aber ergeben sich Anforderungen an das im Religionsunterricht zu erwerbende Wissen, wiederum im Blick auf verschiedene Religionen und Weltanschauungen, sowie zur religiösen Dimension von Kultur und Geschichte.

Die gesellschaftliche Bedeutung religionsbezogenen Wissens lässt sich auch unter dem Aspekt der *Religionsfreiheit* begreifen. Religionsfreiheit stellt ein Grund- und Menschenrecht dar. In Ländern wie Deutschland, deren Verfassungen nicht nur eine *negative Religionsfreiheit* kennen – niemand darf in religiöser Hinsicht zu etwas gezwungen oder aufgrund religiöser bzw. nicht-religiöser Überzeugungen und (Nicht-)Zugehörigkeiten diskriminiert werden –, gehört es mit zu den Aufgaben des Staates, die Bürger:innen zur Wahrnehmung ihres Rechts auf Religionsfreiheit zu befähigen (*positive Religionsfreiheit;* vgl. Heckel, 1997). So gesehen verbinden sich mit der Religionsfreiheit für den Staat Bildungsaufgaben, die den Zugang zu religionsbezogenem Wissen einschließen. Erneut überschneiden sich an diesem Punkt die individuellen und gesellschaftlichen Begründungslinien. Die vom Staat zu gewährleistende positive Religionsfreiheit entspricht vom einzelnen Menschen oder von der Kirche und den Religionsgemeinschaften her gesehen der Befähigung zur Teilhabe an gemeinsamen religiösen Vollzügen.

Auch im Blick auf gesellschaftliche Erwartungen ist dabei auf die Grenzen hinzuweisen, die sich aus dem Verständnis religiöser Bildung ergeben. Gesellschaftliche Erwartungen können in legitimer Weise im Unterricht nur aufgenommen werden, soweit sie einem *Bildungsanspruch* gerecht werden. Darüber hinaus wurde in der Religionspädagogik zu Recht immer wieder darauf hingewiesen, dass der Religionsunterricht kein verkappter Werteunterricht sein kann (vgl. etwa Biesinger & Hänle, 1997). Religiöse Bildung geht nicht in der Vermittlung von Werten auf. Dies bedeutet umgekehrt allerdings nicht, dass religiöse Bildung keinen Beitrag zur Wertebildung leisten kann und soll.

Ein Beispiel: religiöses Weltwissen am Ende der Schulzeit (Karl Ernst Nipkow)

In seiner Auseinandersetzung mit der Darstellung von Donata Elschenbroich (→ S. 20) beschränkt sich Nipkow nicht auf kritische Anfragen, sondern er hat auch einen eigenen Vorschlag dazu vorgelegt, welches Weltwissen am Ende der

Schulzeit gegeben sein sollte. Weil solche konkreten Vorschläge in der Religionspädagogik eher selten sind, sei sein noch immer diskussionswürdiger Katalog hier wiedergegeben.

Die Schulabgänger:innen sollen:

„1. wissen und begründen können, dass für den christlichen Glauben *alle Menschen als ‚Geschöpfe Gottes‘* auf der Erde gleich sind und ein *gemeinsames Menschsein* teilen (Gen 1), bevor sie als Glieder von Völkern, Kulturen und Religionsgemeinschaften und als Träger gesellschaftlicher Rollen partikulare Eigenschaften haben, so dass *Fremdenfeindlichkeit und Rassismus* dem christlichen Glauben widersprechen,
2. wissen, dass der biblische Schöpfungsglaube zusammen mit der Achtung vor der *Würde jedes Menschen* (Gottebenbildlichkeit, Gen 1,26.27) die aus der Menschenwürde ableitbaren *Menschenrechte* mitbegründet hat, zum Teil zunächst lange gegen den Widerstand der Kirchen,
3. naturwissenschaftliche (‚Urknall‘, Evolutionstheorie) und religiöse Theorien zur *Weltentstehung* (‚Schöpfung‘) mit Folgen für das *‚Weltbild‘* kennen und argumentativ vergleichen können,
4. wissen und begründen, warum Christen und Kirchen heute zusammen mit Nichtchristen für die *verantwortungsvolle ökologische Bewahrung und sozial gerechte Teilhabe hinsichtlich der gemeinsamen Güter der Erde* für alle Welt eintreten,
5. über Gut und Böse nachgedacht haben und in diesem Kontext die *Zehn Gebote* als das Weltvermächtnis des Judentums kennen (‚das Ewig-Kurzgefasste, das Bündig-Bindende‘, ‚die Quintessenz des Menschenanstandes‘, Thomas Mann, Das Gesetz, 1943),
6. über Propheten im Alten Testament in Auswahl Bescheid wissen und deren Friedensverheißungen (Visionen) – meist verbunden mit der Hoffnung auf ‚Gerechtigkeit‘ (z. B. bei Jesaja 9,5 f., 11,1–8; Ps 85,11) – wiedergeben und würdigen können,
7. wissen, dass in der Sicht des christlichen Glaubens *Jesus von Nazareth* durch sein Predigen und Handeln, Leben und Sterben (für andere) die umfassende *Liebe Gottes* bezeugen will,
8. die *Gebote der Nächstenliebe* (schon in 3. Mose 19,18) und der *Feindesliebe* kennen (Seligpreisungen, Mt 5,1–10; Antithesen, Mt 5,21–48),
9. anhand des Verhaltens Jesu (z. B. gewaltlose Symbolhandlungen) und der Erfahrungen in Geschichte und Gegenwart Argumente für *Gewalt und Gewaltlosigkeit* darstellen können,

10. das *Vaterunser* kennen und erklären können,
11. begründen können, warum wir reichen Völker (und Kirchen) *Buße und Umkehr* sowie die ‚Fürsprache der armen Völker vor Gott' brauchen, ‚die nur Jesu Armut und seine Armen uns geben können' [im Orig. mit Verweis auf Frieder Lötzsch],
12. in Grundzügen wissen, was unter den Weltreligionen besonders im Islam *die Muslime glauben,* um uns mit ihnen konstruktiv im Wissen um Gemeinsamkeiten und Unterschiede verständigen zu können,
13. *globale Aufgaben und Handlungsweisen der Kirche* an Beispielen kennen und erläutern (Mission, Diakonie),
14. wissen, warum sich auf Grund der *Reformation* neben der *römisch-katholischen Kirche* mit welthistorischen Folgen *evangelische Kirchen* gebildet haben,
15. Beispiele kennen, wo Religionsgemeinschaften Schuld eingestehen, besonders die *Schuld kirchlichen Handelns* in Form von Antijudaismus, Antisemitismus, religiöser Intoleranz." (Nipkow, 2011, S. 112 f.)

Im Einzelnen wird man über diesen Vorschlag natürlich streiten können, aber er macht doch exemplarisch deutlich, dass die Frage nach einem religiösen oder religionsbezogenen „Weltwissen" durchaus sinnvoll ist. Auch für Bildungspläne erschiene ein solcher Ansatz sinnvoller als die derzeit geläufigen Muster, die einfach von Grundbegriffen der Theologie oder gar einfach von den Themen des Glaubensbekenntnisses ausgehen (→ S. 25). Bei Nipkow wird zugleich deutlich darauf hingewiesen, dass solche Kataloge auf mehrere Begründungshinsichten angewiesen sind, nicht zuletzt in bildungstheoretischer Hinsicht.

8.1.5 Bildungstheoretische Präzisierungen: „Weltwissen", „kanonisches Orientierungswissen", kulturelle „Initiationen"

Der Begriff des Weltwissens, so hat sich gezeigt, kann nur in einem weiten Sinne als bildungstheoretische Bestimmung gelten. Er stammt nicht aus einem bildungstheoretischen Horizont und wurde in dieser Hinsicht auch nicht genauer ausgearbeitet. Seine zuweilen starke Verbreitung ist vor allem mit der Darstellung bei Donata Elschenbroich (2001) verbunden, und deren Forderungen beruhen eher auf einer allgemeinen Plausibilität als auf theoretischen Bestimmungen (→ S. 63). Gleichwohl begründen die Forderungen nach einem Weltwissen eine allgemeine Bildungsbedeutung von Wissen, da die individuelle Handlungsfähigkeit ebenso wie das Funktionieren der Gesellschaft und von Religionsgemeinschaften von einem solchen Weltwissen abhängig sind. Zugleich sind weiterreichende bildungstheoretische Bestimmungen erforderlich, wenn die Bildungsbedeutung von Wissen genauer erfasst und wenn auch Auswahlentscheidungen hinsichtlich des im Unterricht aufzunehmenden Wissens begründet werden sollen. Dafür soll nun zumindest exemplarisch auf die Bildungsdiskussion der Gegenwart eingegangen werden.

Starke Beachtung hat in neuerer Zeit eine bildungstheoretische Darstellung von Jürgen Baumert (2002), Direktor am Max-Planck-Institut für Bildungsforschung in Berlin und Repräsentant der PISA-Studien in Deutschland, gefunden, nicht zuletzt auch in der Religionspädagogik (bspw. Dressler, 2006). Die religionspädagogische Wirksamkeit seiner Darstellung erklärt sich nicht zuletzt daraus, dass er als Erziehungswissenschaftler Religion eine konstitutive Bildungsbedeutung beimisst, was heute nur selten vorkommt. Ausgangspunkt ist für Baumert die Frage nach einem die Länder und Kulturen weltweit übergreifenden „Kerncurriculum": Ist im Weltmaßstab betrachtet alles „kulturell kontingent" oder „gibt es auch in der Gestaltung der Bildungsinhalte Grundmuster, die sich in modernen Gesellschaften in ähnlicher Form wiederfinden?" – eine Frage, die er durch ein „definitives ‚Ja'" beantwortet (Baumert, 2002, S. 106). Aber wie lassen sich solche „Grundmuster" identifizieren? Nach Baumert werden sie in „unterschiedlichen Rationalitätsformen" greifbar, die wiederum als „latente Struktur eines kanonischen Orientierungswissens" zu verstehen sind (S. 107).

Baumert umreißt seine Position hinsichtlich der *Rationalitätsformen* in dem zitierten Text, der für die Rezeption weithin maßgeblich geworden ist, lediglich in knapper thesenhafter Form. Er geht auch nicht weiter auf die Herkunft der von ihm gewählten Begriffe ein. Was das dabei angesprochene „Orientierungswissen" betrifft, stand damals wohl auch allen sofort vor Augen, dass diese Kategorie eng mit dem Denken des Philosophen Jürgen Mittelstraß verbunden war. Gemeint ist bei Mittelstraß (2002) eine Form des Wissens, die nicht in fachwissenschaftlichen Erkenntnissen aufgeht, sondern eine lebensweltliche Orientierung erlaubt und damit zugleich Verantwortungsfähigkeit und Handlungsfähigkeit konstituiert (S. 156). Insofern betrifft dieses Wissen die „praktische Vernunft". In einer von Wissenschaft und Technik bestimmten Welt gerate das dafür erforderliche Orientierungswissen fast zwangsläufig ins Hintertreffen gegenüber dem, was Mittelstraß als „Verfügungswissen" bezeichnet: „In der modernen Welt hält ein Orientierungswissen mit einem Verfügungswissen nicht Schritt. Der wissenschaftlich-technische Verstand ist stark, die praktische Vernunft ist schwach"

(Mittelstraß, 2002, S. 164). Ähnlich wie bei Luther und vor allem bei Comenius rückt die Kategorie des Orientierungswissens also den Zusammenhang von Wissen und Bildung in einen weiteren, besonders ethisch ausgerichteten Horizont. Bei Baumert weist der Begriff „Rationalitätsformen" in dieselbe Richtung. Denn diesen Rationalitätsformen entsprechen unterschiedliche „Modi der Weltbegegnung", die zusammen das „kanonische Orientierungswissen" ausmachen sollen: „kognitiv-instrumentelle Modellierung der Welt", „ästhetisch-expressive Begegnung und Gestaltung", „normativ-evaluative Auseinandersetzung mit Wirtschaft und Gesellschaft" sowie „Probleme konstitutiver Rationalität" (Baumert, 2002, S. 113). Zur „konstitutiven", also die Grundlegung von Rationalität selbst betreffenden Form, gehören nach Baumert namentlich Religion und Philosophie. Das Orientierungswissen schließt demnach eine ethische Einbindung ebenso ein wie ein Bewusstsein davon, dass ökonomische und technische oder naturwissenschaftliche Rationalitätsformen nicht einfach eine fraglos anzunehmende Gegebenheit darstellen, sondern dass ausdrücklich auf deren Herkunft und Grundlage reflektiert werden muss. Damit ist nicht zuletzt eine Bildungsaufgabe benannt.

Bei der religionspädagogischen Rezeption bislang nur wenig beachtet wurde der Hinweis Baumerts auf die Herkunft seines Modells der vier Rationalitätsformen von dem Soziologen Talcott Parsons einerseits und dem Bildungstheoretiker Wilhelm Flitner andererseits. Aus dieser Herkunft ergeben sich aber gerade für die Religionspädagogik wichtige Aufschlüsse.

Der Bezug auf den Soziologen Talcott Parsons wird bei Baumert nicht weiter konkretisiert. Über den allgemeinen Hinweis auf die „Parson'schen Rationalitätsformen" hinaus (Baumert, 2002, S. 107) wird dazu auch keine Quelle genannt. Gemeint ist wohl der für Parsons' Lebenswerk insgesamt bezeichnende Übergang von einem Fokus allein auf der *ökonomischen (Zweck-)Rationalität* zu einem *weiteren kultursoziologischen Verständnis* des gesellschaftlichen Lebens, das zwar die ökonomische Rationalität einschließt, aber ebenso die gesellschaftlich konstitutive Bedeutung politischer, sozialer und kultureller Formen von Rationalität (vgl. bspw. Parsons, 1951). Entsprechend breit muss dann, so die implizite Folgerung, auch das Bildungsverständnis sowie der Umkreis des in der Schule aufzunehmenden Wissens ausfallen.

Präziser ist bei Baumert der Hinweis auf *Wilhelm Flitner*, den in Deutschland wohl einflussreichsten Bildungstheoretiker im zweiten Drittel des 20. Jahrhunderts, und dies ist im vorliegenden Zusammenhang besonders bedeutsam. Bildung wird bei Flitner (1967b) mit dem Begriff der *Initiationen* verbunden. Den übergreifenden Hintergrund stellt dabei, wie Flitner es nennt, die „Geschichte der abendländischen Lebensformen" dar, die sich in seiner Sicht nur als „Verschmelzung hebräischer, griechischer und römisch-hellenistischer Wirklichkeitsdeutung" erschließen lassen (Flitner, 1967a, S. 11). Daraus ergeben sich die vier „Initiationen":

> „Es sind im Wesentlichen *vier sachliche Gehalte,* in welche Einführungen solcher Art notwendig sind, weil sie die unentbehrliche Grundlage aller universitären Studien bilden: die christliche Glaubenswelt, das philosophisch-wissenschaftliche Problembewusstsein, die exakt-naturwissenschaftliche Methode mit ihrer Macht über die Technik, die politische Welt der Gegenwart in ihrer Wechselwirkung mit der gesellschaftlichen sittlichen Ordnung." (Flitner, 1967b, S. 59)

Dies lässt sich so zusammenfassen: Bildung ist erstens auf die Frage nach dem Sinn des Ganzen – von Welt, Geschichte und eigener Existenz bezogen; zweitens ist sie eine Form wissenschaftlicher Bildung, die sich in ihrem Zusammenhang und im Blick auf die Grenzen von Wissenschaft zu reflektieren weiß; drittens ist sie naturwissenschaftlich-technische Bildung, dies aber nicht in isolierter Weise, sondern – viertens – stets verbunden mit politisch-ethischer Bildung.

Religionspädagogisch werden solche bildungstheoretischen Darstellungen häufig eher als legitimatorische Unterstützung für das Recht des Religionsunterrichts genutzt. Im vorliegenden Zusammenhang wird aber eine weiterreichende Bedeutung sichtbar: Denn bezogen auf die Frage nach dem Wissen, das im Religionsunterricht erworben werden soll, ergibt sich daraus die Antwort, dass dieses Wissen eine bestimmte Gestalt haben muss, nämlich als „Orientierungswissen". Dabei ist gerade die in der religionspädagogischen Rezeption von Baumerts Modell der Rationalitätsformen etwa bei Dressler (2006) weithin ausgeblendete enge *Verknüpfung zwischen Religion, Ethik und Politik* entscheidend, nicht in einem naiven Sinne so, dass auf deren ursprüngliche, also für vormoderne Gesellschaften charakteristische Verschmolzenheit rekurriert würde, sondern eines aufgrund von gesellschaftlichen Differenzierungs- und Verselbständigungsprozessen drohenden Auseinanderfallens der unterschiedlichen Rationalitätsformen. Diese Prozesse sind heute noch weiter fortgeschritten als im 20. Jahrhundert, aber eben deshalb wird der Versuch immer wichtiger, Bildung nicht in der Anpassung an die gesellschaftliche Entwicklung aufgehen zu lassen, sondern immer auch auf übergreifende soziale, politische, ökologische und eben auch religiöse Horizonte zu beziehen. Erst auf diese Weise werden dann auch die weithin das gesellschaftliche Leben prägenden Macht- und Dominanzverhältnisse bewusst, etwa in Gestalt ökonomischer und technologischer Imperative, die über den ökonomischen Bereich hinaus als letztlich entscheidendes Kriterium auch in sozialer, politischer, kultureller und vielleicht sogar religiöser Hinsicht geltend gemacht werden. Gegen solche Vereinseitigungen wendet sich beispielsweise der bildungstheoretische Ansatz von Dietrich Benner (1987), der auf einer gleichursprünglichen Bedeutung unterschiedlicher menschlicher Praxisformen insistiert.

Was ergibt sich daraus im Blick auf das in Schule und Religionsunterricht aufzunehmende Wissen? Übergreifendes Auswahlkriterium muss die *Orientierungsbedeutung* bestimmter Wissensformen und -gehalte sein. Diese Anforderung wird nur eingelöst, wenn nicht nur solches Wissen ausgewählt wird, das sich in spezialisierter Form den einzelnen Rationalitätstypen zuordnen lässt, sondern das auch die Beziehung zwischen ihnen in den Blick zu nehmen erlaubt. Das gilt dann auch für religionsbezogenes Wissen, das so gesehen keineswegs in den etwa von der Performativen Religionspädagogik (vgl. Klie & Leonhard, 2008) häufig präferierten liturgischen Dimensionen aufgehen darf, sondern weiterreichende Reflexionen insbesondere ethischer Art einschließen muss.

Der Bezug auf Orientierungswissen wirkt nach wie vor überzeugend. Zugleich ist aber nicht zu übersehen, dass er hinsichtlich der Auswahl des Wissens nur ein sehr allgemeines Kriterium liefert, das weiter konkretisiert werden muss. Wann genau wirkt Wissen orientierend? Was brauchen Menschen, um sich heute orientieren zu können? Über welches Wissen verfügen Kinder und Jugendliche bereits und welches müssen sie in Schule und Religionsunterricht erst noch erwerben?

Auf Fragen der weiteren Konkretion soll im Folgenden unter dem Aspekt der religiösen Orientierungsfähigkeit eigens eingegangen werden (→ S. 201 ff.). Zunächst soll aber eine weitere aktuelle internationale Diskussion aufgenommen werden, bei der es ausdrücklich um das für heutige Menschen und insbesondere für Kinder und Jugendliche im Blick auf Religion anzustrebende Wissen geht.

8.1.6 Religionspädagogische Konkretionen: Religious Literacy, religiöse Allgemeinbildung, religiöse Alphabetisierung

Die Bildungsbedeutung von Wissen, insbesondere von religionsbezogenem Wissen, soll nun stärker in einen *religionspädagogischen Horizont* gerückt werden. Dazu könnte gleichsam von innen her, also vom Religionsunterricht selbst, und beispielsweise von den Bildungsplänen her gefragt werden, so wie dies an späterer Stelle (→ S. 100 ff.) versucht werden soll. Zunächst sollen aber übergreifende, mit allgemeinen bildungstheoretischen Bestimmungen verbundene Zusammenhänge erörtert werden. Dafür bietet sich zunächst die internationale Debatte über Religious Literacy an, deren Bedeutung bereits in der Einleitung angesprochen wurde und auf die nun genauer einzugehen ist.

Religious Litercay

Der in der internationalen Diskussion stark beachtete Begriff der Religious Literacy gehört mit zu den Ausgangspunkten für die Frage nach dem Lernen im Religionsunterricht (→ S. 22). Bei genauerer Betrachtung erwies sich dieser Begriff allerdings als noch recht vage und in diesem Sinne gerade pädagogisch als insofern problematisch, als die Ausrichtung auf Religious Literacy leicht zu einem enzyklopädischen Verständnis von Wissen als Bildungsziel führen kann – im Sinne eines nicht weiter reflektierten Verständnisses von Allgemeinbildung. Durch die Hervorhebung eines verständigen Umgangs mit Wissen wurde diesem pädagogisch problematischen Verständnis auch in der internationalen kritischen Auseinandersetzung widersprochen (Biesta et al., 2019; Schweitzer et al., 2022), so wie dies der Unterscheidung zwischen Wissen und Verstehen sowie Urteilsfähigkeit entspricht. Verknüpft man die Frage nach Religious Literacy mit dem aus der deutschen Diskussion stammenden Begriff des Orientierungswissens, ergibt sich eine weiterführende Perspektive: Der Erwerb von Religious Literacy muss so angelegt sein, dass er der Orientierungsfähigkeit dient. Was zur Religious Literacy gehört, ist dann konsequent an diesem Anspruch zu messen. Dieser Anspruch soll im Folgenden dadurch noch weiter zugespitzt werden, dass er mithilfe eines pointierten, gegenüber einer bloßen Wissensvermittlung kritischen Ansatzes reflektiert wird – nämlich des befreiungspädagogischen Konzepts von Paulo Freire. Auch für Freire war die Perspektive einer Alphabetisierung leitend – jedoch als Erwerb von sprachlichen Ausdrucksfähigkeiten, die der Überwindung von gesellschaftlich bedingter Unfreiheit dienen.

Zunächst aber zum Verständnis von Religious Literacy. Der Begriff selbst ist verhältnismäßig neu. Er kommt aus der internationalen Diskussion (vgl. Seiple & Hoover, 2022), hat aber auch im deutschsprachigen Bereich Aufnahme gefunden (vgl. Schreiner, 2008). In der Regel geht es dabei um die Wahrnehmung, dass es jungen Menschen an einem entsprechenden Wissen oder auch an religionsbezogener Sprach- und Deutungsfähigkeit fehle. Deshalb, so das Argument, können sie religiöse Phänomene nicht „lesen“. Vom Religionsunterricht oder auch von der Schule insgesamt wird deshalb eine Unterstützung von Religious Literacy gefordert.

Als erste religionspädagogische Darstellung gilt das Buch „Religious Education in the secondary school: Prospects for Religious Literacy" von Andrew Wright (1993). Wright beschreibt und konzeptualisiert hier den Religionsunterricht in der Sekundarstufe bzw. im Jugendalter und sieht im Erwerb von Religious Literacy einen wichtigen Zielhorizont. In der Diskussion wird allerdings kritisch darauf hingewiesen, dass Wright weniger Interesse an einer genaueren Bestimmung von Religious Literacy zeigt als an der Entfaltung seines eigenen religionspädagogischen Ansatzes (vgl. Biesta et al., 2019, S. 17). Als zweiter Meilenstein gilt Stephen Protheros Darstellung „Religious Literacy: What Every American Needs to Know – and Doesn't" (Prothero, 2007). Dabei handelt es sich allerdings nicht um eine wissenschaftliche Darstellung, die sich auf empirische Befunde zum Wissen junger Menschen bezieht, sondern eher um einen journalistischen Beitrag, der auf breite Öffentlichkeitswirksamkeit zielt. Prothero beruft sich zwar auf allgemeine Umfragen zu religionsbezogenen Kenntnissen in der amerikanischen Bevölkerung, aber auch daraus ergibt sich keine theoriegeleitete Bestimmung von Religious Literacy.

Große Aufmerksamkeit gefunden hat auch die Darstellung von Diane Moore „Overcoming religious illiteracy: A cultural studies approach to the study of religion in secondary education" (Moore, 2007). Moore war auch die erste in dieser Debatte, die zumindest eine Fallstudie zum Unterricht (über Islam) in ihre Darstellung einbezog und damit ihrer Forderung, die religionsbezogene Illiteralität zu überwinden, zumindest eine gewisse empirische Grundlage gab. Allerdings handelt es sich dabei eher um ein Praxisbeispiel, das hinter den Standards etwa der Empirischen Unterrichtsforschung zurückbleibt. Moores Projekt ist an der Harvard Divinity School angesiedelt. Auf der Website des Projekts heißt es (Harvard Religious Literacy Project, 2021):

> „Nachfolgende Definition von Religious Literacy, die von Diane L. Moore formuliert wurde, wurde von der American Academy of Religion übernommen, um Pädagog:innen darin zu unterstützen, zu verstehen, was für ein basales Verständnis von Religion und ihrer Rollen in der menschlichen Erfahrung erforderlich ist:
> Religious Literacy schließt die Fähigkeit ein, die grundlegenden Überschneidungen zwischen Religion und dem sozialen/politischen/kulturellen Leben mithilfe multipler Deutungsweisen wahrzunehmen und zu analysieren."

Offen bleibt erneut, was genau etwa im Blick auf den Religionsunterricht zu einer solchen Literacy gehören soll (in den USA gibt es keinen schulischen Religionsunterricht). Auf jeden Fall liegt hier aber eine wichtige Wurzel der Frage nach dem Lernen im Religionsunterricht.

Bislang enttäuschend bei der Debatte über Religious Literacy ist allerdings, dass es den entsprechenden Darstellungen an einer *empirischen Grundlage* fehlt. Soweit überhaupt empirische Befunde konsultiert oder selbst empirisch nach der Ausprägung der bei Kindern und Jugendlichen real vorhandenen Religious Literacy gefragt wird, kommen vor allem allgemeine Umfragen in der Bevölkerung in den Blick, die keine bildungstheoretische Grundlage oder Ausrichtung haben. Auch die bildungstheoretische Konzeption einer Arbeitsgruppe um den Erziehungswissenschaftler Gert Biesta (Biesta et al., 2019) führt in dieser Hinsicht nicht weiter. Diese Gruppe stützt sich auf Arbeiten des Erziehungssoziologen Michael Young (2008) und insbesondere dessen Begriff Powerful Knowledge. Aus ihrer Sicht soll Religious Literacy zum einen der Subjektwerdung dienen, und zum anderen müsse gewährleistet sein, dass sich das zu erwerbende Wissen in der wissenschaftlichen Forschung bewährt hat und insofern als das jeweils der natürlichen und der sozialen Welt angemessenste Wissen gelten kann. Young (2013, S. 101) spricht auch davon, dass es ein so wertvolles Wissen sei, das es über den Wechsel der Generationen hinweg nicht verloren gehen dürfe.

Worin dieses Wissen im Blick auf Religion dann tatsächlich im Einzelnen besteht und wie es in einen Katalog oder Bildungsplan gefasst werden kann, wird in keiner dieser Darstellungen beschrieben. Es gibt jedoch in manchen Ländern auch im Religionsunterricht jährliche Erhebungen zum Leistungs- und Kenntnisstand der Schüler:innen, die zum Teil die Sorge um die bei den Kindern und Jugendlichen fehlende Religious Literacy aufnehmen. Dabei werden unterschiedliche Schwerpunktsetzungen erkennbar, die sich kaum über die jeweiligen nationalen oder konfessionellen Kontexte hinaus verallgemeinern lassen. Das gilt insbesondere für die Erhebungen in Australien, die sich ganz auf die Erwartungen der katholischen Kirche konzentrieren (vgl. Poncini, 2021). In Schweden folgen die entsprechenden Untersuchungen dem dortigen Modell von Religionsunterricht, der in erster Linie „objektiv", also religionskundlich-neutral und ohne existenzielle Bezüge über verschiedene Religionen und Weltanschauungen informieren soll (vgl. Osbeck, 2018).

Zusammenfassend kann festgehalten werden, dass der Ansatz von Religious Literacy zwar plausibel ist, dass es aber an einer bildungstheoretischen Grundlegung fehlt. Ebenso stehen empirische Untersuchungen zu der bei den Schüler:innen tatsächlich vorauszusetzenden Religious Literacy noch aus, weshalb auch schwer zu sagen bleibt, auf welche Weise ihre Religious Literacy wirksam gestärkt werden könnte. Eine wichtige Rolle spielt bei dieser Debatte international die in der deutschen Religionspädagogik noch wenig beachtete Kategorie Powerful Knowledge. Auf deren mögliche religionspädagogische Bedeutung muss deshalb noch genauer eingegangen werden (→ S. 92 ff.).

Religiöse Allgemeinbildung

Allgemeinbildung ist heute weniger ein wissenschaftlicher Begriff als vielmehr ein in der Alltagssprache geläufiger Terminus. Erziehungswissenschaftlich wird er demgegenüber häufig problematisiert und als ein im 19. Jahrhundert entstandenes Verfallsprodukt wahrgenommen, das aus der zunehmenden Reduktion des Bildungsverständnisses auf die Inhalte des sich damals durchsetzenden Gymnasiums resultierte: „‚Allgemeinbildung', als Formel für kontingentes Wissen und als Etikett für den Lehrplan einer speziellen, nämlich zur akademischen Berufslaufbahn führenden Ausbildung ersetzt im pädagogisch-bildungspolitischen Diskurs die Idee allgemeiner Menschenbildung" (Tenorth, 1986, S. 13 f.). Demnach schlagen sich im Verständnis von Allgemeinbildung vor allem exkludierende gesellschaftliche Erwartungen nieder, die damit an die Stelle der im 18. und frühen 19. Jahrhundert noch mit dem Bildungsbegriff verbundenen Ansprüche auf Freiheit und Gleichheit treten. Das Verständnis von Allgemeinbildung als Ausdruck und Folge gymnasialer Bildung und damit eines schulisch definierten Kanons kommt jedoch im 20. Jahrhundert in dem Maße unter Druck, in dem der schulische Lehrplan zunehmend als kontingent wahrgenommen wird: „Aber jetzt, in der zweiten Hälfte des 20 Jahrhunderts, erscheint die kulturelle Bestimmtheit des Kanons als Ausdruck seiner allein kulturell bedingten, insofern ‚arbiträren', d. h. historisch-gesellschaftlich relativ ‚beliebigen' Gestalt, wenn nicht gar als Ausdruck kultureller Willkür" (Tenorth, 1994, S. 22).

In der gegenwärtigen Diskussion finden sich Verweise auf religiöse Allgemeinbildung beispielsweise in kirchlichen oder theologischen Stellungnahmen, in denen der Beitrag des Religionsunterrichts zur Allgemeinbildung hervorgehoben wird. Ganz in diesem Sinne argumentiert beispielsweise Wilhelm Gräb (2008) in seiner kritischen Auseinandersetzung mit dem für Berlin bezeichnenden Fehlen eines Religionsunterrichts als „ordentlichem Lehrfach" (gemäß Art. 7,3 GG): „Religiöse Bildung, eine Kenntnis der elementaren Symbole und Rituale des Christentums, dann auch des Judentums und des Islam, des näheren vor allem biblisches Grundwissen, gehören zur Allgemeinbildung" (S. 27).

Begründet wird diese Sicht bei Gräb zum einen mit der individuellen Handlungsfähigkeit, die nur auf der Grundlage einer solchen Allgemeinbildung erreicht werden könne, zum anderen mit der Gefahr fundamentalistischer Fehlentwicklungen, denen insbesondere interreligiöse Bildung entgegenwirken soll. Letztlich ist es für Gräb dann aber der Horizont von Spiritualität, Sinnfindung und transzendenzbezogener Deutungspraxis, in dem sich der Anspruch des Religionsunterrichts als Teil der Allgemeinbildung begründen lasse (S. 32). Auch in diesem Falle bleiben Legitimationsfragen bestimmend und es wird keine ausgeführte Theorie der religiösen Allgemeinbildung geboten.

Der in neuerer Zeit stärker beachtete Begriff der *Grundbildung* lässt sich als Variante des Begriffs der Allgemeinbildung verstehen, allerdings in bestimmter Zuspitzung. Diesen Begriff verwendet beispielsweise das Bundesministerium für wirtschaftliche Zusammenarbeit und Entwicklung (2022) im Kontext der Frage der Nachhaltigkeit:

> „Ziel von Grundbildung ist es, grundlegende Fähigkeiten und Fertigkeiten für den Alltag und die Arbeitswelt aufzubauen und so die Voraussetzungen für ein selbstbestimmtes Leben und weiteres Lernen zu schaffen." Eine „erweiterte Grundbildung" umfasse folgende Elemente:
> - „die frühkindliche Bildung (Kindergarten/Vorschule),
> - die Primarschulbildung (Grundschule),
> - die untere Sekundarschulbildung (bis zum ersten Schulabschluss, der für eine berufliche Ausbildung qualifiziert)
> - und die nachholende Grundbildung für Jugendliche und Erwachsene."
>
> Grundbildung sei ein „globales Anliegen": „In der Agenda 2030 für nachhaltige Entwicklung […] hat die Staatengemeinschaft vereinbart, bis zum Jahr 2030 sicherzustellen, dass alle Mädchen und Jungen gleichberechtigt eine kostenlose und hochwertige Grund- und Sekundarschulbildung abschließen können, die zu brauchbaren und effektiven Lernergebnissen führt" – ein Ziel, das freilich noch in weiter Ferne liege. Denn „laut Weltbildungsbericht 2019 der UNESCO […] gingen im Jahr 2017 weltweit rund 64 Millionen Kinder im Grundschulalter nicht zur Schule. Etwa 61 Millionen Jugendliche besuchten nach Abschluss der Grundschule keine weiterführende Schule […]."

Beim Begriff der Grundbildung geht es demnach um ein *Bildungsminimum* – also um das, was alle Menschen für ihr Leben brauchen. In diesem Sinne wird

Grundbildung auch bei den PISA-Studien verstanden und in der Gestalt von „Basiskompetenzen" ausgelegt (Baumert, Stanat & Demmrich, 2001, S. 19). Dazu wird festgestellt: „Die Beherrschung der Muttersprache in Wort und Schrift sowie ein hinreichend sicherer Umgang mit mathematischen Symbolen und Modellen gehören in allen modernen Informations- und Kommunikationsgesellschaften zum Kernbestand kultureller Literalität" (S. 20). Diese Formulierung lässt zugleich die Verbindung zu dem Begriff Literacy erkennen sowie zu der im Folgenden noch aufzunehmenden Forderung nach Alphabetisierung.

In der Religionspädagogik haben sich in neuerer Zeit – zumindest im Rahmen von Diskussionsbeiträgen – vor allem Manfred Pirner und Bernd Schröder mit dem Begriff der Grundbildung befasst. Für Pirner (2003) steht dabei die Frage im Vordergrund, wie sich religiöse Grundbildung als Teil einer allgemeinen Grundbildung begründen lässt. Schröder (2003) legt den Akzent auf eine inhaltliche Bestimmung *religiöser Grundbildung:* Dafür sei an „theologisch unverzichtbare und entwicklungsgemäß subjektwerdungsförderliche Lerngegenstände (Themen)" zu denken, aber noch mehr sei eine „Verständigung auf bestimmte Kompetenzen, die für den Umgang mit Religion bzw. für die Daseins- und Wertorientierung spezifisch sind", erforderlich (S. 103).

An solchen Definitionsversuchen wird erkennbar, dass ein fließender Übergang zwischen der Frage nach religiöser Grundbildung und der Bestimmung von Bildungsstandards im Horizont der Kompetenzdiskussion besteht. Die religionspädagogische Diskussion hat sich in der Folge dann weit stärker auf die Frage nach Kompetenzen konzentriert und nicht auf die Bestimmung von Grundbildung. Insofern ist ähnlich wie hinsichtlich der religiösen Allgemeinbildung zu konstatieren, dass sich aus dem Begriff der religiösen Grundbildung kaum spezifische Kriterien für die Auswahl des im Religionsunterricht aufzunehmenden Wissens ergeben. Entsprechend spielt der Begriff der Grundbildung in der Gegenwart für die Religionspädagogik nur selten eine zentrale Rolle. Eine Ausnahme stellt die Evangelische Erwachsenenbildung dar, die den Grundbildungsbegriff allerdings im Sinne der Alphabetisierung benutzt (Comenius-Institut, 2022).

Religiöse Alphabetisierung

Als weitere religionspädagogische Konkretion soll die Debatte über „religiöse Alphabetisierung" in den Blick genommen werden. Dabei handelt es sich um eine Diskussion, die sich zwar auf den Religionsunterricht sowie andere religionspädagogische Handlungsfelder bezieht, die aber eher in der Kirche geführt wird als in der Wissenschaft. In der wissenschaftlichen Religionspädagogik steht stärker die allerdings verwandte Frage nach der zu erwerbenden *religiösen Sprachfähigkeit* im Vordergrund, was einerseits auf eine verzweigte theologische Diskussion über den Zusammenhang von Sprache und Religion verweist und andererseits auf die religionspädagogische Frage nach der eigenen Sprache von Kindern und Jugendlichen.

Die Aufgabe der Alphabetisierung stellt zugleich ein Thema der Erziehungswissenschaft dar (vgl. Bundesverband Alphabetisierung und Grundbildung, 2009). Bis heute ist es, wie oben deutlich geworden ist, ein zentrales, aber keineswegs allgemein umgesetztes Anliegen im Sinne einer für alle Menschen zu gewährleistenden Grundbildung, dass der nicht nur im globalen Süden, sondern auch in der westlichen Welt noch immer verbreitete Analphabetismus überwunden wird. Nicht lesen können kann als ein wesentlicher Aspekt gesellschaftlicher Exklusion und fehlender Teilhabe angesehen werden, was wiederum auf die auch in der Religionspädagogik geführte Diskussion über *Bildungsgerechtigkeit* verweist (vgl. Grümme & Schlag, 2016).

Ein weiterreichendes, auch in der Religionspädagogik immer wieder beachtetes Modell der Alphabetisierung verbindet sich mit dem Ansatz von Paulo Freire, der auf den in dieser Sicht notwendigen Zusammenhang zwischen Alphabetisierung und Befreiung baut. Freire hat diesen Ansatz vor allem in seiner „Pädagogik der Unterdrückten" (1973) beschrieben – ein Buch, das zu einem Weltbestseller und modernen Klassiker der Pädagogik geworden ist.

Da Freire ein pädagogisch anspruchsvolles Modell für Alphabetisierung bietet, das weit über den Erwerb von Fähigkeiten des Lesens und Schreibens hinausführt, soll dieses Modell im Folgenden in den Horizont der Frage nach der Bildungsbedeutung von Wissen als Kriterium für die Auswahl von Inhalten für den Religionsunterricht gerückt werden. Zunächst aber soll es um die von der Kirche ausgehende Diskussion zur religiösen Alphabetisierung gehen.

Als instruktives Beispiel kann eine Meldung der *Evangelischen Kirche in Deutschland (EKD)* dienen. Der damalige Ratsvorsitzende der EKD, Heinrich Bedford-Strohm, klagt über „fehlendes Wissen über Religionen in der deutschen Gesellschaft". Da „atheistische Gruppen" stärker würden, gelte: „Was es zuallererst braucht, ist eine religiöse Alphabetisierung." Schulen und Bildungspolitik sollten genau prüfen, „ob genügend Wissen über Glaubensgemeinschaften auch außerhalb des Religionsunterrichts vermittelt werde" (Bedford-Strohm, 2015).

Religiöse Alphabetisierung wird hier offenbar ganz im Sinne der bereits beschriebenen Forderung nach religiöser Allgemeinbildung verstanden („genügend

Wissen über Glaubensgemeinschaften"). Insofern wiederholen sich hier die Aufgaben, aber auch Probleme, die mit der Forderung nach religiöser Allgemeinbildung verbunden sind. Es bleibt unbestimmt, worin diese Allgemeinbildung bestehen soll und wann von einem „genügenden Wissen" gesprochen werden kann.

Mitunter wird statt von religiöser Alphabetisierung, die dem Begriff nach auf den Umgang mit Schriftsprache (Lesen und Schreiben) zielt, vom Erwerb *religiöser Sprachfähigkeit* gesprochen, worauf schon bei der Frage nach religionsbezogenem Wissen im kirchlichen, individuellen und gesellschaftlichen Leben hinzuweisen war (→ S. 67 ff.). Im Kern geht es darum, dass eine solche Sprachfähigkeit heute nicht mehr durch die religiöse Sozialisation vor und außerhalb der Schule gewährleistet werde, weshalb sie im Religionsunterricht erworben werden soll.

Insbesondere der katholische Religionspädagoge Hubertus Halbfas (1982) hat den Religionsunterricht in diesem Sinne sogar als *religiöse Sprachschule* konzipiert, mit eigenen, auf die Abfolge der Schuljahre bezogenen Lernaufgaben, die zugleich grundlegend für die von ihm angestrebte *Symboldidaktik* sind. Bei der von Halbfas konzipierten Sprachschule stehen der Erwerb von Wissen über religiöse Sprachformen sowie ein entsprechendes Verstehen im Vordergrund. Im Programm einer Symboldidaktik, wie sie dann auch auf evangelischer Seite durch Peter Biehl (1989) ausgearbeitet wurde, wird dies für symbolische und metaphorische religiöse Sprache im Einzelnen dargestellt. Andere wie vor allem Ingo Baldermann (1986) nehmen auch noch weitere religiöse Sprach- und Ausdrucksformen in den Blick, vor allem anhand der Psalmen, in denen eine eigene elementare Sprachform zu entdecken sei – als Sprache der Angst, aber auch der Hoffnung, des Trostes und der Befreiung.

Die Forderung nach religiöser Alphabetisierung und nach der Ausbildung religiöser Sprachfähigkeit hebt häufig ein bei jungen Menschen wahrgenommenes *Defizit* hervor. Demgegenüber verweisen religionspädagogische Untersuchungen zur Jugendsprache eher auf eine *wechselseitige Fremdheit* (vgl. Altmeyer, 2011): Die Sprache der jungen Menschen und die Sprache von Kirche und Theologie passen und finden heute kaum mehr zueinander. Dabei trifft es jedoch nicht zu, dass junge Menschen überhaupt sprachlos wären, auch nicht im Blick auf letzte Fragen und Sehnsüchte. Zumindest zum Teil verfügen sie durchaus über entsprechende sprachliche Möglichkeiten, wie beispielsweise eine Studie zu Vorstellungen vom Leben nach dem Tod nachweisen konnte (vgl. Mattes & Schweitzer, 2022). Auf jeden Fall muss die These von der heute vorherrschenden religiösen Sprachlosigkeit präzisiert und differenziert auf unterschiedliche Zusammenhänge bezogen werden.

Defizitanzeigen allein helfen jedenfalls nicht weiter. Religionsdidaktisch entscheidend ist, ob und wie Anschlussmöglichkeiten zwischen den verschiedenen sprachlichen Welten gefunden werden können. Die dafür erforderlichen Fähigkeiten sind so gesehen ebenso von Kirche und Theologie einzufordern wie bei jungen Menschen zu fördern. Religiös sprachfähig – im Sinne einer für andere bedeutsamen Form der religiösen Kommunikation – müssen demnach nicht nur junge Menschen werden, sondern auch Kirche und Theologie. Dazu gibt es inzwischen eine beachtliche Diskussion (vgl. Altmeyer, 2011; Koch, 2020; van Oorschot & Ziermann, 2019; Pirner, 2019).

An dieser Stelle ergeben sich noch immer wichtige religionspädagogische Anstöße aus dem *Ansatz Paulo Freires,* der aus dessen Alphabetisierungsarbeit in Lateinamerika hervorgegangen ist. Der lateinamerikanische Kontext und die Lebenszusammenhänge junger Menschen in Deutschland können allerdings nicht einfach miteinander gleichgesetzt werden. Gleichwohl bleibt Freires Ansatz zumindest in bestimmten Hinsichten hilfreich, was auch zur Rezeption in der deutschen Religionspädagogik geführt hat (vgl. Knauth & Schroeder, 1998; Ahme, 2022, S. 226 ff.).

Freires Ansatz lässt sich im Sinne der *Befreiungspädagogik* verstehen. Heute könnte man ihn auch in den Zusammenhang des postkolonialen Denkens einordnen, zu dessen Pionieren er jedenfalls gezählt werden kann (vgl. Schweitzer, im Druck). Im Horizont der Frage nach der Bildungsbedeutung von Wissen bietet er weiterführende Impulse, da der Erwerb von Wissen nach Freire daran bemessen werden muss, ob er Freiheit ermöglicht. Zumindest in knapper Form soll dieser Ansatz deshalb an dieser Stelle nachgezeichnet werden, mit einem besonderen Augenmerk auf die Rolle des Wissens.

An erster Stelle steht bei Freire die kritische Auseinandersetzung mit einer Form der Wissensvermittlung in der Schule, die er als „Bankiers-Methode“ bezeichnet und als Perpetuierung von Unfreiheit ansieht (Freire, 1973, S. 58). Hier werde Wissen wie eine „Spareinlage“ behandelt, die an die Lernenden übermittelt wird. Auf der Seite der Schüler:innen entspreche dem ein mechanisches Auswendiglernen (S. 57). Dabei sei „Erkenntnis eine Gabe, die von denen, die sich selbst als Wissende betrachten, an die ausgeteilt wird, die sich als solche betrachten, die nichts wissen“ (S. 58). Diese Form der Wissensvermittlung entspreche letztlich einer Karikatur: „Der Lehrer weiß alles, und die Schüler wissen nichts“ (S. 58). Zudem gehe es dann um ein kontextloses Wissen, um Inhalte, die deshalb im Leben der Schüler:innen keinerlei Bedeutung gewinnen können.

Statt eines solchen Lernens fordert Freire (1973) eine „problemformulierende Bildungsarbeit“ (S. 64). Dabei erscheine die Lehrkraft nicht mehr als Autorität, vielmehr nehme das Lernen eine grundsätzlich dialogische Gestalt an, so dass der Lehrer „nicht länger bloß der ist, der lehrt, sondern einer, der selbst im Dialog mit den Schülern belehrt wird, die ihrerseits, während sie belehrt werden, auch lehren“ (S. 65). So werden die Schüler:innen „die kritischen Mitforscher im Dialog mit dem Lehrer“ (S. 65). Ziel ist „wahre Erkenntnis“, was auch als „wahres Wissen“ übersetzt werden kann (S. 65). Es geht um das Durchschauen der unterdrückerischen Verhältnisse – um eine „Enthüllung der Wirklichkeit“, die letztlich auch einen „kritischen Eingriff in die Wirklichkeit“ ermöglicht (S. 65).

Ein solches Wissen kann nicht losgelöst von der Lebenswelt der Lernenden sein. Deshalb müsse bei der Bildungsarbeit immer zuerst gefragt werden, in welcher thematischen Welt die Lernenden selbst leben. Mit einem weiteren Begriff von Freire ergeben sich daraus die „generativen Themen“ für Lernen und Unterricht (Freire, 1973, S. 79 f.). Damit sind Fragestellungen gemeint, die geeignet sind, eine Vielfalt von Themen, die ihren Sitz im Leben in der Lebenswelt der Lernenden haben, zu eröffnen. Denn nur im Ausgang von solchen im Leben und in der Erfahrung der Menschen verankerten Themen sei kritisch-befreiende Bildungsarbeit denkbar. Allerdings sollen die lebensweltlichen Erfahrungen in der Bildungsarbeit nicht nur berücksichtigt werden, sondern zugunsten wachsender Freiheit kritisch reflektiert und in ihrem die Freiheit der Menschen begrenzenden Charakter infrage gestellt und überschritten werden. Dies gelinge dadurch, dass „Grenzsituationen“ identifiziert werden, in denen die Menschen solchen Begrenzungen konkret begegnen. Die Begrenzungen sollen dann durch „Grenzakte“ infrage gestellt werden (Freire, 1973, S. 82). Es geht also nicht einfach um eine Anpassung an die lebensweltlichen Verhältnisse in ihrer Unfreiheit – Lernen bedeutet hier vielmehr, scheinbar naturgegebene Grenzen zu überwinden und auf diese Weise Freiheit zu erlangen. So gesehen sind Themen dann „generativ“, wenn sie Begrenzungen ebenso wie die Möglichkeit ihrer Überwindung bewusst machen.

Diese knappe Zusammenfassung von Freires Ansatz macht schlaglichtartig deutlich, was Alphabetisierung in einem befreiungspädagogischen Horizont bedeutet. Alphabetisierung meint hier weit mehr als den Erwerb schriftsprachlicher Kenntnisse und Fähigkeiten. Vielmehr ist sie eingebunden in eine auf Befreiung zielende Bildungsarbeit, die insofern auf „wahre Erkenntnis“ oder „wahres Wissen“ angewiesen ist, als erst dadurch ein Durchschauen der unfreien Verhältnisse möglich wird.

Freire hat seinen Ansatz im Kontext der Arbeit mit dem „einfachen Volk“ in Lateinamerika entwickelt. Eine unmittelbare Übertragung auf die Verhältnisse im Zentraleuropa der Gegenwart ist sicher nicht möglich. Vielmehr muss gefragt werden, was Befreiung für Kinder und Jugendliche hierzulande bedeuten kann und welche Lebensverhältnisse sich dann verändern müssten. Ebenso muss eigens gefragt werden, was das befreiungspädagogische Verständnis für Religionspädagogik und Religionsunterricht bedeuten kann. Im vorliegenden Zusammenhang der Frage nach dem Lernen im Religionsunterricht und der Bildungsbedeutung von Wissen kommt es vor allem auf die Verknüpfung zwischen religiöser Alphabetisierung und der freiheitsorientierten Bildungsperspektive an. Wenn religiöse Alphabetisierung mehr bedeuten soll als die Stärkung einer unbestimmten religiösen Allgemeinbildung, dann muss sie einen *Freiheitsgewinn* für die einzelnen Kinder und Jugendlichen, aber auch im gesellschaftlichen Leben ermöglichen. Alphabetisierung bezieht sich so gesehen auf ein „wahres Wissen“, das zur Kritik an bestehender Unfreiheit und Ungerechtigkeit und damit zumindest tendenziell auch zu deren Überwindung befähigt. Religiöse Alphabetisierung zielt so gesehen auf kritische Wahrnehmungs- und Deutungsfähigkeit sowie die Sensibilisierung für gesellschaftliche und globale Ungleichheit. Besonders wichtig ist auch ein Durchschauen der Überformung des Lebens durch Konsum und Kommerz sowie der unmenschlichen Ideale von Schönheit und Erfolg, die von der Werbung und anderen medialen Darstellungen angefeuert werden. Im Blick auf die einzelnen Menschen impliziert dies die Unterstützung einer Selbstwerdung in Freiheit als wachsende Selbstbestimmung. Hinsichtlich der Kirche verträgt sich eine solche befreiungspädagogische Alphabetisierung nicht mit der institutionell bestimmten Erwartung, dass Kinder und Jugendliche die für die Beteiligung am bestehenden kirchlichen Leben erforderlichen Kenntnisse und Fertigkeiten erwerben, sondern es muss auch darum gehen, dass sie sich aktiv an der Aufgabe beteiligen können, die Kirche zu einer wahrhaft freiheitlichen Institution werden zu lassen.

8.1.7 Über das Brauchen hinaus: Eigenwert religiösen Wissens und die Debatte über Powerful Knowledge

Ambivalente Berufung auf den Eigenwert religionsbezogenen Wissens

Im Zusammenhang mit dem Religionsunterricht von einem *Eigenwert religiösen Wissens* zu sprechen klingt befremdlich, und es kann zu Recht Befürchtungen auslösen. Soll damit einer Erneuerung des didaktischen Materialismus gehuldigt werden, der Lernen allein material, also ausschließlich von den Inhalten her und unter Absehung von den Kindern und Jugendlichen als sich bildenden Subjekten sowie der Ausblendung aller Lebenszusammenhänge, festlegen will? Führt dies nicht zurück zu der soeben mit Freire beschriebenen „Bankiers-Methode“, bei der isoliertes Wissen vermittelt und in die Köpfe der Kinder und Jugendlichen eingelagert wird?

Tatsächlich ist der Verweis auf den Eigenwert religionsbezogenen Wissens religionspädagogisch ambivalent. Er kann im Extrem dazu führen, dass alle didaktischen Anforderungen und Kriterien unterlaufen werden, weil sie angesichts des Werts wahren Wissens unerheblich erscheinen. Doch ist dies nur die eine Gefahr, die Skylla, der auch hier eine Charybdis gegenübersteht – in der Gestalt eines heute weitverbreiteten Nützlichkeitsdenkens, das nicht ohne Grund zu entsprechenden Gegenbewegungen in Kultur und Gesellschaft geführt hat. Grenzenloser Utilitarismus bedeutet, um es etwas altertümlich auszudrücken, ein Leben ohne zweckfreie Wahrnehmung des Schönen und Wahren und vielleicht sogar des wahrhaft Guten.

Wie in diesem Buch bereits mehrfach festzustellen war, findet der Bezug auf ein Wissen, dessen Sinn nicht aus seiner Nützlichkeit erwächst, sondern aus seiner Wahrheit, in der internationalen (religions-)pädagogischen Diskussion derzeit neue Beachtung. Aus der Betonung von wahrem Wissen als *Powerful Knowledge,* das Kindern und Jugendlichen nicht vorenthalten werden dürfe.

Daraus könnte auch eine Kritik an der in diesem Buch bislang verfolgten Argumentation abgeleitet werden. So wurde in diesem Teilkapitel gefragt, welche Auswahlkriterien für das im Religionsunterricht zu erwerbende Wissen sich aus verschiedenen Anforderungsperspektiven ergeben, insbesondere von den Kindern und Jugendlichen, aber auch von Gesellschaft und Kirche her. Dabei herrscht naturgemäß die Frage nach dem Bedarf vor und mitunter sogar eine Zweckrationalität (Welchem Zweck soll dieses Wissens dienen?). Häufig sind es darüber hinaus dann nicht-religiöse Zwecke wie gesellschaftlich erforderliche Werte, von denen die Auswahl des Wissens gesteuert wird. Eine solche Perspektive ist gerade im Bereich der Schule sinnvoll, etwa um eine Anhäufung „trägen Wissens“ zu vermeiden. Das erworbene Wissen soll einen Platz in aktuellen Lebenszusammenhängen finden und aktiv genutzt werden können. Gleichzeitig kann aber auch darauf hingewiesen werden, dass die Kategorie des Nützlichen speziell im religiösen Bereich an eine prinzipielle Grenze stößt: Religiöses Wissen unterscheidet sich von anderen Wissensformen gerade dadurch, dass es sich nicht am Nützlichen bemisst und nicht bloß funktional bestimmt ist.

Leicht nachzuvollziehen ist eine solche *nicht-funktionale Sichtweise* etwa anhand des Religionsverständnisses von Friedrich Schleiermacher. Nach Schleiermacher findet die Religiosität des Menschen ihren Ausdruck im Fest, als das er den Gottesdienst versteht. Und diese gottesdienstlichen Feste deutet er als „Unterbrechungen des übrigen Lebens" – denn hier werden die Arbeit und das Geschäftsleben für die Zeit des Festes stillgestellt (Schleiermacher, 1850, S. 70). So gesehen bezieht sich religiöses Wissen auf eine solche „Unterbrechung" und folgt damit einer Eigenlogik, die nicht auf andere Formen oder Zwecke zurückgeführt werden kann. Religiöses Wissen ist in sich selbst sinnvoll. Genau darin besteht sein Eigenwert, und solange nur vom Nützlichen her gedacht wird, geht Religion verloren.

In dieser Hinsicht gleicht Religion dem *Spiel,* das nur dann funktionieren kann, wenn sich Menschen ganz darauf einlassen. Spielen kann nur, wer sich zumindest eine Zeit lang völlig in das Spiel hineinbegibt, so wie dies von Theorien des „Flows" eindrücklich beschrieben wird: Wer wirklich spielt, geht ganz im Spielen auf (vgl. Csikszentmihalyi, 1987). Natürlich kann auch in diesem Falle festgestellt werden, dass gerade hingebendes Spielen einen enormen Erholungseffekt mit sich bringt und insofern zur Wiederherstellung der Arbeitsfähigkeit beiträgt. Aber dabei handelt es sich zwingend um einen sekundären Effekt – wo er in den Vordergrund rückt, wird das Spiel verdorben. Denn wer nur spielen will, um wieder arbeitsfähig zu werden, spielt nicht wirklich.

Im religiösen Bereich entsprechen einer solchen Form des Flows im Spiel Begriffe wie Innewerden, Faszination, Neugier und Interesse oder die Erfahrung, etwas Geheimnisvollem zu begegnen und davon in Bann geschlagen zu werden. Hier tritt der Eigenwert religiösen Wissens als Einladung zu persönlicher Begegnung ganz in den Vordergrund.

Wer sich erstmals auf eine solche Begegnung einlässt, kann Erfahrungen mit etwas Neuem machen und gleichsam in eine andere Welt eintauchen. Als neu zu bezeichnen ist diese Welt insofern, als sie sich grundlegend von der bisherigen Alltagswelt unterscheidet. Faszination bedeutet dabei nicht, dass etwas für diese Alltagswelt gewonnen werden kann, sondern dass der Weg ins religiöse Wissen gerade von allem Alltäglichen wegführt.

Nicht zuletzt bleibt der Unterschied zwischen *Nützlichkeit* und *Wahrheit* zu bedenken. Solange nur die mögliche Verwendung und Brauchbarkeit von Wissen wahrgenommen wird, ist der epistemische Status des Wissens bedeutungslos. Unter dem Aspekt der Nützlichkeit kommt es nicht darauf an, ob Wissen wirklich wahres Wissen ist, sondern lediglich darauf, was gesellschaftlich als Wissen angesehen und anerkannt wird. Diese gesellschaftliche Anerkennung beruht dann auf der Funktionalität dieses Wissens und nicht auf einer erkenntnistheoretischen Prüfung. Genau darauf verweist die Debatte über Powerful Knowledge.

Eine neue Diskussion: Powerful Knowledge im Religionsunterricht?

In der internationalen Diskussion wird im Blick auf nicht-funktionale Sichtweisen von Wissen mit der von Michael Young (2008, 2013) stammenden Unterscheidung zwischen *Powerful Knowledge* und *Knowledge of the Powerful* operiert (religionspädagogische Diskussion: Franck & Thalén, 2023). Eine Übersetzung dieser Begriffe fällt schwer. Auch im Deutschen unmittelbar einleuchtend ist die Rede vom „Wissen der Mächtigen", aber auch dabei bleibt noch offen, was genau gemeint sein soll: Wissen als Privileg, über das nur die Mächtigen in der Gesellschaft verfügen, oder ein Wissen, dessen Status als Wissen durch die Mächtigen erst festgelegt wird? Bei Powerful Knowledge kommt am ehesten die Übersetzung „machtvolles Wissen" infrage, etwa im Unterschied zu „machtförmigem" Wissen. Aber auch bei dieser Übersetzung brechen weitere Fragen auf: Verleiht dieses Wissen Macht? Ist es machtvoll oder mächtig, weil es Menschen überzeugt und antreibt, so wie eine „anfeuernde (powerful) Idee", von der sich Menschen mitreißen lassen?

Auch in diesem Falle soll zunächst eine knappe Zusammenfassung von *Youngs Ansatz* gegeben werden. Dieser Ansatz, der im Horizont der Entwicklung von Bildungsplänen steht, geht von mehreren Ausgangspunkten aus. Besonders einleuchtend ist dabei die kritische Auseinandersetzung mit dem in politischen Programmen verbreiteten Ruf nach einem von der Schule stärker zu vermittelnden Wissen. Hier, so Youngs Kritik, werde gar nicht gefragt, um welche Art von Wissen es denn geht. Demgegenüber hält er fest, dass von Wissen erst und nur dann gesprochen werden könne, wenn dieses Wissen über die „Alltagserfahrungen" hinausführt (Young, 2009, S. 195). Ein „entleertes und rhetorisches Verständnis von Wissen" münde demgegenüber in einem „inhaltsleeren" Bildungsverständnis (S. 195). Es lasse sich nur dadurch überwinden, dass das Verständnis von Wissen epistemologisch präzisiert wird. Dafür werden bei Young vier Bestimmungen eingeführt: Wissen müsse „kritisch" sein, immer revidierbar auf der Grundlage eines Fallibilismus; es müsse in dem Sinne „emergent" sein, dass seine Unabhängigkeit von Entstehungsbedingungen und Interessen wahrgenommen wird; „realistisch", wobei die natürliche ebenso wie die soziale Welt als in ihrer Existenz unabhängig von der menschlichen Wahrnehmung anerkannt werde und insofern das Wissen begrenze; „materialistisch", nämlich als erzeugt und angeeignet in spezifischen historischen Zusammenhängen (Young, 2009, S. 196). So wird einerseits betont, dass Powerful Knowledge hinsichtlich seiner Geltung unabhängig von den Entstehungszusammenhängen sei (S. 197), andererseits aber die gesellschaftlichen Entstehungszusammenhänge ebenfalls nicht übergangen werden sollen.

Weitere Ausgangspunkte findet Young in seiner Auseinandersetzung mit den Bildungsplänen. Für ihn gibt es eine für das gesamte Bildungswesen grundlegende Verpflichtung, „der nächsten Generation das Wissen weiterzugeben, das von früheren Generationen entdeckt wurde" (Young, 2013, S. 101). Diese Forderung bezieht sich insbesondere auf spezialisiertes Wissen, da die Spezialisierung in Gestalt von Universitäten oder Forschungseinrichtungen bessere, der Wirklichkeit angemessenere Erkenntnismöglichkeiten bedinge (Young & Muller, 2013, S. 231).

Powerful Knowledge sei jedoch nicht im Sinne von Empowerment zu verstehen (Young, 2013, S. 196). Es sei powerful, „weil es das beste Verständnis der natürlichen und sozialen Welten bietet, das wir haben, und uns über unsere individuellen Erfahrungen hinaus führt". Eben deshalb haben alle Schüler:innen ein Recht darauf (S. 196).

Youngs Ansatz hat eine breite Diskussion ausgelöst und ist auch heftig kritisiert worden. Muller und Young reagieren auf diese Kritik mit einer zusammenfassenden Stellungnahme (2019). Zum Ausgangspunkt wird nun die Unterscheidung zwischen Wissen als einer *„Magd" der Macht bzw. der Mächtigen* (Wissen der Mächtigen) und einem Wissen, das eine *„eigene Macht"* besitzt (powerful knowledge; S. 197). Die jeweils gemeinte Macht sei dabei unterschiedlich zu verstehen, im ersten Fall als soziales Phänomen, im zweiten als eine „sozio-epistemische Eigenschaft" von Wissen (S. 199). Hinsichtlich des Curriculums ergibt sich dann am Ende aber doch ein Zusammenhang zwischen Powerful Knowledge und Empowerment: Wenn der Unterricht erfolgreich sei, würden

> „die Schüler:innen in mehrfacher Hinsicht ermächtigt: im Blick auf die Qualität ihrer Wahrnehmung und Urteilsfähigkeit, in ihrer Wertschätzung der Breite und Reichweite der inhaltlichen und konzeptuellen Bereiche des Faches; und in ihrer Wahrnehmung, dass das inhaltliche Detail, das sie erlernt haben, nur ein Teil dessen ist, was das Fach in seiner Gesamtausdehnung zu bieten hat. Sie sind fähig, neue Verbindungen herzustellen, neue Einsich-

ten zu gewinnen sowie neue Ideen hervorzubringen. Genau deshalb stellt Powerful Knowledge das Herzstück wahrhaftigen Unterrichts dar." (Young & Muller, 2013, S. 210)

Bei solchen Formulierungen wird deutlich, dass sich die Ansätze von Young und Freire trotz aller Unterschiede dennoch miteinander berühren. Auch Powerful Knowledge erweist seine „Macht" darin, dass es Menschen stärkt und ihnen Macht verleiht. Was bei Young im Vergleich zu Freire allerdings fehlt, ist die sorgfältige Analyse der Lebenszusammenhänge der Lernenden, in denen sich die neu gewonnene Macht bewähren muss. Anders formuliert müsste Powerful Knowledge didaktisch gesehen mit den von Freire sogenannten „generativen Themen" und den darauf bezogenen „Grenzsituationen" verknüpft werden. Das gilt insbesondere, wenn die Kategorie Powerful Knowledge auch für den Religionsunterricht fruchtbar gemacht werden soll.

Powerful Knowledge und der Religionsunterricht

Young selbst bezieht sich auf Fragen des Bildungsplans im Allgemeinen. Zum Religionsunterricht hat er sich nicht geäußert. Wie schon deutlich geworden ist, denkt er vor allem an die Naturwissenschaften, geht zugleich aber davon aus, dass es auch in allen anderen Wissenschaften „Konzepte" gibt, „die uns auf verschiedene Art und Weise über besondere Fälle und Kontexte hinausführen und uns verschiedene Möglichkeiten für Verallgemeinerungen bieten, in Entsprechung zur Eigenart der Phänomene, auf die sie sich beziehen" (Young, 2015).

Lässt sich das auch auf den Religionsunterricht und *religionsbezogenes Wissen* übertragen? Diese Frage hat inzwischen zu einer internationalen Diskussion geführt (vgl. die Beiträge in Franck & Thalén, 2023). Ohne Zweifel gibt es auch im Bereich von Religion und Religionen grundlegende Einsichten, von denen aus sich dieses gesamte Feld erschließen lässt – Begriffe wie Transzendenz, Gott und das Göttliche, Offenbarung und Erfahrung, Glaube, Wahrheit und Gewissheit, Sich-Verfehlen (Sünde) und Umkehr usw. Schon bei der Nennung solcher Begriffe wird allerdings bewusst, dass sie ihre Erschließungskraft als Konzepte vor allem im wissenschaftlichen Bereich entfalten können. Außerhalb dieses Bereichs dürfte es in der Regel kaum entsprechende Anwendungs- oder Anschlussmöglichkeiten geben. Insofern bedürfen solche Konzepte einer didaktischen Transformation, wenn sie für den Unterricht genutzt werden sollen. Daher stellt sich auch in dieser Hinsicht die Aufgabe einer Elementarisierung (S. 113 ff.). In der internationalen (religions-)didaktischen Diskussion wird hier auch von „Schwellenkonzepten" (Threshold Concepts) gesprochen (vgl. aus Schweden: Niemi, 2018), aus deren Erwerb sich ein neues Verständnis eines gesamten Themenbereichs ergibt. In der deutschen Religionsdidaktik hat dieser Ansatz aber noch wenig Beachtung gefunden, im Unterschied etwa zu Wirtschaftsdidaktik (vgl. Kricks, Mittelstädt & Liening, 2013; zur weiteren Einordnung: Brahm, Iberer, Kärner & Weyland, 2022).

Und wie steht es religionspädagogisch gesehen mit dem Wissen, das nach Young *der nächsten Generation nicht vorenthalten werden darf?* Auch ein solches Wissen lässt sich im Blick auf Religion zumindest ansatzweise identifizieren, am besten in Gestalt von Fragen – beispielsweise: Was steht wirklich in der Bibel oder im Koran? Wann und wie sind Bibel und Koran entstanden? Was bedeuten die oben genannten Begriffe im Christentum, im Judentum, im Islam oder anderen Religionen? Ist Jesus wirklich auferstanden? Wie konnte er nach seinem Tod noch den Jüngern begegnen? Zu solchen Fragen gibt es auch im Bereich von Theologie und Religionswissenschaft ein, mit Young formuliert, spezialisiertes und durch Forschung geprüftes, gleichwohl immer wieder revidierbares Wissen, das den Kindern und Jugendlichen nicht vorenthalten werden sollte. Andere Beispiele könnten religiöse Ausdrucksformen betreffen, an denen sich ein zweckfreies Interesse entzünden kann und sich bis heute auch immer wieder entzündet. Das können etwa Sprachbilder in Psalmworten sein, der Grundplan einer friedlich geordneten Welt im ersten Kapitel der Bibel, das Auftreten eines Propheten oder das Leben eines Menschen, das ganz aus der dieses Leben umkehrenden Erfahrung göttlicher Liebe heraus geführt wird.

In allen diesen Fällen kann sich ein besonderes Interesse entwickeln und kann sich Neues erschließen, was als in sich selbst wertvoll erfahren wird oder das im Sinne der „Schwellenkonzepte" neue Sichtweisen auf die Welt eröffnet. Religionsdidaktisch ist es ebenso wichtig, auch diesen Eigenwert zu schätzen, wie es umgekehrt darauf ankommt, sich immer wieder neu bewusst zu werden, dass sich ein solcher Eigenwert Kindern und Jugendlichen heute vielfach keineswegs erschließt. Dass religiöses Wissen als solches faszinieren kann, soll und darf in einem Schulfach nicht vorausgesetzt werden, und wo ein solches Wissen ohne diese Faszination erworben wird, ist die Grenze zum „trägen Wissen" bereits überschritten. Gleichwohl lebt auch der Religionsunterricht davon, dass zumindest immer wieder auch etwas vom Eigenwert des im Religionsunterricht zu erwerbenden Wissens aufblitzt.

8.1.8 Zusammenfassung

Leitend war in diesem Teilkapitel die Frage nach der *Bildungsbedeutung von Wissen,* aus der zugleich Auswahlkriterien für die Inhalte des Religionsunterrichts gewonnen werden sollten. Genauer gesagt ging es darum, zu prüfen, in welchem Sinne die Bildungsbedeutung von Wissen als Auswahlkriterium angesehen werden kann. Insofern mussten verschiedene Diskussionszusammenhänge daraufhin geprüft werden.

Dazu wurde zunächst der *Begriff des Weltwissens* aufgenommen und im Blick auf *religionsbezogenes Weltwissen* spezifiziert. Was zu einem solchen Weltwissen gehört, welches Kinder und Jugendliche in der Schulzeit erwerben sollten, wurde sodann auf drei grundlegende Perspektiven bezogen: das *Christentum kennenlernen,* die *Welt verstehen, mündig werden.* Eine weitere Entfaltung wurde durch den Bezug auf *individuelle, gesellschaftliche* und *kirchliche Zusammenhänge* versucht, wobei sich jeweils spezifische, sich aber auch überschneidende Erwartungen an das im Religionsunterricht aufzunehmende Wissen ergaben. Darüber hinaus wurde deutlich, dass die aus der Tradition übernommenen Perspektiven konsequent erweitert werden müssen: Nicht nur das Christentum hat Bildungsbedeutung, sondern ebenso bedarf es einer Vertrautheit mit *verschiedenen Religionen und Weltanschauungen.* Der von Comenius visionär eröffnete Horizont auf die ganze Welt muss vor dem Hintergrund *globaler Entwicklungen* neu buchstabiert werden, und Mündigkeit als Bildungsziel ist nicht nur allgemein, sondern hinsichtlich *verschiedener Formen des Wissens* zu präzisieren.

Bildungstheoretische Präzisierungen konnten vor allem mithilfe der Kategorien des „kanonischen Orientierungswissens" sowie der „kulturellen Initiationen" gewonnen werden. Religionspädagogische Konkretisierungsmöglichkeiten wurden sodann anhand der aktuellen Diskussionen zu *Religious Literacy, religiöser Allgemeinbildung* bzw. *Grundbildung* sowie *religiöser Alphabetisierung* identifiziert. Schließlich wurde diskutiert, ob es auch einen *Eigenwert* religionsbezogenen Wissens geben und welche Rolle dabei die in der neueren internationalen Diskussion einflussreiche Kategorie *Powerful Knowledge* spielen kann.

Die in diesen Reflexionsgängen gewonnenen Erkenntnisse lassen sich thesenhaft so zusammenfassen:

- Den Erwerb eines religionsbezogenen Weltwissens zu ermöglichen stellt eine pädagogische Grundaufgabe sowie eine grundlegende Leistung von Religionsunterricht dar.

- Der Erwerb religionsbezogenen Weltwissens lässt sich kritisch anhand der Doppelfrage konkretisieren, was das zu erwerbende Wissen im Sinne einer kulturellen „Initiation“ zum Aufbau von Orientierungswissens beiträgt.
- Für das im Religionsunterricht zu erwerbende Wissen ist der dreifache Horizont individueller, gesellschaftlicher und kirchlicher Lebenszusammenhänge entscheidend. Keiner dieser drei Zusammenhänge darf übergangen werden, keiner von ihnen kann allein bestimmend sein.

Werden mit den ersten drei Thesen funktionale Betrachtungsweisen des im Religionsunterricht aufzunehmenden Wissens in den Vordergrund gerückt, so ergibt sich gleichsam gegenläufig die Forderung, den Eigenwert religionsbezogenen Wissens hervorzuheben:
- Religion geht nicht im Brauchbaren auf. Auch wenn im Alltag der Schule nur selten mit Momenten zu rechnen ist, in denen die Faszination eines Wissens, das nicht brauchbar ist, zum Tragen kommt, muss im Religionsunterricht doch Raum für solche Momente bleiben.

Wie leicht zu erkennen ist, bilden diese Thesen eher allgemeine Richtungen als eine konkrete inhaltliche Antwort auf die Frage, was heute zum religiösen Wissen gehören soll. Daher ist nun ein weiterer Reflexionsgang erforderlich, bei dem die Inhaltsstrukturen religiösen Weltwissens in den Vordergrund treten sollen.

8.2 Inhaltsstrukturen religionsbezogenen Weltwissens

Die im vorangehenden Teilkapitel diskutierten Auswahlkriterien verweisen zwar bereits auf allgemeine Anforderungen, denen das im Religionsunterricht zu erwerbende Weltwissen gerecht werden muss, aber sie geben dazu noch keine hinreichend präzise Auskunft, auf die bei der Auswahl von Inhalten zurückgegriffen werden könnte. Auf dieses Problem zielt nun die Frage nach *Inhaltsstrukturen* religionsbezogenen Weltwissens ab.

Einen Ausgangspunkt dazu können die *Bildungspläne für den Religionsunterricht* bieten. Wie sich im Folgenden zeigen wird, scheinen hinter solchen Plänen derzeit allerdings ebenfalls keine ausgewiesenen religionsdidaktischen Auswahlkriterien oder Konstruktionsprinzipien zu stehen. Deshalb wird in weiteren Schritten eigens auf Konstruktionsmöglichkeiten für den Religionslehrplan reflektiert und insbesondere geprüft, welche Einsichten sich heute noch aus Kategorien gewinnen lassen, die in der (religions-)didaktischen Tradition entwickelt worden sind.

8.2.1 Bildungspläne auf dem Prüfstand

Kompetenzen und Inhaltsbereiche

In aller Regel weisen Bildungspläne für den Religionsunterricht in Deutschland heute eine *kompetenzorientierte Gestalt* auf. Entsprechend werden in diesen Plänen an erster Stelle die zu erwerbenden Kompetenzen als ausdrücklich *inhaltsunabhängige Fähigkeiten und Fertigkeiten* ausgewiesen. Dies folgt aus dem Verständnis von Kompetenzen, die beispielsweise bei den PISA-Untersuchungen bewusst unabhängig von allen inhaltlichen Lehrplanvorgaben erfasst werden sollen (vgl. Deutsches PISA-Konsortium, 2001). Darin kommt zum Ausdruck, dass es um Fähigkeiten und Fertigkeiten gehen soll, die auch jenseits des Unterrichts genutzt werden können, und nicht einfach um bestimmte Kenntnisse, wie sie häufig in Klassenarbeiten oder Tests abgefragt werden. Auch wenn die damit verbundene Fokussierung auf die Schüler:innen religionsdidaktisch durchaus einleuchtet, hat es sich für den Religionsunterricht doch als unabdingbar erwiesen, bestimmte Inhalte verbindlich auszuweisen. Diese werden zwar etwa als „inhaltsbezogene Kompetenzen" bezeichnet, aber die Inhalte bleiben in diesem Fall doch bestimmend. Diese Entscheidung folgt der Einsicht, dass sich beispielsweise eine „religiöse Kompetenz" im christlichen Sinne ohne Kenntnis bestimmter biblischer Texte kaum sinnvoll vorstellen lässt.

Bildungspläne für evangelische oder katholische Religion weisen inzwischen vielfach einen sehr ähnlichen *Aufbau* auf, der im Kern *sechs Bereiche* umfasst:

1. Mensch
2. Welt und Verantwortung
3. Gott
4. Jesus Christus
5. Kirche und Kirchen
6. Religionen und Weltanschauungen.

Als *siebter Bereich* wird mitunter, beispielsweise in Baden-Württemberg, noch die *Bibel* genannt (Ministerium für Kultus, Jugend und Sport Baden-Württemberg, 2016).

Schon den Bildungsplänen selbst ist manchmal ein gewisses Unbehagen bei dieser Systematik zu entnehmen. In Hessen wird im Bildungsplan für Evangelische Religion den hier als „Inhaltsfelder" bezeichneten Bereichen eine zweite Systematik hinzugefügt, mit der bestimmte „Leitperspektiven" zur Geltung gebracht werden sollen: „eigene Erfahrungen und individuelle Religion", „christliche Religion in evangelischer Perspektive und christliche Traditionen", „religiöse und gesellschaftlich-kulturelle Pluralität" (Hessisches Kultusministerium, o. J., S. 15). Offenbar soll mit diesen Leitlinien sichergestellt werden, dass der Unterricht subjektorientiert, bekenntnisorientiert und konfessionell profiliert sowie kontextualisiert im Blick auf die gesellschaftliche Gegenwartssituation erteilt wird. Die Inhaltsbereiche als solche werden offenbar als zu formal und deshalb als weiter präzisierungsbedürftig wahrgenommen.

Auch *fachwissenschaftlich* gesehen leuchtet die Systematik der Inhaltsbereiche nicht ohne Weiteres ein. Die genannten Themen sind zwar alle auch theologisch bedeutsam, erscheinen bei dieser Systematik aber in einer eigentümlich „versäulten" Gestalt, die es erschwert, die inneren Zusammenhänge zwischen den verschiedenen Bereichen wahrzunehmen. Für das christliche Gottesverständnis beispielsweise ist die Verzahnung mit der Christologie entscheidend – aus dieser Verzahnung erwächst die für das christliche Gottesverständnis kennzeichnende trinitarische Struktur. Gotteslehre und Christologie stehen gerade nicht einfach nebeneinander, und Ähnliches gilt auch für die anderen Inhaltsbereiche. So erscheint etwa das Thema „Mensch" in den Bildungsplänen ebenfalls isoliert. Auf den ersten Blick entspricht dies zwar der in der Wissenschaft behandelten theologischen Anthropologie, aber auch in diesem Falle sind theologisch gesehen gerade die Interdependenzen zwischen Anthropologie und vor allem der Gotteslehre sowie der Christologie maßgeblich.

Erfahrungsberichten aus der Schule zufolge bringt die beschriebene Aufzählung von Inhaltsbereichen darüber hinaus eine Schwierigkeit mit sich, die wohl bei der Erstellung der Bildungspläne zu wenig bedacht wurde. Bildungspläne müssen auch der *Präsentation des Faches* gegenüber bestimmten Adressat:innen dienen und sind insofern daran zu messen, ob sie einer kommunikativen Funktion gerecht werden. Vor allem die Schüler:innen werden die genannten Themenbereiche wohl nur in Ausnahmefällen als attraktiv wahrnehmen (vgl. Kliemann & Kasper, 2016). Sie können sich in den Formulierungen eines solchen Bildungsplans kaum wiederfinden. So werden beispielsweise keine Fragen oder Themen angeboten, die lebensweltliche Anschlüsse zumindest erahnen lassen. Ähnliches gilt auch für Eltern oder für Kolleg:innen aus anderen Fächern. Die Lehrplansystematik vermittelt stattdessen den Eindruck eines traditionell-katechetischen Profils, das einfach dem Apostolischen Glaubensbekenntnis zu folgen scheint. Prekär für den Religionsunterricht wird diese Selbstpräsentation dann, wenn daneben deutlich stärker an den Schüler:innen und ihren Interessen orientierte Bildungspläne für den Ethikunterricht stehen. Die zunehmende Zahl evangelischer und katholischer Schüler:innen, die sich dann für den Ethikunterricht entscheiden, dürfte auch mit solchen Kommunikationsproblemen zu tun haben.

Insofern ist aus religionsdidaktischer Sicht für die weitere Bildungsplanentwicklung eine grundlegende Überarbeitung der derzeitigen Systematik wünschenswert. Dabei sollte ebenso auf die jetzt nicht ausreichend sichtbaren Interdependenzen zwischen den verschiedenen thematischen Bereichen geachtet werden wie auf die kommunikative Funktion von Bildungsplänen als Darstellung des Faches gegenüber verschiedenen Adressat:innen innerhalb und außerhalb der Schule.

Füllung der Inhaltsbereiche

Die genannten Inhaltsbereiche geben nur eine sehr allgemeine Struktur vor. Jeder der Inhaltsbereiche muss noch mithilfe bestimmter Inhalte oder Kompetenzen konkretisiert werden, damit die Ebene des Unterrichts erreicht werden kann. Im Blick auf diese *Konkretion* sind weitere Entscheidungen erforderlich, die in möglichst transparent ausgewiesener und theoretisch begründeter Form getroffen werden sollten. Die Bildungspläne selbst weisen solche Entscheidungsprozesse allerdings in der Regel nicht aus, sondern bieten nur die Resultate entsprechender Entscheidungen. So enthalten die Bildungspläne beispielsweise keine Darstellungen zu ihrem Verständnis der Bibel, aus dem hervorgehen könnte, welche Bibeltexte im Unterricht vorkommen sollen oder müssen. Daher ist es nur möglich, das für einen bestimmten Bildungsplan faktisch maßgebliche Verständnis aus der getroffenen Auswahl hypothetisch zu erschließen.

Im Einzelnen kann eine solche Prüfung an dieser Stelle nicht vorgenommen werden. Stichproben zu Bildungsplänen in verschiedenen Bundesländern im Blick auf biblische Texte im Unterricht lassen vor allem zwei Probleme erkennen:

- Die *Auswahl* der in den Bildungsplänen jeweils als verbindlich vorgeschriebenen *biblischen Texte* variiert stark von Bundesland zu Bundesland. Dies kann den Eindruck nahelegen, dass die Entscheidungen *kontingent* sind.
- Für jede Jahrgangsstufe ergibt sich eine *große Fülle einzelner Texte oder Bibelstellen.* Das gilt auch dort, wo eigene Unterrichtseinheiten oder Schwerpunkte zur Bibel als Buch vorgesehen sind, da auch in diesem Falle zahlreiche weitere Texte bei anderen thematischen Schwerpunkten aufgenommen

werden. Hier stellt sich die Frage, ob es gelingt, zumindest exemplarisch in die *Tiefe* zu gehen und ein wenigstens überblicksmäßiges *Gesamtverständnis* der Bibel anzubahnen.

Die verschiedenen Vorgaben leuchten dabei jeweils für sich allein genommen durchaus ein, aber bislang wird nicht deutlich, welcher inhaltliche Gesamtzusammenhang auf diese Weise entstehen soll. Vor allem bleibt offen, welcher Gesamteindruck sich so bei den Schüler:innen ergeben kann. Scheint ihnen am Ende in der Bibel einfach alles Mögliche zu stehen – und dies in einer nicht überschaubaren Fülle von Einzelaussagen – oder können sie zumindest ansatzweise eine geordnete Wahrnehmungsstruktur zur Bibel ausbilden?

Solche Fragen bleiben derzeit eher offen. Es gibt in den Bildungsplänen zwar mitunter eigene Einheiten, in denen eine solche Zielsetzung im Zentrum steht. Wie diese Einheiten jedoch durch den vorangehenden Unterricht vorbereitet und in diesem verankert sind, sodass beispielsweise bereits erworbene Kenntnisse abgerufen werden, ist nicht ersichtlich. Auch die wissenschaftliche Religionspädagogik hat sich in neuerer Zeit kaum einmal intensiver mit dem Thema der Lehr- oder Bildungsplanentwicklung befasst und bietet der Praxis der Bildungsplanentwicklung insofern nur wenig Unterstützung.

Religionsdidaktisch erwächst aus dieser Situation darüber hinaus die Frage, ob es nicht an der Zeit wäre, sich zumindest auf *bundesländerübergreifende Orientierungs- und Rahmenpläne* zu verständigen, nicht nur im Blick auf Kompetenzkataloge, sondern auch zentraler Fragestellungen und Themen. Gemeinsame Orientierungs- und Rahmenpläne, die auch die inhaltliche Ebene erreichen, könnten das Fach sicher stärken und dem Eindruck willkürlicher Auswahlentscheidungen entgegenwirken. Aufgrund der Kompetenzorientierung, die sich aus den genannten Gründen auf formale Beschreibungen von Fähigkeiten beschränkt, scheinen Sinn und Notwendigkeit einer über die allgemeinen, oben beschriebenen Inhaltsbereiche hinausgehenden, auch auf Unterrichtsinhalte bezogenen Verständigung derzeit in Vergessenheit zu geraten. Als mögliche Ausnahme könnte allerdings der Versuch angesehen werden, zumindest für den Religionsunterricht in der Sekundarstufe II ein Kerncurriculum zu entwickeln.

Die Suche nach einem Kerncurriculum

Aus der beschriebenen Wahrnehmung heraus, dass im Blick auf die Inhalte des Religionsunterrichts derzeit eine Vielfalt vorzuherrschen scheint, die leicht als Willkür erscheinen kann, verdient der Versuch, ein Kerncurriculum für den

Religionsunterricht zu bestimmen, an dieser Stelle besondere Beachtung. Damit ist allerdings nicht oder jedenfalls nur zum Teil die heute mitunter zu beobachtende Tendenz gemeint, kompetenzorientierte Bildungspläne nunmehr einfach unter der Bezeichnung „Kerncurriculum" zu veröffentlichen (vgl. Sajak, 2019). Dabei wird der Begriff des Kerncurriculums fast gleichbedeutend mit dem Begriff „Bildungsplan" verwendet. Demgegenüber ist in Erinnerung zu rufen, dass es bei der neueren Diskussion um ein Kerncurriculum um spezifische Anforderungen und Ziele geht. Ein wichtiger Ausgangspunkt dieser Diskussion, auf den bis heute vielfach referiert wird, ist in den USA zu finden. Dort kam es schon in den 1980er und 1990er Jahren zu einer kontrovers geführten Debatte um ein „Core Curriculum" als Reaktion auf eine als problematisch wahrgenommene Bildungsvielfalt oder, kritisch formuliert, Beliebigkeit der Inhalte (als Ausgangspunkt einer weitreichenden Kontroverse vgl. Bloom, 1987). Mit dem „Core Curriculum" sollten demgegenüber diejenigen Kenntnisse festgelegt werden, die mit einem bestimmten Bildungsabschluss verlässlich, also unabhängig von der jeweiligen Bildungseinrichtung oder einem bestimmten Bildungsgang, erwartet werden können. Das Kerncurriculum sollte dabei nicht erschöpfend sein, sondern eher ein *Bildungsminimum* identifizieren. Auch in Deutschland hat diese Diskussion einen gewissen Widerhall erfahren, insbesondere im Blick auf die Gymnasiale Oberstufe (vgl. Tenorth, 2001; zur früher sehr kritischen Diskussion solcher Ansätze vgl. Flitner & Lenzen, 1977).

In der Religionspädagogik ist besonders auf das 2010 von der Evangelischen Kirche in Deutschland (EKD) vorgelegte „Kerncurriculum für das Fach Evangelische Religionslehre in der gymnasialen Oberstufe" zu verweisen (EKD, 2010a). Auch diese Veröffentlichung steht im Zusammenhang mit der Umstellung auf Kompetenzorientierung und bezieht sich zugleich auf das inhaltliche Auswahlproblem: „Insbesondere muss das Spektrum der Themen, Inhalte und Aufgaben, an denen Kompetenzen erworben werden, auf einen Kern begrenzt werden, der einerseits verbindlich ist und den nachhaltigen Aufbau von Kompetenzen ermöglicht und andererseits Freiräume lässt für unterrichtliche Vorhaben unterschiedlicher Art" (S. 7). Die offenbar drängende Frage nach „verbindlichen" Vorgaben („Themen, Inhalte und Aufgaben") wird auch in diesem Fall offenbar durch die inhaltliche Unbestimmtheit der Kompetenzen ausgelöst.

Gesucht wird mit dem Kerncurriculum also nicht weniger als ein *Kanon* für den Religionsunterricht. Aber wie soll ein solcher Kanon gefunden oder zumindest plausibel begründet werden? Die EKD-Schrift verweist auf verschiedene Begründungszusammenhänge:

„gesellschaftliche Signaturen wie
- die Pluralität religiöser Einstellungen und Entwürfe
- die Präsenz unterschiedlicher Religionen im globalen Rahmen
- die Individualisierung religiöser Biographien

– elementare Erfahrungen und Fragehorizonte menschlicher Existenz
– zentrale theologische Auslegungen von Grunderfahrungen in Bibel, Geschichte und Gegenwart
– den Zusammenhang von Glauben, Werten, Normen und Handeln." (EKD, 2010a, S. 17)

Das sind allerdings noch sehr grobe Richtungsangaben, aus denen sich bestenfalls ein allgemeiner Begründungshorizont ergibt, aber noch keine Begründungen für die Auswahl von Inhalten im Einzelnen. Daran ändert sich auch nichts, wenn hier sogenannte „Bezugsfelder" hinzufügt werden:

„religiös bedeutsame Erfahrungen und Fragen der Schülerinnen und Schüler
– plurale religiöse Lebensentwürfe und Weltdeutungen
– religiös geprägte Ausdrucksformen in der Gegenwartskultur
– religiös-ethische Herausforderungen in Kultur, Wissenschaft, Politik und Wirtschaft." (EKD, 2010a, S. 17)

Weitere Begründungshorizonte werden hinsichtlich *prozessbezogener Kompetenzen* diskutiert sowie mit einem fächerübergreifenden Horizont verbunden. Am Ende werden aber einfach diejenigen Themenbereiche aufgezählt, die bereits in den oben aufgenommenen Bildungsplänen enthalten sind: Mensch, Jesus Christus, Gott, Kirche, Ethik sowie – einer Vorgabe in Nordrhein-Westfalen folgend – Zukunftshoffnung (Eschatologie) (EKD, 2010a, S. 27–60). Da jeder Themenbereich durch weitere Vorschläge für Schwerpunkte konkretisiert wird, ergibt sich daraus ein umfänglicher Katalog, dessen Systematik aber mit eben den Problemen behaftet bleibt, die bereits bei den Bildungsplänen deutlich wurden. Vor allem die für die „Bezugsfelder" versprochene Subjektorientierung („religiös bedeutsame Erfahrungen und Fragen der Schülerinnen und Schüler") kann in die vorausgesetzten „Themenbereiche" nur sekundär und diese konkretisierend eingetragen werden. Insofern ist dieses „Kerncurriculum" eher fachwissenschaftlich als didaktisch ausgerichtet.

Zusammenfassend kann festgehalten werden, dass die Bildungspläne derzeit offenbar ohne eine religionsdidaktisch überzeugende Strukturierung der Inhalte auskommen müssen. Die als roter Faden am weitesten verbreitete Strukturierung mit den in geringer Varianz zu findenden Themenbereichen – Mensch, Welt und Verantwortung, Gott, Jesus Christus, Kirche und Kirchen, Religionen und Weltanschauungen sowie ggf. Bibel oder Eschatologie – sind am ehesten als *pragmatische Systematisierungsversuche* zu bezeichnen, mit denen sich, wie ebenfalls deutlich geworden ist, sowohl in fachwissenschaftlicher als auch in didaktischer Hinsicht verschiedene Nachteile und Folgeprobleme verbinden. Insofern wiederholen sich hier die religionsdidaktischen Forderungen nach einem Orientierungs- oder Rahmenplan, der einer landeskirchen- oder bundesländerübergreifenden Verständigung dienen könnte.

Jedenfalls bieten derzeit weder die Bildungspläne noch der Entwurf eines Kerncurriculums für den Religionsunterricht eine tragfähige Antwort dazu, auf welche Art und Weise Inhalte für den Religionsunterricht überzeugend ausgewählt werden können. Gegen diese Einschätzung könnte allerdings eingewendet werden, dass die entsprechenden Pläne lediglich die Funktion haben, Inhalte auszuweisen, nicht aber deren Auswahl theoretisch zu begründen. Diese Aufgabe gehöre in die Wissenschaft. Deshalb soll nun in einem weiteren Schritt nach religionspädagogisch-wissenschaftlichen Prinzipien der Bildungsplankonstruktion gefragt werden.

8.2.2 Prinzipien der Bildungsplankonstruktion: vom traditionellen Religionslehrplan über die Curriculumtheorie zu Kompetenzorientierung und Elementarisierung

Es soll hier nicht um eine Geschichte des Religionslehrplans gehen. Das wäre ein eigenes, durchaus interessantes Thema. Leitend bleibt vielmehr die Frage nach der *inhaltlichen Strukturierung des Wissens,* das im Religionsunterricht erworben werden soll. Nachdem die heutigen Bildungspläne selbst dazu nur eine sehr vorläufige und in ihrer Begründung nicht wirklich transparente Antwort zulassen, soll nun geprüft werden, ob die gleichsam oberhalb der Bildungspläne angesiedelte wissenschaftliche Diskussion über Prinzipien der Konstruktion von Religionslehrplänen weiterreichende Antworten zulässt.

Auch in dieser Hinsicht erweist sich die entsprechende Diskussionslage in der Religionsdidaktik allerdings als ausbaufähig. In den letzten zwanzig Jahren bezog sich die religionsdidaktische Bildungsplandiskussion vor allem auf die Frage nach der Umstellung auf die Kompetenzorientierung. Wie oben deutlich wurde, spielen dabei die Inhalte eine nachgeordnete Rolle, weil Kompetenzen prinzipiell allgemeine, nicht auf bestimmte Inhalte beschränkte Fähigkeiten beschreiben sollen. Daneben wurden Untersuchungen zur Geschichte des Religionslehrplans vorgelegt, aus denen sich zwar auch für die Gegenwart lernen lässt, die aber doch ein primär historisches Interesse verfolgen (vgl. bes. Dieterich, 2007 oder Stratomeier, 2009).

Im Folgenden werden idealtypisch vier Formen der Konstruktion von Religionslehrplänen aufgenommen und es soll gefragt werden, was sie für die Strukturierung des im Religionsunterricht zu erwerbenden Wissens jeweils bedeuten. In allen vier Fällen ist dabei der Versuch leitend, über eine traditionelle Strukturierung allein durch Bibel oder Katechismus mithilfe systematisch ausgewiesener didaktischer Planungskriterien hinauszukommen. Nachfolgende Darstellung setzt bei den ersten Versuchen ein, Bildungspläne für den Religionsunterricht auf einer wissenschaftlichen Grundlage zu konstruieren.

Der Kulturstufenlehrplan der Herbartianer

Die *Pädagogik der Herbartianer* war eine in der gesamten Pädagogik der zweiten Hälfte des 19. Jahrhunderts sehr einflussreiche Richtung, die sich auf Johann Friedrich Herbart berief. Eine hervorgehobene Stellung nahm der Leipziger Pädagoge Tuiskon Ziller ein, der als einer der ersten oder vielleicht überhaupt als Erster einen Religionslehrplan vorlegte, der über die bloße Aufzählung katechetischer Inhalte hinaus einem klar ausgewiesenen Bildungsprinzip folgte. Grundgedanke war dabei, dass dieser Lehrplan der Entwicklung der Menschheitsgeschichte *(Phylogenese)* folgen sollte und dass eine Entsprechung zwischen der Menschheitsgeschichte und der Entwicklung des einzelnen Menschen *(Ontogenese)* vorausgesetzt werden könne (Ziller, 1884, S. 456), was einem damals ganz allgemein verbreiteten Denkmuster entsprach. Der Lehrplan, der dann als „Kulturstufenlehrplan" bezeichnet wurde, ging davon aus, dass eine Begegnung mit der Menschheitsgeschichte im Sinne unterschiedlicher Kulturstufen über die Schuljahre hinweg gleichsam auf natürliche Weise die Ontogenese begleiten und eine darauf bezogene Bildung unterstützen könne (Ziller, 1886, S. 16 f.). Im Zentrum dieses Lehrplans, der sich auf die gesamte Schule bezog, standen dabei religiöse Inhalte, was sich daraus erklärt, dass damals die *Bildung der „sittlich-religiösen Persönlichkeit"* als Kern von Bildung und Schule überhaupt angesehen wurde (vgl. Schweitzer, 1992, S. 238).

Dieser Religionslehrplan beschreibt religiöse Inhalte also im Sinne von Kulturstufen, angefangen beim Alten Testament und bis hin zur (damaligen) Gegenwart. Die in dem von Ziller ausgearbeiteten Bildungsplan beschriebenen

Parallelisierungen muten dabei aus heutiger Sicht allerdings zum Teil grotesk oder jedenfalls hoch problematisch an, weil sie deutlich von einem *nationalen Denken* und einer *Überhöhung der deutschen Kultur* im Kaiserreich bestimmt sind. So erhielt der deutsche Kaiser eine höhere Weihe durch die Parallele zu König David (vgl. Ziller, 1886, S. 20). An diesem Beispiel wird auch die Problematik der Vorstellung der Menschheitsgeschichte als einer stufenweisen kulturellen Höherentwicklung erkennbar, die der Vielfalt der geschichtlichen Verläufe von vornherein nicht gerecht werden kann.

Auf den ersten Blick lässt sich aus dem Bildungsplan der Herbartianer heute nur noch lernen, dass ein solcher Ansatz bei Kulturstufen von vornherein zum Scheitern verurteilt ist. Die biblische Zeit und die biblischen Inhalte lassen sich nicht einfach auf die Gegenwart projizieren und auch die Parallelisierung von Ontogenese und Phylogenese gilt inzwischen als obsolet. Das Aufwachsen heutiger Kinder zeigt keine erkennbare Ähnlichkeit mit dem in der Antike, das unter völlig anderen sozialen und kulturellen Voraussetzungen stand.

Trotz dieser grundlegenden Einwände bleiben aber einige Motive dieser Bildungsplankonstruktion bemerkenswert, schon weil der Lehrplan nicht mehr einfach die vom Katechismus ausgehende Tradition fortschreiben sollte. Zukunftsweisend war jedenfalls der Versuch, den Lehrplan konsequent auf die *kindliche Entwicklung* einzustellen und auf diese Weise eine *begründete Antwort auf die Frage nach der Abfolge der Inhalte* zu gewinnen. Ebenso leuchtet es nach wie vor ein, die Inhalte des Religionsunterrichts durch deren Bezug auf *Kultur und Gesellschaft der Gegenwart* zu bestimmen. Auch wenn sich beides, die Sicht der kindlichen Entwicklung wie auch die Wahrnehmung von Kultur und Gesellschaft, seit dem 19. Jahrhundert grundlegend verändert hat, kann hier doch von *Prinzipien der Bildungsplankonstruktion* gesprochen werden, die von bleibender Bedeutung sind.

Die Curriculumtheorie der 1970er Jahre

Zwischen dem Lehrplan der Herbartianer und der Curriculumtheorie der 1970er Jahre liegen rund hundert Jahre, was unterstreicht, dass es an dieser Stelle nicht um eine zusammenhängende Geschichte des Religionslehrplans gehen soll. Die Curriculumtheorie wird hier vielmehr deshalb aufgenommen, weil sie als ein entscheidender Wendepunkt in dieser Geschichte gilt und weil sie sich in besonderer, damals neuer Weise auf die *Frage nach Kriterien* der inhaltlichen Strukturierung von Bildungsplänen bezieht (zur Religionsdidaktik vgl. auch Feifel et al., 1974). Darüber hinaus steht die Curriculumtheorie für den Versuch, Bildungspläne von den im Unterricht jeweils ausweisbar zu erreichenden *Zielen* her zu konzipieren, statt wie in der Tradition einfach von den zu behandelnden Themen her. Nicht zuletzt wurde versucht, die Aufgaben und Ziele des Unterrichts in einem sozialwissenschaftlich-gesellschaftstheoretischen Horizont zu bestimmen.

Die *Zielorientierung* des Unterrichts kann dabei bis heute als Gewinn angesehen werden, auch wenn die Ziele inzwischen kompetenztheoretisch ausgewiesen werden. Gescheitert ist allerdings der mit der Curriculumtheorie verbundene Versuch, Unterrichtsziele bis ins Einzelne hinein als minutiös gefasste Teillernziele auszuweisen. Lernziele sollten in dieser Sicht so exakt beschrieben (operationalisiert) werden, dass durch Tests in der Schule sowie durch empirische Untersuchungen erfasst werden kann, ob sie tatsächlich erreicht wurden oder nicht. Weiterhin sollten alle Lernziele in kognitive, affektive und enaktive (handlungsbezogene) Dimensionen aufgeschlüsselt werden. Mit solchen Curricula ließ sich in der Praxis nicht arbeiten.

Für die konkrete Ausgestaltung von Lehrplänen spielten sogenannte *Matrizen* (Darstellungen in Form einer Matrix) sowie *Taxonomien* (Klassifikation von Lernzielen) eine entscheidende Rolle. Der Klassifikation von Lernzielen wurde in Anlehnung an die Pädagogische Psychologie eine aufsteigende Reihung zugrunde gelegt, die sich vereinfacht in fünf Begriffen beschreiben lässt: Wissen, Verstehen, allgemeine Einsichten gewinnen, Anwenden, Bewerten. Im Bereich des Religionsunterrichts wurden häufig drei Bezüge für die Erstellung einer entsprechenden Matrix genannt: Kind, Gesellschaft, Wissenschaft (Exeler, 1974, S. 94). Konkretisiert wurde dies durch den Bezug auf „menschliche Grunderfahrungen wie Freude, Glück, Angst, Verzweiflung, Liebe, Scheitern, Krise usw." (S. 97) – im Sinne einer „anthropologischen Fragestellung" (S. 95). Taxonomien wurden sowohl für den kognitiven als auch für den affektiven Zielbereich erstellt (Stachel, 1974, S. 60): „unterscheiden können; verallgemeinern, Begriffe finden und gebrauchen; Regeln lernen, Normen kennen, Prinzipien anwenden; Probleme lösen – Handeln planen" (S. 60) lautet dann beispielsweise die exemplarische Ausfüllung im kognitiven Bereich.

Dieser großangelegte Versuch, Bildungspläne für den Religionsunterricht aus der vor allem sozial- und erziehungswissenschaftlichen Forschung abzuleiten und dabei zu exakten und detaillierten Zuordnungen zu gelangen, gilt allgemein als gescheitert. Der Versuch wurde Ende der 1970er Jahre gleichsam sang- und klanglos abgebrochen. Geblieben ist vor allem die *Lernzielorientierung*, die auch heute neben der Kompetenzorientierung ihr Recht behält und sich mit dieser verbinden lässt (Schweitzer, 2018). Unterricht sollte auch dann zielorientiert vorbereitet und gestaltet werden, wenn Kompetenzen erworben werden sollen. Die weitere Ausdifferenzierung nach kognitiven, affektiven und handlungsbezogenen Teillernzielen erwies sich aber als wenig praktikabel, nicht zuletzt weil hier eine Gängelung der Unterrichtspraxis zu drohen schien.

Von bleibender Bedeutung ist neben der Lernzielorientierung vor allem der Versuch, die Inhalte des Unterrichts in einer konstitutiv *erfahrungsbezogenen Weise* zu bestimmen – und dies unter Rückgriff auf die wissenschaftliche Erforschung von *kindlicher Entwicklung und Sozialisation*. Die dabei konstitutiven Bezüge auf Kind, Gesellschaft und Wissenschaft leuchten nach wie vor ein. Sie bieten einen zumindest allgemeinen Horizont, vor dem Bildungspläne für den Religionsunterricht entwickelt werden können. Mehr als fünfzig Jahre nach dem Ende der religionspädagogischen Diskussion zur Curriculumtheorie ist es aber nicht möglich, direkt an die Entwürfe aus dieser Zeit anzuknüpfen, auch wenn es sich lohnen würde, die damals aufgeworfenen und bis heute nicht wirklich beantworteten Fragen erneut aufzunehmen.

Umstellung der Bildungspläne auf Kompetenzorientierung

So gut wie alle Bildungspläne für den Religionsunterricht weisen heute eine kompetenzorientierte Gestalt auf. Diese Umstellung geht vor allem auf die *Empirische Bildungsforschung* sowie auf bildungspolitische Entscheidungen im Anschluss an die seit dem Jahr 2000 regelmäßig durchgeführten *PISA-Untersuchungen zum Kompetenzerwerb* in der Schule zurück. Die Entwicklung von Bildungsplänen gehört allerdings in der Regel nicht zu den Themen, die in solchen Studien untersucht werden. Der *Kompetenzbegriff* wurde vielmehr, wie oben dargestellt (→ S. 28), eingeführt, um internationale Vergleiche im Blick auf Schulleistungen in methodisch kontrollierter Weise durchführen zu können. Da die Bildungspläne von Land zu Land variieren und in manchen Ländern wie etwa Deutschland darüber hinaus auch noch von Bundesland zu Bundesland sowie Bildungsplangenerationen einander häufig ablösen, musste eine Vergleichsebene gefunden werden, die gleichsam oberhalb der verschiedenen Bildungspläne liegt. Der Fokus auf den von den Schüler:innen in einer bestimmten Klassenstufe tatsächlich erworbenen Fähigkeiten ist für solche Vergleiche plausibel. Darüber hinaus leuchtet es ein, dass der Erwerb von Fähigkeiten auch pädagogisch gesehen entscheidend ist und nicht die Frage, ob die inhaltsbezogenen Vorgaben wechselnder Bildungspläne umgesetzt wurden.

Die Ergebnisse der internationalen Vergleichsstudien ergaben für das deutsche Bildungssystem insgesamt ein wenig schmeichelhaftes Bild. Insbesondere die PISA-Studien, auf die hier wiederum exemplarisch verwiesen werden kann (vgl. Deutsches PISA-Konsortium, 2001), machten deutlich, dass die Schüler:innen in Deutschland beim Kompetenzerwerb jedenfalls im sprachlichen und mathematisch-naturwissenschaftlichen Bereich hinter den Schüler:innen in vielen anderen Ländern zurückbleiben. Daraus wurde bildungspolitisch rasch die Konsequenz gezogen, *kompetenzorientierte Bildungspläne* einzuführen – schon wenige Jahre nach dem Erscheinen der ersten PISA-Studie von 2000, allen Bundesländern voran in *Baden-Württemberg* mit dem Bildungsplan von 2004, der hier deshalb als Beispiel aufgenommen werden soll.

In diesem Bildungsplan wird der Begriff „religiöse Kompetenz" als Ausgangspunkt gewählt, der dann in *acht übergreifenden Kompetenzen* ausdifferenziert wird: hermeneutische, ethische, Sach-, personale, kommunikative, soziale, methodische und ästhetische Kompetenz (Ministerium für Kultus, Jugend und Sport Baden-Württemberg, 2004, S. 25 f.). Diese Kompetenzen werden dann anhand der sieben, oben im Blick auf Religionslehrpläne beschriebenen Inhaltsbereiche (→ S. 101) konkretisiert, wobei offen bleibt, wie genau Inhalte und Kompetenzen sich zueinander verhalten sollen.

In der *Neufassung* (Ministerium für Kultus, Jugend und Sport Baden-Württemberg, 2016) kommen dazu *fünf prozessbezogene Kompetenzen:*
- Wahrnehmungs- und Darstellungsfähigkeit,
- Deutungsfähigkeit,
- Urteilsfähigkeit,
- Dialogfähigkeit,
- Gestaltungsfähigkeit (S. 6).

Unter der Überschrift „inhaltsbezogene Kompetenzen" werden sodann wiederum die genannten sieben Inhaltsbereiche aufgeführt (Ministerium für Kultus, Jugend und Sport Baden-Württemberg, 2016, S. 6 f.). Damit ist eine wesentlich einfachere Struktur erreicht als im Vorgängerplan. Deutlich wird aber auch, dass ein kompetenzorientierter Bildungsplan im Blick auf die inhaltlichen Strukturen des Wissens, das im Religionsunterricht erworben werden soll, kaum eine Weiterentwicklung bietet: Die sechs oder sieben Inhaltsbereiche der Bildungspläne wiederholen sich und werden nun mit den prozessbezogenen Kompetenzen gekoppelt. Zu der Frage, warum es genau diese sechs oder sieben Inhaltsbereiche sein sollen und wie die Inhaltsbereiche jeweils gefüllt sein müssen, werden auch jetzt keine Aussagen getroffen. Der Rückgriff auf das Prinzip der Kompetenzorientierung bietet wiederum keinen Anhalt hinsichtlich der Inhalte. Das entspricht der Ausrichtung der Kompetenzorientierung an formalen Fähigkeiten, im Unterschied zu den als kontingent betrachteten Inhalten. Der entscheidende Gewinn kompetenzorientierter Bildungspläne kann demnach darin gesehen werden, dass sie sich von dem Missverständnis verabschieden, es gehe beim Unterricht nur um die zu behandelnden Themen und nicht um die dabei zu erwerbenden Fähigkeiten.

Elementarisierung als Prinzip für die Konstruktion von Bildungsplänen?

Das *Elementarisierungsmodell,* wie es in der Religionspädagogik inzwischen weite Verbreitung besitzt, bezieht sich auf die Vorbereitung von Unterricht sowie, in neuester Gestalt, auch auf die Unterrichtsanalyse (vgl. Schweitzer, Haen & Krimmer, 2019). Die Konstruktion von Bildungsplänen ist davon noch einmal zu unterscheiden. Schon früh hat Karl Ernst Nipkow (1982) die Auffassung vertreten, dass das Elementarisierungsmodell als ein beschränkter Beitrag zur Begründung von Bildungsplänen oder als eine in dieser Hinsicht „relative Hilfe" anzusehen sei, aber keine fertigen Antworten im Blick auf die Erstellung von Bildungsplänen bieten kann (S. 73). Allerdings zeigen gerade Nipkows Ausführungen dann doch, dass die Perspektive der Elementarisierung sich sinnvoll im Sinne einer wechselseitigen Erschließung von Sache und Person auf eben die Fragen beziehen lässt, die bei der Konstruktion von Bildungsplänen zu entscheiden sind: Auswahl aus der Stofffülle, Identifikation grundlegender Inhalte, Ermöglichung eines erfahrungsbezogenen Unterrichts sowie Sequentialisierung im Sinne der Zuordnung von Inhalten zu Klassenstufen. Von einer „relativen Hilfe", die sich aus diesen vier Hinsichten ergibt, ist insofern zu sprechen, als das Elementarisierungsmodell keine der vier genannten Fragen von sich allein aus beantworten kann. Das Modell wurde für eine andere Ebene entwickelt und ausgearbeitet, auf der es eher um die Erschließung von im Bildungsplan bereits vorgegebenen Inhalten oder Themen geht als um deren Auswahl, die der elementarisierenden Erschließung voraus liegt. Dabei wird allerdings deutlich, dass aus der praxisbezogenen Erschließung durchaus auch elementarisierungstheoretisch begründete Anforderungen an Bildungspläne erwachsen.

Die *Grenze des Elementarisierungsmodells* wird bereits bei Wolfgang Klafki (1963b) deutlich, dessen Verständnis des Elementaren auch den Ausgangspunkt für das religionsdidaktische Elementarisierungsmodell bot. Denn bei Klafki bezeichnet das Elementare nur eine von drei grundlegenden didaktischen Perspektiven und muss durch das Fundamentale und das Exemplarische flankiert werden.

8.2.3 Klassische didaktische Kategorien neu gewendet: fundamental, exemplarisch, elementar

Nachdem sich weder aus den derzeit gültigen Bildungsplänen noch aus der Geschichte der Religionspädagogik (Kulturstufenlehrplan, Curriculumtheorie, Kompetenzorientierung) eine befriedigende Antwort auf die Frage nach *Inhaltsstrukturen religiösen Weltwissens* ergibt, soll nun noch ein weiterer Ansatz aus der allgemeindidaktischen Tradition aufgenommen werden, der ebenfalls eine grundlegende Orientierung verspricht. Gemeint ist der Versuch, mithilfe der Kategorien des *Fundamentalen,* des *Exemplarischen* und des *Elementaren* Kriterien zu gewinnen, die sowohl bei der Auswahl als auch bei der Erschließung von Inhalten zum Tragen kommen sollen. Dieser Ansatz aus den 1960er Jahren kann allerdings heute, wie sich zeigen wird, nicht einfach wieder aufgenommen werden. Es erscheint jedoch lohnend, zu prüfen, ob und wie er für die Gegenwart weiterentwickelt werden könnte.

Die Kategorien des Fundamentalen, des Exemplarischen und des Elementaren sind bei Wolfgang Klafki zunächst als Horizont seines Bildungsverständnisses zu verstehen. Kennzeichnend für seine Position ist eine bildungstheoretische Grundlegung der Didaktik, die ihrerseits auf dem von ihm entwickelten Begriff der „kategorialen Bildung" beruht (vgl. Klafki, 1963a). Den Kern dieses Bildungsverständnisses stellt der Versuch dar, die beiden von Klafki als verbreitete Fehlentwicklungen identifizierten Ausrichtungen von Lehrplänen zu überwinden, nämlich eine ausschließliche Konzentration auf Inhaltskataloge (sog. materiale Bildung) oder allein auf Fähigkeiten (sog. formale Bildung). Dem wird bei Klafki mit der kategorialen Bildung der Leitgedanke einer *wechselseitigen Erschließung zwischen Inhalt und Person* entgegengestellt, der eine Synthese von materieller und formaler Bildung erreichen soll.

Zur weiteren Konkretion verwendet Klafki dann die drei genannten Kategorien des Fundamentalen, des Exemplarischen und des Elementaren. Seine Erläuterung dieser Kategorien ist heute allerdings nicht mehr leicht zu verstehen. Das *Fundamentale* wird als grundlegende „Schicht" oder „Ebene" von Bildung oder auch des Elementaren ausgelegt (Klafki, 1963b, S. 330). Dabei benutzt Klafki eine Begrifflichkeit, die in der Didaktik der Gegenwart kaum mehr anschlussfähig ist – Begriffe wie „Geist", „geistiges Dasein", sogar „Geschenk und Gnade", durch die sich „etwas Ursprüngliches" erschließe (S. 328, S. 332, S. 335). Oder: „Was durch das Fundamentale angesprochen werden soll, das ist ‚die kommunizierende, die humanisierende Tiefe, in welcher wir als ganze Menschen wurzeln, und so berührt, erschüttert, verwandelt und also gebildet werden'" (S. 338).

Das Fundamentale meint also das, was die Fundamente des Menschseins berührt. Dieses Verständnis von Bildung beruht demnach ausdrücklich auf einer anthropologischen Grundlage. Bildung und damit auch die Fächer der Schule sollen jeweils etwas erschließen, was für das menschliche Dasein insgesamt, für den Einzelnen ebenso wie für die Gesellschaft von grundlegender Bedeutung ist.

Dieses Verständnis hat bei Klafki dann auch Konsequenzen für die Auffassung des *Elementaren:* Elementar soll nur heißen dürfen, was das Fundamentale und damit die Fundamente des Menschseins erschließt und was sich deshalb nicht nur als tragfähig für einzelne Handlungen oder Vollzüge erweist. Dieser Elementarisierungsbegriff ist also deutlich anspruchsvoller als der heute in der (Religions-)Didaktik übliche Gebrauch dieses Begriffs, der die Aufgabe der Elementarisierung innerhalb einer bereits getroffenen Auswahl von Inhalten ansiedelt und insofern lediglich vorgegebene Inhalte didaktisch aufbereiten soll. Bei Klafki geht es hier um die Identifikation von Erschließungsmöglichkeiten von Zusammenhängen, die für das menschliche Dasein insgesamt konstitutiv sind.

In der Sicht einer bildungstheoretischen Didaktik kann das Elementare dabei auch nicht, einem ebenfalls verbreiteten Missverständnis entsprechend, als eine Art „Bildungsatom" – gleichsam als kleinste Aufbaueinheit von Bildung – aufgefasst werden. Vielmehr erschließt das Elementare dem anspruchsvolleren Verständnis zufolge etwas anderes, nämlich den Durchblick auf das Fundamentale, auf die Grundlagen menschlicher Existenz selbst (Klafki, 1963a, S. 122).

Unter dieser Voraussetzung kann das Elementarisierungsmodell auch Gewicht als Auswahlprinzip für Inhalte gewinnen: Einen Platz im Lehrplan können Inhalte nur dann beanspruchen, wenn sie dieser grundlegenden Aufgabe der Existenzerschließung gerecht werden.

Damit ist zugleich gesagt, dass sich das Elementare niemals allein in den wissenschaftlichen Disziplinen, Fachrichtungen oder Schulfächern auffinden lässt. Jedes Fach hat zwar seine elementaren Bestandteile, aber diese Bestandteile weisen zugleich über sich selbst hinaus. Insofern berührt das Elementare das, was hinsichtlich der verschiedenen Rationalitätsformen als „konstitutive Rationalität" angesprochen wurde (→ S. 79). Im Elementaren wird erkennbar, dass die einzelnen Fächer oder Disziplinen kein Letztes sind, sondern dass sie ihren Sinn erst durch den Bezug auf die Erschließung der Welt gewinnen.

Wenn das Fundamentale auf diese Weise zum Kriterium des Elementaren werden soll und wenn das Fundamentale seinerseits auf die Fundamente des Menschseins bezogen sein muss, dann geht es zugleich um *Menschenbilder.* Die großen Bildungstheoretiker des 20. Jahrhunderts konnten hier, zumindest bis zu einer gewissen Zeit, Zuflucht bei Begriffen wie „objektiver Geist" (Klafki, 1963b, S. 332) finden oder sich auf die europäische Sittlichkeit und die „abendländischen Lebensformen" (so Flitner, 1967b) berufen. All dies kann heute nur mehr wenig überzeugen. Beispielsweise sollen wir Europäer:innen sein, aber bislang ist Europa zwar eine Wirtschaftsunion, aber keine Wertegemeinschaft. Insofern führt der Versuch, das Fundamentale aus „abendländischen Lebensformen" zu gewinnen, heute vor kaum mehr lösbare Probleme, da es offensichtlich kein gemeinsames und verallgemeinerbares Verständnis des Menschseins gibt. Europa schließt nicht nur eine Geschichte und eine Ethik ein – aus heutiger Sicht ist „das Abendland" als Konstruktion zu durchschauen und zu hinterfragen. Insofern bleibt – dies die in der vorliegenden Darstellung vertretene Auffassung – nur die Möglichkeit, hier anstatt vorauszusetzender „abendländisch-europäischer" Antworten den *Modus des Fragens* zu wählen. Der Bezug auf das Fundamentale ist dann bildungstheoretisch und didaktisch oder lehrplantheoretisch so auszulegen, dass Bildungsinhalte in diesem Sinne ein Anrecht auf einen Platz im Lehrplan gewinnen, wenn sie den Blick auf *fundamentale Fragen des Menschseins* eröffnen. Was dies für die verschiedenen Schulfächer und damit für ein fachlich ausdifferenziertes Bildungsverständnis insgesamt bedeutet, kann an dieser Stelle nicht erläutert werden. Für den Religionsunterricht jedenfalls ergibt sich aus diesem Verständnis des Fundamentalen eine grundlegende Orientierung für die Auswahl der Inhalte.

Klafkis dritte Kategorie, das *Exemplarische,* verweist zunächst darauf, dass in der Schule angesichts der immer begrenzten und in der Regel als viel zu knapp bemessen wahrgenommenen Schulzeit jeder zu bearbeitende Inhalt so ausgewählt sein muss, dass daran *mehr zu lernen ist als dieser Inhalt selbst.* Es geht also – so die weiterreichende Bedeutung des Exemplarischen – um verallgemeinerbare Erkenntnisse und Fähigkeiten, die jeweils an einem bestimmten Inhalt gewonnen werden können. Hinsichtlich des Religionsunterrichts lässt sich dies anhand der neutestamentlichen Gleichnisse gut verdeutlichen. Da im Religionsunterricht nicht alle Gleichnisse behandelt werden können, muss die Arbeit mit ausgewählten Gleichnissen so geschehen, dass die Schüler:innen befähigt werden, sich möglichst selbstständig andere Gleichnisse zu erschließen. Um solche Fähigkeiten im Sinne des Exemplarischen zu unterstützen, gibt es verschiedene

Möglichkeiten. So können Gleichnisse etwa als Gattung erkennbar gemacht und es kann auf bestimmte wiederkehrende Merkmale von Gleichnissen aufmerksam gemacht werden. Auf diese Weise lässt sich die Forderung einlösen, dass an einem Unterrichtsinhalt mehr gelernt werden soll als nur dieser Inhalt selbst.

Zusammenfassend ist zu konstatieren, dass sich die Kategorien des Elementaren und des Exemplarischen vor allem als *Prüfkriterien für Bildungspläne* eignen. Das gilt ein Stück weit auch für die Kategorie des Fundamentalen, vor allem in dem oben vorgeschlagenen Verständnis, dass mit den ausgewählten Inhalten ein Blick auf grundlegende Fragen des Menschseins eröffnet werden soll. Weiterreichende Strukturierungen des im Religionsunterricht zu erwerbenden Wissens gehen aber über die Möglichkeiten der Didaktik hinaus. Anhand der Menschenbilder, die jeder inhaltlichen Bestimmung des Fundamentalen und damit des Menschseins zugrunde liegen, ist vor Augen getreten, dass hier die verschiedenen Wissenschaften bzw. der wissenschaftliche Diskurs insgesamt eine zentrale Rolle spielen müssen.

Was ergibt sich aus der Unterscheidung zwischen fundamental, elementar und exemplarisch nun aber konkret für die *inhaltliche Strukturierung des im Religionsunterricht zu erwerbenden Wissens?* Am besten lässt sich dies in Gestalt von Prüffragen darstellen. Für alles Wissen, das in diesem Unterricht erworben werden soll, muss sich angeben lassen:

- was dieses Wissen zur Erschließung des für den Religionsunterricht *Fundamentalen* beiträgt,
- in welchem Sinne dieses Wissen der Anforderung des *Elementaren* entspricht und etwas Fundamentales für Kinder und Jugendliche greifbar macht,
- in welcher Hinsicht an diesem Wissen *exemplarisch* mehr gelernt werden kann als dieses Wissen selbst.

Diese drei Prüffragen bleiben noch ganz im Formalen. In einem weiteren Schritt müssten sie inhaltlich gefüllt werden, als Bestimmung vor allem des Fundamentalen im Religionsunterricht und damit einer Grundfrage des Verständnisses *religiöser Bildung*. Auch wenn dies hier nicht in ausführlicher Weise und im Horizont einer ausgeführten Theorie religiöser Bildung geschehen kann, soll doch zumindest die Richtung einer möglichen Bestimmung aufgezeigt werden (zum Folgenden vgl. Schweitzer, 2014a; Preul, 2013).

Wenn beim *Fundamentalen* immer eine grundlegende Dimension des Menschseins angesprochen sein muss, kann dies im Religionsunterricht nur die *religiöse Dimension* sein. Diese Dimension lässt sich unterschiedlich konzeptualisieren, aber im Kern geht es um den *Transzendenzbezug* des Menschseins, der theologisch als Beziehung Gottes zu den Menschen und als Beziehung der Menschen zu Gott gefasst werden kann. In dieser Terminologie kann dann der Transzendenzbezug oder die *Gottesbeziehung* als das Fundamentale angesehen werden, auf das hin der Religionsunterricht als Fach insgesamt ausgerichtet sein muss. Die Orientierung an diesem Fundamentalen gibt dem Fach seine thematische Mitte. Beispielsweise stellt sich im Blick auf Bildungspläne dann die Frage, ob sie ausreichende Möglichkeiten zur Erschließung dieser Mitte bieten oder ob sie in der Gefahr stehen, sich gleichsam in Nebensächlichkeiten zu verlieren. Da die Gottesbeziehung zugleich sowohl in Geschichte und Gegenwart als auch individuell und sozial oder gesellschaftlich und global greifbar wird, bleibt das thematische Feld noch sehr offen.

Eine weitere Eingrenzungsmöglichkeit ergibt sich aus dem Kriterium des *Elementaren.* Nur solche Inhalte kommen für den Unterricht infrage, an denen sich das Fundamentale für Kinder und Jugendliche tatsächlich erschließen lassen kann. Was dies genau bedeutet, wurde im Zuge der neueren Elementarisierungsdiskussion in mehreren Hinsichten geklärt (vgl. Schweitzer, Haen & Krimmer, 2019). Es geht erstens um mögliche *Erfahrungsbezüge* im Sinne von Entsprechungen zu eigenen Erfahrungen, ohne die die Inhalte lebensfern, abstrakt und isoliert bleiben. Zweitens beruht die *Zugänglichkeit* von Inhalten auf kognitiven Fähigkeiten: Verschiedene Formen des Wissens stellen in dieser Hinsicht unterschiedliche Ansprüche, etwa hinsichtlich der Abstraktionsfähigkeit, der Fähigkeit zur Perspektivenübernahme oder auch eines Denkens in Komplementarität. Drittens spielt das domänenspezifische *Vorwissen* (→ S. 240) insofern eine Rolle, als auch im Religionsunterricht von einem inneren Aufbau von Wissensbeständen auszugehen ist, auch wenn dies bislang in der Religionsdidaktik zu wenig beleuchtet wurde (→ S. 120 ff.). Beispielsweise setzt das Verständnis der politischen Rolle eines Propheten wie Jeremia Kenntnisse im Blick auf die Geschichte Israels voraus. Wer die im Religionsunterricht häufig eingesetzte Geschichte von Zachäus (Lk 19,1–10) wirklich verstehen will, muss etwas über das damalige Zollwesen sowie die Rolle von Zollpächtern wissen usw. Die Frage nach dem Elementaren führt so gesehen zunächst zum Ausschluss bestimmter Inhalte, die nicht oder noch nicht zu einer bestimmten Lerngruppe oder Klassenstufe passen. Darüber hinaus wird das Elementare in der Religionsdidaktik häufig auch als das Grundlegende und in diesem Sinne Erste oder Anfängliche verstanden, wodurch diese Kategorie wiederum in die Nähe des Fundamentalen rückt. Priorität haben dann solche Inhalte, die hinsichtlich des Aufbaus des angestrebten Wissens als grundlegend angesehen werden können, weil vieles andere darauf aufbaut. Das gilt in leicht nachvollziehbarer Weise für die genannten geschichtlichen Zusammenhänge, die im Alten wie im Neuen Testament vielfach vorausgesetzt werden. In der neueren entwicklungs- oder lernpsychologischen Diskussion verbindet sich dieser Aspekt des Vorwissens mit dem Begriff der Domänenspezifität (→ S. 240). Je nach Vertrautheit mit einer bestimmten Inhaltsdomäne können sich komplexere Zusammenhänge manchen Kindern schon erschließen, während dies bei anderen (noch) nicht der Fall ist.

Auf die Bedeutung der Theorie des *Exemplarischen* wurde bereits am Beispiel der Gleichnisse eingegangen. Dem Ziel, dass durch den Erwerb eines bestimmten Wissens immer mehr gelernt werden soll als dieses Wissen selbst, entspricht es auch bei anderen Themen, wenn auf neue Anwendungsfelder, Texte oder Fragen übertragbare Kategorien gewonnen werden. Auch über die Bibel hinaus, bei der hier vor allem an verschiedene Textgattungen zu denken ist, sind solche Kategorien im Religionsunterricht wichtig, beispielsweise im Sinne thematischer Felder wie Religion und Politik, Wirtschaft, Gesellschaft oder Religion im individuellen Leben. In allen diesen Fällen kommt es auf eine angemessene Einordnung an, ohne die jedes Einzelwissen sinnlos bleibt.

Es wäre, wie gesagt, Aufgabe einer ausgeführten Theorie der religiösen Bildung, eine mit Inhalten bis ins Einzelne hinein ausgefüllte Darstellung des Fundamentalen, des Elementaren und des Exemplarischen zu geben. Eine solche Theorie ist zumindest derzeit nicht verfügbar. Insofern geben diese drei Kategorien Fragehinsichten an die Hand, die für die inhaltliche Ausgestaltung von Bildungsplänen, aber auch die Planung von Unterrichtseinheiten, Schuljahren oder auch gesamter Bildungsgänge hilfreich sind. Damit ist bereits eine Frage angesprochen, die in der Religionsdidaktik erstaunlich wenig Aufmerksamkeit gefunden hat: die Frage der Sequentialität.

8.2.4 Zuordnung zu Jahrgangsstufen: das Problem der Sequentialität

Alles Lernen geschieht in der Zeit. Unterrichten setzt deshalb einen angemessenen Umgang mit Zeit voraus. Das gilt für jede einzelne Unterrichtsstunde, für Unterrichtseinheiten, für Schuljahre und die Schulzeit insgesamt. Die dafür erforderlichen Fähigkeiten und Routinen gehören zu den Grundlagen der Ausbildung aller Lehrkräfte. Der Umgang mit Zeit muss didaktisch in vielerlei Hinsichten reflektiert sein. Konzentrations- und Leistungsfähigkeit variieren tages- und zum Teil auch jahreszeitlich ebenso wie die damit verbundene Motivation. Das Interesse für bestimmte Themen kann nicht immer gleichermaßen vorausgesetzt werden. Weihnachtsbezogene Themen bieten sich im Januar weniger an als im Dezember. Die Vermeidung von Langeweile, aber auch von Zeitdruck ist ein weiteres Kriterium. Nicht zuletzt ist eine angemessene Entsprechung zwischen den mit einem Thema verbundenen Anforderungen einerseits und der dafür vorgesehenen Zeiträume andererseits wichtig.

Über solche allgemeine Fragen des Umgangs mit Zeit im Unterricht hinaus stellt sich von den Inhaltsstrukturen des im Religionsunterricht zu erwerbenden Wissens her die weiterreichende Frage, wie die *Inhalte* auf die *verschiedenen Jahrgangsstufen verteilt* werden sollen. Sofern dies ebenfalls in didaktisch reflektierter Form geschehen soll, bedarf es auch dafür ausgewiesener religionsdidaktischer Kriterien.

Die religionspädagogische Literatur liefert dazu allerdings bislang nur wenig Anhaltspunkte. In älteren Veröffentlichungen wurden entsprechende Fragen zwar deutlich markiert (vgl. etwa das Themenheft: Religionsunterricht an höheren Schulen 38, 1995, H. 5), aber eine weitere Ausarbeitung erfolgte dann nicht mehr (Ansätze bei Riegel, 2011). Insofern muss an dieser Stelle ein eigener Versuch unternommen werden. Dabei soll zunächst wiederum die Frage nach dem Wissen – nun im Sinne eines *kumulativen Aufbaus* dieses Wissens – sowie nach dem *Verstehen und Urteilen* als sich schrittweise ausbildender Fähigkeiten im Zentrum stehen. Über diese allgemeine Perspektive hinaus müssen aber noch weitere Bezüge für eine religionsdidaktisch ausweisbare Form der Sequentialisierung bedacht werden.

Für den Religionsunterricht kommen dabei von seinem spezifischen fachlichen und fachdidaktischen Profil insbesondere drei Zuordnungsmöglichkeiten infrage: erstens wie bei jedem Fach das *Prinzip aufbauenden Lernens,* demzufolge der frühere Unterricht immer den späteren Unterricht grundlegen und vorbereiten soll; zweitens im Sinne erfahrungsbezogenen Lernens die Orientierung an *Entsprechungen zu Erfahrungen,* die für die psychosoziale Lebenssituation auf der jeweiligen Klassenstufe besonders wichtig sind; drittens die Nutzung von Befunden zur *religiösen Entwicklung* als Bezugshorizont, indem nach Entsprechungen zwischen entwicklungsbedingten Zugangsweisen und religionsunterrichtlichen Themen gesucht wird.

Aufbauendes Lernen

Von aufbauendem Lernen kann in zwei Hinsichten gesprochen werden, zum einen im Blick auf die Inhalte und damit das kumulativ zu erwerbende Wissen, das einen inneren Aufbau aufweisen soll, zum anderen hinsichtlich der sich ebenfalls kumulativ aufbauenden Fähigkeiten oder Kompetenzen der Kinder und Jugendlichen.

Aufbau von Wissen: Auch bei religionsbezogenem Wissen ist zunächst an allgemeine Gesichtspunkte zu denken, etwa dass es leicht verständliches und anspruchsvolleres Wissen sowie einfaches und komplexes Wissen gibt, anschauliches und abstraktes Wissen, isolierbares und nur in weiteren Zusammenhängen präsentierbares Wissen usw. In allen diesen Fällen liegt es nahe, der didaktischen Grundregel zu folgen, stets *mit dem Einfachen zu beginnen.* Dies kann jedoch lediglich eine Grundregel sein, bei der es auch Ausnahmen geben muss, beispielsweise wenn Kinder einer komplexen Frage begegnen und dann nicht damit vertröstet werden können, dass das für sie noch zu schwer sei.

Anspruchsvoller sind Bestimmungen, die sich auf *innere Voraussetzungsverhältnisse* beziehen, indem sich Wissensbestände Schritt für Schritt vernetzt aufbauen – gleichsam nach dem Vorbild des kleinen und des großen Einmaleins oder des Lesenlernens als Voraussetzung für die Beschäftigung mit längeren Texten. Gibt es solche innere Voraussetzungsverhältnisse auch im Bereich von Religion und Religionen?

Biblische Geschichten scheinen zunächst jeweils für sich zugänglich zu sein und können als solche einfach erzählt werden. Auch in diesem Falle ist jedoch davon auszugehen, dass sich durch das Kennenlernen mehrerer Geschichten ein Wissen aufbaut, etwa weil beispielsweise Jesus dann immer schon aus anderen Geschichten bekannt ist. Insofern stellt sich auch hier die Frage, welcher Wissensaufbau angestrebt werden soll – im Beispiel gesprochen also, welches (Gesamt-)Bild von Jesus durch die ausgewählten Geschichten entstehen kann.

Am ausführlichsten untersucht wurde die Frage nach dem Anfänglichen oder Ersten in der Begegnung mit der Bibel wohl von Ingo Baldermann (1986, S. 9 ff.). Für ihn liegt dieser Ausgangspunkt in der Begegnung mit Ausdrucksformen von Angst und Hoffnung, wobei die Kinder im Sinne der Alphabetisierung dabei eine für solche Gefühle und Erfahrungen geeignete Sprache erwerben können. Am besten könne dies, so Baldermanns These, durch die Arbeit mit ausgewählten Psalmversen erreicht werden.

An diesem Beispiel ist abzulesen, dass der Erwerb einer auf religiöse Themen bezogenen Sprache sich ebenfalls als ein Aufbauverhältnis begreifen lässt. Hubertus Halbfas spricht von einer besonderen „Sprachschule“, die der Religionsunterricht bieten muss (→ S. 89). Zunächst aber ist der Religionsunterricht auf die allgemeine Sprachentwicklung sowie den Sprachunterricht bezogen, aber darüber hinaus gibt es auch religionsspezifische Sprachformen wie etwa Symbole und Gleichnisse oder ein bestimmtes Vokabular, zu dem dann beispielsweise Begriffe wie Gott oder heilig, Prophet und Offenbarung oder auch Bibel und Koran gehören, die im allgemeinen Sprachunterricht kaum mehr vorkommen. Auf höheren Klassenstufen muss die Vertrautheit sowohl mit solchen Sprachformen als auch dem entsprechenden Vokabular vorausgesetzt werden können. Insofern ist bei der Zuordnung des im Religionsunterricht zu erwerbenden Wissens zu Alters- und Klassenstufen genau zu prüfen, ob ein solches Aufbauverhältnis gewährleistet ist.

Bereits im Zusammenhang des Exemplarischen und des Elementaren wurde die Bedeutung *geschichtlicher Kontexte* deutlich. Biblische und andere Geschichten beziehen sich auf bestimmte Kontexte und setzen für ein weiterreichendes Verständnis eine Vertrautheit mit diesen Kontexten voraus. Das betrifft etwa verschiedene Lebensformen, beispielsweise beim Wohnen und Arbeiten, oft aber auch verschiedene Formen der Staatlichkeit (Königreiche usw.). Ebenso wurde bereits die Bedeutung von Themenfeldern wie Politik, Wirtschaft und Gesellschaft oder die Unterscheidung zwischen kirchlichen, individuellen und gesellschaftlichen Formen von Religion sichtbar, die sich als Voraussetzung für den Erwerb komplexerer Wissensbestände begreifen lassen.

Schon diese knappen Ausführungen machen deutlich, dass sich die Frage nach dem kumulativen Aufbau von Wissen auch für den Religionsunterricht stellt. Für die einzelne Lehrkraft ergibt sich daraus die Aufgabe, solche Aufbauverhältnisse zumindest im Rahmen bestimmter Unterrichtseinheiten genau zu planen. Weiterreichend sind solche Planungsformen auch auf das jeweilige Schuljahr oder die Schulstufe anzuwenden. Dabei geht es nicht nur um das Wissen als solches, sondern immer auch um die Möglichkeit, dass Schüler:innen sich als kompetent erleben, weil sie aufgrund des bereits erworbenen Wissens bestimmte Aufgaben lösen und Fragen beantworten können. Kompetenzerleben stärkt die Persönlichkeit und kann als Motivationsfaktor wirksam werden.

Ausbildung von Verstehen und Urteilen: In der Gegenwart wird das Prinzip aufbauenden Lernens etwa in den Bildungsplänen besonders im Blick auf den Kompetenzerwerb aufgegriffen. Ähnlich wie beim Wissen wird auch bei den Kompetenzen, die für den Umgang mit Wissen erforderlich sind, von einem sich schrittweise vollziehenden Aufbau ausgegangen. Kompetenzorientierte Bildungspläne versuchen dies dadurch deutlich zu machen, dass sie sogenannte *Operatoren* mit unterschiedlichem Anspruchsniveau ausweisen. Diese Operatoren beschreiben Tätigkeiten der Schüler:innen. Dabei wird häufig im Anschluss an Formulierungen zu Anforderungen beim Abitur zwischen Reproduktionsleistungen, Reorganisations- und Transferleistungen sowie Leistungen der Problemlösung und Urteilsbildung unterschieden (Ministerium für Kultus, Jugend und Sport Baden-Württemberg, 2016, S. 41). Am unteren Ende des Spektrums von Anforderungen stehen Verben wie beschreiben und benennen, am oberen Ende hingegen bewerten und beurteilen.

Grundlage einer solchen Darstellung von Operatoren ist bislang allerdings kein empirisch validiertes Modell des Kompetenzerwerbs. Vielmehr handelt es sich um einen pragmatischen Versuch in Entsprechung zu der oben genannten didaktischen Grundmaxime immer den Weg vom Einfachen zum Anspruchsvolleren zu wählen. Für die einzelne Lehrkraft bedeutet dies, bei der Planung von Unterricht neben dem kumulativen Wissensaufbau auch die schrittweise Entwicklung von Kompetenzen im Sinne unterschiedlicher Kompetenzniveaus im Blick zu haben. Das soll in späteren Teilen dieser Darstellung unter dem Aspekt des Verstehens und Urteilens weiter vertieft werden.

Erfahrungsbezogenes Lernen

Wenn das Lernen im Religionsunterricht *lebensbedeutsam* sein soll, muss es gerade auch bei dem hier zu erwerbenden Wissen konsequent auf die Erfahrungen der Schüler:innen bezogen sein. Der Erfahrungsbezug des Lernens gehört deshalb zu den grundlegenden Lernprinzipien im Religionsunterricht (→ S. 265 ff.). Wie besonders beim Alphabetisierungskonzept Paulo Freires deutlich geworden ist (→ S. 87 ff.), muss dieser Erfahrungsbezug systematisch gesichert und sorgfältig konkretisiert werden. Es geht jeweils um die ganz bestimmten Lebenszusammenhänge und Lebenssituationen der Schüler:innen, mit ihren je besonderen Möglichkeiten, aber auch Grenzen, die zugleich immer wieder überschritten werden sollen.

Allgemeine Darstellungen auch im Sinne von Bildungsplänen kommen hier an *prinzipielle Grenzen.* Die Gesellschaft der Gegenwart ist in sozialer und kultureller Hinsicht durch ein hohes Maß an Vielfalt gekennzeichnet und entsprechend unterscheiden sich die Lebenssituationen von Kindern und Jugendlichen zum Teil sehr deutlich voneinander. Unterschiedliche soziale Schichten und Milieus, „bildungsnahe" oder „bildungsferne" Elternhäuser, unterschiedliche Familienformen, Migrationshintergrund, Erfahrungen mit Flucht und Krieg, Isolation in einer Pandemie usw. – die Anzahl von Faktoren, an die hier zu denken ist, lässt kaum mehr eine verallgemeinerbare Darstellung der vorauszusetzenden Erfahrungen zu, auch wenn Befunde aus der Kinder- und Jugendforschung durchaus hilfreiche Orientierungen bieten. Vor allem aber setzt an dieser Stelle die Aufgabe der einzelnen Religionslehrkräfte ein, die aus der Vertrautheit mit ihren Schüler:innen am besten gezielt Erfahrungsbezüge herstellen können. Die grundlegenden, auch als epochal zu bezeichnenden Merkmale der heutigen gesellschaftlichen Situation sollten dabei berücksichtigt werden. Dazu gehören beispielsweise die Krisenhaftigkeit des Lebens in einer globalen Welt, die wachsende gesellschaftliche Ungleichheit, die zunehmende Vielfalt der Kulturen, Religionen und Weltanschauungen und die Allgegenwart der Medien, durch die inzwischen alle Erfahrungen mitbestimmt werden.

Erfahrungen sind aber nicht mit objektiven Gegebenheiten zu verwechseln. Vielfach werden Erfahrungen vielmehr als Resultat von Deutungen verstanden. Von Erfahrungen wird dann erst gesprochen, wenn Erlebtes von bestimmten Personen gedeutet wird. Insofern hängt der Erfahrungsbezug des Lernens zugleich eng mit der religiösen Entwicklung zusammen, in der sich bestimmte Deutungsmöglichkeiten herausbilden.

Religiöse Entwicklung

Religionsdidaktisch ist heute Konsens, dass die den Kindern und Jugendlichen eigenen Zugangs- und Deutungsweisen im Religionsunterricht eine entscheidende Rolle spielen müssen. Deshalb muss die Sequentialisierung im Religionsunterricht auch konsequent und systematisch auf die *religiöse Entwicklung im Kindes- und Jugendalter* eingestellt sein. Dabei sind wiederum unterschiedliche Bezüge zu berücksichtigen, die *psychosoziale* ebenso wie die *kognitiv-strukturelle* Entwicklung. Grundlegende Orientierungen bieten hier noch immer die inzwischen als klassisch anzusprechenden Entwicklungsmodelle von Erik H. Erikson, James W. Fowler und Fritz Oser.

Zu diesen Modellen liegen eigene Darstellungen vor (Schweitzer, 2016; Büttner & Dieterich, 2016), weshalb sie an dieser Stelle nicht erneut dargestellt werden sollen. Im vorliegenden Zusammenhang kommt es darauf an, was sich aus solchen Modellen für die *Sequentialisierung im Religionsunterricht* gewinnen lässt. Entscheidend sind vier Hinsichten, die auch über die Ansätze von Erikson und Fowler hinaus bedeutsam bleiben. Sie werden hier im Blick auf das Wissen spezifiziert, können aber auch analog auf Verstehen und Urteilen bezogen werden:

- *Entwicklung kognitiver Fähigkeiten:* In dieser Hinsicht geht es um die erforderlichen Entsprechungen zwischen solchen Fähigkeiten und verschiedenen Formen des Wissens (besonders Abstraktheit, Komplexität, Eingebundenheit in weitere Zusammenhänge usw.).

- *Abfolge von Orientierungsräumen:* Für die psychosoziale Entwicklung im Kindes- und Jugendalter sind jeweils unterschiedliche soziale und institutionelle Bezüge bezeichnend, in denen und an denen sich Kinder und Jugendliche jeweils orientieren (Familie, Kindergarten, Schule, Gesellschaft – Eltern, Freund:innen, Peergroup, soziale Medien usw.). Durch Erfahrungen beispielsweise von Migration, Flucht, Krieg usw. werden diese Orientierungsräume inhaltlich modifiziert, verlieren dadurch aber nicht ihre grundlegende Bedeutung.
- *Religiöse Deutungsweisen:* Kinder und Jugendliche nehmen religionsbezogenes Wissen nicht einfach auf, sondern sie gehen aktiv-deutend damit um, wie im Anschluss an konstruktivistische Theorien besonders die Kinder- und Jugendtheologie vielfach gezeigt hat (vgl. Zimmermann, 2010; Schlag & Schweitzer, 2011 sowie die Jahrbücher für Kindertheologie: Bucher et al., 2002 ff. und für konstruktivistische Religionsdidaktik: Büttner, 2006 ff.). Die Berücksichtigung solcher Deutungsweisen, die in diesem Buch unter dem Aspekt des Verstehens und Urteilens noch genauer erläutert werden (→ S. 131 ff., 173 ff.), ist eine wesentliche Voraussetzung für Aneignungsprozesse, die nicht im „trägen Wissen" enden.
- *Persönlichkeitsentwicklung und Religion:* Entwicklungsmodelle wie die von Erikson und Fowler deuten die religiöse Entwicklung im weiteren Horizont der Persönlichkeitsentwicklung und beschreiben auch den Beitrag, den Religion zur Persönlichkeitsentwicklung leisten kann. Für den Religionsunterricht erwachsen daraus wichtige Begründungsmöglichkeiten, aber zugleich ergibt sich daraus auch die Anforderung, dass das Lernen im Religionsunterricht – bis hin zu dem zu erwerbenden Wissen – auf die Unterstützung der Persönlichkeitsentwicklung eingestellt sein muss (→ S. 270). Dafür stehen Bezüge auf Sinnfindung, Stärkung von Hoffnung und Lebensmut, Resilienz, Prosozialität, Verantwortung usw.

Zusammenfassend ergibt sich aus diesen Perspektiven ein *mehrdimensional bestimmtes Verständnis von Sequentialität,* das bei der künftigen Bildungsplanarbeit nicht nur implizit, sondern auch explizit genutzt werden sollte. Bislang fließen entsprechende Bezüge erkennbar in die Bildungspläne für die verschiedenen Schul- und Klassenstufen ein, aber eine gezielte und reflektierte Sequentialisierung von Unterricht setzt eine explizite Auseinandersetzung mit entsprechenden Planungsprinzipien voraus.

8.2.5 Vier grundlegende Strukturen: Glaube, Geschichte, Lebenspraxis, Sinnhaftigkeit von Religion

Das Ergebnis der kritischen Musterung von Traditionen, Vorschlägen und Vorgaben für die Auswahl und Strukturierung des im Religionsunterricht zu erwerbenden Wissens ist ernüchternd. Eine klare und überzeugende Systematik steht derzeit offenbar nicht zur Verfügung. Weiterreichend könnte sogar geurteilt werden, dass die Offenheit solcher Auswahlfragen vielleicht nie so deutlich vor Augen stand wie heute, wobei diese Formulierung bewusst offen lässt, ob die Offenheit vielleicht auch in früheren Zeiten ebenso groß, aber eben weniger bewusst war. Es ist durchaus denkbar, dass eine stärkere Traditionsleitung auch mehr Selbstverständlichkeit hinsichtlich des in Schule und Religionsunterricht zu erwerbenden Wissens bedingte. Heute hingegen kehren auch für den Religionsunterricht offenbar alle Fragen wieder, die sich inzwischen mit dem Thema *Bildungskanon* verbinden. Auf Bildung bezogene Kanonfragen sind offenbar kaum mehr zu beantworten, nicht nur hinsichtlich des Religionsunterrichts.

Ein bewusst einfach gehaltener Vorschlag

In dieser Situation soll an dieser Stelle ein bewusst einfach gehaltener Vorschlag gemacht werden, der nicht zuletzt dem Anspruch auf *Kommunizierbarkeit* gerecht werden soll. Das für den Religionsunterricht ausgewählte Wissen soll für verschiedene Adressat:innen plausibel sein, für die Kinder und Jugendlichen, ihre Eltern, für Kolleg:innen aus anderen Fächern sowie die Schulleitung, aber auch in der Wissenschaft. Genau in dieser Hinsicht erwiesen sich die heute gängigen Strukturierungen in den Bildungsplänen mithilfe von Inhaltsbereichen, die an dem christlichen Glaubensbekenntnis entlangzugehen scheinen, als wenig hilfreich. Sie sind nur für Insider plausibel (→ S. 25).

Nicht nur für die Kommunizierbarkeit, sondern auch für die Arbeit im Religionsunterricht selbst wird es hilfreich sein, sich an wenigen einfachen, möglichst leicht nachvollziehbaren Fragen zu orientieren, die in diesem Unterricht bearbeitet werden sollen. Im Bewusstsein, dass jeder Versuch, solche Fragen zu identifizieren, ebenfalls nicht auf allgemeine Zustimmung stoßen wird, eben weil unausweichlich zahlreiche Alternativen vor Augen stehen, werden dazu vier Fragen formuliert, die jeweils auf eine *grundlegende Wissensstruktur im Religionsunterricht* verweisen:

- Woran glauben die Menschen?
- Wie sind sie dazu gekommen?

- Ist das heute noch wichtig?
- Macht Religion überhaupt noch Sinn?

Diese vier Fragen nehmen ihren Ausgangspunkt bei einem Phänomen, das Kindern, Jugendlichen und Erwachsenen in der Gegenwart begegnet: *Menschen glauben,* und in der Regel glauben sie *an etwas,* das sich allerdings vielfältig darstellt. Zum Menschsein gehört demnach die Möglichkeit des Glaubens sowie von Glaubensüberzeugungen, die in vielen Fällen mit bestimmten anderen *geteilt* werden, mitunter auch in äußerlich sichtbaren, zum Teil institutionalisierten Formen religiöser Praxis wie einer Kirche oder Religionsgemeinschaft.

Findet die Frage nach dem Glauben damit eine erste Antwort in der Begegnung mit verschiedenen Glaubensweisen und weiterreichend mit Einsichten in eine Dimension des menschlichen Daseins, so führt dies rasch weiter zu der Frage, wie die Menschen zu ihren Glaubensüberzeugungen gekommen sind, und weiterreichend, wie die gegenwärtige religiöse Situation eigentlich entstanden ist und wie sie erklärt werden kann („Wie kommt es eigentlich ...?"). Dabei zeigt sich, dass die verschiedenen Glaubensüberzeugungen in aller Regel mit weit zurückreichenden Traditionen verbunden sind, weshalb *geschichtliche Grundinformationen* unerlässlich sind, wenn sie genauer verstanden werden sollen.

Die eigentliche Motivation für eine Beschäftigung mit dem Phänomen des Glaubens sowie mit der geschichtlichen Entwicklung dieses Phänomens erwächst freilich erst aus der Frage nach dessen *Bedeutung in der Gegenwart,* und zwar ebenso für die eigene Person wie für die Gesellschaft. Denn erst aus dieser Bedeutung folgt die Antwort auf die Frage, ob sich eine Beschäftigung damit tatsächlich lohnt. Hier wird bereits deutlich, dass die ersten drei Fragen nicht einfach in einer zeitlichen Abfolge zu sehen sind, sondern dass sie von vornherein ineinandergreifen.

Wenn als viertes auch noch die Frage „Macht Religion überhaupt noch Sinn?" genannt wird, so entspricht dies der Wahrnehmung, dass die Bedeutung von Religion insgesamt kontrovers geworden ist. Zahlreiche Menschen scheinen heute zu religiöser Indifferenz zu tendieren oder sich auch bewusst mit einem Agnostizismus zufrieden zu geben. Gesellschaftlich gesehen werfen Phänomene im Bereich von Fundamentalismus und Extremismus kritische Anfragen auf: Wäre die Welt ohne Religion besser? Von daher muss sich das im Religionsunterricht zu erwerbende Wissen auch auf den Sinn des Phänomens Religion selbst beziehen.

Inhaltliche Füllung der Fragehorizonte

Die vier bewusst einfach gehaltenen Fraghorizonte müssen natürlich in weiteren Schritten genauer entfaltet und inhaltlich gefüllt werden. Dies kann an dieser Stelle nicht im Einzelnen geschehen, aber ein zumindest tabellarischer Überblick erscheint sinnvoll.

Tabelle 1: Inhaltsstrukturen religionsbezogenen (Welt-)Wissens

Inhaltsstrukturen religionsbezogenen Weltwissens Fragehorizonte und strukturierende Ziele	
Fragehorizont 1: Woran glauben die Menschen?	(Persönliche) Glaubensüberzeugungen – Religion und Religionen – Weltanschauungen. – Sofern vorhanden: eigene Religion/Religion der Eltern, Religionen im Nahbereich, Religionen in Deutschland und Europa sowie im globalen Horizont. – Inhaltliche Beschreibung der Glaubensweisen und deren Verkörperung in Lehren (Schriften), Gemeinschaften und Institutionen. – Nicht-religiöse Weltanschauungen, insbesondere sofern wirksam und öffentlich vertreten; Erschließung analog zu den Religionen. *Strukturierendes Ziel:* Ermöglichung einer ersten Orientierung über das Phänomen Glaube und den Bestand unterschiedlicher Glaubensüberzeugungen.
Fragehorizont 2: Wie sind sie dazu gekommen?	Religiöse Traditionen und geschichtliche Grundinformationen. – Nur in exemplarischer Konzentration durchführbar, etwa für Christentum, Judentum und Islam sowie ausgewählte nicht-religiöse Weltanschauungen. – Christliche und jüdische Schriften (Bibel, Koran). – Tradierte Weltanschauungen: Materialismus, Atheismus, Evolutionismus, Agnostizismus. – Entstehung und Entwicklung der verschiedenen Religionsgemeinschaften/Sozialformen, Formen der Institutionalisierung: Kirche, Gruppierungen, Strömungen, Verbände. – Exemplarische Vertreter: Päpste, Luther, einflussreiche Repräsentant:innen/Theolog:innen – Gesellschaftliche und politische Kontexte. *Strukturierendes Ziel:* Bereitstellung von Wissen zur Genese in Gestalt von hinsichtlich der Zielsetzung ausgewählten Grundinformationen.

Inhaltsstrukturen religionsbezogenen Weltwissens Fragehorizonte und strukturierende Ziele	
Fragehorizont 3: Ist das heute noch wichtig?	Lebensbedeutung von Religionen und Weltanschauungen auf individueller und gesellschaftlicher Ebene. – Was bedeuten Religionen und Weltanschauungen für einzelne Menschen? Warum befassen sie sich damit? – Welche Rolle spielen Kirchen und Religionsgemeinschaften? Warum werden Zugehörigkeiten bejaht und warum werden sie abgelehnt oder aufgegeben? – Gesellschaftliche Funktion von Religion, Religionsgemeinschaften und Weltanschauungen. – Religion und Werthaltungen. – Gesellschaftlicher Zusammenhalt. *Strukturierendes Ziel:* Bereitstellung von Wissen zur Funktion/Bedeutung von Religion und Weltanschauungen auf individueller und gesellschaftlicher Ebene.
Fragehorizont 4: Macht Religion überhaupt noch Sinn?	Religion und Nicht-Religion, Atheismus und Konfessionslosigkeit. – Grundsätzliche Anfragen an den Sinn von Religion, Religionskritik. – Agnostizismus, religiöse Indifferenz, Atheismus und Konfessionslosigkeit. – Anthropologische/Fundamentaltheologische Deutungen von Religion. – Eigene Lebenserfahrung. *Strukturierendes Ziel:* Bereitstellung von Wissen zur grundsätzlichen Beurteilung der Sinnhaftigkeit von Religion sowie persönliche Klärung und reflektierte Positionierung.

8.2.6 Zusammenfassung

In diesem Teilkapitel wurde versucht, das religionsbezogene Weltwissen, das im Religionsunterricht erworben werden kann, genauer zu strukturieren. Die Suche nach *Inhaltsstrukturen religionsbezogenen Wissens* anhand von *Bildungsplänen* erbringt den ernüchternden Befund, dass eine klar ausweisbare und zugleich theoretisch begründete Strukturierung des im Religionsunterricht zu erwerbenden Wissens derzeit offenbar nicht verfügbar ist. Entsprechende Entscheidungen folgen eher dem Herkommen sowie intuitiven und pragmatischen Festlegungen als ausgewiesenen Begründungen. Auch der Rückgriff auf *Prinzipien der Bildungsplankonstruktion* führt nur bedingt weiter. Ältere Modelle der Bildungsplankonstruktion geben zwar gewisse Anhaltspunkte, aber als Grundlage können sie heute nicht mehr als tragfähig angesehen werden. Aktuelle Modelle etwa der Kompetenzorientierung beziehen sich nicht auf Inhalte, sondern allein auf Fähigkeiten der Schüler:innen, und auch das Elementarisierungsmodell ist bislang vor allem auf die Unterrichtsplanung eingestellt und nicht auf die Erstellung von Bildungsplänen. Allerdings erweisen sich die Grundkategorien des Fundamentalen, des Elementaren und des Exemplarischen noch immer als hilfreich. Sie können zumindest als Prüfkriterien für Bildungspläne und Unterricht fortgeschrieben werden.

Schließlich zeigte sich bei der häufig übergegangenen Frage nach der Abfolge von Inhalten über die Schuljahre hinweg *(Sequentialisierung)* die grundlegende Bedeutung eines aufbauenden Lernens, sowohl im Blick auf die innere Struktur von Wissen als auch den Aufbau von Kompetenzen. Darüber hinaus ergeben sich Auswahlkriterien aus dem erforderlichen Erfahrungsbezug sowie der religiösen Entwicklung der Kinder und Jugendlichen.

Schließlich wurde ein bewusst einfach gehaltener eigener *Vorschlag zur Strukturierung des religionsbezogenen Weltwissens im Religionsunterricht* vorgestellt, der sich anhand von vier Fragehorizonten beschreiben und auch tabellarisch darstellen lässt (→ S. 128 f.).

9 Was bedeutet Verstehen im Blick auf Religionen und Weltanschauungen?

Für das Ziel, dass im Unterricht etwas wirklich verstanden werden soll, gibt es sowohl in der Wissenschaft als auch in der Praxis breite Zustimmung. Die meisten Religionslehrkräfte grenzen sich von der Erwartung ab, dass im Unterricht Wissen „angehäuft" werden soll („bloßes Faktenwissen"). Viel wichtiger sei doch das *Verstehen.* Insofern ist auch die getrennte Darstellung von Wissen im vorangehenden Teil und nun von Verstehen nicht so aufzufassen, als könnten diese beiden Aufgabenbereiche in der Praxis voneinander getrennt werden. Der Erwerb von Wissen sollte im Unterricht vielmehr von Anfang an Prozesse des Verstehens in Gang setzen, aber zugleich setzt sachgemäßes Verstehen die Vertrautheit mit einem Gegenstand voraus.

Was aber bedeutet Verstehen? Bis hin zu Titeln von Schulbüchern für den Religionsunterricht wird zwar der Gewinn eines solchen Verstehens versprochen, aber dabei wird nicht geklärt, was darunter eigentlich verstanden werden soll. Die religionspädagogische Lehrbuchliteratur bietet dazu ebenfalls erstaunlich wenig Aufschluss, sodass wiederum eigene Klärungen erforderlich sind.

9.1 Anknüpfungspunkte in Bildungswissenschaft und Theologie

Das Lernen im Religionsunterricht steht durchweg in einem doppelten Horizont, weil es zum einen um die Art und Weise des Lehrens und Lernens geht und zum anderen um den Bezug auf eine bestimmte Thematik. Lehren und Lernen werden von der Bildungswissenschaft sowie heute insbesondere der Pädagogischen Psychologie erforscht. Auf der Seite der Sachthematik ist auf die Theologie zu verweisen sowie auf weitere Wissenschaften wie beispielsweise Philosophie oder Religionswissenschaft.

Bildungswissenschaftliche Perspektiven

In der *Pädagogischen Psychologie* und *Empirischen Bildungsforschung* wird im Blick auf Schule und Unterricht besonders das problematische Phänomen eines „trägen Wissens“ diskutiert (zum Hintergrund Kunter & Trautwein, 2013). Gemeint ist eine Erfahrung, die vielfach auch aus dem Religionsunterricht bekannt ist: Wissen wurde vermittelt und vielleicht auch angeeignet, aber es kann später, etwa schon im nächsten Schuljahr, nicht abgerufen werden. Insbesondere scheint es nicht zu gelingen, dieses Wissen etwa bei weiterreichenden Fragen beispielsweise zur geschichtlichen Einordnung oder bei der Lösung einer Aufgabe zu aktivieren. So wurde vielleicht das Thema Gleichnisse in einem früheren Schuljahr behandelt, aber die Schüler:innen sind nicht in der Lage, eine dabei erworbene Vertrautheit mit metaphorischer Sprache hinsichtlich anderer Bibeltexte fruchtbar zu machen. „Träge“ ist das früher erworbene Wissen insofern, als es nicht aufgaben- oder problembezogen mobilisiert werden kann. In anderer Weise bleibt erworbenes Wissen „träge“, wenn es nicht mit eigenen Erfahrungs- und Handlungszusammenhängen verknüpft werden kann.

Dem „trägen Wissen“ stellt die Pädagogische Psychologie die „kognitive Aktivierung“ gegenüber (vgl. Kunter & Trautwein, 2013). Von einer solchen Aktivierung kann gesprochen werden, wenn bei der Lösung einer Aufgabe oder der Bearbeitung eines Problems die Herausforderung erfahren wird, unter Rückgriff auf erworbenes Wissen aktiv nach Lösungen zu suchen, die dann selbstständig erarbeitet werden. Dies gelinge nur dann in einer wirksamen Weise, wenn der Unterricht *erfahrungsbezogen* angelegt ist. Die Didaktik hat in diesem Falle die Aufgabe, die Schüler:innen gezielt mit Aufgaben zu konfrontieren, die für ihre Bearbeitung oder Lösung eine Aktivierung im Sinne der selbstständigen Nutzung von Wissen erfordern. Die Aufgaben sollten dabei einen erkennbaren Bezug zu lebensweltlichen Zusammenhängen aufweisen.

Prinzipien wie das der kognitiven Aktivierung können in der Lernpsychologie nur in allgemeiner Form beschrieben werden und bleiben deshalb im Verhältnis zu den *fachlichen* Inhalten abstrakt. Deshalb müssen sie, damit sie in der Unterrichtspraxis wirksam werden können, *fachdidaktisch* konkretisiert werden. In der Religionsdidaktik wird das Prinzip der kognitiven Aktivierung nicht nur in seiner Bedeutung für den Religionsunterricht ausdrücklich gewürdigt, sondern auch fachlich weiterentwickelt (vgl. Pirner, 2013; Hermann, 2022). Dabei zeigt sich auch, dass ein erfahrungsbezogenes *kognitives Aktivieren* nicht mit kognitiver Engführung verwechselt werden darf, wie sie in der Religionsdidaktik häufig im Namen „ganzheitlichen Lernens“ abgelehnt wird.

Eine solche Einseitigkeit wird durch den konsequenten Erfahrungsbezug ausgeschlossen.

Aus der *Pädagogischen Psychologie* kommt noch eine weitere auch für den Religionsunterricht bedeutsame Unterscheidung, die verschiedene Arten von Wissen betrifft: deklaratives Wissen einerseits und prozedurales Wissen andererseits (vgl. bspw. Orey, 2010, S. 26 ff.). *Deklaratives Wissen* meint dabei Informationen oder Kenntnisse zu Sachverhalten. Im Religionsunterricht gehören dazu etwa bibelkundliches Wissen, Kenntnisse zur Geschichte der Kirche oder ein Katechismuswissen zum christlichen Glauben. *Prozedurales Wissen* baut auf deklarativem Wissen auf und bezeichnet die Nutzung dieses Wissens. Hier geht es also nicht um Sachwissen, sondern um Verknüpfen und praktisches Nutzen von Sachwissen. Insofern besteht eine deutliche Nähe zwischen dem prozeduralen Wissen und dem Verstehen. Für den Religionsunterricht gesprochen könnte dies beispielsweise bedeuten, dass das Wissen, dass ein bestimmter Bibeltext im Alten Testament zu finden ist, in die Gestalt bestimmter, daraus resultierender inhaltlicher Erwartungen oder Deutungsmöglichkeiten überführt wird.

Verstehen ist in der Bildungswissenschaft aber nicht nur ein Thema der Psychologie, sondern auch der *Didaktik* sowie *pädagogischer Lernkonzepte.* Im Grunde zielen didaktische Theorien immer auf Verstehen, auch wenn dafür vielleicht andere Begriffe verwendet werden. Dies ist beispielsweise bei der bildungstheoretischen Didaktik Wolfgang Klafkis (1963a) der Fall: Hier wird von Erschließungsprozessen zwischen Person und Sache gesprochen, die für allen Unterricht konstitutiv seien. Ein instruktives Beispiel aus der Fachdidaktik der Naturwissenschaften stellen die Arbeiten von Martin Wagenschein (1973) zum „genetischen Verstehen“ dar: Hier ist es der Bezug auf (Natur-)Phänomene sowie deren Erklärung, die als Weg des Verstehens aufgefasst werden. Als interessantes Beispiel aus neuerer Zeit kann auf den pädagogischen Ansatz eines „verständnisintensiven Lernens“ verwiesen werden, den eine Arbeitsgruppe um den Schulpädagogen Peter Fauser entwickelt hat (vgl. Fauser, Heiler & Waldenburger, 2015). Im Zentrum steht dabei ein geplantes Zusammenspiel von Erfahrung, Begreifen, Vorstellen und Metakognition (S. 21). Entscheidend für diesen Ansatz ist darüber hinaus die Verknüpfung mit der Aus- und Fortbildung von Lehrkräften, die dieses Zusammenspiel ermöglichen sollen.

Zumindest in Einzelfällen hat sich die Bildungswissenschaft auch direkt mit dem Verstehen im Religionsunterricht befasst. In dem erziehungswissenschaftlichen Modell religiöser Kompetenz, das eine Forschungsgruppe um Dietrich

Benner vorgelegt hat, wird zwar nicht von „Verstehen", sondern von „Deutungskompetenz" gesprochen (Benner et al., 2011, S. 31), aber diese Kompetenz ließe sich durchaus als Verstehen oder als Nutzung von Wissen bezeichnen. Weiterreichende Ausführungen dazu werden allerdings nicht gegeben. Bezeichnend ist folgende Definition:

> „Deutungskompetenz geht über bloße religionskundliche Kenntnisse insofern hinaus, als sie sich nicht darin erschöpft, bestimmte Objektivationen zu erkennen und dem religiösen Bereich zuzuordnen, sondern die Fähigkeit meint, solche Objektivationen in ihren religiösen und theologischen Gehalten zu verstehen und diese auch aus der Sicht anderer Deutungsfelder zu interpretieren." (Benner et al., 2011, S. 34)

Bei dieser Definition wird unmittelbar deutlich, dass sich Deutungskompetenz auf das Verstehen bezieht. Dazu werden dann Beispiele vorgestellt, etwa im Blick auf die Konstruktion von Aufgaben, für deren Bearbeitung Deutungskompetenz erforderlich ist. Weiterreichend ist der Hinweis auf den *Perspektivenwechsel,* der bei Aufgaben zu Deutung und Verstehen häufig erforderlich ist (S. 58). Dies entspricht der Auffassung, dass Deutungs- oder Verstehensprozesse nicht als isolierte Erkenntnisakte zu begreifen sind, sondern nur im Horizont jeweils weiterreichender Zusammenhänge, wie sie beispielsweise durch verschiedene wissenschaftliche Disziplinen konstituiert werden. Zwischen den Perspektiven dieser Disziplinen muss dann bewusst gewechselt werden können, beispielsweise zwischen einer theologischen Deutung (Innenperspektive) und einer religionssoziologischen Darstellung (Außenperspektive). Da diese Form des disziplinbezogenen Perspektivenwechsels ebenso wie andere Formen, die sich stärker auf die interpersonale Ebene beziehen, für den Religionsunterricht besonders wichtig sind, wird darauf an späterer Stelle ausführlicher einzugehen sein (→ S. 140).

Zusammenfassend kann im Blick auf bildungswissenschaftliche Anknüpfungspunkte festgehalten werden, dass die hervorgehobene Bedeutung des Verstehens ebenso empirisch-psychologisch als auch bildungstheoretisch gut begründet ist. Darüber hinaus lassen sich offenbar direkte Verbindungslinien zum Religionsunterricht ziehen, auch wenn sich aus bildungswissenschaftlichen Darstellungen naturgemäß noch keine fachlich ausdifferenzierten Bestimmungen ergeben. Dazu sind fach- und religionsdidaktische Weiterführungen erforderlich.

Theologische Perspektiven

Auch in der *Theologie* gibt es beim Thema Verstehen unmittelbare Anknüpfungspunkte. In der wissenschaftlichen Theologie hat sich ähnlich wie in der Philosophie sogar eine eigene Lehre vom Verstehen entwickelt, die als *Hermeneutik* bezeichnet wird (vgl. Körtner, 2006). Im wörtlichen Sinne bedeutet Hermeneutik die „Kunst des Übersetzens", heute wäre vielleicht „Kunst des Auslegens" oder eben „Kunst des Verstehens" eine naheliegende Übersetzung.

Die Hermeneutik kann als eine allgemeine Disziplin verstanden werden, die verschiedene Wissenschaften übergreift, auch über Theologie und Philosophie hinaus – historische und philologische Disziplinen ebenso wie in neuerer Zeit die Kulturwissenschaften. Auch in der Erziehungswissenschaft wurde die Hermeneutik zum Teil neben empirische und analytisch-kritische Ansätze gestellt (im Anschluss an Klafki, 1976, S. 13 ff.). Durch die vielfältigen inhaltlichen Bezüge in den verschiedenen disziplinären Kontexten hat sich das Verständnis von Hermeneutik auch über eine *Texthermeneutik* hinaus geweitet, beispielsweise als *Hermeneutik von Erfahrungen* und *lebensweltlichen Zusammenhängen.* Dabei wird sichtbar, dass die Hermeneutik in Entsprechung zum jeweiligen Gegenstand des Verstehens unterschiedliche Gestalten annehmen muss. In diesem Sinne ist dann auch die theologische Hermeneutik zu verstehen, die sich insbesondere auf die religiösen Überlieferungen bezieht, aber auch auf gelebte Religion sowie die religiösen Dimensionen in der Kultur der Gegenwart. In einer erziehungswissenschaftlichen Hermeneutik beispielsweise stehen häufig die Erfahrungen von Kindern und Jugendlichen im Zentrum.

Für die *theologische Hermeneutik* spielt naturgemäß die *Auslegung biblischer Texte* eine hervorgehobene Rolle. So gesehen ist die Aufgabe zentral, überlieferte Texte, die aus dem Altertum stammen, in einer der Gegenwart angemessenen Form auslegen zu können. Insofern ist diese Hermeneutik historisch, aber zugleich gegenwartsbezogen. Nur wenn biblische Texte kontextuell, in ihrem historischen (Entstehungs-)Zusammenhang gelesen werden, können sie sachgemäß erschlossen werden. Dabei wiederum ist bei biblischen Texten die Unterscheidung zwischen verschiedenen Gattungen besonders wichtig. Erzählungen sind anders zu verstehen als Psalmen, bei denen es sich um Lieder oder Gebete handelt. Argumentative Rede etwa in den paulinischen Briefen erfordern eine andere Herangehensweise als die geschichtlichen Schilderungen der Apostelgeschichte. Eine spezielle Hermeneutik verlangen auch die vier Evangelien, und innerhalb der Evangelien stellen sich die hermeneutischen Aufgaben etwa bei Gleichnissen anders dar als bei Wundergeschichten.

Theologisch gesehen muss das Verstehen also *historisch-kontextuell* sowie *gattungssensibel* sein. Darüber hinaus hat sich schon die für die Neuausrichtung der biblischen Hermeneutik in der zweiten Hälfte des 20. Jahrhunderts sehr einflussreiche *Theologie Rudolf Bultmanns* aber auch die Gegenwartsseite des Verstehens und deren genauere theoretische Erfassung als unerlässlich herausgearbeitet (vgl. Landmesser, 2017). Demnach sind biblische Texte erst dann richtig verstanden, wenn sie auf das eigene *Selbstverständnis* des Menschen bezogen werden. Denn diese Texte zielen darauf, dass Menschen sich selbst neu und anders verstehen lernen, nämlich als Geschöpfe Gottes und nicht als Wesen, die allein für das Gelingen oder Scheitern ihres Lebens verantwortlich sind. So gesehen hat die theologische und insbesondere die biblische Hermeneutik eine *existenzielle Dimension,* die das Verständnis des eigenen Daseins insgesamt berührt.

In der philosophischen Hermeneutik stellt die Auffassung des Verstehens bei Hans-Georg Gadamer (1960) dazu eine gewisse Parallele dar. Gadamer hat mit seiner Darstellung „Wahrheit und Methode“ das Verständnis von Hermeneutik weit über die Philosophie hinaus geprägt. Er vertritt die Auffassung, dass ein Verstehen erst dann erreicht wird, wenn das Verstandene auf die eigene Person „angewendet“ werden kann. Dabei ist nicht nur an eine Aneignung gedacht, sodass sich der Verstehende das Verstandene zu eigen macht, sondern auch an die Möglichkeit, das Verstandene zurückzuweisen und abzulehnen. Entscheidend bleibt jedoch, dass in dieser Sicht von Verstehen erst gesprochen werden kann, wenn dieser Punkt einer Entscheidung erreicht wird.

9.2 Verstehen als Thema der Religionsdidaktik

Auch in der Religionsdidaktik sind verschiedene Zusammenhänge in den Blick zu nehmen. Die Aufgabe des Verstehens bezieht sich nicht nur auf das Lernen im Unterricht, sondern auch auf dessen Voraussetzungen.

(Wie) Kinder und Jugendliche verstehen

In der *Religionsdidaktik* selbst ist das Verstehen im Unterricht nur selten als solches thematisiert worden. Abgesehen vom sogenannten Hermeneutischen Religionsunterricht der 1960er Jahre, der auf eine Übernahme der theologischen Hermeneutik in den Unterricht zielte (vgl. bspw. Stock, 1959), bezog sich die religionsdidaktische Diskussion vor allem auf die für Kinder und Jugendliche kennzeichnenden *Verstehensmöglichkeiten.* In diesem Falle steht dann die Frage im Vordergrund, was sich „schon" Kindern und Jugendlichen erschließen kann. Weiterreichend werden jedoch auch das *Eigenrecht* und der *Eigenwert kindlicher und jugendlicher Zugangs- und Deutungsweisen* akzentuiert, die sich nicht einfach nach dem Schema „schon – noch nicht" abschätzen lassen, sondern nach einer eigenen Würdigung verlangen (Überblick: Schweitzer, 1992). Kinder haben eigene Weltzugänge, die nicht einfach „schlechter" oder „weniger entwickelt" sind, sondern die ihren Vorstellungen von Welt und Wirklichkeit entsprechen.

Für die Religionsdidaktik hat sich dabei das Spektrum der Disziplinen, die wichtige Erkenntnisse im Blick auf den Unterricht beitragen können, über Theologie und Philosophie hinaus erweitert. Vor allem die *Entwicklungspsychologie* bot und bietet der Religionsdidaktik Einsichten in Verstehensprozesse bei Kindern und Jugendlichen, in ihrer entwicklungsbedingten Unterschiedenheit von denen der Erwachsenen (Überblick: Schweitzer, 2016; Büttner & Dieterich, 2016). Zu nennen ist darüber hinaus der *Konstruktivismus,* der eine seiner Wurzeln in der Entwicklungspsychologie Jean Piagets besitzt und zugleich erkenntnistheoretische Perspektiven ins Zentrum stellt (Einführung aus pädagogischer Sicht: Siebert, 2005). Entscheidend für die (religions-)didaktische Rezeption des Konstruktivismus ist die Betonung der Subjektgebundenheit allen Verstehens, die gleichsam den theoretischen Kern einer konstruktivistischen Erkenntnis- und Lerntheorie darstellt. Nicht die Wirklichkeit selbst kann demnach erkannt werden, sondern es bleibt immer bei den vom einzelnen Subjekt entwickelten Konstruktionen von Wirklichkeit. Die Verstehens- und Deutungsweisen der Subjekte sind dabei aber immer auch in lebensweltliche Erfahrungszusammenhänge eingebettet, die deshalb religionsdidaktisch nicht weniger bedeutsam sind als der Bezug auf die Entwicklungspsychologie.

In diesen Zusammenhang gehört auch die *Semiotik* als Wissenschaft vom Zeichengebrauch, die in der Religionspädagogik vor allem im Blick auf für Kinder und Jugendliche bezeichnende Formen des Umgangs mit Symbolen bedeutsam geworden ist (vgl. Meyer-Blanck, 1995). Semiotisch betrachtet kommt es nicht auf die Zeichen oder Symbole „an sich" an, sondern darauf, wie sie von Kindern und Jugendlichen in Gebrauch genommen und aktiv sowie kreativ eingesetzt werden.

Verstehen als Kompetenz

In den letzten Jahren hat die Frage des Verstehens in der Religionsdidaktik vor allem im Zusammenhang der *Kompetenzorientierung* an Aufmerksamkeit gewonnen. Allerdings wird auch hier nicht genauer gesagt, was mit Verstehen als Kompetenz gemeint ist. Deutlich ist aber, dass es um eine allgemeine, für den

Religionsunterricht insgesamt bedeutsame Fähigkeit geht, die deshalb alle inhaltsbezogenen Kompetenzen übergreifend als „prozessbezogene Kompetenz" ausgewiesen wird. So wird sie auch als „Deutungsfähigkeit (religiös bedeutsame Sprache und Zeugnisse verstehen und deuten)" aufgeführt (EKD, 2010b, S. 17). Auffällig ist hier die – allerdings nicht weiter erläuterte – Unterscheidung zwischen „Verstehen" und „Deuten". Vermutlich soll mit dem „Deuten" verstärkt der aktive Charakter von Verstehensprozessen zum Ausdruck gebracht werden, wiederum im Sinne der Bezogenheit des Verstehens auf die entsprechende Aktivität des Subjekts.

Im Bildungsplan Evangelische Religion Baden-Württemberg (Ministerium für Kultus, Jugend und Sport Baden-Württemberg, 2016, S. 9) beispielsweise finden sich darüber hinaus folgende Konkretionen, die zugleich die Verbindung zu verschiedenen der oben angesprochenen historischen und auf die Gegenwart bezogenen Formen von Hermeneutik erkennen lassen:

„1. religiöse Ausdrucksformen analysieren und sie als Ausdruck existenzieller Erfahrungen verstehen
2. religiöse Motive und Elemente in medialen Ausdrucksformen deuten
3. Texte, insbesondere biblische, sachgemäß und methodisch reflektiert auslegen
4. den Geltungsanspruch biblischer und theologischer Texte erläutern und sie in Beziehung zum eigenen Leben und zur gesellschaftlichen Wirklichkeit setzen."

Mit dem Bezug auf „mediale Ausdrucksformen" in der zweiten Konkretion wird auf die *religiöse Kulturhermeneutik* verwiesen, die Religion und religiöse Gehalte in der Kultur der Gegenwart erschließen will (vgl. Gräb, 2000). Die Religionshaltigkeit etwa von Spielfilmen ist für diese Kulturhermeneutik ein Paradebeispiel, weil hier religiöse Begriffe und Denkformen wie beispielsweise „Opfer", Stellvertretung und Selbsthingabe in veränderter Gestalt auftreten. Verstehen im Unterricht meint dann die bewusste Identifikation und Reflexion solcher Motive und deren Verwendung im medialen Zusammenhang.

Verstehen im Religionsunterricht: ein Modell

Ein ausgearbeitetes Modell für die Beschreibung des Verstehens im Religionsunterricht steht bislang nicht zur Verfügung. Aus den im vorangehenden Abschnitt beschriebenen Anknüpfungspunkten ergeben sich jedoch Grundlinien für ein solches Modell, die sich in vier Aspekten verdichten lassen: *Wahrneh-*

men, Deuten, Perspektivenübernahme/Perspektivenwechsel, Anwenden. Jeder dieser Aspekte muss jedoch genauer erläutert werden.

Wahrnehmen: Dieser Aspekt lässt sich nach zwei Richtungen hin genauer spezifizieren, einerseits hinsichtlich der Fähigkeit, religionsbezogene Phänomene als solche wahrzunehmen, und andererseits der Bereitschaft dazu, dies tatsächlich zu tun.

Auch Wahrnehmungsfähigkeit setzt bestimmte *Kenntnisse* und damit *Wissen* voraus. Damit überhaupt etwas als religiös wahrgenommen werden kann, müssen Vorstellungen darüber vorhanden sein, was religiöse und nicht-religiöse Phänomene unterscheidet. Faktisch gehören zu den hier erforderlichen Kenntnissen nicht in erster Linie Definitionen beispielsweise von Religion, sondern entsprechende Kenntnisse dürften sich im Unterricht eher aus Beispielen aufbauen, die dann gleichsam als Präzedenzfälle fungieren. Solche Beispiele können etwa Gebete oder liturgische Vollzüge betreffen, die Ästhetik religiöser Darstellungen oder auch einfach biblische Bezüge. Vereinfacht und zugespitzt formuliert, muss verstanden werden, dass etwas Wahrgenommenes mit Religion zu tun hat. Insofern ist das im Religionsunterricht zu erwerbende Wissen daran zu bemessen, ob es die Wahrnehmungsfähigkeit im Blick auf Religion unterstützt.

Ob bestimmte Fähigkeiten tatsächlich eingesetzt und genutzt werden, ist psychologisch gesehen eine Frage der *Motivation* und des *Interesses.* Diese sind so gesehen eine Voraussetzung dafür, Eindrücken im Sinne der sorgfältigen Wahrnehmung genauer nachzugehen. Motivation oder Interesse sind dabei nicht einfach festliegende Voraussetzungen oder nicht veränderbare Eigenschaften einer Person, sondern sie können im Unterricht geweckt und unterstützt werden (→ S. 165). In dieser Hinsicht kommt es im Unterricht darauf an, Begegnungen mit Phänomenen zu ermöglichen, die als interessant wahrgenommen werden.

Die Bedeutung von Motivation und Interesse könnte auch bei allen weiteren Aspekten des Verstehens eigens hervorgehoben werden. Sie müssen beständig aufrechterhalten werden, beispielsweise durch Erfolgserlebnisse, die aus der Erfahrung resultieren, dass man wirklich etwas versteht.

Deuten: Wie sich bereits gezeigt hat, werden die beiden Begriffe Deuten und Verstehen manchmal fast synonym gebraucht. Der Begriff des Deutens hebt allerdings stärker die damit verbundene Aktivität hervor. *Deutungsprozesse* lassen sich dabei als kognitive Tätigkeitsformen beschreiben, wie sie in kompetenzorientierten Bildungsplänen als „Operatoren“ bezeichnet werden: etwas in eigenen Worten formulieren, zusammenfassen, einordnen, etwas mit anderen Zusammenhängen vernetzen und aus seinen Zusammenhängen heraus begreifen usw.

Weiterreichende Aspekte des Verstehens wurden sowohl in der erziehungswissenschaftlichen als auch der theologischen Beschreibung bereits sichtbar: Unter Berücksichtigung dieser Aspekte meint Verstehen im vorliegenden Zusammenhang dann, dass die *religiösen oder theologischen Gehalte* hinsichtlich ihrer jeweiligen *Hintergründe* sachgemäß erschlossen werden können.

Als Beispiele aus der Religionsdidaktik können Zitate oder Einzeltexte aus der Bibel genannt werden, aber auch die Deutung von religiösen Motiven in verschiedenen kulturellen Bereichen wie der darstellenden Kunst, Architektur, Musik u. a. m. Entsprechende Ausdrucksformen begegnen heute häufig in den Medien, angefangen bei Todesanzeigen, die auf religiöse Symbole zurückgreifen, über Werbung und Spielfilme sowie zahlreiche andere Ausdrucksformen im World Wide Web.

Erneut wird an diesen Beispielen ein Zusammenhang mit dem Wissen erkennbar. Religiöse Darstellungen ebenso in der bildenden Kunst wie beispielsweise in Spielfilmen können nur unter Rückgriff auf beispielsweise eine Vertrautheit mit biblischen Motiven oder Erzählungen zutreffend dechiffriert werden. Das setzt wiederum voraus, dass das entsprechende Wissen nicht „träge" bleibt, sondern in einem neuen Zusammenhang für eine bestimmte Deutungsaufgabe aktiviert werden kann.

Perspektivenübernahme/Perspektivenwechsel: Die beiden Begriffe Perspektivenübernahme und Perspektivenwechsel überschneiden sich in ihrer Bedeutung. Damit die Perspektive gewechselt werden kann, muss eine andere Perspektive eingenommen werden, und jede Perspektivenübernahme bedeutet auch einen Perspektivenwechsel. Von Perspektivenübernahme wird jedoch eher in psychologischen (interpersonalen) Zusammenhängen gesprochen (vgl. Steins & Wicklund, 1993; Steins, 2016), während der Perspektivenwechsel stärker auf verschiedene disziplinäre Deutungsmöglichkeiten abhebt, beispielsweise bei religiösen und nicht-religiösen Sichtweisen der Weltentstehung (vgl. religionsdidaktisch: Dressler, 2006). Auf jeden Fall spielt bei beiden Begriffen die Unterscheidung zwischen einer Innen- und Außenperspektive eine wichtige Rolle.

Die *Fähigkeit zur Perspektivenübernahme und zum Perspektivenwechsel* lässt sich als Spezialfall der Deutungsfähigkeit verstehen. Da entsprechende Fähigkeiten gerade in der Religionsdidaktik eine hervorgehobene Bedeutung gewonnen haben, lohnt sich eine genauere Betrachtung. Dabei sind wiederum verschiedene Hinsichten zu berücksichtigen:

- Bei der *Perspektivenübernahme* geht es um eine basale, tief in der Humangenese verankerte Fähigkeit, die bei allen Formen der *sozialen Interaktion* und des *sozialen Verstehens* eine wichtige Rolle spielt (aus entwicklungsbiologischer Sicht: Tomasello, 2009). In sozialen Zusammenhängen gibt es kein Verstehen, wenn die Perspektive anderer, also der Unterschied zwischen dem, wie ich die Dinge wahrnehme und wie andere sie wahrnehmen, nicht ebenso berücksichtigt wird wie die Aufgabe, sich in die Perspektive eines anderen hineinzuversetzen (Selman, 1984).

Wenn sich das Verstehen auf andere Menschen in der *Geschichte* bezieht, wie es bei Fächern, für die Texte aus der Überlieferung wichtig sind, der Fall ist, muss auch die jeweilige Kontextualität der Wahrnehmungen in geschichtlich anderen Zeiten bewusst sein (in biblischen Zeiten gab es noch keine Wanduhren zur exakten Feststellung der Tageszeit, noch keine elektronischen Melderegister für ein Geburtsdatum usw.). Deshalb wird die historische Perspektivenübernahme beispielsweise in der Geschichtsdidaktik eigens untersucht (vgl. Hartmann, Sauer & Hasselhorn, 2009).

Im Religionsunterricht werden heute häufig interreligiöse Themen bearbeitet, bei denen sich die Perspektivenübernahme auf *unterschiedliche religiöse Sichtweisen und Überzeugungen* bezieht (vgl. Schweitzer et al., 2017). Wichtig ist dabei die Unterscheidung zwischen zwei Ebenen: Nicht alle Angehörigen des Christentums oder des Islam teilen sämtliche Überzeugungen, die von religiösen Autoritäten oder, im Katholizismus, von einem offiziellen Lehramt vertreten werden. Entsprechend muss sich die interreligiöse Perspektivenübernahme auf beides beziehen, Unterschiede, aber auch Gemeinsamkeiten zwischen religiösen Traditionen und Religionsgemeinschaften und ebenso auf Individuen, die sich zwar einer bestimmten Religion zugehörig fühlen, aber eben jeweils individuelle Sicht- und Glaubensweisen ausbilden und für sich bejahen.

- In der Religionsdidaktik zielt der Begriff Perspektivenwechsel vor allem auf die bewusste Nutzung verschiedener Referenzsysteme. In der Religionspädagogik derzeit am meisten diskutiert sind die von Jürgen Baumert im Zusammenhang der PISA-Studien beschriebenen *Rationalitätsformen* (→ S. 79). In diesem Sinne ist auch die Forderung von Benner u. a. zu verstehen (→ S. 47), religiöse Phänomene „auch aus der Sicht anderer Deutungsfelder zu interpretieren“ (Benner et al., 2011, S. 34). In der *religionsdidaktischen Rezeption* wird dies, etwa von Bernhard Dressler (2006), so ausgelegt, dass im Religionsunterricht unter den Voraussetzungen von Aufklärung und Moderne der Fähigkeit zur Unterscheidung und zum Wechsel zwischen einer *religiösen Innenperspektive* und einer *säkularen Außenperspektive* besonderes Gewicht zukommt. In diesem Falle sind die unterschiedlichen Perspektiven nicht primär an Personen gebunden, sondern sind Ausdruck von Deutungs- oder Erklärungszusammenhängen unterschiedlicher Art oder eben von unterschiedlichen Rationalitätsformen. Beispielsweise stehen dann theologische Interpretationen soziologischen, philosophischen oder psychologischen Deutungen von Religion gegenüber. Verstehen stellt sich so gesehen erst ein, wenn unterschiedliche Deutungs- oder Verstehensmöglichkeiten in ihrer Abhängigkeit von unterschiedlichen Referenzsystemen wahrgenommen werden und zunehmend auch ausdrücklich in dieser Hinsicht reflektiert werden können.

Anwendung: Vielleicht ist es überraschend, wenn beim Verstehen auch die Anwendung genannt wird. Häufig ist dieser Aspekt des Verstehens nicht im Blick. Es gibt aber gute philosophische und pädagogische Gründe dafür, diesen Aspekt beim Verstehen ebenso zu berücksichtigen. Darauf wurde oben bereits im Blick auf die Hermeneutik Gadamers (1960) hingewiesen. Seiner Auffassung zufolge kommt der Prozess des Verstehens erst dann zu seinem entscheidenden Ziel, wenn das, was verstanden werden soll, auf die eigene Person der bzw. des Verstehenden bezogen und in diesem Sinne angewendet wird – als Aneignung oder als Ablehnung. Es ist also nicht gemeint, dass nur das verstanden wäre, was jemand für sich selbst übernehmen kann. Vielmehr geht es um die Prüfung, ob etwas bejaht werden kann oder nicht. Denn erst an diesem Punkt wird die Auseinandersetzung mit dem Geltungs- oder Wahrheitsanspruch des zu Verstehenden erreicht.

Im *pädagogischen* und insbesondere im *religionspädagogischen* Zusammenhang ist damit zugleich der Punkt erreicht, an dem ein Bildungsinhalt auf seine *persönliche Bedeutung* hin überprüft wird. Hier grenzt das Verstehen an das Urteilen. Darüber hinaus macht der Hinweis auf die Anwendung pädagogisch gesehen darauf aufmerksam, dass Verstehen nicht auf die kognitive Dimension beschränkt ist. Im Sinne beispielsweise eines handelnden Lernens (learning by doing) kann Verstehen bedeuten, dass etwas im eigenen Handeln genutzt wird. Auf diese Weise wird eine Integration in die eigene Erfahrungs- und Lebenswelt erreicht, sodass von einem praktischen Verstehen gesprochen werden kann.

In der aktuellen religionsdidaktischen Diskussion wird bei Anwendungsfragen häufig von „Anforderungssituationen“ gesprochen (vgl. Obst, 2015), die eine Anwendung religionsbezogenen Wissens erforderlich machen. Solche Situationen sollen im Verständnis einer kompetenzorientierten Religionsdidaktik am Ausgangspunkt von Lernprozessen stehen, indem sie ein Problem markieren. Dies soll gewährleisten, dass angeeignetes Wissen beim Verstehen aktiv genutzt werden kann. Als Beispiel wird gern die Situation genannt, dass einer Austauschschülerin aus Afrika erklärt werden soll, wie in Deutschland Weihnachten gefeiert wird. Einleuchtend ist dabei das Bemühen, eine Anhäufung „trägen Wissens“ zu vermeiden, aber bei einer Didaktik der Anforderungssituationen gerät leicht in Vergessenheit, dass biblische Texte wie beispielsweise die Psalmen in ihrer Bedeutung weder auf bestimmte zu lösende Probleme noch auf die Erfüllung von Aufgaben oder Anforderungen beschränkt sein können. Zudem ist eine gewisse Monotonie bei den vorgeschlagenen Anforderungssituationen kaum zu übersehen. Offenbar gibt es nicht allzu viele Situationen, die vor entsprechende „Probleme“ oder „Anforderungen“ stellen.

Nicht zuletzt weist der Aspekt der Anwendung beim Verstehen auf die (religions-)pädagogisch zentrale Zielsetzung, Kindern und Jugendlichen die *Teilhabe* an der Gesellschaft, einschließlich religionsbezogener Diskurse und Vollzüge, zu ermöglichen. In der Erziehungswissenschaft (Benner et al., 2011) ist damit ausdrücklich keine Ausrichtung des Religionsunterrichts etwa auf gottesdienstliche Vollzüge gemeint. Dies gehe am Bildungsauftrag der Schule vorbei. Hervorgehoben wird hier vielmehr die gesellschaftliche Partizipation, die Beteiligung an öffentlichen Verständigungsprozessen im Blick auf Religion sowie die Befähigung dazu, sich bei religionsbezogenen politischen Auseinandersetzungen einbringen zu können. Bildungspläne für das Fach Religion gehen hier mitunter weiter und zielen stärker auf eine bei Kindern und Jugendlichen zu entwickelnde religiöse Praxis, etwa im Sinne des Gebets. Zunehmend wird dabei aber auch auf das Problem verwiesen, dass es hier leicht zu einer Übergriffigkeit kommen kann, die pädagogisch und insbesondere im Bereich des schulischen Unterrichts ausgeschlossen sein muss. Deshalb wird an dieser Stelle ausdrücklich auf die notwendige Freiheit verwiesen: Beispielsweise beim Beten muss den Schüler:innen ausdrücklich freigestellt sein, ob sie sich daran beteiligen wollen oder nicht.

9.3 Der weitere Hintergrund: Überlieferung und Vergegenwärtigung – Verstehen als religionsdidaktische Grundaufgabe

Verstehen als Bildungsziel im Religionsunterricht, wie es im vorangehenden Teilkapitel dargestellt wurde, ist vor einem weiteren didaktischen Hintergrund zu sehen. Es bezieht sich auf die *Doppelaufgabe von Überlieferung und Vergegenwärtigung* und damit auf eine *religionsdidaktische Grundaufgabe.* Vor diesem

Hintergrund lassen sich zugleich die bisherigen Überlegungen zum Verstehen im Religionsunterricht weiter akzentuieren.

Als eine Grundaufgabe der Religionsdidaktik im Christentum, ähnlich aber auch im Judentum oder im Islam, lässt sich die *Tradierung von Inhalten* verstehen, deren Entstehungszeit weit zurückliegt. Diese Inhalte, die uns vielfach in Gestalt von Texten begegnen, sollen im Religionsunterricht nicht nur als historische Dokumente wahrgenommen werden, sondern ebenso in ihrer Gegenwartsbedeutung. Für die Religionspädagogik ist der *Zusammenhang zwischen Tradierung und Vergegenwärtigung* daher konstitutiv. Denn dieser Zusammenhang lässt sich nur realisieren, wenn die Überlieferung verstanden und wenn sie auf gegenwartsbedeutsame Art und Weise erschlossen wird.

Vor allem in der katholischen Religionsdidaktik steht für den Zusammenhang zwischen Tradition und heutiger Situation der Begriff der *Korrelation,* der mitunter auch als Beschreibung der Grundaufgabe aller Theologie verstanden wird (Überblick: Baudler, 1984; Heil, 2015). Gemeint ist dann ebenfalls die Wechselbeziehung (Korrelation) zwischen Überlieferung und heutigen Erfahrungen, in der sich der Sinn der Überlieferung erschließen kann.

Die religionsdidaktische Diskussion hat im Blick auf das Verhältnis zwischen Tradition und Situation zu einer Reihe von Klärungen geführt, die auch an dieser Stelle aufgenommen werden können. Verstehen im Horizont von Tradierung und Vergegenwärtigung schließt demnach mehrere Dimensionen ein:

- Die Überlieferung muss auch im Religionsunterricht in ihrer *historischen Kontextualität* verstanden werden. Den Ausgangspunkt dafür stellt die möglichst weitreichende Annäherung an die ursprüngliche Bedeutung etwa eines Bibeltextes für die damaligen Autor:innen und Hörer:innen dar, was nur zu erreichen ist, wenn die zur Entstehungszeit etwa der biblischen Texte gegebenen Lebenszusammenhänge und Glaubensüberzeugungen berücksichtigt werden. Dies entspricht der Aufgabe einer *historischen Hermeneutik.*
- Eine Vergegenwärtigung kann immer nur im Ausgang vom eigenen *Vorverständnis* erreicht werden. Dies ist eine bleibende Erkenntnis der *philosophischen Hermeneutik* (Gadamer, 1960). Das jeweilige Vorverständnis lenkt bereits die Aufmerksamkeit des Verstehenden, noch mehr aber bestimmt es den Sinn, der überhaupt erfasst werden kann. Daher kann ein bestimmtes Vorverständnis dem Verstehen insofern auch im Wege stehen, als es ein dem historischen Kontext angemessenes Verständnis nicht zulässt. Besonders deutlich wird dies zum Beispiel bei biblischen Heilungsgeschichten, die sich als Wundergeschichten einem vom modernen medizinisch-naturwissenschaft-

lichen Denken ausgehenden Vorverständnis von vornherein entziehen. Ein reflektiertes und deshalb auch selbstkritisches Verstehen schließt daher ein, sich des eigenen Vorverständnisses und dessen Grenzen bewusst zu werden und sich kritisch damit auseinanderzusetzen.

- Noch einen Schritt weiter reicht das Verstehen, wenn es dabei auch um die *Aneignung* gehen soll, so wie dies bei biblischen Texten der Fall ist. Wie hinsichtlich der Anwendung als Bestandteil des Verstehens bereits deutlich geworden ist (→ S. 136), meint dies die persönliche, auch existenzielle Auseinandersetzung mit dem Gehalt der Überlieferung im Sinne von *Geltungsansprüchen,* die akzeptiert oder zurückgewiesen werden müssen. Diese Geltungsansprüche beziehen sich dabei auf das eigene Glauben und Leben der Verstehenden, nicht nur in einem individuellen Sinne, sondern immer auch mit Bezug auf die gesellschaftliche Lebenssituation. Besonders leicht nachvollziehbar ist dies bei ethischen Gehalten, die normative Implikationen für die eigene Lebensgestaltung ebenso wie für das gesellschaftliche Handeln einschließen. An dieser Stelle wird zugleich der Übergang zwischen Verstehen und Urteilen sichtbar, da im Zuge der Aneignung der mit der Tradition verbundene Geltungsanspruch immer auch kritisch geprüft werden muss.
- In der theologischen Diskussion über Korrelation wurde auch die Frage aufgeworfen, wie die Gewichte zwischen Tradition und heutiger Situation bei einer solchen kritischen Prüfung der Geltungsansprüche, die mit der Tradition verbunden sind, verteilt sein sollen. Die dabei gewonnene Auffassung, dass es um ein *wechselseitig kritisches Verhältnis* gehen müsse (vgl. Tracy, 1975), ist wiederum vor allem unter dem Aspekt des Urteilens von grundlegender Bedeutung und muss deshalb in diesem Kontext genauer ausgeleuchtet werden (vgl. → S. 173 ff.).

Über diese Grundaufgabe des Verstehens im Religionsunterricht als Überlieferung und Vergegenwärtigung besteht in der Religionspädagogik weithin Konsens. Ein auf die christliche und insbesondere auf die biblische Überlieferung bezogener Religionsunterricht macht nur Sinn, wenn dabei ebenso die ursprüngliche Bedeutung des Überlieferten zum Zuge kommt wie die Frage danach, wie es um die heutige Bedeutung des Überlieferten steht. Bei seiner Suche nach Grundstrukturen der Religionsdidaktik beschreibt beispielsweise Peter Biehl (1996) es so, dass immer beides, der geschichtliche Bezug und die gegenwartsorientierte Erschließung, realisiert werden müsse. Im Anschluss an den problemorientierten Religionsunterricht, wie er in den 1960er und 1970er

Jahren konzipiert wurde (vgl. Knauth, 2003), ließe sich auch formulieren, dass der Religionsunterricht immer in dem Sinne problemorientiert sein muss, dass er sich auf Fragen, Erfahrungen und Herausforderungen in der Gegenwart bezieht – gerade auch dann, wenn es um das Verständnis der Tradition geht. Gleichzeitig muss sich der Religionsunterricht aber auch bei der Auseinandersetzung mit Gegenwartsfragen beständig auf die Überlieferung beziehen. Traditions- und Gegenwartsorientierung müssen miteinander verschränkt werden (vgl. Berg, 1993).

9.4 Religionsdidaktische Konkretionen: die Vielfalt religiöser Ausdrucksformen und die Vielfalt des Verstehens

Bislang wurde noch nicht weiter darauf eingegangen, dass sich das im Religionsunterricht zu Verstehende zwar in einem weiten Sinne als Religion, Religionen oder auf Religion bezogen bezeichnen lässt, dass sich dieser Gegenstand aber keineswegs einheitlich darstellt. Vielmehr weisen gerade religiöse Ausdrucksformen eine *Vielfalt* auf, *auf die das Verstehen jeweils eingestellt sein muss.* Am Beispiel des für ein angemessenes Verständnis biblischer Texte konstitutiven Aspekts unterschiedlicher Textgattungen ist dies bereits deutlich geworden (→ S. 119). Weiterreichend soll nun gezeigt werden, wie das *Verstehen* im Religionsunterricht *in Entsprechung zu der Vielfalt religiöser Ausdrucksformen* ebenfalls vielfältige Gestalten annehmen muss. Zugespitzt: Jede der verschiedenen Ausdrucksformen verlangt nach einer spezifischen Form des Verstehens.

Im Folgenden werden sieben solche Ausdrucksformen genauer betrachtet: *narrative, textuelle, rituelle, ästhetische, ethische, interreligiöse* sowie *digitale* Formen. Diese Aufzählung kann nicht erschöpfend sein. Zugleich gibt es Überschneidungen zwischen den Kategorien. Beispielsweise können Geschichten auch in schriftlicher Gestalt und damit in Textform begegnen oder auch im Zusammenhang einer rituellen Praxis. Digitalität kann auf eine eigene Ausdrucksform verweisen, aber auch alle anderen Formen kommen im virtuellen Raum vor usw. Jede dieser Ausdrucksformen soll nun unter dem Aspekt betrachtet werden, welche Anforderungen an das Verstehen sich mit ihr verbinden.

Trotz aller Vielfalt wird dabei ein wiederkehrendes Muster erkennbar. Jede der im Folgenden aufgenommenen Ausdrucksformen erfordert eine bestimmte Form des *Wahrnehmens,* die dieser Form angemessen ist. Erst auf dieser Grundlage wird dann das *Interpretieren* oder *Auslegen* möglich, das über das bloße

Aufnehmen zu einem eigenen aktiven und kreativen Verstehen gehört. Als drittes kann die entsprechende *Ausdrucksform* selbst zum Gegenstand eines reflektierenden und reflektierten Verständnisses werden, mit dem ihre Bedeutung sowie ihre jeweiligen Implikationen bewusst werden. Dazu gehört auch eine *kritische Auseinandersetzung*, die sich ebenso auf die Grenzen der jeweiligen Ausdrucksform beziehen kann wie auf das Gelingen oder Nicht-Gelingen bei ihrer Nutzung. Nicht alles lässt sich beispielsweise in der Gestalt von Erzählungen zum Ausdruck bringen, und es gibt bekanntlich gute und schlechte Geschichten. Die Darstellung im Folgenden entspricht mit der Dreiteilung in *Wahrnehmung*, *Interpretation* und *Reflexion* diesen aufeinander aufbauenden Verstehensleistungen. Darüber hinaus kommen in diesem Zusammenhang auch immer wieder bestimmte religionsdidaktischen Ansätze in den Blick, die einen besonderen Fokus auf einzelne oder auch mehrere religiöse Ausdrucksformen legen.

9.4.1 Geschichten und Narrativität

Im christlichen und jüdischen, zum Teil auch im islamischen Bereich weist die Überlieferung vielfach einen *narrativen Charakter* auf. Schon in der Bibel spielen Erzählungen und ganze Erzählzyklen eine wichtige Rolle (Abraham, Mose, David usw.). Insofern kann es auch nicht überraschen, dass die Bedeutung von Geschichten in der Theologie insgesamt große Beachtung gefunden hat. Im Anschluss an Wilhelm Schapp (1953) wird gern davon gesprochen, dass der Mensch mit seinem ganzen Dasein „in Geschichten verstrickt“ ist. Darüber hinaus wird zu Recht immer wieder darauf hingewiesen, dass besonders Kinder, aber auch Jugendliche und Erwachsene für Erzählungen offen sind (vgl. Niehl, 2016). Für den Religionsunterricht ist die erzählerische Gestalt der Überlieferung daher von grundlegender Bedeutung.

Wahrnehmung

Geschichten zu verstehen bedeutet an erster Stelle, sie zu hören und hören zu können. Damit verbinden sich Anforderungen an das Sprachverständnis (Wortschatz, Komplexitätsgrad der Narration usw.). Weiterreichend bieten Geschichten häufig Identifikationsmöglichkeiten mit bestimmten Personen oder Figuren in einer Erzählung, durch die aus dem reinen Zuhören ein aktives Erleben werden kann. Noch einen Schritt weiter führt das, was mitunter als „in Geschichten leben“ bezeichnet wird. Kinder bringen dies manchmal plastisch dadurch zum Ausdruck, dass sie ausdrücklich in die Rolle einer der Figuren in der Erzählung schlüpfen („Ich bin jetzt der ..."). Ebenso ist auch an die Befassung mit bestimmten Geschichten über einen längeren Zeitraum hinweg zu denken, bei der sich Kinder oder Jugendliche in einen erzählten Zusammenhang einleben. Verstanden werden Geschichten demnach in einem ersten Sinne dann, wenn eine *aktive Rezeption* erreicht wird. Das hat insbesondere die sogenannte Rezeptionsästhetik herausgearbeitet (vgl. Iser, 1976).

Interpretation

Während es bei außerunterrichtlichen und insofern alltäglichen Begegnungen mit Geschichten oft bei der Wahrnehmung bleiben kann, kommen im Unterricht weiterreichende Aufgaben der Auslegung ins Spiel. Diese Aufgaben haben bereits einen ersten Anhaltspunkt in Situationen, in denen Kinder und Jugendliche miteinander *über Geschichten ins Gespräch* kommen. Denn dann muss formuliert werden können, was eine Geschichte bedeutet; sie muss zusammengefasst und in eigenen Worten wiedergegeben werden.

Für solche Zusammenfassungen und Reformulierungen muss der ursprüngliche narrative Zusammenhang verlassen werden, aber eine angemessene Interpretation setzt zugleich voraus, dass eine Geschichte nicht so behandelt wird wie ein argumentativer Text, der beispielsweise mit Definitionen und ausgewiesenen Schritten der Analyse operiert. Insofern verlangen Geschichten ein ihnen speziell angemessenes Verstehen.

Reflexion

Wenn zur Auslegung von Geschichten die Beachtung ihrer *besonderen Form* gehört, muss dies im Unterricht ausdrücklich bewusst werden. Dies bedeutet, dass sich zumindest im Laufe der Schulzeit ein eigenes Bewusstsein für die mit verschiedenen Ausdrucksformen verbundenen Aufgaben des Verstehens ausbilden sollte. Hinsichtlich narrativer Ausdrucksformen bedeutet dies, Geschichten als Geschichten wahrnehmen zu können und über ein entsprechendes Verstehen zu verfügen. Weiterreichend kommt dazu noch die Anforderung, die besondere *Bedeutung von Narrativität* zu erfassen, d. h. Einsicht in die Unverzichtbarkeit des Erzählens zu gewinnen. Manche Sachverhalte lassen sich nicht erklären, sondern nur erzählen.

Erzählungen erlauben ein Miterleben im empathischen Nachvollzug. Deshalb sind sie beispielsweise für bestimmte Formen der Kommunikation unverzichtbar. Ausführlich diskutiert wurde dies insbesondere bei Formen der autobiografischen Selbstdarstellung, soweit diese nicht die Gestalt von Datenreihen (nach dem Schema: Datum der Geburt, Geburtsort, Schulbesuch, Ausbildung usw.) annehmen, sondern als Lebensgeschichten vorgestellt werden (vgl. theologisch: Sparn, 1990).

9.4.2 Texte und Textualität

In dem Begriff der *Buchreligionen,* wie er in Theologie und Religionswissenschaft zum Teil gebräuchlich ist, kommt zum Ausdruck, wie wichtig die Textualität oder textliche Gestalt für die Überlieferung besonders in Judentum, Christentum und Islam ist (religionswissenschaftlich: Lang, 1990; zur Bibel: Janowski, 2016). In allen drei Religionen kann von einer Heiligen Schrift gesprochen werden, auch wenn das Verständnis jeweils unterschiedlich ausfällt. Auf jeden Fall begegnet die Überlieferung damit als ein zu lesender Text, der verstanden werden will. In anderer Weise gilt dies natürlich auch für andere Religionen.

Weitere Texte, im Christentum beispielsweise Bekenntnisse oder theologische Darstellungen, aber auch etwa Liedtexte kommen noch hinzu. Insofern spielt die *Textualität* der zu erschließenden Tradition eine hervorgehobene Rolle, entsprechend auch im Religionsunterricht, woraus sich spezifische Anforderungen an das Verstehen ergeben.

Wahrnehmung

Auch Texte werden zum Teil im Hören aufgenommen, beispielsweise wenn sie vorgelesen werden. Zentral ist daneben das *eigene Lesen,* weshalb im Bereich der Schriftreligionen besonderer Nachdruck auf den Erwerb entsprechender Fähigkeiten gelegt wird. Hier überschneidet sich der Religionsunterricht besonders deutlich mit dem muttersprachlichen Unterricht, dennoch gibt es einige spezifisch religionsunterrichtliche Aufgaben. Diese ergeben sich aus dem *speziellen Wortschatz,* wie er für religiöse Sprache allgemein bezeichnend ist (Begriffe wie Gott, Bibel, Kirche, Glaube usw.), sowie aus Begriffen, die mit einer bestimmten Tradition einhergehen (Reich Gottes, Kreuzigung, Auferstehung, Himmelfahrt, Messias, Dreifaltigkeit/Trinität usw.).

Vor allem in der Vergangenheit, zum Teil aber auch noch in der Gegenwart, wurde oder wird davon ausgegangen, dass das Auswendiglernen von Texten zumindest eine wichtige Voraussetzung für weiterreichende Verstehensleistungen sei. Dabei handelt es sich allerdings eher um persönliche Überzeugungen, die für ein Auswendiglernen sprechen, und nicht um wissenschaftlich belegte Einsichten.

Interpretation

Bei der Interpretation von Texten stellt im Bereich der Theologie die *theologische Hermeneutik* einen wichtigen Bezugshorizont dar, der sich aber nicht ohne Weiteres auf den Religionsunterricht beziehen lässt. Wissenschaftliche Auslegung unterscheidet sich prinzipiell vom schulischen Unterricht, schon aufgrund der in der Regel nicht gegebenen altsprachlichen Voraussetzungen sowie der in der Wissenschaft vorausgesetzten historischen Zusammenhänge. Vom Unterricht unterscheiden sich aber auch die heute in den Sozialwissenschaften ausgebildeten Formen der Auslegung, wie sie vor allem im Bereich der qualitativen Forschung diskutiert werden (Inhaltsanalyse, „objektive Hermeneutik" u. a. m., vgl. Flick, von Kardorff & Steinke, 2019).

Hilfreiche Anstöße bieten hingegen die bei den PISA-Studien (Deutsches PISA-Konsortium, 2001) entwickelten *Modelle zur Lesekompetenz,* die auch für den Religionsunterricht bedeutsam sind. Grundlegend ist hier eine dreifache Unterscheidung: „Informationen ermitteln", „textbezogenes Interpretieren", „Reflektieren und Bewerten" (Artelt et al., 2001, S. 89). Die dritte Kategorie verweist dabei bereits auf die „Reflexion" im Sinne der vorliegenden Darstellung. Bei den ersten beiden Kategorien stehen auf der einen Seite lediglich bestimmte Informationen im Vordergrund, die einem Text entnommen werden sollen, während auf der anderen Seite die Interpretation eines Gesamttextes entscheidend ist. Für jede der drei Kategorien werden dann fünf Kompetenzstufen angegeben.

Zu Stufe I heißt es:

> *Informationen ermitteln:* „[e]ine oder mehrere unabhängige, aber ausdrücklich angegebene Informationen zu lokalisieren. Üblicherweise gibt es eine einzige Voraussetzung, die von der betreffenden Information erfüllt sein muss, und es gibt, wenn überhaupt, nur wenig konkurrierende Informationen im Text."
> *Textbezogenes Interpretieren:* „das Erkennen des Hauptgedankens des Textes oder der Intention des Autors bei Texten über bekannte Themen. Der Hauptgedanke ist dabei entweder durch Wiederholung oder durch früheres Erscheinen im Text auffallend formuliert." (Artelt et al., 2001, S. 89)

Zu Stufe V heißt es:

> *Informationen ermitteln:* „[v]erschiedene, tief eingebettete Informationen zu lokalisieren und geordnet wiederzugeben. Üblicherweise ist der Inhalt

> und die Form des Textes unbekannt, und der Leser muss entnehmen, welche Information im Text für die Aufgabe relevant ist."
> *Textbezogenes Interpretieren:* „ein vollständiges und detailliertes Verstehen eines Textes, dessen Format und Thema unbekannt sind." (Artelt et al., 2001, S. 89)

Auch wenn mit diesen Beschreibungen allgemeine sprachliche Fähigkeiten gemeint sind, lassen sich diese Stufen im Verstehen doch leicht auf den Religionsunterricht beziehen. Hier kann es ebenfalls um bestimmte Informationen gehen, die einem Text entnommen werden müssen, sowie um die Interpretation eines Gesamttextes.

Bedeutsam an den Befunden der PISA-Studien ist für den Religionsunterricht darüber hinaus, dass entsprechende, insbesondere komplexe Verstehensleistungen keineswegs als selbstverständlich vorausgesetzt werden können. Offenbar gewährleistet die außerschulische Lesesozialisation keine entsprechenden Voraussetzungen und auch die Erfolge des Sprachunterrichts bleiben oft hinter den Erwartungen zurück. Darüber hinaus kann die Auffassung vertreten werden, dass der Religionsunterricht, soweit er eine intensive Befassung mit Texten einschließt, einen entsprechenden Kompetenzerwerb unterstützt.

Reflexion

In dieser Hinsicht ist eine Anlehnung an die Stufen bei den PISA-Studien im Blick auf den Religionsunterricht weniger plausibel. Ein Vergleich ist jedoch aufschlussreich, zumal diese Kategorie bei PISA als „Reflektieren und Bewerten" bezeichnet wird.

Zu Stufe I heißt es:

> „z. B. eine einfache Verbindung zwischen Information aus dem Text und weit verbreitetem Alltagswissen herzustellen. Der Leser wird ausdrücklich angewiesen, relevante Faktoren in der Aufgabe und im Text zu beachten." (Artelt et al., 2001, S. 89)

Zu Stufe V:

> „die kritische Bewertung oder das Bilden von Hypothesen, unter Zuhilfenahme von speziellem Wissen. Typischerweise verlangen Aufgaben dieses Niveaus vom Leser den Umgang mit Konzepten, die der Erwartung widersprechen." (Artelt et al., 2001, S. 89)

Hier steht offenbar die Nutzung von Wissen unterschiedlicher Art, Komplexität und Vertrautheit im Zentrum. Im Falle des Religionsunterrichts hingegen ist beim Reflektieren stärker an die Einsicht in unterschiedliche Textgattungen zu denken, die beim Verstehen zu berücksichtigen sind.

9.4.3 Riten und Ritualität

Die Erzählungen und Texte der religiösen Überlieferung sind nicht nur in museumsartigen Bibliotheken anzutreffen, sondern sie haben zumindest teilweise einen *gegenwärtigen Sitz im Leben.* Biblische Psalmen beispielsweise werden regelmäßig im Gottesdienst gebetet, und in der ganzen Geschichte von Judentum und Christentum waren sie ebenfalls Teil der individuellen Frömmigkeitspraxis (persönliche Gebete, gemeinsam gelebte Spiritualität). Insofern muss der Modus des Verstehens in diesem Falle speziell auf *rituelle Zusammenhänge* eingestellt sein.

Wahrnehmung

Rituelle Vollzüge, sei es in einem Gottesdienst oder bei einem persönlichen Gebet, lassen sich in Texten beschreiben, aber wer nicht mit solchen Vollzügen vertraut ist, wird auf diese Weise kaum zu einer lebendigen Wahrnehmung gelangen. Eine solche Wahrnehmung setzt hier eine *persönliche Begegnung* voraus – im Sinne einer Teilnahme oder zumindest einer teilnehmenden Beobachtung, etwa beim Besuch eines Gottesdienstes. In der Schule wird häufig auch auf mediale Möglichkeiten zurückgegriffen, besonders wenn es um rituelle Vollzüge anderer Religionen geht.

Als weitere Möglichkeit wird in der Religionsdidaktik auf einen sogenannten *performativen Ansatz* verwiesen, bei dem rituelle Vollzüge „probeweise" durch die Schüler:innen praktiziert werden (vgl. Dressler, 2006; Klie & Leonhard, 2008). Der Hinweis auf den „probeweisen" Vollzug soll dabei die in der Schule erforderlichen Distanzierungsmöglichkeiten gewährleisten. Kinder und Jugendliche sollen nicht vereinnahmt werden. Damit ist eine Grenzlinie angesprochen, die bei einem performativen Ansatz besonders heikel ist. So kann gefragt werden, ob es wirklich ein „probeweises" Beten geben kann und ob in diesem Falle die zu wahrenden Grenzen nicht doch überschritten werden. Soweit dies zutrifft, wird von „Übergriffigkeit" gesprochen oder sogar von einer „Überwältigung", wie sie in der Schule durchweg ausgeschlossen sein muss (im Sinne des sog. Beutelsbacher Konsenses, vgl. Herbst, 2021). Umso wichtiger sind deshalb gerade bei einem performativen Ansatz die weiteren Schritte der Interpretation und der Reflexion.

Interpretation

Rituelle Vollzüge verlangen offenbar nach einer anderen Form der Interpretation als etwa Texte. Allerdings kann auch hier bei einzelnen rituellen Elementen nach der jeweiligen *Bedeutung* gefragt werden. Warum steht am Beginn eines christlichen Gottesdienstes eine trinitarische Formel? Warum stehen oder sitzen die Beteiligten bei welchen Gelegenheiten? Was bedeutet das Falten der Hände? Was geschieht bei der Feier des Abendmahls?

Die Interpretation besteht zunächst in *Erläuterungen einzelner Elemente.* Weitergehend kommt es gerade bei liturgischen Vollzügen aber auf den *Gesamtzusammenhang* beispielsweise einer gottesdienstlichen Feier an. Denn dieser Zusammenhang ist nicht einfach als Addition von Einzelelementen zu verstehen (Meyer-Blanck, 2011). Vielmehr ergibt er sich erst aus deren Zusammenstimmen und damit aus einem Ganzen, das dabei zumindest entstehen soll (in der Praxis bleiben Gottesdienste gleichwohl immer wieder hinter diesem Anspruch zurück).

Reflexion

Aufgaben der Reflexion können hier in zwei Richtungen gesehen werden. Zum einen kann gefragt werden, wie sich die rituellen Vollzüge zu den narrativen und textuellen Formen der Überlieferung verhalten und in welchem Sinne die *Inhalte der Überlieferung* aufgenommen werden. Die bei der Interpretation ritueller Vollzüge erreichten Erklärungen gewinnen ihren Sinn häufig erst im weiteren Horizont religiöser und theologischer Zusammenhänge. Zum anderen kann *Ritualität als religiöse Ausdrucksform* zum Gegenstand der Reflexion gemacht werden. In diesem Falle geht es dann um Einsichten in die Bedeutung dieser Ausdrucksform. Warum spielen Rituale in fast allen Religionen eine wichtige Rolle? Warum finden gerade junge Menschen, etwa bei Gottesdiensten, eine Teilnahme nicht attraktiv? Dabei könnte auch die Frage diskutiert werden, wie heute für junge Menschen attraktive Rituale aussehen können.

9.4.4 Ästhetik

Die ästhetische Dimension religiöser Ausdrucksformen durchzieht die Geschichte der Religionen. Seit Jahrtausenden gab es offenbar das Bedürfnis, dieser Dimension durch Architektur, Artefakte, Bilder und Musik Gestalt zu geben. Dabei durchdringt diese Dimension zugleich alle anderen Dimensionen: Erzählungen weisen ebenso eine bestimmte Ästhetik auf wie Texte oder Rituale. Besonders eindrücklich sind beispielsweise die von Hand erstellten Abschriften der Bibel aus dem Mittelalter, die häufig auch kalligrafisch ausgestaltet wurden und bis heute eine eigentümliche Faszination ausüben.

Vor allem in der evangelischen Religionsdidaktik wurde die ästhetische Dimension gleichwohl lange Zeit stark vernachlässigt. In dieser Hinsicht hat vor allem die *Symboldidaktik* seit den 1980er Jahren eine Neuorientierung ausgelöst, zunächst im Blick auf Symbole, darüber hinaus aber auch auf Bilder, Musik u. a. m. (Biehl, 1989, 1999; Halbfas, 1982).

Wahrnehmung

Die ästhetische Wahrnehmung ist ein eigenes Thema in verschiedenen wissenschaftlichen Disziplinen – angefangen bei *Kunstwissenschaft* und *Kunstgeschichte* über die selbst multidisziplinäre *Kulturforschung* bis hin zu *Philosophie* und *Theologie,* die sich dabei heute besonders auf die Semiotik beziehen (vgl. religionspädagogisch: Meyer-Blanck, 1995). Grundlegend ist die Betonung der Eigengestalt dieser Form der Weltbegegnung, die gern als ein Betrachten, Auf-sich-wirken-Lassen, sich Öffnen, Meditieren usw. beschrieben wird. Darüber hinaus wird auf die Bedeutung sinnlicher Eindrücke über die kognitive Dimension hinaus verwiesen, des Sehens und Hörens, ggf. auch des Riechens, Schmeckens und Spürens. Hubertus Halbfas (1982) spricht sogar davon, dass Kindern und Jugendlichen gleichsam ein „drittes Auge" geöffnet werden müsse.

So weitreichende Erwartungen an die ästhetische Wahrnehmung gehen freilich vielfach über die Möglichkeiten von Schule und Unterricht hinaus. Hilfreich sind hier etwa auf den Unterricht zugeschnittene Formen der Wahrnehmung von Bildern, wie sie Günter Lange (2002) beschrieben hat.

Interpretation

Im Religionsunterricht richtet sich ein besonderes Interesse auf ästhetische Ausdrucksformen als „Brücke des Verstehens", wie es in der Symboldidaktik heißt (Oelkers & Wegenast, 1991). Interpretieren meint dann, dass *verschiedene Stufen der Auslegung* beachtet werden müssen. Nach Peter Biehl (1999) verweisen ästhetische bzw. symbolische Ausdrucksformen erstens auf *allgemeinmenschliche* Erfahrungen und zweitens auf *religiöse* Erfahrungen und sie können drittens speziell auf bestimmte Gehalte der *christlichen* Überlieferung bezogen werden.

Dabei verweist er insbesondere auf die Bildersprache im Johannesevangelium, speziell die Ich-bin-Worte Jesu: „Ich bin der Weg“, „ich bin der Weinstock“, „ich bin das Licht der Welt“ (Joh 14,6; 15,5; 8,12).

Reflexion

Untersuchungen zum *Umgang mit symbolischer und metaphorischer Sprache* bei Kindern und Jugendlichen haben gezeigt, dass sich ein darauf bezogenes Verstehen erst allmählich einstellt und dass ein wortwörtliches Verstehen in der Kindheit, zum Teil aber auch noch im Jugendalter, den Zugang zu übertragenen Bedeutungen erschweren kann (Bucher, 1990; Fowler, 1991). Ab dem Jugendalter treten dann auch kritische Formen auf, bei denen der Realitäts- oder Wahrheitsgehalt symbolischer Ausdrucksformen in Zweifel gezogen wird („eben bloß ein Symbol“; vgl. Nipkow, 1987).

Vor diesem Hintergrund stellt sich eine doppelte Aufgabe: Zum einen muss das *Verstehen ästhetischer Ausdrucksformen* unterstützt werden, wozu auch die Reflexion auf die Spezifität dieser Ausdrucksformen im Unterschied beispielsweise zu wissenschaftlichen Beschreibungen oder möglichst exakten Erklärungen von Wirklichkeit gehört. Zum anderen bedarf es, vor allem im Jugendalter, einer Reflexion auf den *unverzichtbaren Sinn ästhetischer Ausdrucksformen,* die nicht etwa durch wissenschaftliche Weltzugänge ersetzt werden können.

9.4.5 Multimedialität, Digitalität und Virtualität

In der Gegenwart finden religiöse Überlieferungen ihren Ausdruck zunehmend in multimedialer und digitaler Gestalt. Insbesondere begegnen solche Ausdrucksformen inzwischen im *virtuellen Raum* (vgl. religionspädagogisch: Nord & Zipernovszky, 2017; Forschungsschwerpunkt: Schlag, 2021). Der wichtigste Träger ist dabei das Internet, für visuelle ebenso wie für Audio-Präsentationen, aber noch immer auch für Texte oder Bilder und Symbole. Bezeichnend ist dabei zugleich die Vernetzung zwischen den verschiedenen Formen, die sich aus der digitalen Einbettung ergibt. Daran wird zugleich deutlich, wie sich die bislang aufgenommenen Ausdrucksformen überschneiden und wie sie digital und multimedial überformt werden können. Im digitalen Raum kommen Erzählungen ebenso vor wie Texte und ästhetische Ausdrucksformen, aber auch rituelle Elemente können Bestandteil medialer Präsentationen sein. Mitunter werden rituelle Vollzüge wie etwa Gottesdienste inzwischen in den digitalen Raum verlagert.

Multimediale und besonders digitale Ausdrucksformen der religiösen Überlieferung waren in der Tradition des Religionsunterrichts oder auch der religionsbezogenen Hermeneutik naturgemäß noch nicht im Blick. Die *gegenwartsbezogene Religionshermeneutik* geht hier einen Schritt weiter, indem sie bewusst auf solche neuen Ausdrucksformen bezogen ist, beispielsweise auf (Spiel-)Filme (Gräb, 2000), aber auch auf digitale Formen insgesamt (Nord & Zipernovszky, 2017).

Die technischen Voraussetzungen für multimediale und digitale Ausdrucksformen sind erst in den letzten dreißig oder vierzig Jahren in der Breite verfügbar geworden. Inzwischen spielen sie sowohl im Leben von Kindern und Jugendlichen als auch in der Gesellschaft eine zunehmend ebenso wichtige wie selbstverständliche Rolle. Worin dabei die Aufgabe des *Religionsunterrichts* bestehen kann, ist allerdings noch nicht abschließend geklärt. Was im Religionsunterricht in dieser Hinsicht realisiert werden kann, hängt immer auch von den praktischen Voraussetzungen ab, also etwa davon, über welche Ausstattungen eine Schule verfügt. Bislang kann keineswegs allgemein vorausgesetzt werden, dass für den Religionsunterricht eine gut funktionierende, dem Stand der Technik entsprechende digitale Ausstattung zur Verfügung steht.

Wahrnehmung

Multimedialität und Digitalität sind heute im Aufwachsen von Kindern und Jugendlichen ganz alltäglich präsent. Die Mediennutzung schon im Kindesalter hat enorm zugenommen und das Smartphone begleitet viele junge Menschen von früh auf (vgl. Grunddaten, 2023). Eine *allgemeine Vertrautheit mit entsprechenden Ausdrucksformen* kann daher vorausgesetzt werden. Das gilt jedoch nicht gleichermaßen für religiöse Ausdrucksformen, beispielsweise im Internet. Hier gibt es zahlreiche religiöse Angebote, aber ob und wie diese Angebote von Kindern und Jugendlichen genutzt werden, ist eine andere Frage, die empirisch noch weiter geklärt werden müsste. In der Kirchenmitgliedschaftsuntersuchung von 2014 beispielsweise gaben die Befragten an, dass das Internet für sie in religiöser Hinsicht kaum eine Rolle spiele (Bedford-Strohm & Jung, 2015, S. 464).

Wer sich selbst etwa mithilfe von Suchmaschinen auf die Suche nach Religion und religiösen Angeboten im *Internet* begibt, wird rasch auf eine große Vielfalt solcher Angebote stoßen. Der Deutsche Bildungsserver bietet einen geprüften Zugang zu religionsbezogenen Angeboten für Kinder (www.bildungsserver.de/religion-4156-de.html). Dabei handelt es sich um pädagogische und religionspädagogische Angebote, etwa mit Informationen zu verschiedenen Religionen. Initiiert wurde dieses Portal von der Evangelisch-Lutherischen Kirche in Bayern.

Daneben begegnen im Internet aber auch religionsfeindliche oder zumindest einseitige Darstellungen, die bestimmte religionspolitische Sichtweisen oder Vorurteile beispielsweise antisemitischer Art widerspiegeln (vgl. Rocha Dietz & Rathje, 2022). Nicht zuletzt werden nicht selten extremistische und fundamentalistische Überzeugungen transportiert und propagandistisch verbreitet. Solche Negativbeispiele verweisen insbesondere auf die erforderliche kritische Urteilsfähigkeit als Bestandteil der Medienbildung (→ S. 173 ff.).

Auch im Blick auf die Vielfalt digitaler und medialer Ausdrucksformen von Religion steht an erster Stelle die *bewusste Wahrnehmung*. Der Religionsunterricht kann hier vor allem mit gezielten Empfehlungen nach dem Vorbild des Deutschen Bildungsservers arbeiten und dazu beitragen, dass Kinder die entsprechenden Angebote entdecken. Dabei bietet es sich an, solche Websites gemeinsam in der Lerngruppe zu besuchen. Bei Jugendlichen kann demgegenüber die spezifisch religionsbezogene Wahrnehmung medialer und digitaler Angebote im Vordergrund stehen. In der Religionsdidaktik wird schon lange der Ansatz verfolgt, Religion in populärkulturelle Ausdrucksformen einzubeziehen (vgl. etwa Theologische Gesellschaft für POP-, Kultur- und Religionserforschung: pop-religion.de). Eindrückliche Beispiele liefert hier die Arbeit mit Filmen oder populären Songs. Solche Darstellungen können natürlich einfach konsumiert werden, ohne weiteres Nachdenken und ohne ausdrücklich religiösen Bezug. Im Religionsunterricht kommt es dann darauf an, eine entsprechende Wahrnehmung der religiösen Dimension oder Bedeutung zu unterstützen.

Interpretation

Bei entsprechender Expertise erschließt sich bei filmischen Darstellungen wie etwa dem „König der Löwen " häufig unmittelbar, welche *mythologischen Hintergründe* hier die entscheidende Rolle spielen. Besonders häufig geht es um Opfermythen und Rettergestalten („Terminator"). Die Auslegung kann dann die aktuelle Realisierung mit überlieferten Mythen abgleichen und dabei zu interessanten Beobachtungen hinsichtlich der Interpretationsabsichten von Filmautor:innen gelangen. Zum Teil sind die entsprechenden Intentionen theologisch sehr gehaltvoll, etwa im Blick auf die Christologie, möglicherweise aber auch theologisch zu hinterfragen, etwa bei kriegerisch-heldenhaften Rettergestalten („Star Wars").

Kinder und Jugendliche nehmen solche Darstellungen in der Regel anders wahr, vor allem im Miterleben. Die erste Aufgabe der Interpretation im Religionsunterricht muss entsprechend darin bestehen, *weiterreichende religiöse und theologische Bezüge allererst zu entdecken.* Eine solche Herangehensweise steht allerdings immer auch in der Gefahr, das Medienerlebnis, das zuvor bestimmend war, zu stören. Ein geliebter Song etwa verliert im Unterricht seine Aura, indem er zum Schulstoff wird. Deshalb muss bei Interpretationsversuchen im Unterricht sorgfältig bedacht werden, wie sich ein Interesse an weiterreichenden Deutungen herausbilden kann und was die Interpretationsergebnisse für Kinder und Jugendliche bedeuten können. Dass populärkulturelle Ausdrucksformen im Religionsunterricht aufgenommen werden, ist für sich allein genommen noch kein Gewinn. Vielmehr kommt es darauf an, was und wie Kinder und Jugendliche davon profitieren können.

Reflexion

Mediale und digitale Ausdrucksformen von Religion stellen das Verstehen vor besondere Herausforderungen, die vor allem das *Verhältnis zwischen Virtualität und Realität* betreffen. Darin unterscheiden sich diese Ausdrucksformen nicht prinzipiell von anderen Formen der Fiktionalität, aber bereits die multimediale Gestalt lässt entsprechende Fragen in den Vordergrund treten.

Mit älteren Schüler:innen kann das Verhältnis zwischen *digital* und *in Präsenz* zu erlebenden religiösen Ausdrucksformen ausdrücklich reflektiert werden. Was unterscheidet einen Fernsehgottesdienst von einem Gottesdienstbesuch, bei dem man selbst in einer Kirche anwesend ist? Kann das Abendmahl auch digital gefeiert werden? Wie verändert sich Religion im digitalen Raum?

Weitere Fragen der Interpretation bereiten wiederum die kritische Urteilsfähigkeit vor: Von wem stammt ein bestimmtes Angebot im Netz und welche Erwartungen ergeben sich daraus für die Qualität des Angebots? Welche Interessen stehen hinter einem Angebot? Solche Fragen verweisen immer auch auf die Medienethik.

9.4.6 Ethik

Ebenfalls charakteristisch für die religiöse Überlieferung ist es, dass diese nicht nur auf den Glauben im Sinne einer inneren Veränderung des Menschen zielt, sondern das gesamte Leben betrifft. Insofern sind auch das *sittliche Handeln* sowie die darauf bezogene *Ethik* zu den grundlegenden religiösen Ausdrucksformen zu zählen. Anders ausgedrückt schließt die religiöse Überlieferung normative Orientierungen ein, ebenso für das individuelle Leben als auch für das gesellschaftliche Zusammenleben.

Auf den ersten Blick könnte man annehmen, dass ethische Zusammenhänge allein in den Bereich des Urteilens gehören und insofern beim Verstehen nicht eigens berücksichtigt werden müssen. Die unten dargestellten Formen der ethischen Urteilsbildung (→ S. 189 ff.) machen aber darauf aufmerksam, dass dem Urteilen ein möglichst sorgfältiger Prozess des *Wahrnehmens* und *Verstehens* der zu beurteilenden Situation und der damit verbundenen Entscheidungen und Handlungsalternativen vorausgehen muss.

Wahrnehmung

Die *Vielfalt der Situationen,* bei denen ethische Fragen aufbrechen, ist naturgemäß sehr groß. Entsprechend vielfältig sind die Aufgaben der damit verbundenen Wahrnehmung, die sich ebenso auf das individuell-persönliche Leben beziehen kann wie auf die Gesellschaft oder globale Horizonte, beispielsweise bei ökonomischen und politischen Themen. Auch wenn es dabei durchweg auf die *ethische* Perspektive ankommt, also nicht etwa nur auf das Funktionieren ökonomischer und politischer Prozesse, bleibt es für das Verstehen ebenso entscheidend, alle oder zumindest möglichst viele der Faktoren wahrzunehmen, die dabei eine Rolle spielen. Auch die angesprochenen *globalen Horizonte,* in die ökonomische Prozesse heute eingebunden sind, werden erst konkret, wenn ihre immer auch lokalen Verästelungen, Bedingtheiten und Effekte in den Blick kommen. Auch ein mittelständischer Betrieb in Deutschland beispielsweise ist davon nicht ausgenommen, sondern durch seine Abhängigkeit etwa von globalen Lieferketten aktiv an der Aufrechterhaltung globaler Abläufe beteiligt.

Die Wahrnehmungs- und Verstehensaufgaben im ethischen Bereich betreffen ebenso die *individuelle Lebensführung.* Ein hervorgehobenes Thema für den Religionsunterricht stellt dabei heute ein nachhaltiger Lebensstil dar. Gerade an diesem Beispiel werden zugleich die Gefahren einer verkürzten Wahrnehmung sichtbar. Es geht hier nie allein um individuelle Entscheidungen, sondern auch um deren Kontexte, die wiederum von gesellschaftlichen Entwicklungen und Entscheidungen abhängig sind. Wenn für einen nachhaltigen Lebensstil der Umstieg vom PKW auf den öffentlichen Nahverkehr gefordert wird, stellt sich eben zugleich die Frage, wie es um dessen Verfügbarkeit steht. Darüber hinaus müssen die persönlichen Folgen etwa im Blick auf die zeitliche und örtliche Praktikabilität reflektiert werden.

Interpretation

Wie schon bei der Wahrnehmung deutlich geworden ist, liegt der Fokus bei ethischen Themen auf deren Wahrnehmung als *ethischen* und nicht etwa nur technischen oder ökonomischen Themen. Dem muss auch die Interpretation entsprechen. Hier stellen sich daher Fragen vor allem danach, worin genau das ethische Problem besteht, welche Entscheidungen erforderlich und welche Handlungs- oder Einflussmöglichkeiten zu erkennen sind. Sowohl bei globalen Herausforderungen als auch bei der individuellen Lebensführung versteht sich dies nicht von selbst, aber gerade in pädagogischen Zusammenhängen kommt es darauf an, den Schüler:innen Entscheidungsmöglichkeiten und Handlungsperspektiven aufzuzeigen. Wenn beispielsweise nur die ungerechten Folgen einer globalen Wirtschaft vor Augen treten, bei der die einen reicher und die anderen immer ärmer werden, führt dies leicht zu Gleichgültigkeit oder sogar Zynismus, wenn keinerlei Entscheidungs- und Handlungsmöglichkeiten benannt werden. Eine Interpretation im ethischen Sinne muss beim Religionsunterricht also immer beides einschließen, den Fokus auf die ethische Problematik und ebenso einen Schwerpunkt bei Entscheidungs- und Handlungsmöglichkeiten.

Soweit es um die gesellschafts- und weltpolitische Dimension geht, die heute freilich bereits im individuellen Leben präsent ist, gibt es allerdings vielfach keine sich auch den Schüler:innen eröffnenden Entscheidungs- oder Handlungsmöglichkeiten, die erkennbar zu Problemlösungen beitragen können. In diesem Falle kommen dann eher Möglichkeiten der *politischen Einflussnahme* in den Blick, die im Prinzip allen einzelnen Bürger:innen offenstehen. Wirksamer wird die Einflussnahme allerdings sein, wenn man sich mit anderen zusammenschließt, um dem Wunsch nach Veränderung mehr Nachdruck verleihen zu können.

Reflexion

Auch mit der Reflexion ist an dieser Stelle noch nicht das Urteilen gemeint, sondern die hier erforderliche *besondere Art des Verstehens.* Das für die Ethik maßgebliche Verständnis, dass es bei normativen Fragen um eine andere Perspektive geht als bei technischen und ökonomischen Fragen, tritt dabei hervor und markiert eine Aufgabe des Verstehens: Was bedeutet es, den *ethischen Gehalt einer Situation* wahrzunehmen? Was ist dabei speziell zu beachten? Warum ist es bei ethischen Themen so wichtig, die Situation genau zu verstehen? Insofern macht die Reflexion auch in diesem Falle bewusst, welche spezifischen Verstehensprozesse erforderlich sind.

Ebenso kann die oben angesprochene, potenziell frustrierende Problematik eigener Ohnmacht angesichts weltweiter Zusammenhänge mit den Schüler:innen zum Thema gemacht werden. Wenn Gleichgültigkeit und Abstumpfung vermieden werden sollen, kann die Bewusstwerdung dieser Problematik dazu beitragen, dass sich solche Effekte nicht einstellen.

Dabei erweist sich die Grenzlinie zwischen Verstehen und Urteilen immer wieder als durchlässig, etwa wenn auf Entscheidungs- und Handlungsmotive oder die dabei zu beachtenden Prinzipien und Kriterien reflektiert wird. Bezüge auf Nächstenliebe, Frieden, Gerechtigkeit, Bewahrung der Schöpfung, um nur einige besonders wichtige ethische Prinzipien aus dem Bereich der christlichen Ethik zu nennen, liegen dann auch für die Schüler:innen nahe. Darauf soll bei der Urteilsfähigkeit genauer eingegangen werden.

9.4.7 Interreligiosität

Das Verhältnis der eigenen zu *anderen Religionen* spielt in der ganzen Geschichte eine wichtige Rolle, auch beispielsweise im Alten Testament hinsichtlich kanaanäischer Religionen oder im Neuen Testament im Blick auf das Judentum. Im Koran werden dann beide, Judentum und Christentum, thematisiert. In der Gegenwart, die weithin durch multireligiöse Situationen bestimmt ist, wird Interreligiosität aber so wichtig, dass sie auch religionspädagogisch als *eigener Aspekt* dargestellt werden muss (vgl. Schambeck, 2013; Schweitzer, 2014a; Meyer, 2019b). Lange Zeit wurde darauf im Religionsunterricht zu wenig Gewicht gelegt. Interreligiöse Sichtweisen sind durch die Überlieferung in Gestalt von Geschichten, Texten und gottesdienstlichen Vollzügen mitbestimmt, aber sie werden in diesen Zusammenhängen nicht immer ausdrücklich gemacht. Heute kann das Verstehen anderer religiöser Traditionen nicht mehr auf wenige Fachleute beschränkt sein, sondern bezeichnet eine allgemeine Aufgabe für alle Menschen.

Wahrnehmung

In interreligiöser Hinsicht spielen *festgefahrene Wahrnehmungsmuster* häufig eine wichtige und in der Regel abträgliche Rolle, was in der Religionsdidaktik erst in jüngster Zeit vermehrt Berücksichtigung findet (vgl. Schlag & Schweitzer, 2023; vgl. auch Betz, 2018). Dabei handelt es sich um stereotype Wahrnehmungen, die auch als *Vorurteile* bezeichnet werden können. Solche Vorurteile bezogen sich in der Vergangenheit auch auf die verschiedenen christlichen Konfessionen

(„unehrliche Katholiken", „ikonenvergötternde Orthodoxe" usw.). Weit verhängnisvoller führten Vorurteile gegenüber jüdischen Menschen dazu, dass diese im Nationalsozialismus gar nicht mehr als Menschen wahrgenommen wurden. Heute sind in Deutschland und Europa neben den hier – leider – nach wie vor wirksamen Vorurteilen gegen jüdische Menschen insbesondere entsprechende negative Haltungen gegen Muslim:innen zu nennen, vor allem wenn sich diese durch ethnische Zugehörigkeit, Hautfarbe oder kulturelle Prägungen von der Mehrheitsgesellschaft unterscheiden (vgl. zum Judentum: Bernstein, 2020; zum Islam zusammenfassend: Polak, 2023). Derzeit werden deshalb vermehrt Formen der projektiven Wahrnehmung diskutiert, bei der vermeintliche Wahrnehmungen der anderen diesen übergestülpt werden („ein typischer muslimischer Macho" usw.). Prozesse des sogenannten *Othering,* bei denen andere als andere erst hergestellt werden, betreffen insbesondere auch interreligiöse Verhältnisse (vgl. Lingen-Ali & Mecheril, 2016). Vielfach wird hier darauf verwiesen, wie in den letzten Jahren und Jahrzehnten aus „türkischen Einwanderern" mehr und mehr „Muslime" geworden sind. Dazu gehört auch die – vermeintliche, weil einseitige – Erklärung bestimmter Verhaltensweisen oder Probleme durch die Religionszugehörigkeit der beteiligten Personen, während beispielsweise soziale Hintergründe und Faktoren außer Acht gelassen werden. In dieser Hinsicht werden für die Religionspädagogik zunehmend auch *postkoloniale* Analysen wichtig, da die Negativwahrnehmungen in solche Zusammenhänge eingebunden sind, derer sich die Religionspädagogik allerdings erst allmählich bewusst wird (vgl. Ulfat, 2023; zum weiteren Theoriehorizont: Castro Varela & Dhawan, 2020).

Die Kritik an verzerrenden Formen der Wahrnehmung erstreckt sich zurecht auch auf den Religionsunterricht. Beispielsweise sind *Religionsbücher und publizierte Unterrichtsmaterialien* keineswegs immer frei von solchen Verzerrungen. Ein eindrückliches und zugleich abschreckendes Beispiel sind nach wie vor Darstellungen zum Judentum, die nur das orthodoxe Judentum fokussieren und damit von vornherein das Judentum in seiner gelebten Breite verzeichnen (aktuelle Beispiele bei Willems & Dihle, 2020). Auch die in den (Unterrichts-) Medien zum Islam gebotenen Bildprogramme erweisen sich vielfach als problematisch und geben der Annahme Vorschub, muslimische Menschen seien in aller Regel religiös radikalisiert, fundamentalistisch und extremistisch (vgl. aus postkolonialer Perspektive: Winkler & Scholz, 2021).

In der Erziehungswissenschaft wird angesichts dieser Problematik mitunter ganz auf Bezugnahmen auf Religion verzichtet. Aber auch wenn eine „Religiosierung" beispielsweise sozialer Probleme – als einseitige Erklärung durch religiöse Einflüsse oder Umdefinition als religiöses Problem – verhindert werden muss (vgl. Radtke, 2011), ist eine solche, etwa beim erziehungswissenschaftlichen Ansatz des interkulturellen Lernens anzutreffende Strategie, die die religiöse Dimension einfach ausblendet, ebenfalls nicht sinnvoll oder zielführend. Denn zwischen Kultur und Religion besteht häufig ein enger Zusammenhang, und Vorurteile lassen sich nicht dadurch abbauen, dass die religiöse Dimension oder Prägung von Kultur verschwiegen wird.

Zu den Aufgaben der Wahrnehmung im Bereich von Interreligiosität gehört aber auf jeden Fall eine Bewusstwerdung von verzerrten und verzerrenden Darstellungen und Sichtweisen. Der Unterricht kann sich dabei nicht auf die Benennung und die Identifikation von Vorurteilen beschränken – immer muss auch gefragt werden, wie Vorurteile abgebaut werden können.

Interpretation

Bei interreligiösen Themen wird besonders bewusst, was für den Religionsunterricht insgesamt von hervorgehobener Bedeutung ist: Bei einem auf andere Religionen bezogenen Verstehen stellt sich durchweg die Frage nach der *Perspektive des Verstehens.* Denn es macht einen großen Unterschied, ob beispielsweise das rituelle Gebet im Islam aus einer christlichen *Außenperspektive* etwa als bloß äußerlicher Ritualismus oder aus einer muslimischen *Innenperspektive* als Glaubensgehorsam interpretiert wird. Theologisch und religionsdidaktisch angemessen ist eine Interpretation nur unter der Voraussetzung, dass beide Perspektiven voneinander unterschieden werden können. Zusätzlich kann auch eine weitere Außenperspektive – etwa der sich religiös-weltanschaulich neutral verstehenden Religionswissenschaft oder auch von Politik und Recht – je nach Thema eine Rolle spielen, etwa wenn es um die staatliche Anerkennung von Feiertagen geht oder allgemein um geteilte oder nicht geteilte Werte, die eine religiöse Begründung aufweisen. Wichtig ist dabei durchweg, dass die jeweilige Perspektive bei der Auslegung bewusst und konsequent berücksichtigt wird und es nicht zu Vermischungen zwischen beispielsweise politischen und religiösen Urteilen kommt (→ S. 182 ff.).

Die Interpretation oder Auslegung von Situationen und Überlieferungen ist dabei auch eine Frage der Einordnung in jeweils größere Zusammenhänge. Die christliche Gebetspraxis beispielsweise lässt sich nicht abgelöst vom Christusglauben verstehen, und die muslimischen Gebetsrituale erhalten ihren Sinn erst im Horizont der spezifisch muslimischen Gottesbeziehung. Die religiöse Kontextualisierung bezeichnet deshalb eine weitere konstitutive Aufgabe der Interpretation.

Reflexion

Verstehen im Bereich von Interreligiosität stellt vor spezifische Herausforderungen und Aufgaben, die als solche bewusst gemacht werden sollten. Die Komplexität dieser Herausforderungen und Aufgaben ergibt sich bereits daraus, dass alle in diesem Kapitel bislang aufgenommenen religiösen Ausdrucksformen auch in interreligiösen Zusammenhängen vorkommen und das Verstehen hinsichtlich einer anderen Religion sich ebenso auf narrative wie textuelle, rituelle oder digitale, ästhetische und ethische Aspekte beziehen muss. In dieser Hinsicht wiederholen sich also die bislang dargestellten Formen des Verstehens, die deshalb an dieser Stelle nicht erneut beschrieben werden.

Eine weitere Herausforderung besteht allerdings in den *persönlichen (Glaubens-)Überzeugungen der Verstehenden,* die sich von den (Glaubens-)Überzeugungen derer unterscheiden (können), die einer anderen Religion angehören. Solche Überzeugungsunterschiede können das Verstehen erschweren, vor allem wenn sie die Gestalt von pauschalen Negativurteilen annehmen. Hilfreich für das Verstehen ist hingegen eine *bewusste Nutzung von Unterschieden* als Ausgangspunkt vergleichend-kontrastierender Interpretationen. Allerdings darf dabei die Grundregel „Gemeinsamkeiten stärken – Unterschieden gerecht werden", die auch für interreligiöse Bildung gilt (vgl. Schweitzer & Ulfat, 2022), nicht aus dem Blick geraten. Diese Grundregel kann im vorliegenden Zusammenhang allerdings nicht eigens begründet, sondern muss aus anderen Darstellungen übernommen werden (vgl. Schweitzer, 2014a). Damit mündet die Reflexion zum interreligiösen Verstehen in die Diskussion zum interreligiösen Lernen.

9.5 Schritte des Verstehens im Religionsunterricht als Aufgabe der Unterrichtsgestaltung

Wie lassen sich die von den jeweiligen Gegenständen her gewonnenen Bestimmungen zum Verstehen für den Unterricht konkretisieren? Da sich dies nicht unmittelbar aus der Analyse von Verstehensprozessen ergibt, soll nun eigens auf die *Unterrichtsgestaltung* eingegangen werden. Dabei muss bewusst bleiben, dass Verstehensprozesse keinen gesonderten Bestandteil des Unterrichts darstellen, sondern den gesamten Unterricht durchziehen. Verstehen ist nicht alles im Religionsunterricht, aber durchweg kommt es entscheidend auf das Verstehen an.

Den weiteren Horizont stellt auch im Folgenden die für den Religionsunterricht als Grundaufgabe dargestellte Beziehung zwischen Überlieferung und

Vergegenwärtigung dar. Daraus ergibt sich, dass von Anfang an darauf geachtet werden muss, wie die Schüler:innen auch ein persönliches Verhältnis zu den Unterrichtsthemen gewinnen können.

9.5.1 Interesse entwickeln

Sehr wahrscheinlich wünschen sich alle Lehrkräfte, dass die Schüler:innen sich wirklich für die im Unterricht bearbeiteten Themen interessieren. Sie sollen sich mit einem Inhalt nicht nur deshalb beschäftigen, weil es dafür vielleicht eine gute Note gibt (*extrinsische* Motivation), sondern weil es sie selbst wirklich interessiert (*intrinsische* Motivation). An diesen Wunsch knüpft die *pädagogisch-psychologische Interessenforschung,* wie sie sich in den letzten Jahrzehnten herausgebildet hat, an, indem sie der Frage nachgeht, was Interesse eigentlich genau bedeutet, wie sich Interessen entwickeln und wie entsprechende Entwicklungen didaktisch unterstützt werden können. Dabei muss ebenso der Zusammenhang zwischen Interesse und Verstehen genauer gefasst werden.

Es ist erstaunlich, dass sich die Religionspädagogik bislang – im Unterschied zu anderen Fachdidaktiken – nur selten auf diese Forschungsrichtung bezogen hat. Dies gilt umso mehr, als aus der Praxis des Religionsunterrichts häufig über fehlendes Interesse berichtet wird. Speziell die Bibel rufe bei den Schüler:innen eher Abwehrreaktionen hervor. So gesehen gibt es gute Gründe dafür, einen auf Verstehen und Aneignung ausgerichteten Unterricht von Anfang an unter dem Aspekt der *Interessenentwicklung* zu konzipieren. Was genau aber bedeutet in diesem Zusammenhang Interesse?

Für das *Verständnis von Interesse* haben in der neueren Diskussion vor allem die Arbeiten von Hans Schiefele und Andreas Krapp eine wichtige Rolle gespielt. Ausgangspunkt ist dabei der „Person-Gegenstands-Bezug“: „Er bezeichnet die relativ dauerhafte (stabile) und situationsübergreifende (generalisierte) Relation einer Person zu einem Gegenstand im Sinne eines habituellen oder dispositionalen Persönlichkeitsmerkmals“ (Krapp, 1992, S. 307). In diesem Rahmen meint Interesse

> „eine bedeutungsmäßig herausgehobene Person-Gegenstands-Relation, die sich durch eine Reihe von noch zu bestimmenden Merkmalen von anderen Person-Gegenstands-Relationen unterscheidet. Die interessenspezifische Person-Gegenstands-Relation kann sowohl auf der Ebene aktueller Auseinandersetzungen (Interessenhandlung bzw. Interesse als aktualisierter

> Zustand) als auch auf der Ebene habitueller oder dispositionaler Strukturen (persönliches oder individuelles Interesse) untersucht und theoretisch rekonstruiert werden." (Krapp, 1992, S. 307)

In der weiteren Diskussion hat sich die dreifache Unterscheidung zwischen *individuellem* (persönlichem), *situativem* sowie *Handlungsinteresse* durchgesetzt. Das individuelle Interesse kennzeichnet demnach die Haltung einer bestimmten Person, während das situative Interesse aktuell, beispielsweise im Unterricht, erst entstehen kann. Das Handlungsinteresse schließlich verweist auf die Bereitschaft, ein Interesse auch im eigenen Handeln weiterzuverfolgen, beispielsweise über den Unterricht hinaus.

Die *Entwicklung von Interesse* ist von verschiedenen Faktoren abhängig. Das gilt auch für die Entwicklung von Interesse im Unterricht (vgl. Krapp, 1998). Im vorliegenden Zusammenhang sollen vor allem *Kompetenz- und Autonomieerleben* in den Blick genommen werden, jeweils in Bezug auf den Religionsunterricht. Zunächst kann hierfür auf den Befund aus einer explorativen empirischen Untersuchung verwiesen werden, der belegt, dass es im Religionsunterricht tatsächlich gelingen kann, Interesse zu entwickeln (vgl. Wagensommer & Schweitzer, 2018). Bemerkenswert an diesem Befund ist vor allem, dass dies gerade auch für theologische Themen zutreffen kann. Weiterhin zeigte sich, dass sich der Unterricht vor allem auf das *situative Interesse* zu beziehen und es zu wecken vermag. Das *Handlungsinteresse* – dazu motiviert sein, von sich aus etwas zu tun, beispielsweise ohne schulischen Arbeitsauftrag im Internet recherchieren – geht naturgemäß über den Unterricht hinaus und kann offenbar durch den Unterricht nur bedingt beeinflusst werden. Das *individuelle Interesse* schließlich kann sich nur längerfristig herausbilden, also nicht in einer einzelnen Unterrichtsstunde oder Unterrichtseinheit. Für die Schule insgesamt und speziell für den Religionsunterricht kann dies, Erfahrungsberichten aus der Praxis zufolge, vielfach nicht vorausgesetzt werden. Schulische Unterrichtsinhalte werden häufig nur aus extrinsischen Motiven bearbeitet, während es an intrinsischer Motivation mangelt. Es ist natürlich wünschenswert, dass der Religionsunterricht über die Zeit hinweg auch im Sinne des Aufbaus eines individuellen Interesses an religiösen Themen wirkt und bei den Schüler:innen den Eindruck hinterlässt, dass solche Themen wirklich spannend sind und sich die Beschäftigung damit lohnt. Vielfach stößt der Unterricht in dieser Hinsicht aber an Grenzen, da sich Persönlichkeitsmerkmale durch die Schule kaum verändern lassen (vgl. Schweitzer & Bucher, 2020).

In der Praxis des Religionsunterrichts wird im Blick auf das Wecken von Interesse an erster Stelle an Aspekte wie *Aufmerksamkeit und Neugier* gedacht, die durch Medien, Artefakte oder auch Lernumgebungen hervorgerufen und unterstützt werden können. Die Interessenforschung macht allerdings darauf aufmerksam, dass Neugier und Interesse nicht miteinander verwechselt werden dürfen (Krapp, 1998, S. 191). Neugier kann zwar ein guter Ausgangspunkt für die Entwicklung von Interesse sein, aber sie ist eine vielfach kurzzeitige Erscheinung, bei der sich eine dann auch länger anhaltende Interessenhaltung erst bilden muss.

Für Schule und Religionsunterricht unmittelbar anschlussfähig ist in dieser Hinsicht der Aspekt des *Kompetenzerlebens.* Dieser Aspekt wird bislang in der religionsdidaktischen Kompetenzdiskussion noch zu wenig beachtet. Er verweist zunächst auf die Bedeutung von persönlichen Erfolgserlebnissen und des Gefühls, wirklich etwas zu können. Weiterreichend kann dabei an die Forschung zur Selbstwirksamkeit gedacht werden („ich kann etwas bewirken", „kann eine Aufgabe lösen" usw.; im Anschluss an Bandura, 1997). Dazu gehört dann auch ein entsprechendes (Selbst-)Bewusstsein, das im Unterricht gestärkt werden kann.

Ein solches Selbstbewusstsein geht bereits in die Richtung von *Autonomieerleben,* das im Religionsunterricht aber noch in einem weiterreichenden Sinne aufgenommen werden sollte. Traditionell wurde beim Religionsunterricht in dieser Hinsicht an einen Autonomiegewinn durch kritische Reflexion der in der Familiensozialisation übernommenen Glaubensüberzeugungen gedacht. Heute spielt dieses Moment, angesichts der oft als „nachlassend" beschriebenen religiösen Familiensozialisation, eine geringere Rolle, etwa weil die persönliche Autonomie einschränkende Glaubensüberzeugungen nur noch selten vermittelt werden. Allerdings sind auch die heute in Familien anzutreffenden stark individualisierten und privatisierten Formen von Religion nicht ohne Weiteres dazu geeignet, die persönliche Autonomie zu stärken. Insofern gibt es in dieser Hinsicht nach wie vor Chancen für den Religionsunterricht, wenn hier *autonomiestärkende Formen von Religion* vorgestellt werden. Weiterreichend ist an dieser Stelle auch an die Diskussion über *Empowerment* – im Sinne persönlicher Ermächtigung und Bemächtigung – zu denken (vgl. Domsgen, 2019). In dieser Hinsicht sollte in der Religionsdidaktik stärker darauf geachtet werden, in welchem Sinne Menschen durch die Begegnung mit den Unterrichtsinhalten in ihrer persönlichen Autonomie gestärkt werden.

9.5.2 Zusammenhänge entdecken – Verstehen durch einordnen

Im Bereich des Religionsunterrichts setzt Verstehen in der Regel voraus, dass etwas in *weitere Zusammenhänge eingeordnet* werden kann. Wenn solche Zusammenhänge nicht erkannt werden, ist ein *tiefergehendes Verstehen* nicht möglich. Auch dies lässt sich am Beispiel von *Bibeltexten* gut erläutern. Pädagogisch stößt schon seit langem die in früheren Zeiten sehr verbreitete Praxis, einzelne „Sprüche" aus der Bibel auswendig lernen zu lassen, genau aus diesem Grunde auf Bedenken. Eine kontextlose Verwendung von Bibelzitaten verhindert demnach jedes ernst zu nehmende Verständnis. Das gilt auch für Formen des Bibelzitats. Gern zitiert wird etwa die Aussage „Der Mensch lebt nicht von Brot allein". Für sich allein genommen ist dies eine sehr vieldeutige Aussage, die in der humoristischen Rezeption denn auch manchmal auf Wurst oder Fleisch bezogen wird. Schon die Fortsetzung im Bibeltext wird dabei weggelassen: „sondern von einem jeden Wort, das aus dem Mund Gottes geht" (Mt 4,4). Ein weiterreichendes Verständnis setzt voraus, dass der Kontext dieser Aussage in der Geschichte von Jesu Versuchung erkannt wird und dass es sich hier um eine Absage an den teuflischen „Versucher" handelt, der Jesus aufgefordert hatte: „Bist du Gottes Sohn, so sprich, dass diese Steine Brot werden." Der Vergleich mit den anderen Evangelien führt dann zu weiteren Fragen: Bei Markus (1,13) wird diese Aussage gar nicht zitiert, und im Lukasevangelium (Lk 4,4) wird davon ausgegangen, dass die Fortsetzung (in diesem Falle: „sondern von einem jeden Wort Gottes") später nachgetragen wurde. Wie verhalten sich in der Bibel „Brot" und „Wort Gottes" zueinander? Hat Jesus nicht gerade gelehrt, dass Christen im Vater Unser um ihr „tägliches Brot" bitten sollen?

Beim Verstehen geht es so gesehen immer darum, dass die *Zusammenhänge* entdeckt und erkannt werden, in die sich etwas einordnen lässt. Solche Zusammenhänge stellen Voraussetzungen des Verstehens dar, die – wie bei der Frage des Wissens schon deutlich geworden ist – nicht einfach in einer einzelnen Stunde oder auch in einer einzelnen Unterrichtseinheit gewährleistet werden können, sondern die in längerfristigen Lernprozessen aufgebaut werden müssen. Ein Beispiel dafür ist die Schöpfungserzählung im ersten Kapitel der Bibel, auf die später in der Bibel immer wieder zurückgegriffen wird, schon bei der Sintflutgeschichte (Gen 7), aber auch etwa in den Schöpfungspsalmen (etwa Ps 8) oder beim Propheten Jesaja. Noch komplexer werden die Zusammenhänge im Laufe der Geschichte (Worauf genau bezieht sich Martin Luther, wenn er sich so oft auf Paulus beruft – und mit welchem Recht?).

Wie wichtig solche Zusammenhänge sind, zeigt sich nicht zuletzt in der Gegenwart dort, wo die Vertrautheit mit solchen Zusammenhängen nicht (mehr) gegeben ist. Warum gibt es in Kirchenräumen ein Kreuz? Warum liegt in evangelischen Kirchen auf dem Altar eine Bibel, und warum ist sie aufgeschlagen?

Viele Phänomene im religiösen Bereich können dabei in *verschiedene Kontexte* zugleich eingeordnet werden. Ein Beispiel ist das Fasten, das ebenso mit dem Wunsch, abzunehmen, begründet werden kann wie mit dem Verlangen nach einer Konzentration auf den „Geist“ oder die spirituelle Dimension. Zugleich begegnet dieses Phänomen im Zusammenhang verschiedener Konfessionen und Religionen, was ihm auch unterschiedliche Bedeutungen verleiht: Vor allem im Katholizismus hat die Fastenzeit zwischen Aschermittwoch und Ostern traditionell große Bedeutung; im Orthodoxen Christentum gehen großen Festen im Kirchenjahr in der Regel Fastenzeiten voraus; im Islam gehört das Fasten in erster Linie zum Ramadan.

Im Blick auf Verstehen im *Unterrichtsprozess* muss demnach vorab geklärt werden, welche Zusammenhänge das angestrebte Verstehen voraussetzt und ob Schüler:innen mit diesen Zusammenhängen vertraut sind. Soweit dies nicht der Fall ist, müssen zunächst entsprechende Kenntnisse sichergestellt werden. Darüber hinaus empfiehlt sich auch in Fällen, wo eine entsprechende Vertrautheit aus früheren Schuljahren oder Unterrichtseinheiten erwartet werden kann, in einem ersten Schritt zu prüfen, ob dies auch tatsächlich der Fall ist. Darüber hinaus können auf diese Weise eine Befestigung des bereits Gelernten sowie ein entsprechendes Kompetenzerleben unterstützt werden.

9.5.3 Relevanz für das eigene Leben wahrnehmen und die gesellschaftliche Bedeutung religiöser und weltanschaulicher Zusammenhänge erkennen

Schon unter dem Aspekt der Vergegenwärtigung ist deutlich geworden, dass Verstehen im Religionsunterricht eine *persönliche Dimension* einschließt, bei der es um das eigene Leben und Glauben der Schüler:innen geht. Diese Dimension ist hinsichtlich des Profils von Religionsunterricht von besonderer Bedeutung, weil dabei die existenziellen Klärungsprozesse in den Blick kommen, die diesen Unterricht in spezieller Weise charakterisieren.

Zugespitzt formuliert: Verstehensprozesse im Religionsunterricht sind erst dann vollständig, wenn das, was verstanden werden soll, in ein *Verhältnis zur eigenen Person* gesetzt und daraufhin überprüft wird, ob es einen selbst überzeugt. Was in diesem Sinne überzeugt, kann dann auch für die eigene Person übernommen werden.

Mit dieser These ist allerdings erst ein Ausgangspunkt markiert. Denn weiterreichend stellt sich die Frage, was es im Einzelfall genau bedeutet, wenn etwas für die eigene Person übernommen wird. Nicht alles, was überzeugt, gewinnt deshalb auch schon eine weiterreichende Bedeutung für das eigene Leben und Glauben. Zusätzlich muss geprüft werden, welche *Relevanz* das in seiner Überzeugungskraft Wahrgenommene für einen selbst tatsächlich besitzt. Anstelle von Relevanz wird heute im Anschluss an den Philosophen Hartmut Rosa (2018) in der Religionspädagogik gern auch von „Resonanz" gesprochen. In dieser Terminologie könnte dann formuliert werden, dass es darum geht, welche Resonanzen das Verstandene im eigenen Leben und Glauben auszulösen vermag.

Dieser allgemeine Zusammenhang muss für den Unterricht didaktisch weiter konkretisiert werden. Mitunter kann im Unterricht direkt nach der Bedeutung eines Themas für das eigene Leben und Glauben gefragt werden. Dies entspricht allerdings eher überkommenen Erwartungen an den Religionsunterricht, der sich immer auch auf die „Anwendung" des Gelernten im Leben beziehen sollte. Aus heutiger Sicht ist es viel wichtiger, dass Schüler:innen im Umgang mit Texten oder Äußerungen „etwas aufgeht", was ihnen vielleicht über den Unterricht hinaus wichtig wird. Auch einer solchen indirekten Vorgehensweise könnte beispielsweise die Aufgabe entsprechen, Entwürfe zu erarbeiten zu der Frage: Wie müsste sich das Leben und Glauben einer Person verändern, die das Verstandene für sich übernimmt und sich daran orientiert?

Aufgabe der Unterrichtenden ist es jedenfalls, die Vielfalt von *Anschlussmöglichkeiten* aufzuzeigen oder sie gemeinsam mit Kindern und Jugendlichen zu entdecken. Das oben aufgenommene Beispiel „Der Mensch lebt nicht vom Brot allein" bietet dazu zahlreiche Möglichkeiten, beispielsweise im Anschluss an Ingo Baldermanns Ansatz eines entdeckenden Lernens mit der Bibel (vgl. Baldermann, 1986). Bei Baldermann stehen dabei Psalmverse im Vordergrund, aber das Verfahren lässt sich auch auf andere Texte übertragen.

Das eigene Leben und Glauben erschöpft sich aber nicht in der individuellen Lebensführung, sondern ist stets zugleich in einem *gesellschaftlichen Zusammenhang* zu verstehen. Die Frage nach der gesellschaftlichen Bedeutung religiöser Überzeugungen wird heute gerade angesichts weitreichender religiöser Individualisierungs- und Privatisierungsprozesse besonders wichtig. Diese Zusammenhänge werden allerdings oft so missverstanden, dass Religion nur als

Privatangelegenheit angesehen wird. Zugleich stellt sich dieser Zusammenhang immer mehr in einem *globalen Horizont* dar.

Wenn oben die These vertreten wurde, dass Verstehensprozesse im Religionsunterricht erst dann vollständig sind, wenn das, was verstanden werden soll, in ein Verhältnis zur eigenen Person gesetzt und daraufhin überprüft wird, ob es einen selbst überzeugt, so muss diese These nun noch einmal erweitert werden: Verstehensprozesse im Religionsunterricht sind erst dann vollständig, wenn das, was verstanden werden soll, in ein *Verhältnis zum Leben in der Gesellschaft* gesetzt und daraufhin überprüft wird, ob es einen selbst hinsichtlich gesellschaftlicher Lebenszusammenhänge überzeugt.

Im Blick auf die Gesellschaft kann, anders als beim individuellen Lebenszusammenhang, nicht gleichermaßen von Konsequenzen für Leben und Glauben gesprochen werden, da sich beides, Leben und Glauben, in der Gesellschaft vielfältig darstellt. Unter den heutigen Voraussetzungen von *Multikulturalität* und *Multireligiosität* ist nicht von einem gemeinsamen Glauben auszugehen, der eine ganze Gesellschaft bestimmt. Es gibt jedoch durchaus gemeinsame Sinn- und Handlungsorientierungen, die häufig als die in einer Gesellschaft wirksamen Wertorientierungen bezeichnet werden. Da sich die Glaubensüberzeugungen beispielsweise in der Bibel, wie sie im Religionsunterricht verstanden werden sollen, im Horizont von Friede und Gerechtigkeit vielfach auf solche Orientierungen beziehen, lässt sich leicht ein entsprechender Bezug aufzeigen: Was tragen bestimmte Glaubensüberzeugungen dazu bei, dass das Zusammenleben in der Gesellschaft und letztlich im globalen Horizont gelingt?

Auch hier gilt allerdings, dass diese Dimension des Verstehens *didaktisch transformiert* werden muss. So führt es vielfach nur bedingt weiter, im Unterricht einfach nach der Bedeutung für Leben und Glauben zu fragen oder eine solche Bedeutung von Seiten der Lehrkräfte aufzuzeigen. Vielmehr bedarf es geeigneter Beispiele, mit denen sich die Schüler:innen auseinandersetzen und dabei selbst die Vielfalt der Anschlussmöglichkeiten entdecken und ihre Implikationen identifizieren können. Dabei spielt das Lernverständnis eine wichtige Rolle für das Verstehen, das nicht allein als ein kognitiver Prozess anzusehen ist, sondern auch die emotionale Dimension berührt sowie Bezüge zum Handeln und handelnden Lernen in eigenem Ausprobieren aufweist und damit als kreativer Prozess ausgelegt werden muss (→ S. 236 ff.).

9.6 Zusammenfassung

Während weithin Übereinstimmung darüber besteht, dass im Verstehen ein entscheidendes Ziel von (Religions-)Unterricht zu sehen ist, zeigte sich bei der weiteren Prüfung, wie wenig geklärt es tatsächlich ist, was damit hinsichtlich des Religionsunterrichts genau gemeint sein soll. Worin besteht wirkliches Verstehen und wie kann es im Unterricht unterstützt werden? Ausgehend von dieser Doppelfrage wurden in diesem Kapitel zunächst Anknüpfungspunkte in Bildungswissenschaft und Theologie identifiziert, insbesondere aus der Pädagogischen Psychologie (*kognitive Aktivierung* sowie verschiedene *Niveaus des Verstehens,* wie sie in empirischen Untersuchungen heute detailliert erfasst werden; *didaktische Ansätze*) sowie der theologischen Hermeneutik als einer grundlegenden Disziplin, die beispielsweise im Blick auf die Frage nach Wahrheit nicht nur für die Exegese bedeutsam ist. Vor diesem Hintergrund wurde Verstehen als eigenes Thema der Religionsdidaktik erörtert *(Verstehensmöglichkeiten von Kindern und Jugendlichen; Verstehen als Kompetenz).* Als entscheidend erwiesen sich dabei die Aspekte von *Wahrnehmen, Deuten, Perspektivenübernahme/ Perspektivenwechsel* und *Anwenden.* Zugleich kann der übergreifende Zusammenhang zwischen *Überlieferung und Vergegenwärtigung* als religionsdidaktische Grundaufgabe bezeichnet werden, die damit auch den Horizont des Verstehens im Religionsunterricht bestimmt.

Gleichsam gegenläufig zu übergreifenden Zusammenhängen im Blick auf das Verstehen wurde die Notwendigkeit *religionsdidaktischer Konkretionen* sichtbar, die sich aus der Vielfalt religiöser Ausdrucksformen jeweils für das Verstehen ergeben. Im Einzelnen wurde dabei auf die verschiedenen Formen des Verstehens im Blick auf *Narrativität, Textualität, Ritualität, Ästhetik, Multimedialität, Virtualität* und *Digitalität* sowie schließlich *ethische* und *interreligiöse* Themen eingegangen – jeweils unter den Aspekten von *Wahrnehmung, Interpretation und kritischer Auseinandersetzung.* Auch wenn sich die genannten Ausdrucksformen überlappen, stellen sie doch jeweils besondere Anforderungen an das Verstehen.

Für die *Unterrichtsgestaltung* können verschiedene Schritte des Verstehens identifiziert werden, beginnend bei der Entwicklung von *Interesse,* die zugleich als eigenes Ziel von Religionsunterricht angesehen werden kann, über das Verstehen durch *Einordnung* in weitere Zusammenhänge, die Frage nach der *Relevanz für das eigene Leben,* ohne die das Verstandene keine persönliche Bedeutung gewinnen kann, und schließlich die Identifikation der *gesellschaftlichen Bedeutung* religiöser und weltanschaulicher Zusammenhänge über das persönliche Leben hinaus.

10 Wie sich religiöse Urteilsfähigkeit bilden kann

Das Ziel, dass im Religionsunterricht nicht nur Wissen erworben und das Verstehen gefördert werden kann, sondern dass darüber hinaus auch *religiöse Urteilsfähigkeit* erreicht wird, findet sich in so gut wie allen Bildungsplänen. Allerdings wird dieses Ziel dann bestenfalls durch bestimmte Operatoren präzisiert, aber es wird nicht genauer ausgewiesen, worauf sich eine solche Präzisierung jenseits intuitiver Plausibilität zu stützen vermag. Für den Unterricht entsteht dadurch eine Unbestimmtheit: Wie soll der Unterricht auf der Grundlage solcher Vorgaben gestaltet werden?

In der Religionsdidaktik hat bislang besonders die Bildung *ethischer Urteile* Beachtung gefunden, bis hin zu inzwischen weitverbreiteten Modellvorstellungen, während die Bildung *religiöser Urteile* eher vernachlässigt worden ist. Das ist insofern problematisch, als das fachliche Profil von Religionsunterricht gerade die Bedeutung religiöser Urteile hervorhebt und entsprechende Klärungen erwarten lässt. Neuere Untersuchungen zur religionsbezogenen Argumentationsfähigkeit von Schüler:innen (Weiß, 2016) sowie zu Prüfungsaufgaben und Bewertungsvorgaben im Abitur (Muth, 2021) unterstreichen dieses Desiderat.

Dabei ist auch das Verhältnis zwischen *allgemeinen pädagogischen Zielen* wie Mündigkeit und spezifisch *religionsunterrichtlichen Zielen* genauer zu bestimmen. Ohne Urteilsfähigkeit ist Mündigkeit kaum denkbar. Bildungstheoretisch gesehen kann Mündigkeit beispielsweise nicht einfach im Sinne einer Haltung übernommen werden, sondern sie muss auf der Fähigkeit zu begründeten Einschätzungen beruhen. Wie weit sich Urteilsfähigkeit als allgemeine Fähigkeit begreifen lässt und wie weit sie sich nur domänenspezifisch bilden kann, ist dabei wenig geklärt. Dass jemand, der zu urteilen gelernt hat, diese Fähigkeit auch bei religiösen Fragen und Themen anwenden kann, ist plausibel. Doch wird sich im Folgenden zeigen, dass es durchaus auch religionsspezifische Fähigkeiten gibt, die nicht einfach mit allgemeiner Urteilsfähigkeit zusammenfallen.

10.1 Was soll zu welchem Zweck beurteilt werden? Mündigkeit, Teilhabe und Verantwortung

Urteile zielen auf *begründete Einschätzungen,* die wiederum die Voraussetzung für verschiedene Handlungsoptionen und darauf bezogene Entscheidungen darstellen. Vor allem dann, wenn sich Handlungsalternativen bieten, wird das *Urteilen und Entscheiden* zu einer unausweichlichen Notwendigkeit. Dass Entscheidungen nicht nur intuitiv oder unreflektiert oder gar fremdbestimmt getroffen werden, muss ein Anspruch aller Bildung sein. Bildung impliziert möglichst freie reflektierte Entscheidungen und insofern mündige Urteilsfähigkeit.

Diese Überlegung lässt sich auch auf den *religiösen Bereich* übertragen. In der religiös-weltanschaulichen Vielfalt der Gegenwart bieten sich für die Individuen ebenfalls vielfältige Möglichkeiten, sodass Unterscheidungen und Entscheidungen unausweichlich werden, hier im Bezug auf Glaube, Religion und Weltanschauung. Religiöse Bildung soll dazu beitragen, dass solche Entscheidungen in geprüfter Weise vollzogen werden. Die besondere Form von Mündigkeit, die auf diese Weise erreicht werden soll, kann als *religiöse Mündigkeit* bezeichnet werden.

Bei der Urteilsfindung können wiederum drei Bezugshorizonte unterschieden werden: *Individuum, Gesellschaft* und *Religionsgemeinschaften.* Am nächsten liegt bei einer von jeder einzelnen Person zu treffenden Beurteilung die *individuelle Ebene:* Was kann oder will ich für mich, für mein Leben und meinen Glauben übernehmen – und was nicht?

Ebenso wichtig wie die individuelle Mündigkeit sind bildungstheoretisch gesehen aber auch Teilhabe, Partizipation und Verantwortung und damit die *gesellschaftliche Ebene* (vgl. Klafki, 1985; Benner et al., 2011). *Teilhabe* bezieht sich dabei ebenso darauf, wie die einzelnen Menschen sich in soziale Zusammenhänge einbringen und wie sie Zugehörigkeiten zu Gruppen oder größeren Gemeinschaften realisieren können. Da solche Zugehörigkeiten auch aus individueller Perspektive wünschenswert sind, muss die angestrebte Urteilsfähigkeit ebenfalls soziale Bezüge einschließen. *Verantwortung* verweist von vornherein auf die gesellschaftliche Perspektive, die sich mit dem Aspekt der Teilhabe überschneidet, aber doch einen anderen Ausgangspunkt markiert. Was kann oder soll für die Gesellschaft bejaht und unterstützt werden? Welche gesellschaftlichen Erwartungen gibt es und wie sind diese zu beurteilen?

Bezeichnend für den *religiösen Bereich* ist auch die Rolle der in Deutschland und Europa, aber auch in anderen Teilen der Welt besonders bedeutsamen *Kir-*

chen sowie anderer *Religionsgemeinschaften*. Insofern muss sich die Urteilsfindung nicht nur allgemein auf die Gesellschaft, sondern ebenso auf eine kirchliche Ebene bzw. auf die Ebene von Religionsgemeinschaften beziehen.

10.2 Urteilsfähigkeit im Horizont von Individuum, Gesellschaft und Religionsgemeinschaften

Der individuelle Bezugshorizont

Eine *individuelle religionsbezogene Urteilsbildung* ist einerseits die einfachste und andererseits, gerade im Blick auf den Unterricht, vielfach die schwierigste oder zumindest anspruchsvollste Form der Urteilsbildung. Einfach ist die individuelle Urteilsbildung insofern, als die jeweilige Person dabei lediglich mit sich selbst übereinkommen muss und damit Religionsfreiheit in Anspruch nimmt, in Gestalt einer persönlichen Präferenz. Insofern handelt es sich um eine Entscheidung persönlicher Natur. Eingriffe in die Freiheit solcher Entscheidungen, sei es von Seiten einer Religionsgemeinschaft oder auch des Staates, sind zumindest dann ausgeschlossen, wenn aus einer religiösen Überzeugung oder religiös motivierten Verhaltensweise keine Verletzung der Rechte anderer Menschen resultiert.

Genau der persönliche Charakter von Glaubensüberzeugungen, die aus solchen Entscheidungen resultieren, erklärt zugleich, warum der Unterricht in dieser Hinsicht rasch an *Grenzen* kommt und ausdrücklich Grenzen wahren muss. Schon ob und in welchem Maße Schüler:innen ihre persönlichen Glaubensüberzeugungen gegenüber einer Lehrkraft und vor der Klasse offenbaren möchten, bleibt jedem und jeder Einzelnen letztlich selbst überlassen. Und der Versuch, diese Glaubensüberzeugungen durch Unterricht bestimmen zu wollen, indem sie einer allgemeinen Beurteilung unterzogen werden, wäre nicht legitim. Denn dabei würde die individuelle Religionsfreiheit verletzt.

Im Sinne einer durch Bildung zu unterstützenden reflektierten und also mündigen Form des Urteilens kommen aber auch auf der individuellen Ebene weitere Fragen in den Blick. Woran soll sich die Entscheidung für oder gegen eine Glaubensüberzeugung orientieren? In der Vergangenheit beantwortete sich diese Frage vielfach von selbst und automatisch durch die Herkunft aus einer bestimmten Familie, wobei eine solche gleichsam angestammte Kirchenmitgliedschaft häufig aber auch seitens der Kirche als unzureichend wahrgenommen wurde. In der evangelischen Tradition soll deshalb etwa der Konfirmandenunterricht – heute als Konfirmandenarbeit bezeichnet – oder im katholischen Bereich die Firmvorbereitung dazu befähigen, über eine vielleicht mit der Taufe in der Kindheit entstandene Kirchenmitgliedschaft bewusst entscheiden zu können (vgl. Simojoki et al., 2018). In der Gegenwart wird eine lediglich angestammte Mitgliedschaft auch im individuellen Leben vielfach infrage gestellt – spätestens mit dem Eintritt in den Kindergarten durch die Begegnung mit anderen Kindern, die eine andere oder auch keine Religionszugehörigkeit haben (vgl. Edelbrock, Schweitzer & Biesinger, 2010). Darüber hinaus führen inzwischen viele elterliche Partnerschaften sowie konfessions- und religionsverbindende Eheschließungen über den Bereich einer angestammten Konfessions- und Religionszugehörigkeit hinaus.

Entscheidungen in religiös-weltanschaulicher Hinsicht werden also zunehmend unvermeidlich, aber welche *Kriterien* kann es hier geben? Auch dies bleibt unter den Voraussetzungen der Religionsfreiheit letztlich jedem und jeder Einzelnen überlassen, aber es kann durchaus hilfreich sein, etwa im Religionsunterricht gemeinsam über eine entsprechende Urteilsfindung nachzudenken. Von zentraler Bedeutung wird bei solchen Entscheidungen fast immer ein intuitives Gefühl der Gewissheit und der Zugehörigkeit sein, wobei die spezifische Koppelung von *Gewissheit und Zugehörigkeit* von hervorgehobener Bedeutung ist. Theologisch entspricht dies der Zusammengehörigkeit von Glaube und Gemeinde. Sozialphilosophisch und psychologisch geht es um die Anerkennung durch andere Menschen, die sich vor allem bei Jugendlichen als Anerkannt-sein-Wollen durch die Gruppe der Gleichaltrigen konkretisiert (auch wenn das Elternhaus noch immer eine wichtige Rolle spielen kann; vgl. religionspädagogisch etwa Schweitzer et al., 2018). Entwicklungspsychologisch wird im Blick auf das Jugendalter von einem „konventionellen Glauben“ gesprochen, der vor allem von sozialer Verbürgtheit getragen wird (Fowler, 1991). Bildungstheoretisch gesehen macht es die weitere Entwicklung im Sinne der Mündigkeit notwendig, die soziale Verbürgtheit zugunsten einer selbstständigen Prüfung der damit verbundenen Überzeugungen zu überschreiten.

Wie aus Interviewstudien mit Jugendlichen hervorgeht, spielt für die *Beurteilung des in der Kindheit übernommenen Glaubens* häufig eine Rolle, was man heute, also jenseits der Kindheit und des Kinderglaubens, „noch glauben“ oder eben häufiger, „nicht mehr glauben“ könne (vgl. Schweitzer et al., 2018). Implizit verweisen solche Äußerungen auf die Bedeutung der menschlichen Vernunft als Maßstab des Glaubens, so wie dies schon bei Kant (1793/1956) beschrieben wird. Die Vernunft zieht demnach auch dem Glauben ihre Grenzen. Konkretisiert wird dies von den Jugendlichen häufig im Blick auf das Verhältnis zwischen *Glaube und Naturwissenschaft,* speziell zwischen dem Schöpfungsglauben und evolutionstheoretischen Formen der Welterklärung (vgl. Fetz, Reich & Valentin, 2001; Höger, 2020). Faktisch erfolgt die Urteilsbildung, den Äußerungen Jugendlicher zufolge, dabei aber nicht wirklich auf informierte Art und Weise, sondern sie beruht oft auf nicht zutreffenden Annahmen sowohl hinsichtlich des Schöpfungsglaubens als auch der Evolutionstheorie. Beispielsweise wird der Schöpfungsglaube dann so verstanden, dass er den Anspruch einer mit wissenschaftlichen Theorien der Evolution konkurrierenden Erklärung der Weltentstehung impliziere, während die Evolution – ganz gegen jedes naturwissenschaftliche Selbstverständnis – finalistisch und intentionalistisch aufgefasst wird, also als an einem Ziel ausgerichtet und mit Absicht gesteuert (vgl. Hamman & Asshoff, 2014; Kattmann, 2017). In beiden Hinsichten besteht daher Aufklärungsbedarf, der durch den Religionsunterricht wahrgenommen werden sollte.

Ein weiteres Kriterium, das auch mit Mitschüler:innen diskutiert werden kann, betrifft mögliche *Belastungen für das eigene Leben,* die aus bestimmten Glaubensüberzeugungen resultieren können – bis hin zur Schädigung des eigenen Selbst und zu Einschränkungen der eigenen Freiheit. Manche Glaubensüberzeugungen können beispielsweise Ängste auslösen, etwa vor einem strafenden Gott oder – bei einer anderen Vorstellungsweise – einer Wiedergeburt, die aufgrund eines „schlechten Karmas" zu einer kümmerlichen Lebensform führt (vgl. Mattes & Schweitzer, 2022, bes. S. 309). Auch allgemeiner formuliert gibt es Gebote und Verbote hinsichtlich der Lebensführung, die mit einer freien Selbstbestimmung kollidieren, beispielsweise im sexuellen Bereich. Dabei wird auch deutlich, dass Selbstbestimmung nicht das einzige Kriterium sein kann, sondern dass – wiederum gerade im sexuellen Bereich – immer eine Verbindung mit dem Kriterium der Verantwortung erforderlich ist, jedenfalls aus christlicher Sicht (vgl. Leimgruber, 2011).

Auch wenn Glaube und Religion rechtlich gesehen zunächst als Privatangelegenheit im Sinne der persönlichen Inanspruchnahme von Religionsfreiheit anzusehen sind, haben Glaubensüberzeugungen doch vielfach *Folgen für die Gesellschaft.* Im Extremfall kann hier ebenfalls von einer Beeinträchtigung der Gesellschaft gesprochen werden, etwa bei Glaubensüberzeugungen, die zu Extremismus führen und vielleicht sogar zu Gewalt. Damit ist schon der gesellschaftliche Bezugshorizont berührt, der in einem weiteren Schritt eigens aufgenommen werden soll, aber auch auf der individuellen Ebene kann die Frage gestellt werden, ob man selbst eine Beeinträchtigung der Gesellschaft in Kauf nehmen möchte.

Zusammenfassend kann festgehalten werden, dass Urteile und Urteilsfähigkeit über eine intuitiv gefundene Attraktivität und Überzeugungskraft von Glaubensüberzeugungen hinsichtlich des individuellen Lebenszusammenhangs hinaus auf Freiheit und eine gelingende Lebensgestaltung zielen müssen. Darin konkretisiert sich die Mündigkeit des einzelnen Menschen. Individuelle Autonomie ist insofern als zentrales Kriterium auch im Blick auf Religionen und Weltanschauungen zu verstehen, wobei der individuelle Lebenszusammenhang aufgrund seiner sozialen Eingebundenheit bereits auf den gesellschaftlichen Bezugshorizont verweist.

Der gesellschaftliche Bezugshorizont

Religiöse Urteilsbildung im gesellschaftlichen Horizont betrifft die Abschätzung positiver und negativer Implikationen von Glaubensüberzeugungen für das *gesellschaftliche Leben* im weitesten Sinne. Stärken bestimmte religiöse Überzeugungen den gesellschaftlichen Zusammenhalt? Wo kollidiert Religionsfreiheit mit gesellschaftlichen Erwartungen? Wo werden die Rechte anderer Menschen verletzt?

Bei der religiösen Urteilsbildung im gesellschaftlichen Bezugshorizont ändert sich zugleich das Gegenüber, vor dem ein Urteil begründet werden muss. Ging es beim individuellen Bezugshorizont in dieser Hinsicht nur um die eigene Person, so kommt nun die *gesellschaftliche Öffentlichkeit* in den Blick. Konkret zu denken ist dabei an Politik, Recht und Wissenschaft. Denn aus allen drei Perspektiven können Anforderungen an Religion und Religionen gestellt werden – hinsichtlich der zu stärkenden Demokratie sowie der Menschenrechte, hinsichtlich der vom Recht gezogenen Grenzen, hinsichtlich der Rationalitätsansprüche, die auch durch einen religiösen Glauben nicht beeinträchtigt werden sollen.

Aus diesem Adressat:innenbezug entsteht weiterreichend die Notwendigkeit, *Begründungen kommunizieren zu können,* die von anderen, die eine bestimmte Glaubensüberzeugung nicht teilen, dennoch als überzeugend wahrgenommen werden können (vgl. dazu bes. Rawls, 2003; religionspädagogisch: Pirner, 2019). Dies lässt sich auch als Anspruch auf *Verallgemeinerbarkeit* eines religionsbezogenen Urteils über die Grenzen einer religiösen Tradition oder Gemeinschaft hinaus bezeichnen. Oder, noch einmal anders gewendet, geht es hier um eine Übersetzungsaufgabe, bei der religiös begründete Urteile so formuliert werden müssen, dass sie ohne die religiöse Begründung etwa für eine allgemeine Öffentlichkeit einsichtig werden (vgl. Habermas, 2001). Diese Forderung ist auch in Theologie und Religionspädagogik in neuerer Zeit stark beachtet worden, in Aufnahme der Argumente von Jürgen Habermas und John Rawls (vgl. Pirner, 2017). Besonders in seinem Spätwerk hat Habermas mehrfach herausgearbeitet, dass die religiösen Traditionen Motive, normative Orientierungen und Erkenntnisse enthalten, die für die Gesellschaft insgesamt auch in Gegenwart und Zukunft einen bleibenden Bezugshorizont darstellen sollten, weil sie unverzichtbare normative Orientierungen bieten (vgl. Habermas, 2001). Die Angehörigen beispielsweise des Christentums müssten sich aber darum bemühen, diese Gehalte auch über das Christentum hinaus zugänglich zu machen (zu „übersetzen"), weshalb in dieser Sicht umgekehrt Nicht-Christ:innen, auch etwa Konfessionslose oder sich säkular verstehende Menschen, dafür offen sein müssen, solche Gehalte aufzunehmen, ohne deshalb ihre (nicht-)religiöse Position aufgeben zu müssen. Bei Rawls (2003) geht es dabei um das Problem, wie in einer pluralen Gesellschaft mit unterschiedlichen Normen und Werten umgegangen werden kann, die aus verschiedenen religiösen oder weltanschaulichen Traditionen erwachsen. Darauf zielt seine Vorstellung sich „überlappender Konsense". Dieser Vorstellung zufolge können Normen und Werte selbst dann als gemeinsame gesellschaftliche Orientierungen geteilt werden, wenn dies ausdrücklich nicht auch für die jeweiligen, sich voneinander unterscheidenden (religiösen) Begründungen gilt. Es besteht dann kein allgemeiner Konsens hinsichtlich religiöser Überzeugungen, sondern die „Überlappung" beschränkt sich auf bestimmte Normen und Werte.

Für die religionsbezogene Urteilsfähigkeit sind solche Überlegungen zu *Übersetzungsprozessen* sowie Möglichkeiten *teilweiser Konsensfindungen* insofern bedeutsam, als sie bei der Urteilsbildung berücksichtigt werden sollten. Alternative Möglichkeiten müssen dann unter dem Aspekt beurteilt werden, was sie für eine gesellschaftliche Konsensbildung bedeuten, ob und wie sie sich beispielsweise in säkulare Denkformen übersetzen lassen oder in einen „Überlappungskonsens" eingebracht werden können.

Auf gesellschaftlicher Ebene spielt heute allerdings nicht nur die Unterscheidung zwischen *religiösen* und *säkularen* Überzeugungen oder Weltanschauungen eine Rolle, sondern auch die *religiöse Vielfalt.* Hier begegnen nicht nur religiöse und nicht-religiöse Wahrheitsansprüche, sondern ebenso einander zum Teil direkt widersprechende religiöse Überzeugungen, die eine religionsbezogene Urteilsbildung erforderlich machen. Ein Beispiel dafür ist das christliche, von der Christologie her bestimmte (trinitarische) Gottesverständnis, das in Judentum und Islam nicht geteilt wird.

Für die Art und Weise, wie jeweils mit unterschiedlichen Überzeugungen umgegangen wird, spielt auch die *gesellschaftliche Situation* eine Rolle, weil sie bestimmte Formen des Umgangs mit Religion impliziert und vorgibt: Werden religiöse Unterschiede in dem Sinne privatisiert, dass sie lediglich im Privatbereich und also nicht in der gesellschaftlichen Öffentlichkeit eine Rolle spielen dürfen, oder kommt es umgekehrt gerade darauf an, auch für die gesellschaftliche Öffentlichkeit dialogische Möglichkeiten des Umgangs mit Unterschieden oder auch miteinander konfligierenden Wahrheitsansprüchen zu finden? Eine in gesellschaftlicher Hinsicht begründete Urteilsbildung setzt voraus, dass Religion nicht nur als Privatangelegenheit behandelt wird. Entsprechende Konflikte entzünden sich heute beispielsweise an Christbäumen, die in der Öffentlichkeit aufgestellt werden, oder an Weihnachtsfeiern in Kindertagesstätten und Schulen. Darüber kann gut im Religionsunterricht diskutiert werden, um eine gesellschaftsbezogene religiöse Urteilsfähigkeit einzuüben. Mit älteren Jugendlichen kann beispielsweise auch die Frage aufgenommen werden, ob die Verfassung eines demokratischen Staates einen Gottesbezug aufweisen darf (vgl. die Präambel des deutschen Grundgesetzes: „Verantwortung vor Gott und den Menschen"). Wozu ist das gut und welcher Gott ist hier gemeint?

Religionsgemeinschaften und religiöse Traditionen als Bezugshorizont

Dieser Bezugshorizont verweist zum einen auf die *institutionalisierten Formen von Religion* und damit insbesondere auf die *Kirchen,* die beim Religionsunterricht schon aufgrund von dessen inhaltlicher Bindung an die Religionsgemeinschaften (Art. 7,3 GG) bedeutsam sind, zum anderen aber auch auf die religiösen Traditionen, wie sie von der Theologie ausgelegt und vertreten werden.

Urteile, die das *gemeinsame Glauben und Leben* in der Kirche oder einer anderen Religionsgemeinschaft betreffen, stehen unter anderen Voraussetzungen als die individuelle oder gesellschaftliche Urteilsbildung. In diesem Falle bezieht sich die entscheidende Frage darauf, welche normativen Ansprüche sich aus einer religiösen Tradition ergeben und was für die entsprechende religiöse Gemeinschaft förderlich ist. Wie dies genau zu verstehen ist, wird allerdings unterschiedlich aufgefasst, schon im Bereich der christlichen Kirchen. Das zeigen exemplarisch folgende Fragen:

- *Was entspricht am meisten dem christlichen Glauben?* Darüber wird beispielsweise im Blick auf Krieg und Frieden gestritten: Ist es mit diesem Glauben

und speziell mit dem Gebot der Feindesliebe zu vereinbaren, die Lieferung von Waffen an ein Land, das von einem anderen Land angegriffen wurde, zu bejahen oder sogar aktiv einzufordern (Kurschus, 2022)? Ein anderes Beispiel wäre etwa die kirchliche Segnung gleichgeschlechtlicher Paare, über die in der evangelischen Kirche heftig gestritten wurde (vgl. bspw. Segnung, 2022).
- *Welche Entscheidungen sind für die Zukunftsfähigkeit von Kirche als Institution erforderlich?* Beispiele für solche Entscheidungen betreffen heute etwa den erwarteten starken Rückgang bei den Finanzmitteln, die den Kirchen in Zukunft angesichts rückläufiger Kirchenmitgliedschaften noch zur Verfügung stehen. Welche Aufgaben sollen künftig in der Kirche und von der Kirche nicht mehr wahrgenommen werden? Auch darüber wird kontrovers diskutiert (vgl. bspw. EKD, 2020).
- *Wie soll sich die Kirche in der religiösen Pluralität positionieren?* Soll sie im Verhältnis zu anderen Religionen auch in Glaubensfragen nach Gemeinsamkeiten suchen (etwa im Glauben an den einen Gott/Monotheismus) oder sollen vielmehr gerade die Unterschiede akzentuiert werden (vgl. bspw. EKD, 2015)?

Vor allem im evangelischen Bereich wurde und wird von Anfang an großer Wert darauf gelegt, dass die auf solche Fragen bezogene Urteilsbildung keineswegs einfach den Kirchenleitungen überlassen bleiben, sondern von den Angehörigen der Kirche gemeinsam geklärt und entschieden werden sollen. Dabei soll die maßgebliche Form der christlichen Überlieferung – also die Bibel – den Maßstab bilden. Das entscheidende Gegenüber bleibt damit die *eigene Religionsgemeinschaft* mit ihren *besonderen Glaubensüberzeugungen.* Auf diesen Bezugshorizont ist folglich auch die *Reichweite der Urteile* begrenzt. Diese Begrenztheit ist für die intendierte, auf eine bestimmte religiöse Tradition und Glaubensweise bezogene Urteilsbildung nicht von Nachteil, muss aber als solche bewusst gemacht werden. In einer solchen Bewusstwerdung kann wiederum ein Bildungsziel gesehen werden. Die daraus resultierende Unterscheidungsfähigkeit gehört zu den Kompetenzen, die für die Teilhabe an der Gesellschaft und insbesondere für die Beteiligung an gesellschaftlichen Prozessen der Deliberation erforderlich sind. Die damit verbundenen Unterscheidungen sollten jedoch nicht nur als Gegebenheiten aufgenommen werden, sondern ebenso in ihrer Begründung und Sinnhaftigkeit. Deshalb stellt sich nun die Frage nach den Kriterien der jeweiligen Form von Urteilsbildung.

10.3 Kriterien identifizieren und begründen

Die Bedeutung von Kriterien als Ausgangspunkt

Jede Urteilsbildung ist auf Kriterien angewiesen, mit deren Hilfe sich Urteile erst begründet fällen lassen. Die in dieser Hinsicht erste Aufgabe für den Religionsunterricht kann deshalb so beschrieben werden, dass der *Zusammenhang zwischen Urteil und Kriterien* als solcher einsichtig wird. Diese Einsicht ist die entscheidende Voraussetzung für jede Form der reflektierten Urteilsfähigkeit.

Anwendbarkeit, Konsensfähigkeit und Reichweite von Kriterien

Wenn Kriterien für die Urteilsbildung unverzichtbar sind, stellt sich als nächstes die Frage, welche Kriterien gewählt werden sollen. Bereits deutlich geworden ist, dass dabei unterschiedliche Kontexte der Urteilsfindung – individuelle, gesellschaftliche oder kirchliche Kontexte – berücksichtigt werden müssen, da die verschiedenen Kontexte unterschiedliche Anforderungen hinsichtlich der Plausibilität und Reichweite von Kriterien, auf die sich ein Urteil beruft, mit sich bringen. Auch die Einsicht in diesen Zusammenhang, also in die *Kontextualität von Kriterien,* stellt ein wichtiges Bildungsziel dar. Dabei kann aber nicht zuletzt die Frage aufkommen, ob es auch allgemeingültige, also gerade nicht kontextabhängige Kriterien für die Urteilsbildung gibt. Dabei wird heute beispielsweise an die Menschenrechte gedacht, die den Anspruch auf universelle Geltung erheben, aber gerade in dieser Hinsicht nach wie vor umstritten sind (zur religionspädagogischen Diskussion vgl. Menschenrechte, 2017). Folgen die Menschenrechte, wie sie etwa in der Allgemeinen Erklärung der Menschenrechte der Vereinten Nationen von 1948 niedergelegt sind, faktisch nicht doch einer westlichen und christlich bestimmten Perspektive? Beispielsweise in der Gymnasialen Oberstufe können sich dazu interessante Diskussionen entzünden. Bei den Menschenrechten bezieht sich eine solche Diskussion wiederum auf *ethische* Kriterien. Die Frage nach universellen *religiösen* Kriterien wird eher implizit behandelt, etwa wenn darauf verwiesen wird, dass theologische und anthropologische Prägungen die Reichweite ethischer Kriterien begrenzen. Ausdrücklich in den Vordergrund tritt die Frage nach universellen religiösen Kriterien hingegen in interreligiösen Zusammenhängen, auf die deshalb eigens einzugehen sein wird (→ S. 185 ff.).

Auch mit der Bestimmung des jeweiligen Kontextes, in dem ein Urteil gefällt werden soll, ist allerdings noch nicht geklärt, welche Kriterien im Einzelnen herangezogen werden können. Häufig erweisen sich Kriterien auch innerhalb eines bestimmten Kontextes als umstritten und insofern als begründungsbedürftig.

Das gilt – wie gesehen – bereits innerhalb der Kirchen und Religionsgemeinschaften, wo keineswegs Einigkeit darüber besteht, was für den christlichen oder für einen anderen Glauben entscheidend ist. Beispiele dazu wurden bereits genannt und weitere lassen sich leicht finden – angefangen bei kirchlichen Stellungnahmen zu ethischen Fragen wie der Zulässigkeit von therapeutischem Klonen und bis hin zur Beteiligung von Kirchen an der Rettung von Menschen auf der Flucht etwa im Mittelmeer (vgl. dazu EKD, 2022, S. 99 ff.). Umso wichtiger ist es, im Religionsunterricht verschiedene Kriterien der Urteilsbildung zu thematisieren und gemeinsam ihre Anwendbarkeit, Konsensfähigkeit und Reichweite zu klären. Das gilt insbesondere für das Verhältnis zwischen ethischen, politischen und religiösen Kriterien.

Ethische, politische und religiöse Urteilsbildung

Auf den Unterschied zwischen ethischen und religiösen Kriterien war bereits mehrfach hinzuweisen, aber die politische Urteilsbildung ist hier ebenfalls mit zu bedenken. Dabei ist nicht zuletzt der schulische Kontext von Bedeutung. Schon die Existenz unterschiedlicher Schulfächer für Ethik, Politik und Religion verweist auf den Zusammenhang zwischen Urteilsbildung und unterschiedlichen Horizonten der Beurteilung, die dann auch mit verschiedenen wissenschaftlichen Disziplinen – Philosophie, Politikwissenschaft und Theologie – verbunden sind. Deshalb ist es ebenso für die Religionsdidaktik wie für die Schüler:innen wichtig, zwischen solchen Horizonten der Beurteilung unterscheiden zu lernen. Gleichzeitig ist mit Überschneidungen zu rechnen. Im Religionsunterricht spielt die ethische Urteilsbildung eine hervorgehobene Rolle, aber ebenso können und sollen im Religionsunterricht politische Fragen sowie die politische Dimension von Religion aufgenommen werden, so wie dies in der neueren religionsdidaktischen Diskussion ausdrücklich gefordert wird (vgl. Schlag, 2010; Grümme, 2009; Herbst, 2022). Für das Verständnis religiöser Urteilsfähigkeit sind die Didaktiken anderer Fächer daher ebenfalls aufschlussreich.

Besonders in der *Politikdidaktik* werden Urteilsfähigkeit und Urteilsbildung breit diskutiert. Grundlegend ist hier die Unterscheidung zwischen *Sachurteilen* und *Werturteilen* (vgl. Detjens, 2013, S. 13 ff.): Geht es im ersten Fall um eine möglichst genaue Beschreibung und Analyse eines Sachverhalts, so im zweiten Falle um dessen Bewertung. Weitergeführt werden diese beiden ersten Urteilsformen dann durch *Entscheidungsurteile* und *Gestaltungsurteile*, die sich auf die Wahl zwischen verschiedenen Handlungsformen sowie das Handeln selbst beziehen.

Darüber hinaus wird die *Spezifität des politischen Urteilens* herausgearbeitet, die sich nicht einfach aus dem Bezug auf Politik als Gegenstand ergibt. So verweist Kolja Diederichs auf unterschiedliche Formen von Rationalität:

> „*Politisch* urteilt dabei nur, wer sich auf die politische Notwendigkeit einlässt, Entscheidungen vor dem Hintergrund des Maßstabs der ‚politisch-gesellschaftlichen Rationalität' zu begründen, die sich wiederum durch die Zweck- und Wertrationalität konkretisiert. Zweckrationalität ist dabei eine politisch bedeutsame, keineswegs jedoch genuin politische Kategorie […]. Wertrationalität ist demgegenüber eine genuin politische Kategorie und meint die Möglichkeit, politische Urteilsobjekte vor dem Hintergrund einschlägiger Grundnormen rechtfertigen zu können, woraus sich die Kategorie der Legitimität ableiten lässt, die sich ebenfalls anhand verschiedener Schlüsselbegriffe wie ‚Grundrechte', ‚Mitbestimmung', ‚Pluralismus' oder ‚Gemeinwohlorientierung' ausdifferenzieren lässt." (Diederichs, 2021, S. 11)

Die von Diederichs im Blick auf die politische Urteilsfähigkeit hervorgehobenen Schlüsselbegriffe können, wie unschwer zu erkennen ist, allesamt auch im Religionsunterricht herangezogen werden. Dabei rücken sie aber in einen *religiösen Horizont,* während sich der Politikunterricht im *politischen Horizont* bewegen soll, der sich auf die von Diederichs als konstitutiv bezeichnete „politisch-gesellschaftliche Rationalität" bezieht. Insofern ergeben sich fachbezogen unterschiedliche Formen der Urteilsbildung, die allerdings nicht nur nebeneinanderstehen. Religion und religiöse Phänomene können auch politisch beurteilt werden, so wie umgekehrt Politik und politische Handlungsweisen religiös beurteilt werden können (vgl. grundlegend Nipkow, 1998). Die Gegenstände des Urteils bleiben dabei identisch, aber die Beurteilungshorizonte und die damit verbundenen Kriterien ändern sich.

Als zweites Beispiel aus dem Bereich anderer Fachdidaktiken soll auf Urteilsbildung im *Ethikunterricht* eingegangen werden. Soweit sich dieser Unterricht auch als *Philosophieunterricht* versteht, kann hier ganz allgemein an philosophische Analysen zur Urteilsbildung gedacht werden. In der Didaktik des Ethikunterrichts werden im Blick auf die in diesem Unterricht zu erwerbende Urteils- oder Kritikfähigkeit drei Horizonte hervorgehoben: *Logik, Ethik* und *Ästhetik* (nach Lindner, 2020, S. 287). Jeder dieser drei Urteilshorizonte wird dann mithilfe bestimmter Grundbegriffe weiter ausgeführt, worin eine Analogie zu den oben aufgeführten Grundbegriffen der Politikdidaktik gesehen werden kann. Im Falle der ethischen Kritik sind es die Begriffe Autonomie, (Selbst-)Bildung, Emanzipation, Gerechtigkeit und Lebenssinn (S. 378), bei der ästhetischen Kritik Schönheit, Authentizität, Vollkommenheit, Gestaltung und Ausdruck (S. 434). Ähnlich wie bei der politischen Urteilsbildung ist erneut festzustellen, dass alle diese Grundbegriffe auch im Religionsunterricht aufgenommen werden können, dass sie dabei aber eine andere Bedeutung gewinnen. Geht es im Ethikunterricht um Urteile, die sich auf Einsichten aus der philosophisch-ethischen Tradition stützen, bleibt das Urteilen im Religionsunterricht auch bei ethischen Fragen an eine religiöse Grundlegung gebunden.

Aus solchen fachdidaktischen Vergleichen ergibt sich, dass Urteile von Kriterien geleitet werden, die jeweils *in einem bestimmten Horizont verankert* sind: Politik, (philosophische) Ethik oder eben Religion/Theologie. Wenn es im Religionsunterricht daher speziell um die religiöse Urteilsbildung gehen muss, so betrifft dies demnach den Horizont der Urteilsbildung, während die Gegenstände der Beurteilung sich mit anderen Fächern überschneiden können. Allerdings können sich beide, die philosophische Ethik ebenso wie die theologische Ethik, durchaus auf dieselben Traditionen etwa der von Immanuel Kant geprägten Ethik berufen. Umso wichtiger ist es, sich über die jeweils in Anspruch genommenen Kriterien klar zu werden. Ob sich auch für den Religionsunterricht analog zum politischen und ethischen Urteilen bestimmte Grundbegriffe identifizieren lassen, auf die sich die religiöse Urteilsbildung als Normen beziehen kann, ist allerdings noch kaum geklärt. Im Falle des christlichen Religionsunterrichts könnten dies beispielsweise Begriffe wie biblische Begründbarkeit, Übereinstimmung mit christlichen Bekenntnisinhalten, christliche Anthropologie und christliche Ethik sein. Inhaltlich wäre an Begriffe wie Gerechtigkeit, Friede, Nächstenliebe, Geschöpflichkeit und Menschenwürde zu denken.

Solche Grundbegriffe rufen zugleich ins Bewusstsein, dass sie im Bezug auf eine bestimmte Religion und religiöse Überlieferung formuliert sind. Angesichts der religiösen Pluralität der Gegenwart erwächst daraus wiederum eine Grenze der Reichweite des jeweiligen religiösen Urteils. Deshalb sind auch interreligiöse Bezüge für die Ausbildung von Urteilsfähigkeit bedeutsam.

Interreligiöse Urteilsbildung als aktuelle Herausforderung

In einer multikulturellen und multireligiösen Gesellschaft begegnen zahlreiche Fragen, die mit anderen als der eigenen Religion verbunden sind, aus christlicher Sicht derzeit insbesondere mit dem Islam (aus religionspädagogischer

Sicht: Schweitzer & Ulfat, 2022). Große Aufmerksamkeit in den Medien hat beispielsweise in verschiedenen Ländern die sogenannte „Kopftuchfrage" gefunden. Daneben waren es Themen wie die Beschneidung von Kindern, die in Öffentlichkeit und Recht zu Kontroversen geführt haben. Ähnliches gilt für das Kruzifix im Klassenzimmer. Wenn es darum gehen soll, sich in religiösen Fragen ein Urteil bilden zu können, so kann dies nicht mehr auf die eigene Religionsgemeinschaft beschränkt sein.

Zunächst illustrieren die genannten Beispiele die bereits beschriebene Beobachtung, dass auch religionsbezogene Fragen *politisch* und *ethisch* beurteilt werden können und dass dabei häufig auch *rechtliche* Fragen im Spiel sind (vgl. Nipkow, 1998). In den Kontroversen um das Kopftuch bei muslimischen Schülerinnen und Lehrerinnen geht es immer auch um das Verständnis von Demokratie und Religionsfreiheit im rechtlichen und politischen Sinne. Allein religiös zu beurteilen ist hingegen die religiöse Bedeutung von Kruzifix oder Kopftuch: Ist das Kruzifix in der Schule als Symbol des christlichen Glaubens anzusehen oder als Ausdruck der christlich-kulturellen Prägung von Werten, die in Zentraleuropa verbindlich sein sollen (→ S. 70 ff.)? Geht es beim Kopftuch um den Ausdruck persönlichen Glaubens im Sinne einer individuellen Pflicht oder um eine missionarische Geste (vgl. Ebrahim & Karagedik, 2021; Hecker, 2022)? An der Glaubensbedeutung des Kruzifixes im Klassenzimmer kann mit Recht Anstoß genommen werden, wenn verlangt wird, dass sie von allen Schüler:innen geteilt wird. Hinsichtlich der kulturellen Bedeutung hingegen ist dies nicht der Fall, auch wenn andere Prägungen beispielsweise durch Judentum und Islam keineswegs verdrängt werden dürfen.

Von *interreligiöser Urteilsbildung* kann gesprochen werden, wenn ein gleichzeitiger Bezug auf verschiedene religiöse Traditionen gegeben ist. Diese Form der religiösen Urteilsbildung ist besonders komplex und anspruchsvoll. Beispielsweise kann es verletzend sein, wenn Christ:innen über religiöse Ausdrucksformen und Rituale in Judentum und Islam urteilen wollen. Ein solches Anliegen würde wohl von vornherein als anmaßend wahrgenommen. Insofern ist es nicht erstaunlich, wenn entsprechende Debatten sich auch im interreligiösen Horizont gern auf rechtliche, politische und ethische Fragen konzentrieren, eben weil das Recht für alle Menschen in einem Staat gilt, das politische Gemeinwesen miteinander geteilt wird und ethische Urteile mitunter universelle Geltung beanspruchen. Gleichwohl besteht hier eine Lücke: Politische, ethische und rechtliche Beurteilungen machen religiöse Urteile nicht überflüssig, gerade nicht in interreligiösen Zusammenhängen.

Zur weiteren Klärung kann hier auf die Diskussion über *Kriterien interreligiöser Urteilsbildung* zurückgegriffen werden, die von einer theologischen Arbeitsgruppe geführt wurde. Dabei werden zwei unterschiedliche Möglichkeiten erörtert, die im vorliegenden Zusammenhang zentral sind. Zum einen kann versucht werden, „religionsexterne" und damit die Religionen übergreifende allgemeine Kriterien zu identifizieren, die dann auf verschiedene Religionen angewendet werden können. Zum anderen wird bewusst von Kriterien ausgegangen, die *für die eigene Religion* zentral sind und dann in der Gestalt einer Außenperspektive auf eine andere Religion bezogen werden. In beiden Fällen bleibt dabei ein religionsdialogischer Rahmen vorausgesetzt. Durchweg wird festgehalten, dass eine entsprechende Urteilsbildung nur im Rahmen gemeinsamer Verständigungsbemühungen sinnvoll ist.

Als Beispiel für die erste Möglichkeit, also die Suche nach allgemeinen *religionsübergreifenden Kriterien,* kann die Darstellung des katholischen Theologen Armin Kreiner (2005) dienen. Kreiner folgt dabei einem religionsphilosophischen Ansatz, der im Unterschied zur Theologie die Identifikation „traditionsexterner" Kriterien erlauben soll – im Sinne von Kriterien, die für alle Menschen und deshalb auch für alle Religionen gelten. Kreiner spricht von „Rationalitätskriterien", die „grundsätzlich jeden (vernünftigen) Menschen verpflichten – unabhängig von und vorgängig zu seinem jeweiligen religiösen Bekenntnis" (Kreiner, 2005, S. 23).

Dabei geht Kreiner von einem „metaphysischen Realismus" aus, der besagt, „dass es eine von unserem Denken und Sprechen prinzipiell unabhängige Wirklichkeit gibt" (S. 24). Religiöse Glaubensüberzeugungen gehen in dieser Sicht nicht in subjektiven Konstruktionen auf, die keinen Wirklichkeitsbezug aufweisen. Sie lassen sich vielmehr im Blick auf ihren Wirklichkeitsbezug kritisch überprüfen.

Im Einzelnen sind dabei drei Anforderungen zentral, wobei die dritte Anforderung erkennbar an die ethische Urteilsbildung angrenzt:

- Religiöse Überzeugungen müssen „logische Konsistenz und Kohärenz" aufweisen, also einen nachvollziehbaren Zusammenhang darstellen (Kreiner, 2005, S. 31).
- Sie müssen dem Anspruch gerecht werden, „dass Überzeugungen einen Erklärungswert besitzen sollten, d. h. sie sollten uns die Welt und unsere Stellung in dieser Welt verständlicher machen" (S. 32).
- Sie müssen „zum Gelingen eines guten Lebens beitragen, d. h. sie sollten unser Leben und vor allem uns selbst besser machen" (S. 32).

Ein Beispiel für die zweite Möglichkeit, andere Religionen mithilfe von *Kriterien aus der eigenen Tradition* zu beurteilen, bietet der evangelische Theologe Reinhold Bernhardt (2005). Dabei ist es auch ihm wichtig, dass dieses Verfahren nicht als Gestus der Selbstverabsolutierung und eines Überlegenheitsdenkens missverstanden wird, sondern als ein *spezifischer Beitrag zum Dialog.* Weiterhin hebt er hervor, dass nur solche Kriterien in Anspruch genommen werden können, die für die eigene Glaubenstradition tatsächlich zentral sind.

Unter diesen Voraussetzungen wählt er die Begriffe *Freiheit* und *Liebe,* deren zentrale Bedeutung im Christentum seines Erachtens außer Frage stehen. Im Blick auf andere Religionen kann dann in einem ersten Schritt gefragt werden, wie hier Freiheit und Liebe jeweils verstanden werden (Bernhardt, 2005, S. 95). Daran kann sich ein „kritischer Dialog zwischen den Religionen" anschließen (S. 95), bei dem die jeweils eigenen Kriterien – hier also Freiheit und Liebe – auf andere Religionen angewendet werden. Unter dem Aspekt der Freiheit werden dann bestimmte religiöse Erscheinungen – bewusst in der Außenperspektive – in der anderen (und möglicherweise auch in der eigenen) religiösen Tradition problematisiert, eben weil sie zu Unfreiheit führen, während andere Entwicklungen, die der Freiheit förderlich sind, positiv eingeschätzt werden.

Bei einer solchen Beurteilung sei ausdrücklich nicht davon auszugehen, dass sie vonseiten der anderen Religion übernommen wird. Gleichwohl können sich aus solchen Beurteilungen interessante Impulse für weitere Dialoge und Kontroversen ergeben.

Ein weiteres Beispiel dafür, wie religionsinterne Kriterien dialogisch eingesetzt werden können, stellt die *komparative Theologie* dar, wie sie in der deutschen Diskussion besonders von Klaus von Stosch vertreten wurde (vgl. bspw. von Stosch, 2012; zu religionspädagogischen Rezeptionsmöglichkeiten: Burrichter, Langenhorst & von Stosch, 2015). Dabei konzentriert sich der Dialog jeweils auf bestimmte Elemente innerhalb der Religionen, um eine abstrakte Herangehensweise jeweils auf Religionen insgesamt zu vermeiden. Ein eindrückliches Beispiel bietet die christlich-islamische Auseinandersetzung mit der koreanischen Sicht von Jesus (Khorchide & von Stosch, 2018).

Auch wenn die Diskussion zur interreligiösen Urteilsbildung keineswegs abgeschlossen ist und zahlreiche Fragen offen bleiben, bietet sie wichtige Impulse für den Religionsunterricht. Auch in diesem Unterricht muss die religiöse Urteilsbildung heute in interreligiöser Hinsicht reflektiert werden. Die Unterscheidung zwischen traditionsexternen und traditionsinternen Kriterien kann auch für den Unterricht hilfreich sein.

10.4 Formen der Urteilsbildung im Religionsunterricht

Aus der bisherigen Darstellung ergibt sich zunächst, dass es im Religionsunterricht seiner fachlichen Ausrichtung entsprechend um die *religiöse Urteilsbildung* gehen muss. Wenn in den Bildungsplänen für den Religionsunterricht vor allem Modelle der ethischen Urteilsbildung hervorgehoben werden, so ist dies demnach ebenfalls in einem religiösen Horizont zu verstehen. Andere Formen, wie sie etwa im Ethikunterricht begegnen, also die an der Logik ausgerichtete Urteilsbildung oder die ästhetische Urteilsbildung, kommen im Religionsunterricht ebenfalls vor, stellen in der Regel aber eher Spezialfälle dar. Der religiöse Urteilshorizont wird durch Glaubensüberzeugungen sowie damit verbundene ethische Kriterien konstituiert. Im Folgenden sollen sowohl ethische als auch religionsbezogene Formen der Urteilsbildung aufgenommen werden.

10.4.1 Ein Modell ethischer Urteilsbildung

Ein religionsdidaktisches Standardmodell

Hinsichtlich der *ethischen Urteilsbildung* im Religionsunterricht hat sich weithin bis in Schulbücher ein bestimmtes Modell durchgesetzt, das auf den Systematischen Theologen und Ethiker Heinz Eduard Tödt (1988) zurückgeht. Dieses Modell wurde inzwischen religionsdidaktisch weiter konkretisiert und modifiziert (vgl. Haen & Krimmer, 2015; Muth, 2021), aber die Grundstrukturen des Modells wurden beibehalten. Insofern kann zumindest mit einem gewissen Recht von einem Standardmodell der ethischen Urteilsbildung im Religionsunterricht gesprochen werden. Darüber hinaus ist auf die Bedeutung von Modellen der moralischen Entwicklung (Kohlberg, 1995) hinzuweisen, die über dieses Modell hinausreichen, weil sie explizit auf Kinder und Jugendliche bezogen sind, sowie neuerdings auf Modelle zur ethischen Kompetenz (Benner & Nikolova, 2016), die für die religionsdidaktische Arbeit mit Tödts Modell einen orientierenden Hintergrund bieten. Tödts Modell selbst geht noch nicht auf entwicklungspsychologische und didaktische Fragen ein. Darüber hinaus sind für die Religionsdidaktik inhaltliche Konkretionen erforderlich (Entfaltungen im Blick auf verschiedene Kontexte der Urteilsbildung bei Schoberth, 2012, 2014; Schoberth & Wiesinger, 2015).

Tödts Modell ist bewusst auf eine *religiös-weltanschaulich plurale Situation* zugeschnitten, in der ethische Urteile nicht oder nicht mehr auf allgemeine Zustimmung zu einer christlichen Sicht von Mensch und Welt zählen können.

Deshalb gehört zur Urteilsbildung hier notwendig die Prüfung der Frage, ob und wie sich ein bestimmter Urteilsentscheid kommunikativ in der Gesellschaft verbindlich machen lässt.

Ein weiteres Anliegen dieses Modells besteht darin, ethische Abstraktionen zu überwinden, indem der Urteilsbildung im engeren Sinne mehrere Schritte der Auseinandersetzung mit der betreffenden Situation vorgeschaltet werden. Damit wird der *Prozesscharakter der Urteilsbildung* betont. Es geht demnach nicht einfach um *Deduktionen* aus einem allgemeinen ethischen System, das lediglich auf verschiedene Fälle angewendet werden müsste. Stattdessen wird der *induktiv-kreative Prozess* der Urteilsbildung und der Entscheidungsfindung hervorgehoben.

Schritte der ethischen Urteilsbildung

Die ethische Urteilsbildung wird bei diesem Modell in die Gestalt von sechs Schritten gefasst, die in einer festliegenden Reihenfolge durchlaufen werden sollen (vgl. Tödt, 1988, S. 30–42, modifiziert):

1. Wahrnehmung, Annahme und Bestimmung eines Problems als ethische Herausforderung

Zunächst geht es darum, den *ethischen Gehalt* einer Situation zu identifizieren. Auch wenn sich prinzipiell alle Situationen unter ethischen Aspekten beurteilen lassen, stehen ethische Fragen nicht immer im Vordergrund. Als Beispiel dienen kann ein platter Fahrradreifen, der geflickt werden muss. An erster Stelle sind hier technische Fragen zu beantworten (Kann der Reifen noch repariert werden? Welche Hilfsmittel sind erforderlich?). Allerdings können sich sogleich auch umweltethische Fragen einstellen (Wie wird der alte Schlauch entsorgt? Wie soll ein Ersatzschlauch ausgewählt werden – nur nach Preis und Haltbarkeit oder auch unter Berücksichtigung der ökologisch mehr oder weniger belastenden Herstellungsbedingungen?).

Ein ethisches Urteil ist nur dann erforderlich, wenn ethische Fragen im Vordergrund stehen. Ob und wann solche Fragen tatsächlich im Vordergrund stehen sollen, ist allerdings bereits eine weitere ethisch gehaltvolle Frage. Wo alle technischen Fragen nur im Sinne von Sachzwängen betrachtet werden, bleiben ethische Herausforderungen auf der Strecke.

2. Situationsanalyse

Wie die ethische Urteilsbildung aussehen soll, wird im Religionsunterricht (etwa in der Sekundarstufe II) häufig vor allem hinsichtlich unterschiedlicher Formen von Ethik diskutiert: Pflichten-/Prinzipienethik, utilitaristische (Nutzen-)Ethik, Verantwortungsethik, (christliche) Liebesethik usw. Die Identifikation solcher ethischer Grundformen kann durchaus hilfreich sein, aber wenn die ethische Urteilsbildung der Realität angemessen sein soll, bedarf es in jedem konkreten Fall einer sorgfältigen Analyse der *jeweiligen Situation.*

Wenn die als Beispiel herangezogene Fahrradreparatur auch unter ökologischen Gesichtspunkten beurteilt werden soll, so setzt dies genaue und verlässliche Informationen darüber voraus, wie Fahrradreifen wo hergestellt werden. Weit komplexer sind in dieser Hinsicht aber beispielsweise medizinethische Fragen, bei denen schon die Situationsanalyse eine eigene Expertise voraussetzt (Welche Erkrankung genau ist gemeint und was verbindet sich mit einer solchen Erkrankung? Welche Heilungschancen gibt es und welche Risiken verschiedener Therapien?). Ein weiteres Beispiel wäre die in der Pandemiezeit ins Bewusstsein gerückte Notwendigkeit einer sogenannten Triage, bei der tragische Auswahlentscheidungen zwischen medizinisch zu behandelnden und mangels ausreichender Krankenbetten nicht zu behandelnder Menschen zu treffen sind.

Zur Situationsanalyse gehört ebenso die sorgfältige Wahrnehmung der verschiedenen Interessen, die in einer bestimmten Situation tangiert sind. Dabei geht es zum Teil um persönliche Interessen, zum Teil aber auch um wirtschaftliche oder sonstige gesellschaftliche Interessen sowie um weitere Bezüge beispielsweise ökologischer Art, die sich nur in einem übertragenen Sinne mit dem Begriff der Interessen fassen lassen („im Interesse der Natur").

3. Identifikation von Handlungsoptionen

Ein ethisches Urteil zielt auf die Entscheidung zwischen verschiedenen Handlungsoptionen. Um eine vorschnelle Fokussierung nur auf bestimmte Handlungsoptionen zu vermeiden, werden in diesem Modell die Wahrnehmung und Analyse der Situation vorgeschaltet. Ebenso wichtig ist aber die Identifikation realer Handlungsoptionen, ohne die ein ethisches Urteil ebenfalls abstrakt und ohne praktische Relevanz bleibt. Wenn beispielsweise keine Behandlungsmöglichkeiten zur Verfügung stehen, resultiert auch aus der Berufung auf die Menschenwürde oder die Gottebenbildlichkeit eines jeden Menschen kein Ausweg aus der Zwangssituation einer Triage.

Bei den Handlungsoptionen sind immer auch deren Voraussetzungen und Konsequenzen mitzubedenken. Die Erfahrungen aus der Coronaepidemie etwa führen exemplarisch vor Augen, dass Handlungsoptionen sehr eingeschränkt sein können. Wenn aufgrund der begrenzten Verfügbarkeit von Plätzen auf Intensivstationen eine Auswahl zwischen den Erkrankten getroffen werden muss – mit voraussichtlich tödlichen Folgen für die nicht Ausgewählten – gewinnt die Orientierung an wie auch immer akzeptablen – oder angesichts von Todesfolgen letztlich nicht akzeptablen, aber als plausibel wahrgenommenen – Kriterien eine enorme Dramatik. Das Gebot, Leben ausnahmslos zu erhalten, begründet durch die Menschenwürde, tritt auch in solchen Fällen nicht außer Kraft. Eben deshalb ist von einer tragischen Situation zu sprechen, weil es hier keine Handlungsoption zu geben scheint, die nicht gegen dieses Gebot verstößt.

4. Prüfung von Normen und Werten

Schon bei der Wahrnehmung und Analyse der Situation sowie bei der Frage nach Handlungsoptionen kommen Normen und Werte ins Spiel. Häufig berufen sich die an der Situation Beteiligten ausdrücklich auf bestimmte Normen und Werte wie etwa die Menschenwürde. Eine wichtige Aufgabe der ethischen Urteilsbildung besteht deshalb darin, diese Normen und Werte ausdrücklich als solche wahrzunehmen und zu klären, was sie jeweils bedeuten. Weiterhin ist zu prüfen, welche Verbindlichkeit für diese Normen und Werte jeweils beansprucht werden kann, was beispielsweise anhand ihrer Verallgemeinerbarkeit zu beurteilen ist. Weitere Fragen beziehen sich hier darauf, ob die Normen und Werte für die zu beurteilende Situation tatsächlich einschlägig sind und was aus ihnen für diese Situation genau folgt.

Die Analyse kann sich jedoch nicht einfach auf diejenigen Normen und Werte beschränken, die von Betroffenen selbst eingebracht werden. Weiterreichend muss vielmehr geprüft werden, welche anderen Werte und

Normen ebenfalls berührt sind und was dies für eine Entscheidungsfindung bedeutet.

Die Prüfung von Normen und Werten verweist zugleich auf deren religiöse und weltanschauliche Begründung, was bei der Urteilsbildung in anderen Schulfächern wie dem Ethikunterricht oft nicht eigens bedacht wird. Für den Religionsunterricht ist es jedoch von konstitutiver Bedeutung, dass der Zusammenhang zwischen Glaubensüberzeugungen und ethischen Entscheidungen berücksichtigt wird, weil sonst sein Fachprofil nicht eingehalten wird (→ S. 183 ff.).

5. Prüfung der ethisch-kommunikativen Verbindlichkeit von Handlungsoptionen

Dieser Schritt ist nach Tödt insbesondere im Blick auf plurale Situationen von großer Bedeutung. In solchen Situationen kann von vornherein nicht davon ausgegangen werden, dass die von jemanden als verbindlich angesehenen Werte und Normen auch von allen anderen so wahrgenommen werden. Die Prüfung von Möglichkeiten, eine solche *Verbindlichkeit kommunikativ zu erreichen,* wird daher zu einer eigenen Aufgabe der ethischen Urteilsbildung. Das kann auch die Identifikation und Klärung möglicher kommunikativer Strategien einschließen, die dazu genutzt werden können.

Nicht zu übersehen sind dabei allerdings auch mögliche Spannungen, die bei diesem Modell nicht ausreichend thematisiert werden. So kann die ethische Prüfung einer Handlungsoption beispielsweise unter dem Aspekt ihrer Verallgemeinerbarkeit im Sinne der Pflichtenethik eindeutig positiv ausfallen, während in der gegebenen Situation gleichwohl kein Konsens erreicht werden kann. Solche Spannungen treten heute beispielsweise hinsichtlich der Situation Geflüchteter auf, deren Leben beim Überqueren des Mittelmeeres regelmäßig auf dem Spiel steht, während zugleich keine allgemeine gesellschaftliche Zustimmung für die Gewährleistung lebensrettender Maßnahmen zu erwarten ist. Das Verhältnis zwischen prinzipiellen ethischen Urteilen und pragmatisch oder strategisch begründeten Vorgehensweisen, die ihr Maß in der jeweiligen gesellschaftlichen Akzeptanz finden, könnte leicht zu einem Zynismus im Blick auf ethische Urteile führen, eben weil das Kriterium des politisch Machbaren am Ende allein zu entscheiden scheint.

6. Ein Urteil fällen
Wenn dieser Schritt eigens hervorgehoben wird, so soll damit betont werden, dass sich ein Urteil nicht einfach automatisch aus den ersten fünf Schritten ergibt, auch wenn diese Schritte und die dabei gewonnenen Einsichten bei diesem Urteil selbstverständlich berücksichtigt werden müssen. Dennoch handelt es sich bei jedem Urteil am Ende immer um einen *kreativen Akt,* bei dem beispielsweise Fantasie und Sensibilität gefragt sind.

10.4.2 Ein Modell religiöser Urteilsbildung

Während sich das beschriebene Modell der ethischen Urteilsbildung in der Religionsdidaktik weithin durchgesetzt hat, gibt es bislang kein vergleichbares Modell für die religiöse Urteilsbildung. Dies ist kein Zufall, sondern damit zu erklären, dass sich die Aufgaben der Urteilsbildung hier in zumindest manchen Hinsichten variabler darstellen – als nicht nur von einer bestimmten Situation abhängig, sondern mehr noch von der jeweiligen Thematik. Gleichwohl nimmt der Bedarf für ein solches Modell angesichts der religiös-weltanschaulichen Pluralität der Gegenwart deutlich zu, gerade auch im Blick auf den Religionsunterricht. Deshalb soll im Folgenden der Versuch unternommen werden, zumindest Grundlinien für ein solches Modell zu entwickeln.

Eine erste Orientierung kann aus dem *Vergleich zwischen ethischer und religiöser Urteilsbildung* gewonnen werden. Von vornherein spielen in religiöser Hinsicht Handlungsoptionen, zwischen denen entschieden werden muss, keine mit dem ethischen Urteilen vergleichbar große Rolle. Dennoch bleiben die Wahrnehmung der Situation sowie der Situationsanalyse wichtig. Ebenso kommt es, wie bei der ethischen Urteilsbildung, entscheidend auf Normen und Werte an, wobei vor allem an die *Kriterien* zu denken ist, die jeweils zum Einsatz kommen sollen, sowie – in kirchlicher und gesellschaftlicher Hinsicht – an die Frage der kommunikativen Verbindlichkeit.

Ein *Modell der religiösen Urteilsbildung* lässt sich so gesehen in fünf Schritte gliedern: Wahrnehmung der Situation in religiöser Hinsicht, Situationsanalyse, Prüfung von Kriterien der Beurteilung, Prüfung der möglichen kommunikativen Verbindlichkeit eines religiösen Urteils, Formulierung eines religiösen Urteils.

1. Wahrnehmung, Annahme und Bestimmung eines Problems als religiöse Herausforderung
Es gibt sehr unterschiedliche Möglichkeiten, Situationen und Sachverhalte wahrzunehmen. Problemwahrnehmungen setzen immer schon bestimmte Deutungen voraus, die keineswegs selbstverständlich sind. Mitunter sind solche Deutungen gerade auch in der Wissenschaft umstritten. Ein gutes Beispiel dafür ist der manchmal behauptete vergleichsweise geringere Schul- und Bildungserfolg muslimischer Kinder. Wird hier auf der einen Seite auf den Einfluss religiös begründeter Normen verwiesen, die häufig besonders für Mädchen keine unabhängige, durch Bildung und Ausbildung unterstützte Lebensführung vorsehen, so wird eine solche Deutung auf der anderen Seite kritisch als Religiosierung eines sozialen Problems infrage gestellt (vgl. bspw. Radtke, 2011). Tatsächlich gehe es hier nicht um religiöse, sondern eher um kulturelle Einflüsse, die nicht mit dem Islam, sondern mit patriarchalen Strukturen in bestimmten Herkunftsländern zu erklären sind, sowie um die soziale Situation, in der die Kinder in Deutschland aufwachsen.

Ein weiteres Beispiel ist die vor wenigen Jahren in die Allgemeine Geschäftsordnung für die Behörden des Freistaates Bayern (AGO, § 28) eingefügte Bestimmung: „Im Eingangsbereich eines jeden Dienstgebäudes ist als Ausdruck der geschichtlichen und kulturellen Prägung Bayerns gut sichtbar ein Kreuz anzubringen." Das Kreuz ist ohne Zweifel ein religiöses Symbol, aber in der Debatte um diese bayerische Bestimmung wurde immer wieder gefragt, ob es hier wirklich um Religion geht oder vielmehr um Politik – im Sinne der in diesem Buch schon mehrfach angesprochenen Vorstellung einer „deutschen/christlichen/abendländischen Leitkultur", die für alle Menschen in Deutschland verbindlich gemacht werden soll (→ S. 50).

Den als Religiosierung kritisierten Wahrnehmungen stehen allerdings andere Beispiele gegenüber, bei denen religiöse Einflüsse übergangen oder ausgeblendet werden. Kulturelle Einflüsse in der Sozialisation von Kindern mit Migrationshintergrund lassen sich zwar nicht auf Religion reduzieren, aber sie sind auch nicht ohne Beachtung der religiösen Dimension zu verstehen. Häufig sind kulturelle und religiöse Einflüsse untrennbar miteinander verschmolzen.

In wieder anderen Fällen enthält die Wahrnehmung eines Problems als religiöses Problem deutliche Ansprüche im Sinne einer religiösen Deutungskompetenz. Spielfilme wie der „König der Löwen“, „Terminator“ usw. können einfach auf der Handlungsebene wahrgenommen werden, ohne dass die hier beständig eingespielten religiösen Hintergründe erfasst werden. Die Frage, wie eine solche Nutzung religiöser Traditionen in religiöser Hinsicht zu beurteilen sei, kommt dann noch gar nicht in den Blick. Religiöse Deutungskompetenz bezeichnet so gesehen die Fähigkeit, die religiöse Dimension hinter der äußerlichen Handlung zu erkennen.

Religiöse Urteilsbildung setzt demnach die Fähigkeit voraus, die in einer Situation gegebenen *religiösen Fragen oder Herausforderungen* angemessen wahrzunehmen. Solche Herausforderungen dürfen weder einseitig hervorgehoben noch übergangen werden. Eine Religiosierung von Sachzusammenhängen oder Konflikten ist ebenso zu vermeiden wie die Ausblendung religiöser Einflüsse.

2. Situationsanalyse

Zunächst muss nun über die erste Wahrnehmung hinaus geprüft werden, in welchem Sinne in einer *bestimmten Situation* tatsächlich *religiöse Zusammenhänge* tangiert sind und wie sich diese Zusammenhänge darstellen. Soweit es um Symbole wie das Kruzifix oder das muslimische Kopftuch geht, muss dabei die Mehrdeutigkeit aller Symbole bewusst sein. Kopftuch und Kruzifix beispielsweise haben für verschiedene Menschen unterschiedliche Bedeutungen, nicht nur im Blick auf verschiedene Religionen. Eine weitere Frage betrifft, wie bei der ethischen Urteilsbildung, die jeweils tangierten Interessen: Wer ist betroffen? In welcher Weise? Mit welchen Konsequenzen?

Wichtig ist ebenso die Frage, wie die Situation möglicherweise unterschiedlich wahrgenommen werden kann. Bei den genannten Beispielen ist mit Unterschieden zwischen religiösen und nicht-religiösen, zum Teil betont säkularen Wahrnehmungen zu rechnen oder auch mit auf unterschiedliche Religionen bezogenen Perspektiven. Kruzifix und Kopftuch werden eventuell aus christlicher und muslimischer Sicht unterschiedlich gedeutet usw.

Ebenfalls noch zur Situationsanalyse gehört die genaue Identifikation des Problems, um das es gehen soll: Um welche Fragen genau und für wen? Welche Aufgaben der Beurteilung stellen sich? Welche Perspektiven müssen berücksichtigt werden?

3. Prüfung von Kriterien der Beurteilung

Diesem Schritt der religiösen Urteilsbildung kommt insofern besondere Bedeutung zu, als dass sich gezeigt hat, dass die Angemessenheit von Kriterien in religiöser Hinsicht eine entscheidende Rolle spielt (→ S. 182 ff.). Insofern kann das Bewusstsein im Blick auf *Anwendbarkeit, Konsensfähigkeit* und *Reichweite* unterschiedlicher Kriterien als eigenes Bildungsziel verstanden werden. Dabei müssen wiederum verschiedene Bezüge und Unterscheidungen berücksichtigt werden:

- die Unterscheidung vor allem zwischen religiösen, weltanschaulichen, ethischen, rechtlichen und politischen Formen der Urteilsbildung sowie deren Konsequenzen für die jeweils anzuwendenden Kriterien,
- die Unterscheidung zwischen individuellen, gesellschaftlichen und auf eine Religionsgemeinschaft bezogenen Formen der Urteilsbildung sowie deren Konsequenzen für die jeweils anzuwendenden Kriterien,
- die Unterscheidung zwischen verschiedenen religiösen Bezugshorizonten im Kontext interreligiöser Urteilsbildung (beispielsweise religionsinterne und religionsexterne Kriterien, vgl. → S. 187).

Demnach ist für die religiöse Urteilsbildung erstens zu klären, in welchem Sinne in einer gegebenen Situation primär religiöse oder weltanschauliche Fragen zur Entscheidung stehen und nicht etwa ethische, rechtliche, soziale oder politische Fragen.

Zweitens muss geklärt werden, welche Art der Verbindlichkeit für eine Entscheidung angestrebt wird – individuelle, gesellschaftliche oder auf eine Religionsgemeinschaft bezogene Verbindlichkeit –, aber ebenso die jeweiligen Implikationen hinsichtlich der anderen Bezugshorizonte.

Drittens muss in einer multikulturellen und multireligiösen Gesellschaft die Frage der interreligiösen Urteilsbildung und der möglichen Verbindlichkeit religiöser Urteile über die Grenzen von Religionen und Weltanschauungen hinweg eigens aufgenommen werden.

Wo diese Unterscheidungen nicht bewusst sind, kommt es zu Vermischungen beispielsweise zwischen nationalen und religiösen Deutungen (christliches Abendland vs. muslimische Länder usw.), so wie dies in der Geschichte häufig der Fall war. Für den Unterricht erwächst daraus die Aufgabe und Möglichkeit, unterschiedliche Situationen unter den genannten Aspekten zu analysieren.

4. Prüfung der möglichen kommunikativen Verbindlichkeit eines religiösen Urteils

In Entsprechung zur ethischen Urteilsbildung ist es auch bei religiösen Urteilen, die nicht nur die eigene Person betreffen, sinnvoll, die mögliche kommunikative Verbindlichkeit von Urteilen zu prüfen. Dieser Schritt wird durch die Unterscheidung hinsichtlich der Kriterien und ihrer jeweiligen Reichweite bereits vorbereitet, aber nun wird eigens nach Kommunikationsmöglichkeiten gefragt. Durch die negative Einschätzung der möglichen kommunikativen Verbindlichkeit eines Urteils wird dieses Urteil nicht widerlegt. Gleichwohl bleibt die Einschätzung unterschiedlicher Kommunikationsmöglichkeiten bei der Darstellung des Urteils sinnvoll. Im Religionsunterricht lassen sich dazu Handlungsentwürfe durchspielen, bei denen die Situation in der eigenen Schule einbezogen werden kann (beispielsweise hinsichtlich des Umgangs mit religiösen Festen in der Schule, der mit den Schüler:innen zum Thema gemacht werden kann).

5. Formulierung eines religiösen Urteils

Wiederum ähnlich wie bei der ethischen Urteilsbildung geht ein *konkretes religiöses Urteil* nicht einfach deduktiv aus den beschriebenen vier Schritten hervor. Vielmehr kann auch in diesem Falle von einer kreativen Leistung gesprochen werden. Dabei müssen die erarbeiteten Erkenntnisse allesamt einbezogen werden, aber darüber hinaus wird jetzt die Prüfung der unterschiedlichen Aspekte im Sinne des Abwägens verschiedener Gründe und Implikationen wichtig. Denn nur selten führt die Analyse automatisch zu einer bestimmten Positionierung.

10.5 Sinn und Grenzen von Urteilen wahrnehmen

Die Frage nach den Grenzen von Urteilen stellt sich insbesondere bei religiösen Urteilen, schon angesichts unterschiedlicher religiöser Überzeugungen sowohl innerhalb von Religionsgemeinschaften als auch zwischen verschiedenen Religionsgemeinschaften sowie der Überzeugungen von Menschen, die sich selbst als nicht-religiös verstehen und deshalb bei religiösen Begründungen keine Verbindlichkeit wahrnehmen können. Darüber hinaus wird immer wieder aus der Praxis berichtet, dass Jugendliche die Auffassung vertreten, über religiöse Überzeugungen lohne es sich ebenso wenig zu streiten wie über die Lieblingsfarbe eines Menschen. Auch gegenüber solchen Vorurteilen kann auf die Schritte der religiösen Urteilsbildung verwiesen werden.

In anderer Weise stellt sich die Frage nach den Grenzen von Urteilen auch in ethischer Hinsicht. Zwar bleibt die Suche nach universalisierbaren ethischen Kriterien etwa in Gestalt der Menschenrechte eine zentrale Aufgabe, aber es geht in dieser Hinsicht eben um eine Aufgabe, weil hier nicht einfach auf leicht zu findende Lösungen zurückgegriffen werden kann. Auch die Menschenrechte unterliegen nach wie vor einer kritischen Diskussion, bei der unterschiedliche religiöse Prägungen von Menschenrechtserklärungen immer wieder kontrovers sind (vgl. Menschenrechte und Religionsunterricht, 2017). Damit wird noch einmal sichtbar, wie stark die ethische Urteilsbildung insbesondere dann, wenn sie gesellschaftliche oder globale Zusammenhänge betrifft, von religiösen und weltanschaulichen Hintergründen beeinflusst wird. So gesehen stellt der Pluralismus eine prinzipielle und prinzipiell zu bejahende Voraussetzung auch der Ethik dar (vgl. Herms, 1995). Die Auseinandersetzung mit Sinn und Grenzen von Urteilen lässt sich deshalb auch als Beitrag einer Bildung zur Pluralitätsfähigkeit begreifen (vgl. Schweitzer et al., 2002; EKD, 2014a).

Damit bleiben bestimmte Probleme sowohl in religiöser als auch in ethischer Hinsicht kontrovers. Daher stellt der Umgang mit dauerhaft konfligierenden religiösen und weltanschaulichen Wahrheitsansprüchen ebenfalls eine zentrale religionsdidaktische Herausforderung dar. Die Wahrnehmung der Grenzen ethischer und religiöser Urteile bietet dafür einen wichtigen Ausgangspunkt, der allerdings nicht im Sinne eines naiven Relativismus missverstanden werden darf.

10.6 Zusammenfassung

Auch in diesem Kapitel wurde mit der Urteilsfähigkeit ein *Ziel* für den Religionsunterricht zu klären versucht, das beispielsweise in den Bildungsplänen immer wieder prominent ausgebracht, aber nicht weiter geklärt wird. Deshalb war zunächst zu prüfen, was zu welchem Zweck überhaupt beurteilt werden soll. Dabei wurden als weiterreichende Zielhorizonte *Mündigkeit, gesellschaftliche Teilhabe* und *soziale Verantwortung* herausgearbeitet. Dies wurde nach drei Richtungen hin weiter entfaltet: Urteilen in *individuellen, gesellschaftlichen* und *kirchlichen* bzw. *religionsgemeinschaftlichen* Zusammenhängen. Dabei wurde deutlich, dass in den verschiedenen Zusammenhängen mit jeweils anderen Anforderungen an Urteile zu rechnen ist. Die Plausibilität und Überzeugungskraft von Urteilen fällt anders aus, wenn es um persönliche Urteile oder um normative Auseinandersetzungen innerhalb einer Religionsgemeinschaft geht, als wenn die gesellschaftliche Öffentlichkeit angesprochen ist. Hinsichtlich dieser Öffentlichkeit müssen nicht nur unterschiedliche religiöse Überzeugungen bedacht werden, die auch zu unterschiedlichen Plausibilitätswahrnehmungen führen, sondern auch wissenschaftliche Rationalitätsansprüche sowie nichtreligiöse Weltanschauungen. Vor diesem Hintergrund ergab sich, dass eine zentrale Aufgabe nicht zuletzt für den Religionsunterricht darin besteht, die jeweils angemessenen *Kriterien* zu identifizieren und deren Begründbarkeit zu klären.

Hinsichtlich der *ethischen Urteilsbildung* kann in der Religionsdidaktik auf ein inzwischen bewährtes Modell zurückgegriffen werden, das in diesem Kapitel ebenfalls dargestellt und in Bezug auf die Gegenwart weiterentwickelt wurde. Hinsichtlich der *religiösen Urteilsbildung* ist bislang noch kein vergleichbares Modell verfügbar, weshalb dazu ein eigener Vorschlag dargestellt wurde.

Am Ende stehen Überlegungen zu *Sinn und Grenzen des Urteilens,* die insbesondere in pluralen gesellschaftlichen, aber auch religiösen Kontexten immer wichtiger werden. Sie können deshalb auch als eine Voraussetzung einer *Bildung zur Pluralitätsfähigkeit* verstanden werden.

11 Religiöse Orientierung in der religiös-weltanschaulichen Vielfalt ermöglichen

Mit dem Erwerb von *Wissen* sowie der Entwicklung von *Verstehen* und *Urteilsfähigkeit* wurden drei grundlegende Aufgaben für das Lernen im Religionsunterricht aufgenommen. Wenn es nun in diesem sowie im folgenden Kapitel um *religiöse Orientierung* sowie die *Klärung des eigenen Glaubens* der Schüler:innen gehen soll, so sind damit nicht einfach zusätzliche Lernbereiche gemeint. Vielmehr werden damit zwei übergeordnete Zielsetzungen thematisiert, die auf Wissen, Verstehen und Urteilen aufbauen. Aufgrund des Gewichts dieser Zielsetzungen ist es jedoch sinnvoll, eigens auf religiöse Orientierungsfähigkeit und die Klärung des eigenen Glaubens sowie die damit verbundenen Lernaufgaben einzugehen. Das wird auch durch die Denkschrift der EKD „Religiöse Orientierung gewinnen" (EKD, 2014a) unterstrichen.

Zugleich lassen sich die Ausführungen im Folgenden auch als *Probe aufs Exempel* lesen. Zugespitzt: Alles, was bislang zu Wissen, Verstehen und Urteilsfähigkeit gesagt wurde, muss sich darin bewähren, dass es zur Orientierungsfähigkeit und zur Klärung des eigenen Glaubens beitragen kann. Umgekehrt kann von der angestrebten Orientierungsfähigkeit her gefragt werden, ob sich daraus noch weitere Anforderungen an das Lernen im Religionsunterricht ergeben. Ein Rückfall in ein bloß funktionales Denken muss auch dabei vermieden werden. Was oben beispielsweise über einen möglichen Eigenwert religiösen Wissens festgehalten wurde, wird nicht zurückgenommen. Stattdessen tritt aber deutlicher hervor, dass selbst ein solches Wissen sowohl persönliche als auch gesellschaftliche Bedeutung haben kann, obwohl der Wert dieses Wissens gerade nicht davon abhängig gemacht werden soll.

Trotz der in den letzten zwanzig Jahren geführten religionspädagogischen Diskussion über Pluralitätsfähigkeit (vgl. Schweitzer et al., 2002; Englert et al., 2012) sowie der bereits genannten EKD-Denkschrift zu diesem Thema (EKD, 2014a) ist nicht abschließend geklärt, was „religiöse Orientierung gewinnen" genau meint. Deshalb soll im Folgenden zunächst anhand verschiedener aktueller Herausforderungen gefragt werden, in welchem Sinne hier tatsächlich ein *religiöser Orientierungsbedarf* besteht. In weiteren Schritten soll dann eine begriffliche Klärung versucht und sollen Möglichkeiten des Lernens im Religionsunterricht im Horizont religiöser Orientierungsfähigkeit identifiziert werden.

11.1 Religiöser Orientierungsbedarf: Herausforderungen und Anforderungssituationen

In welchem Sinne kann heute von einem religiösen und weltanschaulichen Orientierungsbedarf junger Menschen gesprochen werden? Erst durch den Bezug auf einen solchen ausweisbaren Bedarf lässt sich begründen, wie religiöse *Orientierungsfähigkeit* verstanden werden soll und was dies für den Religionsunterricht impliziert.

Die Forderung, dass junge Menschen instandgesetzt werden, eigene Orientierung zu gewinnen, besitzt bereits als solche große Plausibilität (vgl. EKD, 1994, 2014a). Vielfach wird dies beispielsweise in Bildungsplänen daher einfach als Ziel für den Religionsunterricht genannt, ohne weitere Begründung oder Konkretion. Genauere Begründungen erscheinen angesichts der Plausibilität dieses Ziels offenbar nicht erforderlich. Wenn die Ausbildung religiöser Orientierungsfähigkeit jedoch mit dem *Lernen im Religionsunterricht* verbunden werden soll, sind weitere Konkretionen erforderlich. Denn es muss geklärt sein, welche Lernaufgaben sich für den Unterricht in dieser Hinsicht stellen und welche Möglichkeiten sich hier bieten.

Religiöse Angebote auf individueller Ebene

Viele religionssoziologische Darstellungen und Analysen stimmen darin überein, dass insbesondere die religiöse Pluralisierung und Individualisierung zu einer *Optionalität religiös-weltanschaulicher Überzeugungen* geführt haben (vgl. Berger, 1980; Taylor, 2012). Damit ist zunächst gemeint, dass es heute zahlreiche Möglichkeiten des Glaubens oder Nicht-Glaubens gibt, für die sich einzelne Menschen interessieren und entscheiden können, aber eben nicht entscheiden müssen. Insofern entsteht in dieser Sicht auf individueller Ebene unvermeidlich ein *religiöser Orientierungsbedarf* im Blick auf das eigene Glauben und Leben. Welche Angebote sollen genutzt werden und welche vielleicht besser nicht? Welche Konsequenzen für die eigene Person verbinden sich damit? Wo wird etwas Attraktives versäumt und welche Nachteile oder Belastungen könnten sich ergeben, wenn man für den eigenen Glauben eine bestimmte Entscheidung trifft?

Für Kinder und Jugendliche, die im christlichen Bereich aufwachsen, betrifft dieser Orientierungsbedarf zunächst das eigene *Verhältnis zur Kirche.* Vor allem bei der kirchlichen Kinder- und Jugendarbeit oder auch der Konfirmandenarbeit, an der sich nach wie vor die allermeisten evangelischen Jugendlichen beteiligen (vgl. Schweitzer et al., 2015), kommen Kinder und Jugendliche in Kontakt mit der Kirche. Entsprechendes gilt auch für die katholische Kirche bei deren Kinder- und Jugendarbeit sowie insbesondere bei Erstkommunion und Firmung (vgl. Könemann, Sajak & Lechner, 2017). Empirische Befunde aus verschiedenen Befragungen lassen dabei erkennen, dass bei Jugendlichen weithin eine *positive Wahrnehmung von Kirche* vorherrscht (die Aussage „die Kirche tut viel Gutes für die Menschen" wird mehrheitlich bejaht), dass ihnen die *eigene Zugehörigkeit zur Kirche* aber nicht oder jedenfalls nicht gleichermaßen wichtig ist (vgl. Schweitzer et al., 2018, S. 88 ff.). Vor allem bei älteren Jugendlichen zeigt sich die Optionalität der Kirchenmitgliedschaft dann auch ausdrücklich daran, dass ein Austritt aus der Kirche für einen mit dem Alter zunehmenden Teil der Jugendlichen durchaus infrage kommt (vgl. Wissner et al., 2020, S. 66 ff.).

Anderen Umfragen zufolge interessieren sich die Schüler:innen heute *insbesondere für Glaubensweisen und Überzeugungen in anderen Religionen* (vgl. Pohl-Patalong et al., 2017, S. 65). Offenbar besteht hier vielfach eine ausgesprochene Neugier darauf, was und wie andere glauben, insbesondere in der eigenen Klasse und Schule. Daraus darf allerdings nicht auf den Wunsch oder die Bereitschaft geschlossen werden, die Religionsmitgliedschaft zu wechseln. Vielmehr scheint es den Jugendlichen eher darum zu gehen, ob es im Bereich anderer Religionen vielleicht bestimmte Sichtweisen gibt, die in den eigenen Glauben integriert werden können oder die einen selbst „weiterbringen", etwa hinsichtlich der Vorstellungen vom Leben nach dem Tod (so bei Mattes & Schweitzer, 2022). Dass dies als reale Möglichkeit wahrgenommen wird, verweist wiederum auf den optionalen Charakter von Glaube: Da nur die einzelnen Jugendlichen selbst und für sich selbst entscheiden können und wollen, was sie glauben – das steht für eine große Mehrheit junger Menschen heute von vornherein fest (vgl. Schweitzer et al., 2018) –, kann es auch kein Hindernis dafür geben, Elemente aus unterschiedlichen religiösen Traditionen aufzunehmen und miteinander zu kombinieren. Schon seit Langem wird deshalb von einer *Patchwork-Religiosität* gesprochen (vgl. Luckmann, 1985). Die einzelnen Menschen legen dabei selbst fest, was zu ihrem Glauben gehören soll, und beziehen sich dabei auf verschiedene Religionen. So entsteht der sprichwörtlich gewordene „religiöse Flickenteppich".

Orientierungsbedarf kann aber nicht nur angesichts vielfältiger religiöser Optionen entstehen, sondern beispielsweise auch aus einer *konkreten Anfrage*, ob man eine bestimmte ehrenamtliche Aufgabe etwa in der kirchlichen Jugendarbeit übernehmen könne. Im evangelischen Bereich kommt dies heute vielfach im Blick auf die Konfi-Arbeit vor, wenn eine neue Gruppe von Konfi-Teamer:innen zusammengestellt wird, oder auch sonst bei der kirchlichen Kinder- und Jugendarbeit, etwa in Gestalt einer Tätigkeit in der Leitung von Gruppen (vgl. Ilg et al., 2018). Ebenso können sich Jugendliche aber auch in anderen Bereichen engagieren, in denen religiöse Aspekte eine Rolle spielen. Beispielsweise können auf interkulturelle Begegnungen zielende Projekte und Programme ebenfalls eine interreligiöse Dimension einschließen usw.

Wenn heute vielfach berichtet wird, dass sich viele junge Menschen vor allem gegenüber der Kirche eher *indifferent* verhalten (so bspw. EKD, 2014b), so wird die religiöse Orientierungsfähigkeit dadurch keineswegs überflüssig. Bildungstheoretisch gesehen bleibt eine reflektierte Lebensführung auch in religiöser Hinsicht ein wichtiges Ziel und sind geprüfte Entscheidungen im Blick auf das eigene Leben und Glauben anzustreben.

Wie lässt sich ein entsprechender Orientierungsbedarf genauer charakterisieren? An erster Stelle geht es offenbar um *persönliche Präferenzen* und also darum, was jemand für sich selbst am besten findet. Das wurde hinsichtlich der religiösen Urteilsfähigkeit im individuellen Lebenszusammenhang bereits herausgearbeitet (→ S. 175 ff.). Dabei war auch darauf hinzuweisen, dass viele Jugendliche selbst, Erfahrungsberichten aus der Praxis zufolge, hier zu der Auffassung neigen, dass man über Glaubensfragen ohnehin nicht streiten könne. Ein Orientierungsbedarf ist ihnen demnach nicht ohne Weiteres bewusst. Der entsprechende Bedarf wird also eher aus einer religionsdidaktischen Perspektive identifiziert und muss insofern eigens begründet werden.

Auch wenn tatsächlich bei allen Glaubensfragen unvermeidlich ein *subjektives Moment* mitschwingt, sind bei genauerer Betrachtung auch auf der individuellen Ebene der religiösen Orientierung bereits *weitere Aspekte* mit im Spiel. Denn die Feststellung, dass man etwas für sich selbst am besten findet, impliziert gerade im Jugendalter die weitere Überlegung, was am besten zu einem selbst passt. Daran ist abzulesen, dass hier immer auch Verbindungen zu einem bestimmten Selbstbild wichtig werden, was wiederum nicht unabhängig davon ist, welches Bild andere Jugendliche von einem selbst haben und, den eigenen Wünschen entsprechend, haben sollen. Insofern stehen religiöse Entscheidungen weit mehr in einem *sozialen* und daher auch *kommunikati-*

ven Horizont, als die Auffassung, über Glaubensfragen könne man nicht streiten, es nahelegt.

Noch einen Schritt weiter führt eine inhaltliche Klärung der genannten *Selbstbilder.* Denn diese Selbstbilder oder persönlichen Identitäten können beispielsweise eine mehr oder weniger ausdrückliche *ethische Dimension* einschließen. So möchte wohl kaum jemand eine Person sein, die anderen schadet oder die einfach als Schmarotzer:in auf Kosten anderer lebt, weil dies auch in den Augen junger Menschen „unfair" wäre. Positiv gewendet kann dies bedeuten, dass die Person, die man sein möchte, zum Gelingen eines *guten Lebens und Zusammenlebens in der Gesellschaft* beitragen soll – mitunter bis hin zu ausgesprochen prosozialen Motiven.

Wenn sich die persönliche religiöse Präferenz auf diese Weise als komplexer erweist, als es vielen Jugendlichen zunächst vor Augen zu stehen scheint, so betrifft dies auch das Verständnis von religiöser Orientierungsfähigkeit auf individueller Ebene. Junge Menschen sollen erstens instandgesetzt werden, *eigene Entscheidungen bewusst und reflektiert zu treffen,* dabei zweitens *den Zusammenhang mit Selbst- und Fremdbildern wahrzunehmen* sowie drittens auch weiterreichende *ethische Dimensionen persönlicher Präferenzen zu reflektieren.* Diese Ziele begründen zugleich den religiösen Orientierungsbedarf im individuellen Lebenshorizont.

Gesellschaftliche Konflikte und Kontroversen

Gesellschaftliche Kontroversen, die religiös-weltanschauliche Fragen berühren, betreffen nicht zuletzt die Schule und damit den unmittelbaren Lebensraum der Schüler:innen. Große Aufmerksamkeit hat in den letzten Jahren vor allem das Anbringen von *Kruzifixen in der Schule oder in den Klassenzimmern* gefunden, insbesondere in Bayern, wo es entsprechende staatliche Vorgaben dazu gibt (→ S. 50). Strittig war dabei in erster Linie, ob durch solche religiösen Symbole die Religionsfreiheit derer beeinträchtigt wird, die sich nicht dem Christentum zugehörig fühlen oder die den Atheismus als ihre Lebensgrundlage verstehen. Pädagogisch ist es sinnvoll, wenn solche Kontroversen auch in der Schule selbst ausdrücklich wahrgenommen und wenn die Schüler:innen an der Diskussion beteiligt werden. Dabei geht es dann nicht nur um rechtliche und politische Fragen, sondern ebenso um eine eigene möglichst reflektierte *Positionierung der Schüler:innen.* Mitunter kann es auch etwa – weniger spektakulär und öffentlichkeitswirksam – um die Einrichtung eines *Andachtsraums in der eigenen Schule* gehen sowie darum, ob und wie ein solcher Raum von verschiedenen religiösen Gruppen genutzt werden kann und wie er daher ausgestaltet sein soll.

Bislang weniger in Deutschland, aber in anderen europäischen Ländern, wie insbesondere Frankreich und England, entzündeten sich Kontroversen hinsichtlich *religiös begründeter Vorschriften für die Kleidung der Schülerinnen.* Sind in Frankreich in dieser Hinsicht inzwischen alle hervorgehobenen („ostentativen") religiösen Symbole verboten (vgl. SPIEGEL, 2004), so wird anderenorts vor allem über die Verhüllung des Gesichtes (etwa durch eine Burka) debattiert (so in England, vgl. MailOnline, 2013). In Deutschland war und ist es hingegen mehr die *Bekleidung der Lehrperson,* die in Gestalt des Kopftuches für heftige und auch vor Gericht ausgetragene Auseinandersetzungen sorgte (vgl. Hecker, 2022; Ebrahim & Karagedik, 2021).

Weiterhin ist an vielen Orten der Wunsch nach einer *Moschee mit hohen Minaretten* und dem laut hörbaren *Ruf zum Gebet durch einen Muezzin* immer wieder auf Widerstand gestoßen. In der Schweiz kam es zu einem öffentlichen Streit darüber, ob Moscheen dort überhaupt ein Minarett haben dürften – mit der Folge eines entsprechenden gesetzlichen Verbots (vgl. swissinfo.ch, 2019). In Deutschland gibt es zumindest bislang keine entsprechenden rechtlichen Initiativen, aber immer wieder Auseinandersetzungen darüber, an welchem Ort in einer Stadt eine Moschee gebaut werden darf – gut sichtbar im Zentrum oder eben nur im Industriegebiet.

Noch zwei andere Beispiele verdienen im Blick auf religiöse Orientierungsfähigkeit besondere Beachtung: ein *Verbot der Beschneidung* und das *Verbot, religionsbezogene Karikaturen abzudrucken.* Das Verbot einer Beschneidung im Kindesalter, wie es in einem Urteil des Kölner Landgerichts (Landgericht Köln, 2012) formuliert wurde, bezog sich auf ein muslimisches Kind, aber dies implizierte wie alle rechtlichen Entscheidungen allgemeine Geltung, die dann auch etwa jüdische Kinder betraf. Folge der entsprechenden Auseinandersetzung war eine neue gesetzliche Regelung durch den Bundestag im Dezember 2012, die religiös begründete Beschneidungen zulässt (BGB § 1631d). Die von dem Kölner Landgericht vorgelegte Begründung eines Beschneidungsverbots zielte auf eine Abwägung zwischen der Religionsfreiheit der Eltern auf der einen und dem Kindeswohl auf der anderen Seite. In dieser Abwägung vertrat das Landgericht die Auffassung, dass die Religionsfreiheit der Eltern nicht ungebührlich eingeschränkt werde, wenn mit der Beschneidung bis zum Jugendalter und damit bis zu einer – möglichen – Zustimmung durch den betroffenen Jugendlichen gewartet werden müsse. Eine solche Abwägung enthält jetzt auch der neue § 1631d des Bürgerlichen Gesetzbuches zur Beschneidung des männlichen Kindes:

> „(1) [1]Die Personensorge umfasst auch das Recht, in eine medizinisch nicht erforderliche Beschneidung des nicht einsichts- und urteilsfähigen männlichen Kindes einzuwilligen, wenn diese nach den Regeln der ärztlichen Kunst durchgeführt werden soll. [2]Dies gilt nicht, wenn durch die Beschneidung auch unter Berücksichtigung ihres Zwecks das Kindeswohl gefährdet wird."

An dieser Formulierung wird deutlich, dass es hier um eine mögliche Kollision von zwei grundrechtlich geschützten Gütern geht, nämlich um die *Religionsfreiheit* und das *Kindeswohl.* Das trifft in ähnlicher Weise auf die Frage zu, ob die von muslimischen Menschen zum Teil als Gotteslästerung und als legitimer Grund für Gewalt wahrgenommenen *Karikaturen des Propheten Mohammed* in Zeitungen und Zeitschriften abgedruckt werden dürfen (vgl. Landeszentrale für politische Bildung Baden-Württemberg, o. J.). Die ursprünglich in einer dänischen Tageszeitung veröffentlichten Karikaturen wurden in der französischen Satire-Zeitschrift Charlie Hebdo nachgedruckt, woraufhin diese Zeitschrift zum Opfer eines Terroranschlags mit zahlreichen Todesopfern wurde. Für die Verurteilung eines solchen Anschlags ist kaum eine besondere religiöse Orientierungsfähigkeit erforderlich, aber der zugrunde liegende Konflikt zwischen *Meinungs- und Pressefreiheit* auf der einen und dem *Schutz vor öffentlicher Verunglimpfung des eigenen Glaubens* auf der anderen Seite erfordert durchaus religiöse Orientierungsfähigkeit. Zumindest in Deutschland gewährt das Recht (BGB § 166), anders als in Frankreich, einen ausdrücklichen Schutz vor Blasphemie:

> „(1) Wer öffentlich oder durch Verbreiten eines Inhalts [...] den Inhalt des religiösen oder weltanschaulichen Bekenntnisses anderer in einer Weise beschimpft, die geeignet ist, den öffentlichen Frieden zu stören, wird mit Freiheitsstrafe bis zu drei Jahren oder mit Geldstrafe bestraft.
> (2) Ebenso wird bestraft, wer öffentlich oder durch Verbreiten eines Inhalts [...] eine im Inland bestehende Kirche oder andere Religionsgesellschaft oder Weltanschauungsvereinigung, ihre Einrichtungen oder Gebräuche in einer Weise beschimpft, die geeignet ist, den öffentlichen Frieden zu stören."

Wie am Beispiel Frankreichs zu sehen, kann aber auch der Meinungs- und Pressefreiheit als demokratischem Grundrecht der Vorzug gegenüber religionsbezogenen Beschränkungen dieser Freiheit gegeben werden – mit der Folge, dass dort kein rechtlicher Schutz vor als blasphemisch empfundenen Äußerungen besteht. Religiöse Orientierungsfähigkeit ist hier in dem Sinne erforderlich, dass eine eigene Position in solchen Fragen gefunden werden muss.

Die Reihe der Beispiele für religionsbezogene Konflikte und rechtliche Auseinandersetzungen ließe sich leicht verlängern. Die bislang angesprochenen Auseinandersetzungen lassen sich dabei nicht nur in einem rechtlichen Sinne verstehen, sondern sie betreffen ganz allgemein das *Zusammenleben in der Gesellschaft* und damit die *Werte,* die dieses Zusammenleben tragen sollen. Im Kern geht es dann um die Frage, wie das Verhältnis zwischen Religion(en) und gesellschaftlichen Werten aussehen soll. Sind Religionen eine Quelle von Werten, die ein friedliches Zusammenleben ermöglichen? Unterstützen sie vielleicht sogar prosoziale Orientierungen? Oder sind Religionen eher als Ursache gesellschaftlicher Konflikte anzusehen? Im Extremfall betreffen solche Fragen auch den Zusammenhang zwischen Religion und Gewalt sowie Terrorismus.

Zusammenfassend ergibt sich aus diesen Überlegungen, dass religiöse Urteilsfähigkeit in gesellschaftlicher Hinsicht heute insbesondere im Blick auf *Religionsfreiheit* herausgefordert ist sowie hinsichtlich der damit verbundenen (Grund-)Rechte. Darüber hinaus beziehen sich Orientierungsfragen auf das *gesellschaftliche Zusammenleben* und insbesondere auf die dafür erforderlichen *Werte.* Damit ist auch deutlich, dass der *religiöse Orientierungsbedarf* an den *politischen Orientierungsbedarf* angrenzt.

Kirche

Auf einen *auf die Kirche bezogenen Orientierungsbedarf* wurde oben hinsichtlich der Urteilsfähigkeit in Bezug auf individuelle Lebenszusammenhänge bereits hingewiesen (→ S. 175 ff.). Dabei ging es vor allem um das Verhältnis der Schüler:innen zu Kirche und Kirchenmitgliedschaft sowie um die Frage eines Engagements im kirchlichen Bereich. Ein weiterreichender Orientierungsbedarf entsteht daraus, dass die *Pluralisierungsprozesse* auch vor der Kirche nicht haltmachen und Kirchen sich infolgedessen auch in sich selbst zunehmend plural darstellen. Kirche erscheint nunmehr vielfach im Plural. Besonders im städtischen Bereich gibt es zum Teil zahlreiche unterschiedliche kirchliche Angebote, wobei manche junge Menschen besonders freikirchliche Angebote attraktiv finden. Angesichts veränderter Konfessionsverhältnisse, die beispielsweise bei Eheschließungen kaum mehr konfessionelle Trennungslinien erkennen lassen (vgl. Statistik der EKD, 2022), muss zugleich das Verhältnis der Kirchen zueinander neu eingeschätzt werden. Tragen hier noch die herkömmlichen Vorstellungen von Ökumene als Zusammenarbeit zwischen verschiedenen Kirchen? Welche Zielsetzungen im Blick auf kirchliche Einheit passen zum eigenen Leben?

Nicht zu übersehen ist dabei, dass die *Spannungen innerhalb der Kirchen* ebenfalls zunehmen. Auch dies wurde im vorliegenden Buch schon mehrfach deutlich, beispielsweise im Blick auf den kirchlichen Umgang mit Homosexualität, insbesondere die kirchliche Segnung gleichgeschlechtlicher Paare (→ S. 181). Darüber hinaus stellt die vielfach noch immer wenig überzeugende „Aufarbeitung" von Missbrauch in der Kirche eine anhaltende Herausforderung dar. Eine nicht geringe Zahl von Menschen findet es offenbar nicht richtig, einer Kirche anzugehören, die sich in dieser Hinsicht dauerhaft schwertut oder, wie oft gesagt wird, einfach versagt.

Durch die *demografische Entwicklung* sowie die *Kirchenaustritte* verändert sich auch das *Verhältnis zwischen Kirche und Gesellschaft.* Seit dem Jahr 2022 gehört die Mehrheit der Bevölkerung in Deutschland nicht mehr einer der beiden großen Kirchen an – erstmals seit vielen Jahrhunderten. Aufgrund der innerkirchlichen Kontroversen sowie ihres vor allem auf katholischer Seite völlig unzureichenden Umgangs mit Missbrauchsfällen und deren Aufklärung oder strafrechtlichen Verfolgung haben die Kirchen auch deutlich an moralischer Autorität eingebüßt. Wie sind die Kirchen einzuschätzen, und wie soll das eigene Verhältnis zur Kirche aussehen?

Zusammenfassend ist festzuhalten, dass religiöse Orientierungsfähigkeit im Blick auf die Kirche bei zwei Fragen besonders wichtig wird: Was soll *in der Kirche* gelten, der man selbst angehört? Und welche *Rolle* soll Kirche *in der Gesellschaft* spielen – von ihrem Selbstverständnis her, aber auch im Sinne gesellschaftlicher Erwartungen? Beide Fragen werden von Entwicklungen motiviert, durch welche die Selbstverständlichkeit von Kirche als Institution infrage gestellt wird.

11.2 Was bedeutet religiöse Orientierungsfähigkeit?

Nachdem der Bedarf an religiöser Orientierungsfähigkeit umrissen wurde, muss nun genauer geklärt werden, *was genau unter einer solchen Fähigkeit verstanden werden soll.* Einen guten Ausgangspunkt bietet die 2014 veröffentlichte Denkschrift der EKD zum Religionsunterricht mit dem Titel „Religiöse Orientierung gewinnen" (EKD, 2014a). Diese Denkschrift versteht Orientierungsfähigkeit vor allem als *Pluralitätsfähigkeit.* Die Fähigkeit, reflektiert mit der Pluralität umzugehen, soll ebenso relativistischen wie fundamentalistischen Tendenzen entgegenwirken. Dazu gehört eine *prinzipienorientierte Beurteilung* der verschiedenen religiös-weltanschaulichen Optionen in der Gesellschaft. Orientierungsfähigkeit bedeutet dann, dass Menschen einen begründeten Standpunkt finden können. Diese Forderung betrifft primär die individuelle Seite religiöser Orientierungsfähigkeit, zugleich aber auch die Fähigkeit, den eigenen Standpunkt zu kommunizieren und gegenüber anderen Menschen zu begründen.

Weiterreichend geht es bei religiöser Orientierungsfähigkeit um die *Rolle von Werten für die Gesellschaft* sowie um *Partizipation* und *gesellschaftliche Teilhabe.* Im Modell der Berliner Forschungsgruppe um Dietrich Benner (Benner et al., 2011) wird von religiöser *Partizipationskompetenz* gesprochen, womit hier die Fähigkeit gemeint ist, sich kompetent an religionsbezogenen Diskursen in der Gesellschaft im Sinne demokratischer Mitbestimmung beteiligen zu können. In religionspädagogischer Sicht kann Partizipationskompetenz aber auch die Teilhabe an einer Religionsgemeinschaft einschließen, beispielsweise einer Kirche. Religiöse Orientierungsfähigkeit geht damit auch in dieser Hinsicht über den individuellen Bereich hinaus.

In allen genannten Hinsichten ist leicht zu erkennen, dass Orientierungsfähigkeit auf einer Vertrautheit mit verschiedenen religiösen Traditionen *(Wissen)* aufbaut sowie auf einer inhaltlichen Auseinandersetzung mit diesen Traditionen *(Verstehen).* Ebenso zentral ist dabei die *Urteilsfähigkeit.* Insofern ist deutlich, dass alle drei im vorliegenden Buch dargestellten Aspekte von Lernen im Religionsunterricht entscheidend zu dieser Orientierungsfähigkeit beitragen können. Darüber hinaus haben die im vorangehenden Abschnitt herausgearbeiteten Aspekte des religiösen Orientierungsbedarfs in der Gegenwart gezeigt, dass auch in diesem Falle die Fähigkeit, zwischen verschiedenen Perspektiven der Orientierung sowie der Beurteilung von Situationen unterscheiden zu können, von besonderer Bedeutung ist – im Sinne individueller, gesellschaftlicher und kirchlicher Perspektiven. Im gesellschaftlichen Horizont kommen darüber hinaus noch religionsrechtliche und -politische Perspektiven hinzu. Damit ist hinsichtlich des Lernens im Religionsunterricht die Fähigkeit zu *Perspektivenwechsel* und *Perspektivenübernahme* angesprochen (→ S. 140).

Zusammenfassend lässt sich *religiöse Orientierungsfähigkeit* als die Kompetenz einer Person bestimmen, insbesondere in religiös-weltanschaulicher Hinsicht plurale Situationen differenziert wahrzunehmen und deren weiterreichende Implikationen zu verstehen. Darüber hinaus schließt religiöse Orientierungsfähigkeit ein an reflektierten Prinzipien ausgerichtetes Urteilen ein, das ebenso religiöse oder theologische, insbesondere auch ethische und rechtliche Aspekte einzubeziehen vermag. Religionspädagogisch anzustreben ist dabei, dass diese Kompetenz sowohl individuelle als auch gesellschaftliche sowie die Kirche oder andere Religionsgemeinschaften betreffende Bezüge integriert und auf deren Unterschiedlichkeit eingestellt ist.

11.3 Wie kann der Religionsunterricht zur religiösen Orientierungsfähigkeit beitragen?

Auch wenn geklärt ist, was unter religiöser Orientierungsfähigkeit verstanden werden soll und in welchem Sinne sie auf Wissen, Verstehen und Urteilsfähigkeit aufbaut, ergibt sich daraus noch nicht unmittelbar, auf welche Weise sie *im Religionsunterricht gefördert* werden kann. Klar ist allerdings, dass das Lernangebot auf die genannten Voraussetzungen religiöser Orientierungsfähigkeit eingestellt sein muss. Im Unterricht lässt sich dies am besten so gewährleisten, dass diese Bezüge jeweils als eigens wahrzunehmende Schwerpunkte ausgelegt werden. Die Abfolge der Darstellung in diesem Teilkapitel, die von den Kirchen und Religionsgemeinschaften über die gesellschaftlichen Bezüge hin zur individuellen Biografiebegleitung fortschreitet, stellt dabei keine Gewichtung dar.

11.3.1 Lernaufgaben angesichts der Vielfalt von Kirchen und Religionsgemeinschaften

Heute besteht weitgehend Konsens darüber, dass eine „Erziehung zur Kirchlichkeit", wie es im 19. Jahrhundert genannt wurde (vgl. Palmer, 1865, S. 15), nicht zu den Aufgaben des schulischen Religionsunterrichts zählen kann. Die religionspädagogische Abwehrhaltung gegenüber kirchlichen Erwartungen etwa hinsichtlich einer Festigung von Kirchenbindung und Kirchenmitgliedschaft kann allerdings leicht dazu führen, dass das Thema Kirche(n) und Religionsgemeinschaften im Religionsunterricht überhaupt wenig Beachtung findet. Soweit es nicht um die genannten Erwartungen geht, ist eine solche Zurückhaltung jedoch nicht gerechtfertigt. Religiöse Bildung schließt auch ein *reflektiertes Verhältnis zu Kirche(n) und Religionsgemeinschaften* ein und soll dazu beitragen, das eigene Verhältnis dazu zu klären. Ziel ist dann nicht eine verstärkte kirchliche Bindung, sondern religiöse Bildung als Orientierungsfähigkeit im Verhältnis zu Religionsgemeinschaften, auch wenn eigene Bindungen dabei durchaus gestärkt werden können.

Auch in diesem Falle muss an erster Stelle die *differenzierte Wahrnehmung* von Kirche(n) und Religionsgemeinschaften stehen. Diese Aufgabe ist nicht zuletzt deshalb von zentraler Bedeutung, weil sich die Medien häufig kaum für die alltägliche Realität und Arbeit in solchen Institutionen interessieren und stattdessen einseitig auf vielleicht skandalträchtige Vorfälle oder Äußerungen fokussiert sind, die sich für Schlagzeilen eignen. Aus diesem Grund gehört nicht zuletzt die *kritische Auseinandersetzung mit dem Bild von Kirche(n) und Religionsgemeinschaften in den Medien* zu den hier einschlägigen Lernaufgaben.

Weitere Lernaufgaben beziehen sich auf *Gemeinsamkeiten und Unterschiede zwischen den Kirchen und Religionsgemeinschaften.* Warum stellen die christlichen Kirchen keine Einheit dar, sondern begegnen uns in der Gestalt der großen Konfessionsgruppen evangelisch, katholisch, orthodox sowie weiterer Kirchen und Gruppierungen? Wie ist das zu beurteilen? Warum gibt es in anderen Religionen wie Judentum und Islam keine Kirchen und zum Teil auch keine institutionalisierten Religionsgemeinschaften? Worin bestehen die Vor- und Nachteile der unterschiedlichen Traditionen bei der Institutionalisierung?

Zu den wichtigen Einsichten, die aus empirischen Untersuchungen zu diesem Thema zu gewinnen sind, gehört der Befund, dass die Existenz von Kirche zwar von sehr vielen Jugendlichen begrüßt und wertgeschätzt wird, dass die Bedeutung einer eigenen Mitgliedschaft in der Kirche aber weit dahinter zurückbleibt (vgl. bspw. Schweitzer et al., 2018). Der Religionsunterricht könnte ein Ort dafür sein, diese Spannung bewusst zu machen und deren Ursachen gemeinsam zu klären.

Viele der genannten Aspekte kommen in den Bildungsplänen für den Religionsunterricht tatsächlich vor. Es handelt sich also nicht einfach um Vorschläge für neue Inhalte. Unter der Perspektive der religiösen Orientierungsfähigkeit kommt es allerdings darauf an, dass diese Inhalte tatsächlich auch unter dieser Perspektive aufgenommen werden. So gesehen geht es nicht nur um ein entsprechendes Wissen, sondern ebenso um Verstehen und Urteilen – einschließlich persönlicher Klärungsprozesse, auch wenn die Kirchenbindung der Schüler:innen nicht zum Zielspektrum des Religionsunterrichts gehört.

11.3.2 Lernaufgaben angesichts gesellschaftlicher Herausforderungen: Werte, gesellschaftlicher Zusammenhalt, politische Konflikte

Religiöse Orientierungsfähigkeit als Bildungsziel wird heute vielfach nicht an erster Stelle durch den Bezug auf Kirche und Religionsgemeinschaften begründet, sondern mit *gesellschaftlichen Herausforderungen.* Im Zentrum steht dann die Rolle von Religion hinsichtlich der Werte, des gesellschaftlichen Zusammenhalts sowie politischer Konflikte. Die gesellschaftliche Bedeutung von Religion wird dabei kontrovers eingeschätzt, was erklärt, warum hier Orientierungsfähigkeit erforderlich ist.

Traditionell werden Religionen als wichtige *Quelle von Werten* angesehen, die gesellschaftlich wünschenswert sind. Dabei wird an persönliche Tugenden gedacht, aber beispielsweise auch an die in biblischer Sicht aus der Gottebenbildlichkeit des Menschen (nach Gen 1,26 f.) rührende Achtung vor der Würde des Menschen oder an das Gebot der Nächsten- und Feindesliebe. Je stärker die religiös-weltanschauliche Vielfalt sich in einer Gesellschaft ausprägt, desto mehr tritt allerdings vor Augen, dass zum Teil ebenso gesellschaftlich problematische Wertorientierungen religiös begründet werden, angefangen bei grausamen körperlichen Strafen, für die – angeblich – biblische Begründungen angeführt werden (bes. Sirach 30,1), bis hin zu einer – vermeintlich – im Willen Gottes begründeten Ungleichheit der Geschlechter oder der Diskriminierung bestimmter sexueller Veranlagungen. Ungeprüft und unterschiedslos kann der Zusammenhang zwischen Religion und Werten daher nicht begrüßt werden, auch wenn Religion nach wie vor eine wichtige Quelle für solche Werte darstellen kann, die gesellschaftlich ebenso notwendig wie schwer zu sichern sind.

Wie schwierig es ist, Werte in der Gesellschaft zu sichern, ist exemplarisch an der sich verstärkenden *Sorge um den gesellschaftlichen Zusammenhalt* abzulesen. In dieser Hinsicht scheint die religiös-weltanschauliche Pluralität zentrifugale Tendenzen zu befördern, etwa in Gestalt der religiösen Individualisierung („Jede[r] ein Sonderfall", vgl. Dubach & Campiche, 1993). Auch in dieser Hinsicht wurde von den Kirchen und Religionsgemeinschaften traditionell ein wichtiger Beitrag zur Bildung von Orientierungen erwartet, die den Zusammenhalt sowie die Ausrichtung am Gemeinwohl unterstützen. Angesichts der religiösen Pluralisierung sowie des rückläufigen Einflusses der Kirche in einer Gesellschaft, in der die Mehrheit der Bevölkerung keiner Kirche mehr angehört, stellt sich jedoch die Frage, ob Kirchen und Religionsgemeinschaften eine solche Rolle tatsächlich noch übernehmen können.

Stark beachtet wird in der Öffentlichkeit der *Zusammenhang zwischen Religion und politischen Konflikten.* Wie dieser Zusammenhang genau einzuschätzen ist, lässt sich bei genauerer Betrachtung allerdings nicht ohne Weiteres sagen. Vielfach vermischen sich hier nationale, ethnische, kulturelle und religiöse Aspekte, so wie dies etwa am Beispiel der anhaltenden Konflikte im Nahen Osten oder auch in Nordirland abzulesen ist. In beiden Fällen spielen unterschiedliche Konfessions- und Religionszugehörigkeit eine wichtige Rolle, aber immer nur in Verbindung mit den anderen genannten Faktoren. Insofern erscheint es angemessener, hier von einer religiösen *Dimension* politischer Konflikte zu sprechen und nicht einfach von einer religiösen *Verursachung* solcher Konflikte. Ähnlich stellen sich die Dinge beim sogenannten Islamismus dar, bei dem häufig argumentiert wird, dass er zu religiös motiviertem Extremismus und Gewalt führen kann (vgl. unter dem Aspekt der Prävention bspw. Ceylan & Kiefer, 2018). Auch in diesem Falle liegen die Ursachen nicht allein in bestimmten Glaubensüberzeugungen, sondern entsprechende Haltungen sind ebenso beispielsweise auf soziale Ausgrenzungserfahrungen muslimischer Jugendlicher in der deutschen Gesellschaft zurückzuführen.

Orientierungsfähigkeit erfordert in allen gesellschaftlichen Hinsichten in erster Linie *ethische und politische Urteilsfähigkeit.* Entsprechende Lernaufgaben für den Religionsunterricht sollten diese thematische Ausrichtung konsequent berücksichtigen und sich nicht beispielsweise auf individualethische Fragen oder auch auf allgemeine Prinzipienfragen beispielsweise nach unterschiedlichen Typen ethischer Begründungen (deontologisch, utilitaristisch usw.) beschränken. Orientierungsfähigkeit kann sich erst in der Auseinandersetzung mit den entsprechenden gesellschaftlichen Konflikten bilden. Hier verbindet sich die Forderung nach religiöser Orientierungsfähigkeit mit der derzeit in der Religionspädagogik zu beobachtenden erneuten Hinwendung zu Aufgaben der politischen Bildung im Religionsunterricht (vgl. Schlag, 2010; Grümme, 2009; Herbst, 2022).

Neben der Urteilsfähigkeit geht es in gesellschaftlicher Hinsicht vor allem um Werte, insbesondere im Sinne *gemeinschaftsförderlicher Einstellungen.* Religionspädagogisch gesehen sind Einstellungen im Sinne von Frieden, Gerechtigkeit und Toleranz, Respekt und wechselseitiger Anerkennung ebenfalls besonders wichtig. Sie können als *Grundlage religiöser Orientierungsfähigkeit* angesehen werden. Zugleich scheint es in einem einzelnen Unterrichtsfach mit seinen wenigen Wochenstunden aber kaum möglich, Einstellungen wirksam zu verändern. Dieser Befund aus empirischen Untersuchungen (vgl. etwa Schweitzer et al., 2017) spricht allerdings nicht dagegen, dass sich der Religionsunterricht ebenso wie andere Schulfächer auch auf Einstellungen beziehen sollte, aber es sollte bewusst bleiben, dass die Wirksamkeit von Unterricht in dieser Hinsicht begrenzt ist.

11.4 Religiöse Orientierungsfähigkeit als Ziel religionspädagogischer Biografiebegleitung

Viele Orientierungsfragen brechen im Horizont der *Lebensgeschichten* junger Menschen auf, etwa aufgrund von Begegnungen oder von Erfahrungen, die mitunter einschneidenden Charakter haben können. In Interviews mit Jugendlichen wird häufig auf den Verlust geliebter Menschen verwiesen, der zu einem Umbruch in der religiösen Biografie geführt habe (vgl. bspw. Schweitzer et al., 2018; Mattes & Schweitzer, 2022). Orientierungsfragen können zugleich den weiteren Verlauf einer Biografie berühren, etwa wenn sich jemand einer bestimmten religiösen Gruppe anschließen möchte, die auch Erwartungen an die eigene Lebensführung formuliert.

In solchen Fällen nimmt das Lernen im Religionsunterricht zumindest potenziell die Gestalt einer religionspädagogischen Biografiebegleitung an, soweit dies im Rahmen der Schule möglich ist. Eine solche Begleitung ist mit seelsorgerlichen Aufgaben verwandt (vgl. Riess & Fiedler, 2009), muss aber keineswegs ein ausdrücklich als Seelsorge wahrgenommenes Verhältnis bedeuten. Anders als eine zeitlich in der Regel begrenzte seelsorgerliche Beziehung hat der Religionsunterricht die Chance, junge Menschen über mehrere Jahre hinweg zu begleiten, auch wenn die Lehrkräfte dabei wechseln. Denn immer wieder können in diesem Unterricht Fragen aufgenommen werden, die biografisch relevant sind.

War oben im Blick auf die Unterstützung religiöser Orientierungsfähigkeit im Religionsunterricht darauf hinzuweisen, dass dazu gerade Lernaufgaben wichtig sind, die über den individuellen Lebenszusammenhang hinausführen, so ist nun umgekehrt die Bedeutung von Themen der *individuellen Lebensführung* zu unterstreichen. In der Auseinandersetzung mit der verbreiteten Auffassung, dass es in dieser Hinsicht nur um persönliche Präferenzen und Geschmacksurteile gehen könne und sich der Austausch mit anderen insofern erübrige, ist ebenfalls schon deutlich geworden, dass diese Auffassung zu kurz greift. Schon der unauflösliche Zusammenhang zwischen Selbst- und Fremdbildern rückt auch individuelle religiöse Orientierungen in einen kommunikativen Horizont, wie er dann etwa im Religionsunterricht wahrgenommen werden kann.

Die Schule und ebenso der Religionsunterricht haben keineswegs die Aufgabe, Kindern und Jugendlichen vorzuschreiben, wie sie ihr Leben gestalten. Eine vom Staat getragene Einrichtung wie die Schule muss sich ebenso wie der Staat selbst *vor jedem Versuch hüten, das Leben der Menschen normieren zu wollen.* (Religiöse) Orientierungsfähigkeit im Blick auf das eigene Leben zielt denn auch keinesfalls auf eine solche normierende Funktion, sondern soll umgekehrt die einzelnen Personen selbst dazu befähigen, ihr Leben bewusst und reflektiert zu führen. Religiöse Orientierung kann nicht vermittelt, sondern nur gewonnen werden.

11.5 Zusammenfassung

Die Aufgabe, religiöse Orientierung zu ermöglichen, wird angesichts der zunehmenden religiös-weltanschaulichen Vielfalt in der Gesellschaft immer wichtiger, für das *gesellschaftliche Zusammenleben* ebenso wie für die *individuelle Lebensführung*. Diese Aufgabe steht dabei nicht einfach neben den in den vorangehenden Teilen des Buches beschriebenen Lernaufgaben hinsichtlich von Wissen, Verstehen und Urteilsfähigkeit. Vielmehr setzt Orientierungsfähigkeit, wie in diesem Kapitel mehrfach deutlich geworden ist, diese voraus und stellt gleichsam eine Probe aufs Exempel dafür dar, ob der Religionsunterricht insgesamt zur Orientierungsfähigkeit beitragen kann.

Gezeigt hat sich in diesem Kapitel ebenfalls, dass das *Verständnis religiöser Orientierungsfähigkeit* genauer bestimmt werden muss. Orientierungsaufgaben stellen sich im Blick auf die Kirchen und Religionsgemeinschaften anders als im Falle des gesellschaftlichen Zusammenlebens allgemein oder des individuellen Lebenszusammenhangs. Das gilt nicht nur in Bezug auf unterschiedliche Anforderungen an diese Fähigkeit, sondern auch in unterrichtspraktischer Hinsicht. Lernaufgaben für den Religionsunterricht wurden deshalb ebenso hinsichtlich der Vielfalt von Kirchen und Religionsgemeinschaften beschrieben wie hinsichtlich aktueller gesellschaftlicher Herausforderungen und schließlich auch einer auf die einzelnen Kinder und Jugendlichen bezogenen Biografiebegleitung.

12 Den eigenen Glauben klären

Die Aufgabe, im Religionsunterricht eine Klärung des eigenen Glaubens zu ermöglichen, steht nicht einfach neben dem Erwerb von Wissen und der Ausbildung von Verstehen und Urteilsfähigkeit. Ähnlich wie die religiöse Orientierungsfähigkeit setzt sie diese vielmehr voraus. Die Klärung des eigenen Glaubens lässt sich auch sonst nicht als ein spezielles Unterrichtsziel begreifen. Es wäre wenig sinnvoll, eine solche Klärung beispielsweise zum Gegenstand einer einzelnen Stunde oder Unterrichtseinheit machen zu wollen. Vielmehr setzen solche Klärungsprozesse all das voraus, was im Blick auf Wissen, Verstehen und Urteilsfähigkeit beschrieben wurde. Da die Möglichkeit, sich mit der Frage nach dem eigenen Glauben zu befassen, aber ein zentrales Merkmal des Religionsunterrichts, wie er hier verstanden wird, darstellt, soll auch diese Aufgabe eigens aufgenommen werden.

Besonders eng verbunden ist die Klärung des eigenen Glaubens mit der *Entwicklung religiöser Orientierungsfähigkeit,* da sich diese Fähigkeit immer auch auf den *eigenen Standpunkt* der Schüler:innen bezieht und damit auf deren eigene Überzeugungen. In diesem Sinne geht es bei der Orientierungsfähigkeit ebenfalls um den eigenen Glauben, selbst wenn man sich selbst nicht als religiös versteht. Zugleich bezieht sich die religiöse Orientierungsfähigkeit eher auf die *allgemeine gesellschaftliche, kulturelle und religiöse Situation* und weniger auf existenzielle Fragen. Insofern verändert sich im Folgenden der Blickwinkel hin zum *eigenen Selbst* der Schüler:innen. Zu bedenken ist dabei ebenso die spezielle Rolle von Religionslehrkräften, die bei Glaubensfragen ebenfalls persönlich angesprochen und existenziell engagiert sein können und sollen.

Um deutlich zu machen, dass bei der Frage nach dem eigenen Glauben das *einzelne Subjekt* den entscheidenden Ausgangspunkt darstellen muss, soll zuerst die *Suche nach Gewissheit* im Kindes- und Jugendalter thematisiert werden, und zwar bewusst noch ganz unabhängig vom Religionsunterricht. Erst danach soll geprüft werden, wie sich der Religionsunterricht darauf beziehen kann.

12.1 Die Suche nach Gewissheit als Ausgangspunkt

Von einer „Suche nach eigenem Glauben“ (Schweitzer, 1996) sprechen nicht alle Menschen. Bei Umfragen zeigte sich allerdings, dass sich viele Jugendliche zwar nicht als religiös, aber doch als gläubig wahrnehmen (so besonders deutlich die Befunde bei Schweitzer et al., 2018). Gleichwohl gilt dies den Befunden zufolge nur für etwa die Hälfte der jungen Menschen. Deshalb wird hier bewusst statt von Glaube offener von *Gewissheit* gesprochen. Eine solche Gewissheit kann, muss aber nicht religiös sein. Zu denken ist auch an eine „letzte Gewissheit“, die nicht mit einer bestimmten Glaubensweise oder Religion verbunden ist, sondern einfach das meint, worauf sich jemand in seinem Leben unbedingt verlässt. Solche Gewissheiten spielen im Leben von Menschen unausweichlich eine wichtige Rolle, sei es bewusst oder auch unbewusst.

Die Suche nach einer Gewissheit, die *über die in der menschlichen Erfahrung unmittelbar zugängliche Welt hinausführt,* begleitet die gesamte Menschheitsgeschichte. Manche sehen in der Endlichkeit des menschlichen Lebens einen oder sogar den entscheidenden Grund für diese Suche, da Vorstellungen davon, was nach dem Tod kommt oder nicht kommt, ein besonders eindrückliches Beispiel für diese Suche darstellen (vgl. im Blick auf Jugendliche: Mattes & Schweitzer, 2022). Was kann, soll oder darf in dieser Hinsicht geglaubt oder gehofft werden? Und was bedeutet dies für das eigene Leben? Weit verbreitet ist ebenso die Frage nach dem Woher der Welt oder auch des eigenen Daseins. Wie ist die Entstehung dieser Welt zu erklären und was bedeutet dies für einen selbst?

Ähnlich fragen viele Menschen gerade im Jugendalter nach einem *Sinn des Lebens,* der über die im Alltag verfolgten Zwecke hinausreicht. Erschöpft sich das menschliche Leben in der Arbeit und den Aufgaben, die für den Lebensunterhalt erfüllt werden müssen, oder hat dieses Leben einen weiterreichenden Sinn? Wenn ja, worin könnte dieser Sinn bestehen? Wer oder was bestimmt und begründet einen solchen Sinn?

Die *Begegnung mit verschiedenen Glaubensweisen und religiösen Überlieferungen* bietet von Anfang an Gelegenheiten und Anstöße dazu, sich solcher Fragen nach Gewissheit bewusst zu werden und damit nach der eigenen Auffassung vom Sinn des Lebens zu fragen. Das gilt bereits auf der Ebene des Wissens und des Kennenlernens unterschiedlicher Sinnentwürfe, noch mehr aber beim Verstehen und Urteilen, das immer auch persönliche Perspektiven einschließt. Dafür muss Kindern und Jugendlichen allerdings deutlich werden, dass ein solcher Glaube sowie die religiösen Traditionen nicht etwas ihnen Fremdes und

Fernes sind, sondern auf ihre eigene Suche nach Sinn und Gewissheit bezogen werden können. An dieser Stelle tritt noch einmal die religionsdidaktische Grundaufgabe der Traditionserschließung hervor (→ S. 143 ff.). Wo solche Erschließungsprozesse gelingen, kann der Religionsunterricht Relevanz für persönliche Sinnfragen gewinnen.

Zugleich kann eine besondere Chance des Lernens im Religionsunterricht darin gesehen werden, dass *persönliche Perspektiven* hier nicht nur gleichsam mitlaufen, was in allen Fächern ebenso möglich ist, sondern dass sie eigens in den Vordergrund treten. Das Lernen gewinnt dann eine grundlegende persönliche Dimension und ist dabei zugleich in ein *Beziehungsgeschehen* eingebunden (→ S. 268). Obwohl es möglich ist, den eigenen Glauben einfach für sich selbst und allein im Gespräch mit sich selbst klären zu wollen, so ist es doch vielen, gerade auch jungen Menschen besonders wichtig, die eigene Gewissheit oder die eigenen Fragen und Zweifel mit anderen zu teilen und zu erfahren, welche Vorstellungen und Überzeugungen sie haben. Das gilt ebenso für die Mitschüler:innen wie im Verhältnis zur Religionslehrkraft.

Das bereits mehrfach angesprochene Beispiel der *Vorstellungen vom Leben nach dem Tod* macht deutlich, dass letzte Gewissheiten nicht nur als sehr *persönlich,* sondern häufig als geradezu *intim* wahrgenommen werden (vgl. Mattes & Schweitzer, 2022). Solche Vorstellungen in der Öffentlichkeit einer Schulklasse zum Ausdruck zu bringen macht offenbar verletzlich. Darüber hinaus legen Jugendliche dabei großen Wert auf das Recht, eigene Vorstellungen auszubilden, die von den Religionslehrkräften nicht beurteilt, bewertet oder gar – dann im Sinne einer bestimmten Glaubenslehre – normiert werden dürfen. Dies entspricht dem heute gerade im religiösen Bereich stark ausgeprägten Wunsch nach persönlicher Autonomie, der für Jugendliche beim Glauben vielfach an erster Stelle zu stehen scheint (so ein weiteres Ergebnis bei Schweitzer et al., 2018). Dies unterstreicht noch einmal, dass der Religionsunterricht zwar *Möglichkeiten* bereitstellen soll, den eigenen Glauben zu klären, dass die Klärungsprozesse selbst aber nicht Aufgabe der Religionslehrkräfte sein können.

Auch wenn es keine entsprechenden Befunde zu Kindern gibt, dürfte der Wunsch nach eigenen Antworten auf Glaubensfragen bei ihnen eine zumindest vergleichbare Bedeutung haben. Das zeigt etwa die *Kindertheologie* (vgl. die Jahrbücher für Kindertheologie, Bucher et al., 2002 ff.). Nicht selten stellen Kinder den Erwachsenen direkt auf den Glauben bezogene Fragen (Wie sieht Gott eigentlich aus? Kommen die Toten in den Himmel?). Dabei ist ebenfalls zu beachten, dass Kinder hier nicht einfach die Antworten der Erwachsenen für sich übernehmen wollen. Eher geht es ihnen wohl darum, ihre eigenen Vorstellungen mit denen der Erwachsenen abzugleichen, um so eigene Antworten zu finden.

Die menschliche Suche nach Gewissheit begründet, so lässt sich *zusammenfassend* sagen, die Bedeutung der Sinndimension des Lernens im Religionsunterricht. Über den Erwerb von Kenntnissen und Fähigkeiten hinaus können hier zumindest immer wieder persönliche Fragen im Vordergrund stehen, selbst wenn diese nicht in jeder Unterrichtsstunde ausgesprochen werden.

12.2 Glauben lehren, lernen oder klären?

Es ist ein weitverbreitetes *Missverständnis,* dass den Kindern und Jugendlichen im Religionsunterricht „beigebracht" werden soll, was und wie sie glauben sollen. In der katechetischen Tradition spielten solche Vorstellungen zwar durchaus eine Rolle, aber heute finden sie kaum mehr Zustimmung, nicht bei den Schüler:innen, aber auch nicht bei den Lehrkräften. Jugendliche befürchten geradezu, dass Religionslehrkräfte ein solches Ziel verfolgen, und Umfragen zeigen, dass der Religionsunterricht bei Jugendlichen vielfach sogar insgesamt das Image hat, dass er sich nur für solche Schüler:innen eigne, die den von der Religionslehrkraft vertretenen Glaubensüberzeugungen zustimmen (vgl. Schweitzer et al., 2018). Ähnliche Vorbehalte gibt es auch in der wissenschaftlichen Diskussion. Insbesondere dem konfessionellen Religionsunterricht, wie er in Deutschland rechtlich als Grundmodell anzusehen ist, begegnet in der internationalen Diskussion der Verdacht, dass es in einem solchen Religionsunterricht noch immer um eine Glaubensunterweisung gehe, bei der am Ende möglichst alle Schüler:innen den entsprechenden Glauben übernommen haben. Für den Religionsunterricht in England beispielsweise wird eine solche Intention als "learning religion" ausdrücklich abgelehnt. Der Religionsunterricht soll ein „Lernen über Religion" (learning about) ermöglichen und, wie inzwischen hinzugefügt wird, auch noch ein „Lernen von Religion" (learning from), aber kein „Religion Lernen" (grundlegend: Grimmitt, 1987; Jackson, 1997).

Die Wahrnehmung von Religionsunterricht als Glaubensunterweisung oder als Angebot nur für Gläubige erzeugt erhebliche Probleme, auch wenn es sich bei solchen Vorstellungen um Vorurteile handelt. Wie exemplarisch an den Übertritten evangelischer und katholischer Schüler:innen in den Ethikunterricht abzulesen ist, können solche Vorstellungen zur Ablehnung von Religionsunterricht führen. Deshalb ist es wichtig, die sowohl theologisch als auch pädagogisch begründeten Grenzen des Lehrens von Religion klar zu formulieren:

Grenzen der Lehrbarkeit von Religion

Besonders klar sind die *Grenzen der Lehrbarkeit von Religion* in der *evangelischen Tradition* formuliert worden. Schon Martin Luther weist in der Einleitung zu seinem Kleinen Katechismus ausdrücklich darauf hin, dass man niemand zum Glauben zwingen könne oder dürfe (Luther, 1529, S. 270). Den Grund für diese Einschränkung oder Grenzziehung erläutert er dann in seiner Erklärung zum dritten Glaubensartikel so, dass der Glaube und das Glauben-Können dem Menschen selbst entzogen bleiben, auch im Blick auf die eigene Person (vgl. S. 250). Der Glaube sei ein Geschenk oder eine Gewissheit, die allein von Gott kommen kann – als Wirkung des Heiligen Geistes im Menschen.

In der *katholischen Tradition* wurde diese Grenze weniger betont, weil hier insgesamt größerer Wert auf den menschlichen Beitrag zum eigenen Heil gelegt wird, beispielsweise im Sinne der notwendigen Bereitschaft, sich vom Glauben überzeugen zu lassen. Aber auch in diesem Falle wird speziell hinsichtlich des schulischen Religionsunterrichts nicht mehr davon ausgegangen, dass hier der Glaube beigebracht werden soll oder kann. Vor allem seit der für die katholisch-religionspädagogische Tradition grundlegenden Neuorientierung durch die Würzburger Synode (Beschluss von 1974, vgl. Sajak, 2020) wird davon ausgegangen, dass der Religionsunterricht ein offenes Angebot für alle Kinder und Jugendlichen sein soll.

Auch *pädagogisch* sind die Grenzen der Lehrbarkeit des Glaubens bewusst zu halten. Die moderne Pädagogik gründet auf der Voraussetzung, dass alles pädagogische Handeln letztlich dem Ziel des *Mündigwerdens* von Kindern und Jugendlichen dienen muss (vgl. exemplarisch Benner, 1987). Diese Mündigkeit betrifft in dieser Sicht den Kern der Person, über den von anderen Menschen oder auch durch gesellschaftliche Institutionen nicht verfügt werden darf. Wo diese geschieht (was faktisch durchaus der Fall sein kann – man denke nur an totalitäre Systeme), ist dies so gesehen ein Verstoß gegen die Menschenwürde, die pädagogisch als Selbstbestimmung auszulegen ist. Letzte Orientierungen des Menschen pädagogisch bestimmen oder gar determinieren zu wollen wäre deshalb ein Selbstwiderspruch, durch den sich die Pädagogik gleichsam selbst aufheben würde. Statt von Pädagogik wäre dann von Abrichtung oder Indoktrination zu sprechen.

Auch wenn sich die Zielsetzung, Kindern und Jugendlichen den Glauben „beibringen“ zu wollen, mitunter in der Tradition der Religionspädagogik finden lässt, muss sie also aus heutiger Sicht grundsätzlich infrage gestellt werden. Das wurde schon im Übergang zur Moderne immer stärker hervorgehoben. So konnte im 18. Jahrhundert zwar auch noch ein Religionspädagoge der Aufklärung wie Johann Gotthilf Salzmann ein weithin rezipiertes Buch mit dem damals offenbar werbewirksamen Titel „Über die wirksamsten Mittel, Kindern Religion beyzubringen" (Salzmann, 1780) veröffentlichen, aber schon wenig später konnte etwa Friedrich Schleiermacher, ebenso ein Klassiker der Pädagogik wie der Theologie, in seinen 1799 veröffentlichten „Reden über die Religion" in allen solchen Vorstellungen nur noch ein pädagogisches und theologisches Missverständnis sehen (vgl. bes. die dritte Rede; Schleiermacher, 1967). Man könne Kindern zwar durchaus bestimmte Vorstellungen einflößen, aber es sei höchst zweifelhaft, ob daraus dann jemals ein lebendiger Glaube werde. Dieser Vorbehalt entspricht im Übrigen Schleiermachers späterer, in seinen Vorlesungen über Pädagogik entwickelten Kritik an allen pädagogischen Allmachtsvorstellungen: Weder dürfe noch könne die Pädagogik sich einbilden, dass die Wirksamkeit pädagogischen Handelns unbegrenzt sei (vgl. Schleiermacher, 1849, S. 19 ff.).

Demnach kann *zusammenfassend* festgehalten werden, dass jedenfalls der christliche Glaube im Religionsunterricht nicht einfach gelehrt werden kann. Deshalb kann er, in heutiger Terminologie ausgedrückt, auch nicht als ein Lernziel bezeichnet werden. Dass damit allerdings nicht gemeint sein kann, dass der Unterricht für die Entstehung oder Entwicklung des Glaubens bedeutungslos wäre, soll im Folgenden ebenfalls deutlich werden.

Den Glauben lernen?

Wenn der Glaube nicht einfach gelehrt werden kann, ist es dann wenigstens möglich, den Glauben zu *lernen?* Ohne Zweifel entsteht der Glaube nicht einfach durch eine Art innerer Reifung oder als sich von selbst vollziehende Entfaltung einer Anlage im Menschen. Auch wenn in der Tradition der Religionspädagogik durchaus von einer „Anlage zur Religion" gesprochen wird (im Anschluss an Schleiermacher etwa bei Kabisch, 1910, S. 13), so ist damit doch etwas anderes gemeint. Es geht nicht um eine Veranlagung im Sinne heutiger biologischer oder psychologischer Begabungstheorien, die bei verschiedenen Menschen unterschiedliche Anlagen im Sinne mehr oder weniger günstiger Voraussetzungen für Lernen beschreiben. Stattdessen ist eine *grundsätzliche Offenheit des Menschen für Religion* gemeint, die zum Menschsein selbst gehört. Wie diese „Anlage zur Religion" dann tatsächlich zur Entfaltung kommen kann, stellt aber eine eigene Frage dar. Dass dies nicht automatisch geschieht, sondern immer in Abhängigkeit von mehr oder eben auch weniger förderlichen gesellschaftlichen Voraussetzungen, stand schon Klassikern wie Schleiermacher deutlich vor Augen (vgl. Schleiermacher, 1967). Auch vor zweihundert Jahren herrschten seiner Ansicht zufolge gesellschaftliche Interessen vor, die sich abträglich auf die religiöse Entwicklung und Bildung auswirkten. Insofern diente ihm der Verweis auf die „Anlage zur Religion" als Grundlage für eine kritische Auseinandersetzung mit einer tendenziell religionsvergessenen Gesellschaft, die an religionsbezogene Bildungsaufgaben erinnert werden sollte. Diese Notwendigkeit ist heute noch stärker ausgeprägt, etwa angesichts von ökonomischen Tendenzen in der Bildungspolitik, die für religiöse Bildung keinen Raum lassen.

In der reformatorischen Tradition werden nicht nur die Grenzen des Lehrens von Religion betont, sondern auch entsprechende *Grenzen des Lernens.* Der Glaube soll auch in dieser Hinsicht keinesfalls als eine vom Menschen zu erbringende Leistung verstanden werden. Im Kleinen Katechismus formuliert Luther: „ich glaube, dass ich nicht aus eigener Vernunft noch Kraft zu Jesus Christus, meinem Herrn kommen oder an ihn glauben kann" (Luther, 1529, S. 250). Theologisch gesehen ist es nicht legitim, die Gewissheit im Glauben als Produkt eines intentionalen Lernens oder gar einer Entscheidung verstehen zu wollen. Eben das ist gemeint, wenn es heißt, es sei Gott selbst, der diesen Glauben wirkt. Diese Begrenzung lässt sich auch außerhalb der Theologie gut nachvollziehen: Niemand kann sich einfach vornehmen, eine bestimmte Letztüberzeugung zu übernehmen. Solche Überzeugungen gehen prinzipiell über absichtliches Lehren und Lernen hinaus.

Gleichsam unterhalb dieser prinzipiellen Grenze, die sowohl dem Lehren wie dem Lernen des Glaubens gezogen ist, gibt es jedoch durchaus Möglichkeiten für beides, sowohl für das Lehren wie das Lernen.

Bleibende Aufgaben des Lehrens und Lernens im Umkreis des Glaubens

An welche *Möglichkeiten des Lehrens und Lernens* im Umkreis des Glaubens ist zu denken, wenn der Glaube weder gelehrt noch gelernt werden kann? Schon in der Kindheit macht es einen großen Unterschied, ob Kindern eine auch *in religiöser Hinsicht anregungsreiche Umwelt* begegnet oder nicht, etwa im Elternhaus oder in einer Kindertagesstätte. Die anthropologisch gegebene Offenheit für Religion bedeutet nicht, dass sich automatisch ein Glaube entwickelt. Auch der Religionsunterricht lässt sich als wichtiger Bestandteil einer solchen anregungsreichen Umwelt verstehen. Mit dem Übergang zum Jugendalter und der damit verbundenen wachsenden Entscheidungsfähigkeit liegt es dann mehr und mehr in der eigenen Verantwortung junger Menschen, womit sie sich befassen und womit nicht (vgl. Härle, 1992).

In diesen Hinsichten kann daher in einem weiteren Sinne durchaus von einem Lehren und Lernen in Bezug auf den Glauben oder von „religiösem Lernen" gesprochen werden (vgl. Kießling, 2003; Porzelt, 2009), obwohl der Glaube selbst dem Lehren und Lernen im engeren Sinne entzogen bleibt. Entscheidend ist, welche Anregungen Kindern und Jugendlichen geboten werden und welchen sie sich später selbst zuwenden. Dabei spielen unterschiedliche individuelle Interessen eine wichtige Rolle, die sich ihrerseits erst in der Begegnung mit einer bestimmten Thematik herausbilden können (vgl. → S. 165).

Den eigenen Glauben klären

Mit der Aufgabe, Kindern und Jugendlichen im Religionsunterricht eine Klärung des eigenen Glaubens zu ermöglichen, kann also weder ein Lehren noch ein Lernen des Glaubens gemeint sein. Darüber hinaus ist dabei noch einmal auf die *Grenzen der Schule* zu verweisen, die sich gerade bei existenziellen Fragen bemerkbar machen. Die Schule ist und bleibt eine in der Regel staatliche Einrichtung, zu deren Besuch Kinder und Jugendliche gesetzlich verpflichtet sind. Sie ist nicht mit einer Retreat oder mit Besinnungstagen gleichzusetzen, auch wenn solche Veranstaltungen durchaus zum Angebot einer Schule gehören können. Insofern sollte die Formulierung „Den eigenen Glauben klären" im Blick auf den Religionsunterricht so verstanden werden, dass es hier um einen Beitrag geht, den der Religionsunterricht leisten soll, auch wenn die entsprechenden Aufgaben über die Möglichkeiten des Unterrichts hinausgehen. Ein Ziel jedenfalls, dessen Erreichen überprüfbar wäre, kann es in dieser Hinsicht nicht geben.

Auch wo solche Grenzen beachtet werden, kommt es für die Klärung des eigenen Glaubens aber über das bloße Kennenlernen von Glaubensinhalten hinaus auf die *persönliche Dimension des Lernens* an. In dieser Formulierung kommt gut zum Ausdruck, dass gerade beim Glauben das Lehren das Lernen nicht determinieren soll oder kann. Insofern eignet sich diese Formulierung auch dazu, die Ziele des Religionsunterrichts so zu beschreiben, dass sie in Schule und Öffentlichkeit kommuniziert werden können. Weder ist der Religionsunterricht ein Angebot nur für solche Kinder und Jugendliche, die nach Möglichkeiten der Festigung oder Reflexion eines bereits geteilten Glaubens suchen, noch verfolgt er das Ziel, junge Menschen auf einen bestimmten Glauben festzulegen. Vielmehr dient er der anspruchsvollen Aufgabe, jungen Menschen eine besondere Chance zu eröffnen, sich darüber klar zu werden, was sie selbst glauben wollen und glauben können. Dazu gehört dann auch, wie im Folgenden dargestellt wird, dass dies in einer kompetent begleiteten Form geschieht, was die Reflexion auf die Implikationen und Folgen bestimmter Glaubensüberzeugungen einschließt. Damit sind zwei weitere besonders wichtige und deshalb im Folgenden genauer zu erörternde Aspekte angesprochen: die *Beziehungsebene* sowohl hinsichtlich Religionslehrkraft als auch der Mitschüler:innen sowie die kommunikativen Herausforderungen *kritischer Diskurse im Unterricht.*

12.3 Wie kann der eigene Glauben geklärt werden?

Wenn der eigene Glaube geklärt werden soll, scheint dies vorauszusetzen, dass bereits ein eigener Glaube vorhanden ist. Dass dies tatsächlich der Fall ist, versteht sich allerdings nicht mehr von selbst. Vielfach wird der Begriff „Glaube" in der Regel mit den Lehren der Kirche oder anderer Religionsgemeinschaften gleichgesetzt, mit denen sich Kinder und vor allem Jugendliche nicht identifizieren. Ein erster Schritt der Klärung muss für die Schüler:innen deshalb darin bestehen, sich der *Bedeutung von Glaube im eigenen Leben* bewusst zu werden. Dies kann sowohl bereits in Auseinandersetzung mit religiösen Traditionen, also beispielsweise biblischen Inhalten, geschehen oder auch so, dass sich der Blick zunächst ganz auf das eigene Leben richtet. Auf jeden Fall ist für Kinder und Jugendliche zugleich interessant, was andere – vor allem Gleichaltrige – glauben und welche Unterschiede zwischen den verschiedenen Religionsgemeinschaften bestehen, denen diese vielleicht angehören. Auch an dieser Stelle zeigt sich die Bedeutung der Beziehungsebene in einer Schulklasse oder Lerngruppe.

Die Bedeutung von Glaube und Religion im eigenen Leben wahrnehmen

Was mit dieser ersten Teilaufgabe gemeint ist, lässt sich am besten im Blick auf Jugendliche erläutern. In Jugendstudien, zuletzt etwa der Studie „*Jugend – Glaube – Religion*" (Schweitzer et al., 2018), ergab sich ein auf den ersten Blick überraschender Befund: Während viele Jugendliche sich selbst nicht als „religiös" bezeichnen wollen, war es einem weit größeren Teil der Befragten wichtig, dass sie durchaus an etwas glauben und in diesem Sinne „gläubig" sind (S. 19 f.). In der genannten Studie sahen sich nur 22 % als „religiös", hingegen 41 % als „gläubig" (S. 20). Noch stärker wurde in dieser Studie der Glaube an Gott bejaht (52 %), und drei Viertel der Befragten gaben an, dass sie zumindest gelegentlich beten (S. 21). Unabhängig davon, ob sich dieser in Baden-Württemberg gewonnene Befund verallgemeinern lässt, hat die Lernaufgabe, die Bedeutung von Glaube und Religion im eigenen Leben wahrzunehmen, offenbar einen deutlichen Anhalt bei den Jugendlichen selbst.

Befunde dieser Art erinnern zugleich an den in der *Religionspsychologie* verbreiteten Versuch, die Religiosität von Menschen nicht im Ausgang von religiösen Lehren, sondern von *persönlichen Sinnorientierungen* her zu erschließen. Ein gutes Beispiel dafür bietet James W. Fowler (1991), der sich für sein Verständnis von Glaube als einem allgemeinmenschlichen Phänomen wiederum auf den Religionswissenschaftler Wilfred Cantwell Smith (1998, Reprint) stützt. Im Zentrum steht dabei die These, dass jeder Mensch zumindest insofern einen Glauben habe, als alle Menschen ihr Leben sinnhaft deuten und dabei von bestimmten Werten ausgehen.

Für die religionspsychologische Erschließung der menschlichen Religiosität ist darüber hinaus die Beobachtung bestimmend, dass sich Glaube und Religion in der *Lebensgeschichte* von Menschen mehrfach verändern oder, entwicklungspsychologisch formuliert, sich in der Lebensgeschichte allererst entwickeln (vgl. Schweitzer, 2016). Insofern ist es nicht erstaunlich, wenn Jugendliche beispielsweise in Interviews bei der Frage nach ihrem Glauben immer wieder auf Veränderungen in ihrer Lebensgeschichte verweisen, wobei häufig zugleich eine Abgrenzung von einem in der Kindheit (noch) plausiblen Glauben zu beobachten ist („Früher als Kind …").

Dieser Hinweis auf die *Kindheit* macht deutlich, dass Glaube und Religion für Kinder eine größere Selbstverständlichkeit besitzen als für Jugendliche. Allerdings begegnen Kinder heute Religion und Glaube in vielen Fällen in ihrer Sozialisation zumindest nicht in einer ausdrücklichen, beispielsweise kirchlichen Gestalt. Im Sinne des weiten Glaubensbegriffs etwa von Fowler kann zwar auch bei Eltern und in Familien von einem „Lebensglauben", verstanden als letzter Sinn- und Wertorientierung, ausgegangen werden, aber nicht von einer explizit religiösen Form dieses Glaubens. Insofern nimmt die Aufgabe, die Bedeutung von Religion und Glaube im eigenen Leben wahrzunehmen, bei Kindern vielfach die Gestalt eines Bewusstwerdens an, bei dem eine ihnen bislang nicht vor Augen stehende Dimension des eigenen Lebens entdeckt wird.

Eigener Glaube und der Glaube in der religiösen Überlieferung

Besonders für Kinder, aber auch für Jugendliche kann die *Begegnung mit der religiösen Überlieferung* einen wichtigen Entdeckungszusammenhang für den

Glauben darstellen. Durch die Beschäftigung mit biblischen Geschichten kann bewusst werden, welche Rolle der Glaube im Leben von Menschen spielen und was dies vielleicht für einen selbst bedeuten könnte. Biblische Geschichten bieten vielfältige Möglichkeiten, sich in diese Geschichten nicht nur einzudenken, sondern sich in sie hineinzuversetzen, wenn es zu einer Identifikation mit bestimmten Personen in diesen Geschichten kommt – etwa den Kindern, denen sich Jesus zuwendet (Mk 10,14 ff.), oder den Menschen, die Jesus hören, aber nicht glauben können (Mk 4,10 ff.).

Allerdings stellt die religiöse Überlieferung besonders in ihrer kirchlichen Gestalt für Jugendliche vielfach zunächst keinen Entdeckungszusammenhang für den eigenen Glauben dar, sondern einen *Pol der Abgrenzung*. Jugendliche sprechen dann davon, dass sie selbst nicht glauben wollen oder können, was die Kirche lehrt oder was in der Bibel beispielsweise über Adam und Eva gesagt wird (vgl. Schweitzer et al., 2018, S. 202 ff.). Die Formulierungen lassen dabei erkennen, dass hinter einer entsprechenden Ablehnung der religiösen Überlieferung häufig keine wirkliche Vertrautheit damit besteht. Eine wichtige religionsdidaktische Aufgabe kann daher darin bestehen, eine genauere Auseinandersetzung beispielsweise mit dem biblischen Schöpfungsverständnis zu ermöglichen.

Glaube und Religion im Leben der anderen

Für die Klärung des eigenen Glaubens spielt oft eine wichtige Rolle, *was andere Menschen glauben*. Das gilt nicht nur, aber doch in besonderer Weise für Kinder und Jugendliche. Dabei treten vier Bezüge hervor: die *eigene Herkunftsfamilie*, die *Gruppe der Gleichaltrigen*, die *Religionslehrkräfte* sowie die *verschiedenen Religionen*, die in dieser Hinsicht weniger im Blick auf ihre Traditionen und Lehren wahrgenommen werden als hinsichtlich der aktuell gelebten Gestalt, in der sie bei anderen Menschen heute begegnen.

Traditionell war die *Herkunft aus einer bestimmten Familie* für den eigenen Glauben weithin maßgeblich. Gleichsam selbstverständlich wurde der Glaube von Kindesbeinen an von den Eltern übernommen. Das bedeutet freilich auch, dass diese Übernahme weniger auf ausgeprägten inneren Überzeugungen beruhte, die persönlich angeeignet wurden, als vielmehr auf sozialen Erwartungen, die in einer Familie und vielfach auch allgemein an einem bestimmten Ort, in einer Region oder einem Land unhinterfragt in Geltung standen. Genau diese Form der religiösen Tradierung meint der Begriff der religiösen Sozialisation, der damit auf sowohl bildungstheoretisch als auch theologisch zu problematisierende Prozesse verweist. Denn eine solche Sozialisation führt weder automatisch zu (religiöser) Mündigkeit noch zur Ausbildung einer geprüften inneren Überzeugung.

Besonders für den evangelischen, zunehmend aber ebenso für den katholischen Bereich, wird weithin von einem *Nachlassen der religiösen Familiensozialisation* ausgegangen (s. bes. EKD, 2014b). Auch wenn sich dieser Eindruck besonders mit der zugespitzten Behauptung eines völligen „Ausfalls" der religiösen Familiensozialisation als differenzierungsbedürftig erweist (vgl. Schweitzer, 2022b), bleibt richtig, dass insbesondere ein an die Kirche gebundenes oder auf die Kirche ausgerichtetes Christentum in der Familie kaum mehr tradiert wird. Vor allem im muslimischen Bereich hingegen scheint die religiöse Sozialisation noch stärker traditionsorientiert auszufallen, aber auch hier lässt es sich aufgrund fehlender verallgemeinerbarer empirischer Untersuchungen nicht leicht sagen, wie weit die religiöse Familiensozialisation in Deutschland oder anderen europäischen Ländern tatsächlich reicht. Auf jeden Fall ist auch in diesem Falle nicht von einer sozialen Verstärkung durch die lokale oder regionale Umwelt auszugehen. Vielmehr stellt sich diese Umwelt etwa in Deutschland zumeist religiös und weltanschaulich plural oder heterogen dar und führt damit auch schon Kindern vor Augen, dass sich die Zugehörigkeit zu einer bestimmten Religion oder Tradition nicht von selbst versteht.

Immer wieder begegnet dem Religionsunterricht in dieser Situation die Erwartung, dass er kompensatorisch einen *Ausgleich für die „ausgefallene" religiöse Sozialisation* vor und außerhalb der Schule leisten soll. Eine solche Erwartung geht jedoch an den Möglichkeiten eines mit zwei Wochenstunden in der Schule vertretenen Faches vorbei. Mehr noch übergeht sie den Bildungsanspruch des Religionsunterrichts: Statt um religiöse Bildung soll es um religiöse Bindung gehen. Zugleich können die Lehrkräfte im Religionsunterricht im Einzelfall durchaus zu den Menschen gehören, die in den Augen der Schüler:innen für die Klärung des eigenen Glaubens eine wichtige Rolle spielen. Überaus wichtig ist den Kindern und noch mehr den Jugendlichen, was die anderen in der *eigenen Klasse* oder im *Freundeskreis* denken und glauben. Das entspricht der sozialen Verbürgtheit des Glaubens, wie sie etwa in der Religionspsychologie beschrieben wird (vgl. Fowler, 1991).

Hinsichtlich der möglichen Bedeutung von *Religionslehrkräften* für den Glauben der Schüler:innen ist allerdings deutlich zwischen Kindern und Jugendlichen zu unterscheiden. Für Kinder kann die persönliche Nähe zu einem bzw. einer Lehrer:in sehr wichtig sein, auch im Blick auf den Glauben. Jugendliche hingegen lehnen es fast durchweg ab, wenn ihnen eine Lehrkraft, wie dann oft formuliert wird, bestimmte Glaubensüberzeugungen vorgeben oder gar aufzwingen wolle. Solche Beobachtungen verweisen auf das differenziert zu beschreibende Beziehungsgeschehen im Religionsunterricht.

Spätestens im Kindergarten tritt Kindern heute vor Augen, dass andere Kinder häufig eine *andere Religionszugehörigkeit* oder auch *keine solche Zugehörigkeit* haben. Für die Klärung des eigenen Glaubens wird es deshalb zunehmend wichtiger, diesen Glauben auch in ein Verhältnis zu dem von anderen gelebten Glauben oder Nicht-Glauben setzen zu können.

Klärungsprozesse im Unterricht als Beziehungsgeschehen

Wie wichtig die *Beziehungsdimension* für den Religionsunterricht ist, wird ebenso in der religionspädagogischen Literatur wie in mündlichen Erfahrungsberichten hervorgehoben (s. bes. Boschki, 2003). Auch von der Vorbildrolle von Religionslehrkräften ist häufig die Rede. Wie schon deutlich geworden ist, müssen solche Wahrnehmungen und Erwartungen allerdings differenzierend aufgenommen werden, speziell im Blick auf die Unterschiede zwischen Kindheit und Jugendalter, aber ebenso hinsichtlich des gesamten Beziehungsgeschehens im Religionsunterricht, das sich nicht in der Beziehung zwischen der Lehrkraft und den Schüler:innen erschöpft. Das Beziehungsgeschehen in einer Klasse oder Lerngruppe spielt ebenfalls eine entscheidende Rolle.

Religionslehrkräfte werden von den Schüler:innen gern gefragt, ob sie eigentlich selbst an das glauben, was sie im Unterricht behandeln. Daran ist exemplarisch abzulesen, dass die Glaubensüberzeugungen der Religionslehrkräfte zumindest für einen Teil der Schüler:innen sehr wichtig sind. Sie interessieren sich für die Religionslehrkraft auch als Person und wollen weiterreichend ihre eigenen Überzeugungen offenbar auch in der Beziehung zur Religionslehrkraft klären. Dabei ist einerseits mit *identifikatorischen Prozessen* zu rechnen, bei denen sich vor allem Kinder, zum Teil aber auch Jugendliche die Überzeugungen von Lehrkräften zu eigen machen, weil sie eine persönliche Nähe zu dieser Person empfinden oder jedenfalls suchen. Andererseits ist bei solchen Fragen aber ebenso eine andere Form der Beziehung wichtig, die ihren Ausdruck im Modus der *Abgrenzung* findet oder jedenfalls als ein Ausloten von Grenzen beschrieben werden kann. Die Auseinandersetzung mit den Glaubensüberzeugungen der Religionslehrkräfte dient dann in erster Linie nicht der Übernahme solcher Überzeugungen, sondern einer Antwort darauf, wie weit man selbst in dieser Hinsicht mitgehen oder eben nicht mitgehen möchte. Die Beziehung zur Lehrkraft kann dabei vielfältige Formen annehmen – von Kritik und Ablehnung dessen, was eine Religionslehrkraft für sich vertritt, bis hin zu der dadurch keineswegs ausgeschlossenen, zumindest teilweisen Zustimmung. Die genauere und reflektierte Bestimmung, was das „teilweise" hier genau bedeutet, stellt so gesehen einen ausgesprochenen Klärungsgewinn dar.

Anders als beispielsweise in der Seelsorge, bei der häufig die Beziehung zwischen zwei Menschen im Vordergrund steht, ist die *Beziehung zwischen Schüler:innen und Lehrkräften* im Religionsunterricht in das *Beziehungsgeschehen auf der Gruppen- oder Klassenebene* eingebettet. Bei empirischen Untersuchungen wird immer wieder sichtbar, wie sehr sich die Schüler:innen besonders dafür interessieren, was ihre Mitschüler:innen denken und glauben (vgl. bspw. Pohl-Patalong et al., 2016; Mattes & Schweitzer, 2022). Von einer genaueren Einsicht in deren Überzeugungen erwarten sie sich mitunter Orientierungsmöglichkeiten für sich selbst. Der auf Klassen- oder Gruppenebene mögliche Austausch vollzieht sich in ihrer Sicht dabei „auf Augenhöhe" und unterscheidet sich darin positiv von den Normierungs- und Vermittlungsabsichten, die sich aus Schüler:innensicht häufig mit den Lehrkräften verbinden. Denn am wichtigsten ist heute für fast alle Jugendlichen, dass sie *selbst entscheiden* dürfen, was sie glauben wollen.

12.4 Religion – wozu eigentlich (noch)?

Wenn den Schüler:innen die Möglichkeit geboten werden soll, den eigenen Glauben zu klären, so führt dies am Ende noch zu einer weiteren Frage, der der Unterricht nicht ausweichen kann: Zu klären ist nicht nur, *was* man glauben kann oder glauben soll, sondern *ob* man überhaupt etwas glauben muss. Kann man nicht auch ohne Religion glücklich werden? Vielleicht sogar glücklicher? Viele Menschen in der heutigen Gesellschaft scheinen ja ganz gut ohne einen religiösen Glauben zurechtzukommen. Deshalb muss sich der Religionsunterricht auch der Frage stellen: „Religion – wozu eigentlich (noch)?"

Aus dem Hinweis auf die Sinngebungen und Wertorientierungen, die im Leben eines jeden Menschen wirksam sind, geht bereits eine erste Antwort hervor: Auch wenn sich Menschen dessen nicht unbedingt bewusst sind, ist die *Dimension solcher letzter Orientierungen immer schon präsent,* auch in ihrem eigenen Leben. Das Bewusstsein für diese Dimension zu wecken und zu stärken stellt deshalb eine wichtige Bildungsaufgabe dar.

Kinder und vor allem Jugendliche wollen aber vielfach konkretere Antworten, wie sie mit der manchmal provozierend gestellten Frage „Was bringt mir das eigentlich?“ nachdrücklich eingefordert werden. Dabei schwingen erhebliche Zweifel daran mit, ob Religion ihnen überhaupt etwas „bringen kann“. Hinter diesem Zweifel am Sinn von Religion stehen dabei Vorstellungen von Mensch und Gesellschaft, von Erfolg und einem guten Leben, die heute zum Teil weite Verbreitung besitzen. Mit diesen Vorstellungen muss sich deshalb auch der Religionsunterricht befassen, zum einen im Blick auf das gesellschaftliche Leben, zum anderen im Blick auf die individuelle Lebensgestaltung.

Technik und Ökonomie statt Religion?

Mitunter wird tatsächlich die Auffassung vertreten, dass die im Zusammenspiel von Technik und Ökonomie entwickelten Möglichkeiten der *Optimierung des Menschen* beispielsweise religiöse Bedürfnisse und Sinngebungen überflüssig machen. Der Mensch sei sich gleichsam selbst im besten Sinne zu Gott geworden, wie das schon im Titel des Weltbestsellers „Homo Deus“ von Yuval Noah Harari (2018) zum Ausdruck gebracht wird.

Gerade im Bildungsbereich sind entsprechende Tendenzen besonders wirksam. So sieht etwa die OECD (Organization for Economic Cooperation and Development) bei ihrer Grundlegung der von ihr ausgehenden PISA-Studien das einzig allgemein plausible Kriterium für Bildungserfolge in *beruflichen Aufstiegschancen* und einem *höheren Gehalt* (vgl. OECD, 2001, S. 19 f.). Ein weiteres aktuelles Beispiel bietet die international stark beachtete Forderung, das Bildungswesen konsequent an sogenannten „21st Century Skills“ auszurichten (Fadel et al., 2017). Im Vordergrund stehen dabei Prognosen zur *technischen und wirtschaftlichen Entwicklung,* da das Bildungswesen grundlegend auf die Herausforderungen der Zukunft umgestellt werden soll, insbesondere im Blick auf die Anforderungen im Arbeitsleben. Besonders konsequent wurde diese Forderung offenbar in Finnland aufgenommen und so auf die Schule angewendet, dass nunmehr alle Fächer der Schule zur Ausbildung dieser Skills beitragen sollen, einschließlich des Religionsunterrichts (vgl. Viinikka et al., 2023).

Tatsächlich lässt sich kaum etwas dagegen einwenden, wenn der Religionsunterricht auch einen Beitrag zum Erwerb von Kenntnissen und Fähigkeiten leistet, die bei der Ausübung beruflicher Tätigkeiten hilfreich sind. In der deutschen religionspädagogischen Diskussion ist dies besonders im Blick auf *interkulturelle und interreligiöse Kompetenzen* sichtbar geworden, da solche Kompetenzen zunehmend in sozialen Berufen, aber auch darüber hinaus nachgefragt werden (vgl. Merkt et al., 2014). Zu problematisieren ist jedoch ein Bildungsverständnis, das solche Anforderungen verabsolutiert. Auch in Zukunft ist die

Gesellschaft auf *Wertorientierungen* angewiesen, die ein gedeihliches Zusammenleben tragen können. Technik und Ökonomie allein reichen dafür nicht aus. Auf die Bedeutung von *Orientierungswissen,* das auch religiös fundiert ist, wurde oben schon hingewiesen (→ S. 77 ff.).

Individuelle Lebensgestaltung ohne Religion?

Die Möglichkeit, sein Leben *ohne bewusste Wahrnehmung der religiösen Dimension* zu leben, steht heute allgemein vor Augen. Ein deutlicher Anteil der etwa bei Jugendstudien befragten jungen Menschen gibt an, nicht an Gott zu glauben (vgl. Schweitzer et al., 2018, S. 21). Auch wenn solche Aussagen vielfach nicht bedeuten, dass diese Jugendlichen einen überzeugten Atheismus vertreten, spielt Religion im Leben dieser jungen Menschen offenbar nur selten eine Rolle – etwa in Notsituationen, in denen dann doch gebetet wird. Bezeichnungen wie „religiöse Gleichgültigkeit" oder Agnostizismus erscheinen hier treffender als der Begriff des Atheismus. Viele junge, aber auch ältere Menschen scheinen einfach so dahinzuleben, ohne sich über den Alltag hinaus mit weiterreichenden Fragen zu befassen, und dabei scheint es ihnen vielfach ganz gut zu gehen.

„Religion – was bringt mir das?" Auf der Ebene individueller Lebensgestaltung lässt sich diese Frage nur beantworten, indem tatsächlich die *Vor- und Nachteile* eines Lebens mit und eines Lebens ohne Religion thematisiert werden. Den geeigneten Horizont für eine solche Thematisierung bieten Vorstellungen von einem gelingenden oder einem guten Leben, also davon, was ein Leben wirklich „reich" und „erfüllt" machen kann. Dass solche Perspektiven auch heutigen Menschen wichtig sind, ist beispielsweise an Bestsellern zum Thema Lebenskunst abzulesen (bspw. Schmid, 2016). Auch Glaube und Religion lassen sich unter dem Aspekt der *Lebenskunst* aufnehmen. Dabei tritt dann in den Vordergrund, was sie zu einer solchen Lebenskunst bis in die alltägliche Praxis hinein beitragen und welche Bereicherung sie dafür bieten können.

Am deutlichsten tritt der Sinn von Religion für viele Menschen aber im Zusammenhang mit den *Grenzen des Lebens* vor Augen. Das Woher und Wohin des Lebens wirft auch für heutige Jugendliche Fragen auf, die sich nicht wissenschaftlich beantworten lassen, sondern nur mithilfe von Deutungen, die aus den Religionen oder anderen Weltanschauungen kommen (vgl. schon Nipkow, 1987; aktuell Mattes & Schweitzer, 2022). Ob es einen Gott gibt, auf den Menschen sich auch im Tod verlassen können, oder was sie nach dem Tod erfahren, kann keine Wissenschaft beantworten. Wie die gesamte Menschheitsgeschichte zeigt, wollen viele Menschen sich aber dennoch mit diesen Fragen befassen, beispielsweise weil ihnen das Ende des Lebens Angst macht und sie nach Vorstellungen suchen, die Trost bieten. Noch immer scheint die Wahrnehmung der Endlichkeit des eigenen Lebens oder der Verlust geliebter Menschen durch einen vielleicht frühen Tod vielen Jugendlichen den Sinn von Religion unmittelbar vor Augen zu führen.

12.5 Zusammenfassung

Ähnlich wie bei dem Ziel, den Schüler:innen Orientierung in der religiös-weltanschaulichen Vielfalt zu ermöglichen, erweist sich auch die im Religionsunterricht zu eröffnende Möglichkeit, den eigenen Glauben zu klären, in vielerlei Hinsicht als auf die grundlegenden Lernaufgaben im Blick auf Wissen, Verstehen und Urteilsfähigkeit angewiesen. Insofern war in diesem Kapitel auch nicht einfach eine zusätzliche Lernaufgabe zu beschreiben, sondern eine besonders wichtige Dimension allen Lernens im Religionsunterricht.

Von grundlegender Bedeutung ist dabei die Unterscheidung zwischen dem *Lehren und Lernen von Glaube,* wie sie traditionell mit Religionsunterricht und Katechese assoziiert werden, und einer *Klärung des eigenen Glaubens.* Während ein Lehren und Lernen von Glaube zumindest im engeren Sinne aus theologischen ebenso wie aus pädagogischen Gründen ausgeschlossen ist, stellt die Klärung des eigenen Glaubens eine auch bildungstheoretisch zentrale Aufgabe für jeden einzelnen Menschen dar. Diese Möglichkeit bleibt jedoch ganz an das Subjekt gebunden, selbst wenn der Religionsunterricht die Schüler:innen dabei unterstützen kann. In diesem weiteren Sinne kann auch der Beitrag des Religionsunterrichts hinsichtlich des Glaubens gesehen werden.

Für die auf den Glauben bezogenen Klärungsprozesse wurde als Ausgangspunkt nicht die religiöse Tradition gewählt, sondern die *individuelle Suche nach Gewissheit.* Was dieser Suche entgegenkommt, weil es Gewissheit verspricht, kann aber durch die Begegnung mit religiösen Traditionen geklärt werden, sofern der Unterricht diese Traditionen subjektbezogen erschließt. Für die Schüler:innen sind dabei nach wie vor die in der Herkunftsfamilie tradierten Bezüge besonders wichtig, aber vor allem im Jugendalter ist es dann die Gruppe der Gleichaltrigen, an der sie sich in erster Linie orientieren. Dies schließt eine besondere Bedeutung der Religionslehrkräfte keineswegs aus, da sich der Religionsunterricht auch hinsichtlich der Klärung des eigenen Glaubens als ein Beziehungsgeschehen erweist. Im Medium der Beziehungen vollziehen sich allerdings ebenso Identifikationen wie Abgrenzungen von dem, was die Lehrkräfte vertreten und glauben.

Am Ende stößt der Klärungsprozess auf die *Frage nach dem Sinn von Religion:* Was bringt das (mir) eigentlich? Dieser Frage kann der Religionsunterricht auch dann nicht ausweichen, wenn sie in dieser Form vielleicht nicht ausdrücklich gestellt wird. Unausdrücklich ist sie heute allgemein präsent. Deshalb wurden verschiedene Möglichkeiten der Auseinandersetzung mit Lebensentwürfen beschrieben, die ohne Religion auskommen oder auskommen wollen. Eine solche Auseinandersetzung muss zum festen Themenbestand eines Religionsunterrichts zählen, der Möglichkeiten zur Klärung des eigenen Glaubens eröffnen will.

Teil 3:
Perspektiven für ein religions- pädagogisches Lernverständnis

13 Braucht der Religionsunterricht ein eigenes Lernverständnis?

Vermutlich würden viele Religionslehrkräfte die Frage, ob der Religionsunterricht ein eigenes Lernverständnis braucht, spontan bejahen. Im Religionsunterricht soll es doch anders zugehen als in anderen Fächern. Bei genauerem Nachdenken würde sich aber wohl doch Unsicherheit einstellen, weil auch der Religionsunterricht ein Fach der Schule bleibt und die Unterschiede zwischen dem Lernen in verschiedenen Fächern am Ende geringer sein könnten als die Unterschiede zwischen schulischen und außerschulischen Lernzusammenhängen.

Dennoch ist aus der Praxis auch immer wieder zu hören, dass es beim Religionsunterricht weniger auf die Lerninhalte ankomme als auf die *Lernformen,* in denen zugleich die besondere *Beziehung* zwischen der Religionslehrkraft und den Schüler:innen zum Ausdruck kommen soll. Aber lassen sich Lernformen und Lerninhalte tatsächlich so voneinander abheben und damit trennen?

13.1 Lerninhalte statt Lernformen? Lernformen statt Lerninhalte?

Dieses Buch folgt den üblichen Erwartungen an die Religionsdidaktik, die sich zumeist auf das Wie des Lernens sowie auf Unterrichtsmethoden konzentrieren, bewusst nicht. Gewählt wurde stattdessen ein übergreifender Zugang mit der Frage, *was* im Religionsunterricht gelernt wird. Diese Frage könnte allerdings so missverstanden werden, als sollte nun allein der Inhalt des Lernens den Ausschlag geben, während die Lernformen und Lernwege außer Acht bleiben. Eine solche Auffassung würde freilich einen Rückfall in einen obsoleten *Bildungsmaterialismus* bedeuten. Umgekehrt ist aber auch ein *Bildungsformalismus* abzulehnen, der allein von den Lernformen und den dabei angezielten Fähigkeiten her denken will. Gegen beide Missverständnisse und Einseitigkeiten soll hier – mit einem bislang nicht geläufigen Begriff – ein *integrales Bildungsverständnis* vertreten werden, bei dem das Was und das Wie des Lernens von vornherein nicht auseinandergerissen werden. Stattdessen liegt der Akzent gerade bei der Zusammengehörigkeit von Lernformen und Lerninhalten. Dieser Zusammenhang muss allerdings weiter konturiert werden.

Wie also wird im Religionsunterricht gelernt und wie soll hier gelernt werden? Schon mehrfach ist deutlich geworden, dass sich diese Frage nicht mit dem Hinweis auf religiöses Lernen beantworten lässt, so wie dies mitunter versucht worden ist (vgl. Kießling, 2003; Porzelt, 2009). Auf den ersten Blick scheint religiöses Lernen zwar dem Fachprofil des Religionsunterrichts zu entsprechen und der Unterricht muss einem solchen Lernen gewiss Raum geben, aber nicht alles Lernen im Religionsunterricht kann als *religiöses* Lernen angesprochen werden. Der Alltag von Schule und Religionsunterricht bewegt sich vielmehr weithin in einem *mundanen* – also weltlich-alltäglichen – Bereich, weitab von religiösen Erfahrungen, auch wenn es im Religionsunterricht durchaus dichte Momente gibt, die solche Erfahrungen tangieren oder – eher selten – sogar ermöglichen. Für Montag, 07.50 Uhr, lässt sich kaum eine religiöse Erfahrung planen. Das theoretische Verständnis der Art und Weise des Lernens im Religionsunterricht muss alltagstauglich und deshalb auf diese alltägliche Realität eingestellt sein. Im Folgenden wird deshalb nicht einfach von *religiösem,* sondern offener von *religionsbezogenem* Lernen oder einfach von *Lernen im Religionsunterricht* gesprochen.

Auch bei der Frage nach der Gestalt und Gestaltung des Lernens im Religionsunterricht wird die bislang in diesem Buch bestimmende Perspektive nicht aufgegeben. Die Darstellung ist vielmehr dem *integralen Bildungsverständnis* folgend vor dem Hintergrund der in den vorangehenden Kapiteln entwickelten Bestimmungen zum Fachbezug des Lernens im Religionsunterricht konzipiert. Darin folgt sie dem in der neueren fachdidaktischen Diskussion insgesamt weithin anerkannten Prinzip der *Domänenspezifität.* Es geht um Wissen, Verstehen und Urteilen in Bezug auf religionsbezogene Inhalte.

Zugleich ist allerdings zu beachten, dass Lernprozesse sich keineswegs allein unter dem Aspekt der Fachlichkeit verstehen lassen. Vielmehr sind im Religionsunterricht ebenso weitere Zusammenhänge sowie *unterschiedliche wissenschaftliche Disziplinen* zu berücksichtigen, insbesondere die Bildungswissenschaft und die Psychologie. In diesem Sinne wird im Folgenden ein Rahmen geboten, der eine Orientierung ermöglichen soll, auch wenn sich nicht alle Fragen bis ins Einzelne vertiefen lassen. Vorab soll ein Blick darauf geworfen werden, welche Einschätzungen sich aus den Wahrnehmungen der Schüler:innen ergeben.

13.2 Religionsunterricht empirisch: exemplarische Problemanzeigen

An dieser Stelle geht es nicht um eine zusammenfassende Darstellung der verfügbaren empirischen Befunde zum Religionsunterricht (s. dazu Schweitzer, 2020; Schwarz, 2019). Stattdessen sollen ausgewählte Problemanzeigen formuliert werden, die sich insbesondere aus Schüler:innensicht und für das Lernen aus diesen Befunden ergeben.

Positive Wahrnehmung des Religionsunterrichts, aber (zu) geringe Lernanforderungen

Die erste und übergreifende Problemanzeige zielt darauf, dass der Unterricht von den Schüler:innen zwar als *angenehm* und *entlastend* wahrgenommen wird, dass sich dieses Positivurteil aber nicht ohne Weiteres auf das Lernen im Religionsunterricht bezieht. Vielmehr verweist etwa die zusammenfassende Auswertung der empirischen Befunde von Susanne Schwarz (2019) auf eine *Unterforderung* der Schüler:innen. Demnach könnte das Anforderungsniveau durchaus angehoben werden (→ S. 256).

Geringe Bedeutung fachlicher Expertise

Diese Wahrnehmung geht vor allem auf eine Studie der Forschungsgruppe um Rudolf Englert zurück, bei der beobachtet wurde, dass die fachliche Expertise der Religionslehrkräfte im Unterricht nur *selten nachgefragt* wird (vgl. Englert, Hennecke & Kämmerling, 2014). Auch die Lehrkräfte selbst legen offenbar mehr Wert auf eine gelingende Moderation von Gesprächen als auf das Einbringen ihrer fachlichen Kenntnisse. Zugleich scheinen „echte Gespräche“ aber, einer sich daran anschließenden Untersuchung zufolge (Reese-Schnitker, Bertram & Fröhle, 2022), im Religionsunterricht selten zu bleiben.

Eingeschliffene schulische Routinen dominieren auch im Religionsunterricht

Solche Abläufe bedeuten, dass das Lernen vor allem durch *Präsentationen der Lehrkräfte* gesteuert wird und sich die Unterrichtsprozesse nach den für die Schule bestimmenden *Regeln* vollziehen (zuhören – sich melden – der Steuerung durch die Lehrkräfte folgen usw.). In der alltäglichen Realität von Schule und Religionsunterricht finden daher, einer Studie von Hanna Roose (2019) zufolge, die „großen Fragen“ der Schüler:innen nur selten Raum und Gehör. Häufig werden sie übergangen, weil der geplante Unterrichtsverlauf sonst in Gefahr geriete. Diese Realität von Unterricht entspricht nicht der religionsdidaktisch weithin geforderten Subjektorientierung, sondern eher lehrer:innenzentrierten Unterrichtsformen.

Zu wenig Offenheit für nicht religiös sozialisierte und bildungsferne Schüler:innen

Zumindest im Schüler:innenurteil erscheint der Religionsunterricht als ein Angebot, das sich an solche Kinder und Jugendliche richtet, *die den christlichen Glauben teilen.* Wer hier hingegen Fragen und Zweifel hat, sei im Ethikunterricht besser aufgehoben. Dort dürfe man offen über alles reden.

Untersuchungen zum *Erfolg des Lernens* im Religionsunterricht am Beispiel des interreligiösen Lernens (Schweitzer et al., 2017) machen darüber hinaus deutlich, dass zumindest ein Teil des bisherigen Lernangebots von nicht religiös sozialisierten und aus bildungsfernen Elternhäusern stammenden Schüler:innen kaum genutzt werden kann (vgl. Unser, 2019). Hier besteht offenbar ebenfalls ein grundlegendes Passungsproblem.

Geringe Lebensbedeutsamkeit der Inhalte

Immer wieder wünschen sich die Schüler:innen bei Umfragen mehr lebensbedeutsame Inhalte (vgl. schon Bucher, 2000; Überblick bei Schwarz, 2019, bes. S. 597). Offenbar gelingt die religionsdidaktisch durchweg angestrebte *Verknüpfung zwischen der christlichen Überlieferung und der Gegenwart* nur zum Teil. Ebenso zeigt sich ein Optimierungsbedarf hinsichtlich der ebenfalls grundlegenden didaktischen Aufgabe, die entwicklungsbedingten Zugangsweisen von Kindern und Jugendlichen im Unterricht aufzunehmen (vgl. schon die Befunde bei Schweitzer et al., 1995). Unter den heute weithin geteilten Voraussetzungen eines konstruktivistischen Lernverständnisses liegt hier eine weitere grundlegende Herausforderung (vgl. Büttner, 2006; Jahrbuch für konstruktivistische Religionsdidaktik, 2010 ff.).

Religion noch besser unterrichten

Eine abschließende Beurteilung der Qualität von Religionsunterricht lässt die Befundlage nicht zu. Darauf sind die bislang verfügbaren Untersuchungen noch zu wenig eingestellt. Die exemplarischen Problemanzeigen machen aber deutlich, dass auch „guter (Religions-)Unterricht“ ständig vor der Herausforderung steht, sich weiterzuentwickeln. Dafür steht die Frage, wie Religion noch besser unterrichtet und wie das Lernen im Religionsunterricht effektiver gestaltet werden kann (Überblick: Schweitzer, 2020).

13.3 Allgemeiner Lernbegriff und Domänenspezifität

Der Begriff Domänenspezifität steht in der Bildungswissenschaft für die Auffassung, dass das Lernen und der Kompetenzerwerb immer durch den Bezug auf bestimmte Gegenstandsbereiche und Fächer bestimmt sind. In diesem Sinne sind Untersuchungen wie PISA domänenspezifisch ausgerichtet und beziehen sich dabei auf Sprache oder Mathematik und Naturwissenschaften (vgl. Deutsches PISA-Konsortium, 2001). Für die *Empirische Bildungsforschung* bedeutet dies, dass immer sowohl allgemeine, insbesondere *pädagogisch-psychologische Aspekte* wie auch *fachbezogene Aspekte* von konstitutiver Bedeutung sind. Dieses Verständnis ist auch in den religionspädagogischen Bildungsdiskurs eingegangen (vgl. Benner et al., 2011, S. 17 ff.). Religionspädagogische Bestimmungen der Domänenspezifität lehnen sich dabei insbesondere an Jürgen Baumerts Modell an, bei dem Religion als Dimension einer „konstitutiven Rationalität" aufgefasst wird (→ S. 79). Wie sich die Domänenspezifität für den Religionsunterricht genauer fassen lässt, ist allerdings erst ansatzweise geklärt. Bekanntlich wirft gerade das Verständnis von Religion kaum abschließend oder im Konsens zu beantwortende Fragen auf.

Zum Teil bezieht sich die religionspädagogische Diskussion dabei auf die *Entwicklungspsychologie* als zweite Wurzel domänenspezifischer Zugangsweisen. Auch für die neuere Entwicklungspsychologie ist die Tendenz bestimmend, stärker auf bereichsspezifische Entwicklungsverläufe zu achten als auf allgemeine, also domänenübergreifende Entwicklungsstände. Das Interesse verschiebt sich damit weg von einer allgemeinen Beschreibung etwa des kindlichen Denkens und hin zu den verschiedenen Inhaltsbereichen, für die unterschiedliche Entwicklungsverläufe erwartet werden.

In der Religionspädagogik haben sich besonders Gerhard Büttner und Veit-Jakobus Dieterich (2016, S. 25 ff.) um die Rezeption einer solchen differenzierenden Entwicklungspsychologie bemüht. Auch für sie ist allerdings offen, ob es eine eigene *Domäne Religion* gibt, die mit den vier in der Psychologie heute in den Vordergrund gestellten Domänen – Physik, Biologie, Psychologie und die Welt der Zahlen – vergleichbar wäre. Sie verweisen vor allem auf die Kindertheologie oder, allgemeiner formuliert, auf die für die Domäne Religion in dieser Sicht leitende Perspektive *grundlegender Kontingenz* in Gestalt des Bewusstseins, dass alles auch anders sein könnte (S. 29 f.). Bezeichnend für die Domäne Religion sind entsprechend die Fragen nach dem Woher und Wohin der Welt oder nach dem Sinn des Ganzen.

Die religionspädagogische Bedeutung einer solchen Perspektive, die den Religionsunterricht dann vor allem mit dem in (Religions-)Philosophie sowie Theologie verbreiteten Begriff *Kontingenz* verbindet, liegt auf der Hand. Ebenso klar ist aber auch, dass eine solche Bestimmung der Domäne Religion von vornherein nicht mit einer Beschreibung von Lernen im Religionsunterricht insgesamt gleichgesetzt werden kann: Im *Alltag des Religionsunterrichts* wird nicht immer darüber nachgedacht, dass alles auch anders sein könnte. Die religionsunterrichtliche Vielfalt des Lernens lässt sich nicht auf diese eine Perspektive reduzieren, auch wenn diese immer mitschwingen mag. Bei den oben entwickelten Bestimmungen zu Wissen, Verstehen und Urteilen geht es vielfach um allgemeine Lernprozesse, die auf weiten Strecken nur sehr indirekt auf Kontingenz bezogen sind. Was man beispielsweise unter einem Sakrament oder einem Gebet versteht oder was zu den fünf Säulen im Islam zählt und aus welchem Grund, berührt letztlich zwar durchaus Glaubensfragen, aber zunächst geht es einfach um Wissen und Verstehen. Domänenspezifität muss offenbar zuallererst im Sinne einer *bestimmten Inhaltlichkeit* wahrgenommen werden. So gesehen könnte zwischen einer Domänenspezifität im weiteren und im engeren Sinne unterschieden werden, wobei kontingenzbezogene bzw. auf den Glauben bezogene Fragen zwar eine für das Fach Religion konstitutive Bedeutung haben, im Unterricht selbst aber nur in bestimmten Situationen wirklich ins Zentrum treten. Das entspricht der Tatsache, dass es bei Religion nicht nur um existenzielle (Glaubens-)Fragen geht, sondern auch um Religion als Tradition oder Überlieferung, als soziale und kulturelle Größe sowie als Institution.

Die für das Lernen im Religionsunterricht insgesamt bestimmende Perspektive kann so gesehen nicht allein aus der Domänenspezifität im engeren Sinne abgeleitet werden. Sie muss vielmehr ebenso von einem *allgemeinen Lernbegriff* ausgehen und die damit verbundenen, in Bildungswissenschaft und Psychologie identifizierten Anforderungen auf die fachlichen Inhalte beziehen. In dieser Weise wird in der Religionsdidaktik tatsächlich auch verfahren. Ein gutes Beispiel dafür bietet die Bibeldidaktik (Überblick: Zimmermann & Zimmermann, 2018), die heute ein vielfältiges Angebot möglicher Vorgehensweisen bereithält, das sich als Kombination fachlicher Themen mit didaktischen und lerntheoretischen Erkenntnissen verstehen lässt.

Eine weitere, bislang noch wenig genutzte Möglichkeit für die Bestimmung der Domänenspezifität des Lernens könnte darin bestehen, gezielt die *Gemeinsamkeiten und Unterschiede zwischen verschiedenen Schulfächern* zu untersuchen. Jedes Fach steht vor der Aufgabe, zu bestimmen, was in diesem Fach gelernt werden soll und auf welche Art und Weise dies geschehen kann. Schon seit den Anfängen einer theoriegeleiteten Didaktik etwa bei Comenius hat sich die Pädagogik mit solchen Aufgaben befasst und dafür eine eigene Disziplin ausgebildet – die sogenannte *Allgemeine Didaktik,* die für alle Fachdidaktiken einen gemeinsamen Bezugshorizont schaffen sollte. Bis heute am bekanntesten ist hier die bildungstheoretische Didaktik von Wolfgang Klafki (1963a, 1985). Diese Didaktik verpflichtet alle Fächer nicht nur auf einen ausweisbaren Beitrag zu fachbezogenem Lernen, sondern in dem Sinne zu Bildung, dass die wechselseitige Erschließung von Person und Sache oder Welt gefördert wird und damit auch die Herausbildung eines mündigen Selbst. Vor allem in den letzten zwanzig Jahren sind die verschiedenen Fachdidaktiken stark ausgebaut worden und haben sich zu selbst forschenden Disziplinen entwickelt. Die dadurch neu ermöglichte Zusammenarbeit zwischen mehreren Fachdidaktiken stellt inzwischen ein stark beachtetes Thema dar. Statt von einer (erziehungswissenschaftlichen) Allgemeinen Didaktik wird inzwischen von einer *Allgemeinen Fachdidaktik* gesprochen, bei der die verschiedenen Fachdidaktiken miteinander kooperieren (vgl. Rothgangel et al., 2020).

Diese neue Perspektive, die sich dialogisch und vergleichend auf die verschiedenen Fachdidaktiken bezieht, ist für die Frage nach einer *fächervergleichenden Untersuchung* zum Lernen im Religionsunterricht besonders interessant. Die bislang vorliegenden Darstellungen erlauben allerdings nur in ganz bestimmten Hinsichten fächervergleichende Aufschlüsse. Es fehlt noch fast vollständig an Untersuchungen, die sich beispielsweise in Gestalt vergleichender empirischer Studien auf die Unterrichtspraxis mehrerer Fächer beziehen (als Beispiel mit neuen Ansätzen vgl. Syring et al., 2023; hier wurde der Unterricht einer 6. Klasse in verschiedenen Fächern videografisch begleitet).

Auch die Befunde aus der Allgemeinen Fachdidaktik lassen sich *zusammenfassend* so verstehen, dass einerseits in jedem Fach die *Domänenspezifität* zu beachten ist, andererseits aber ebenso *fächerübergreifende Bestimmungen* wichtig bleiben. So gesehen braucht der Religionsunterricht ein eigenes Lernverständnis in Entsprechung zu seinem Fachbezug, aber zugleich bleibt auch ein allgemeiner Lernbegriff maßgeblich.

13.4 Lernen theologisch: Glaube und Ethik

Dem Prinzip der Domänenspezifität folgend muss nun genauer nach der *fachlichen Bestimmtheit* des Lernens im Religionsunterricht gefragt werden. Dabei ist in erster Linie an die *Theologie* zu denken, auch wenn heute daneben die Religionswissenschaft sowie andere wissenschaftliche Disziplinen etwa aus dem Bereich der Kulturforschung ebenfalls wichtig sind. Im Folgenden soll die Frage, was aus dem Bezug auf die Theologie für das Lernen folgt, im Vordergrund stehen.

Wie alle Fachwissenschaften hat die Theologie im Blick auf den Religionsunterricht zunächst die Aufgabe, *den Lerngegenstand* – also Religion – *wissenschaftlich zu erschließen.* Dazu muss dieser Gegenstand identifiziert, in Abgrenzung von anderen Gegenständen definiert sowie inhaltlich beschrieben werden. Darüber hinaus geht es um seine Interpretation sowie die Erfassung innerer und äußerer Zusammenhänge – nicht zuletzt für die Auseinandersetzung mit unterschiedlichen Interpretationsmöglichkeiten. Beispielsweise müssen biblische Texte im Horizont ihrer Entstehung ausgelegt werden, aber auch hinsichtlich heutiger Deutungs- und Aneignungsmöglichkeiten. Sie müssen entstehungs- und wirkungsgeschichtlich eingeordnet sowie auf übergreifende theologische Lehren im Sinne der Systematischen Theologie bezogen werden. Dazu gehört auch die Auseinandersetzung mit sogenannten Außenperspektiven, beispielsweise konkurrierenden Deutungen aus Philosophie, Geschichtswissenschaft und Soziologie. Auch die Aneignungsmöglichkeiten in der Gegenwart betreffen nicht einfach eine Frage individueller Bedeutsamkeit, sondern werden ebenfalls wissenschaftlich untersucht, etwa in der Religionspädagogik sowie in der Praktischen Theologie insgesamt. Das Lernen im Religionsunterricht muss demnach auf diese grundlegenden theologischen Vollzüge eingestellt sein, so wie dies für Wissen, Verstehen und Urteilen gezeigt wurde.

Im Unterschied zu den meisten anderen Fachwissenschaften befasst sich die Theologie aber auch mit dem *Lernverständnis* selbst, sowohl historisch – wie sich ein solches Verständnis in der Geschichte des Christentums entwickelt hat – als auch systematisch im Sinne der theologischen Anthropologie (vgl. bspw. Pannenberg, 1983). Die schon mehrfach angesprochene, speziell in der evangelischen Theologie hervorgehobene Nicht-Lehrbarkeit des Glaubens stellt dafür ein eindrückliches Beispiel dar (→ S. 221). Daraus ergeben sich zu wahrende Grenzen des Lernens, die letztlich auf die Unterscheidung zwischen Schöpfer und Geschöpf verweisen, zugleich jedoch wichtige Anforderungen an das Lernen. Denn die Nicht-Lehrbarkeit des Glaubens geht mit der Forderung einher, dass alle Menschen oder zumindest alle Christ:innen den Glauben verstehen können. Darauf zielten in der Geschichte die Katechismen, in denen entsprechende Inhalte präsentiert wurden. Theologisch gesehen kommt religionsbezogenes Lernen aber erst dann an sein Ziel, wenn es auch Wahrheitsfragen im Sinne persönlicher Gewissheit einschließt. Daraus erwächst das *besondere Profil des Religionsunterrichts.* Religionsdidaktisch sind dafür entsprechende Kommunikationsformen erforderlich, die über ein objektivierend beschreibendes Kommunizieren von Sachverhalten hinausgehen (Rede in der dritten Person über etwas). Hier geht es dann darum, was jemand (ich) glauben oder nicht glauben kann oder will und was ein anderer (du) glaubt oder nicht glaubt (Rede in der ersten und zweiten Person). Unmittelbar ersichtlich ist bei solchen theologischen Bestimmungen allerdings auch, dass diese Form der Kommunikation nicht die alltägliche Normalform in Schule und Unterricht sein kann. Entscheidend ist aber, dass der Religionsunterricht solchen Kommunikationsformen überhaupt Raum gibt.

Hinsichtlich der Inhalte erwächst aus der Theologie, vereinfacht ausgedrückt, der *thematische Bezug auf Glaube und Ethik* oder, in älterer Terminologie, von *Glaubenslehre und Sittenlehre.* Was dazu gehört, wurde im zweiten Teil dieses Buchs ausführlich diskutiert. An dieser Stelle steht nun die *Art und Weise des Lernens* im Vordergrund, allerdings immer bezogen auf die genannten Inhalte. Denn die Form des Lernens soll dem Inhalt entsprechen. Die im Folgenden noch zu entfaltenden religionsdidaktischen Lernprinzipien müssen demnach auf beide Aspekte der Domäne Religion eingestellt sein, auf Glaubensfragen und ethische Orientierungen.

Das *Verhältnis zwischen Theologie und Didaktik* kann allerdings auch zu *Spannungen* führen. Solche Spannungen brechen besonders dann auf, wenn vonseiten der Theologie oder in kirchlichen Stellungnahmen Forderungen nach einer umfassenden oder gar vollständigen Aufnahme biblischer oder anderer christlicher Themenbestände erhoben werden (als eindrückliches Beispiel auf katholischer Seite vgl. Ratzinger, 1983). Didaktisch ist dies abzulehnen, schon weil sich dies im Unterricht gar nicht umsetzen lässt. Vor allem aber verlangt die Didaktik, nicht nur von der Fachwissenschaft, sondern ebenso von den Schüler:innen her zu denken und sich daran zu orientieren, was sich Kindern und Jugendlichen tatsächlich erschließen kann und was sie für ihr jetziges und künftiges Leben brauchen.

13.5 Zusammenfassung

Zusammenfassend ist festzuhalten, dass ein religionsunterrichtliches Lernverständnis besonders aus dem spezifischen *Fachbezug* resultiert und insofern ein *eigenes Profil* annehmen muss. Eine wichtige Rolle spielt dabei der Transzendenzbezug der Inhalte, der in diesem Fach auch das Lernen mitbestimmen soll. Zugleich verweisen die verfügbaren empirischen Befunde darauf, dass die religionsunterrichtliche Praxis in erster Linie den Regeln folgt, die für allen Unterricht gelten. So gesehen ist der Religionsunterricht ein *Fach wie jedes andere,* so dass die Aufgabe in dieser Hinsicht darin besteht, sich für den Religionsunterricht die allgemeinen pädagogischen und psychologischen Erkenntnisse zur Unterrichtsqualität zunutze zu machen.

Darüber hinaus sind für das religionsunterrichtliche Lernverständnis *Anforderungen aus der (religions-)didaktischen Theoriediskussion* zu berücksichtigen, die deshalb im Folgenden ebenfalls genauer dargestellt werden müssen. Diese Anforderungen beziehen sich etwa auf den angestrebten Lebensbezug des zu Lernenden, der im Religionsunterricht besonders ausgeprägt sein soll, sowie auf die Beziehungsdimension im Blick auf das Verhältnis zwischen Lehrkräften und Schüler:innen als wesentliche Voraussetzung für gelingende Lernprozesse.

14 Impulse aus Bildungswissenschaft und Pädagogischer Psychologie

In der wissenschaftlichen Tradition befassen sich vor allem die *Pädagogik* oder *Erziehungs- bzw. Bildungswissenschaft* sowie die *Pädagogische Psychologie* mit dem Thema Lernen. In beiden Fällen kann Lernen sogar als einer der Grundbegriffe dieser Wissenschaften bezeichnet werden. Darüber hinaus könnte auch an die *Biologie* sowie die *Hirnforschung* gedacht werden (vgl. Spitzer, 2002), aber deren Erkenntnisse führen bislang weniger zu einem eigenen Lernverständnis als vielmehr zu Vertiefungen der bildungswissenschaftlichen und psychologischen Sichtweisen. Weiterreichende Darstellungen kamen vor allem in früherer Zeit auch aus der *Soziologie,* wobei hier die gesellschaftliche Bestimmtheit des Lernens in der Schule im Vordergrund stand (etwa bei Negt, 1968; stärker sozialpsychologisch: Holzkamp, 1995). Im Folgenden soll nicht versucht werden, sämtliche einschlägigen Erkenntnisse aus diesen Disziplinen darzustellen. Vielmehr wird die Darstellung von der Frage geleitet, welche Impulse sich aus dem jeweiligen Lernverständnis für den Religionsunterricht ergeben. Der Schwerpunkt soll bei der Bildungswissenschaft und der Pädagogischen Psychologie liegen.

14.1 Bildung und Lernen bildungswissenschaftlich: pädagogische Lernbegriffe und ihre Bedeutung für die Religionsdidaktik

In der Bildungswissenschaft wurden und werden zahlreiche unterschiedliche *Lernbegriffe* entwickelt, die sich auch als *didaktische Lernprinzipien* verstehen lassen: erfahrungsorientiertes, soziales, praktisches, problemlösendes, situiertes, wissenschaftsorientiertes Lernen usw. Dabei werden häufig bestimmte Aspekte hervorgehoben, die im Unterricht beachtet werden sollen, zum Teil aber auch grundlegende Bestimmungen, an denen sich der Unterricht insgesamt ausrichten soll. Beispielsweise markiert soziales Lernen (s. bspw. Bönsch, 2018) ein für die Schule wichtiges Anliegen, aber der Unterricht kann nicht in der Sozialdimension aufgehen, weil sonst die Inhalte auf der Strecke bleiben würden. Insofern erscheint es sinnvoll, im Falle solcher auf einzelne Aspekte bezogener Akzentuierungen von Lernprinzipien zu sprechen und nicht von Lernbegriffen. Solche Prinzipien gehen in das Lernverständnis ein, wie es dann übergreifend in einem Lernbegriff gefasst wird.

Daneben lassen sich in bildungswissenschaftlicher Perspektive *übergreifende Anforderungen* identifizieren, die das Lernen im Religionsunterricht insgesamt betreffen. Dies gilt vor allem für vier solche Anforderungen, die deshalb im Folgenden im Vordergrund stehen sollen: Religionsunterricht als Angebot für alle Schüler:innen, systematisch geplanter und strukturierter Unterricht, Bildung als normativer Horizont allen Unterrichts sowie Bezug auf Gegenwart und Zukunft. Im Anschluss daran soll auf die Bedeutung bestimmter Lernprinzipien für den Religionsunterricht eingegangen werden.

14.1.1 Religionsunterricht als Angebot für alle Schüler:innen

Mit dieser Anforderung ist kein bestimmtes Modell wie etwa der Hamburger „Religionsunterricht für alle" gemeint, der auf die Einrichtung von nach Konfessions- und Religionszugehörigkeit getrennten Lerngruppen verzichtet (vgl. Bauer, 2019). Vielmehr geht es um einen *grundsätzlichen Anspruch:* Alle Kinder und Jugendlichen sollen die Möglichkeit erhalten, sich in der Schule und im Religionsunterricht tatsächlich mit Religion zu befassen.

Dies entspricht dem schon von Comenius formulierten Grundsatz, „allen alles gründlich" zu lehren (→ S. 65). Heute wird in dieser Hinsicht vor allem von *Bildungsgerechtigkeit* gesprochen und damit das Menschenrecht auf Bildung eingeklagt (unter sozialethischen Aspekten vgl. Grümme & Schlag, 2016), so wie es in der Allgemeinen Erklärung der Menschenrechte in Art. 26 formuliert wird („Jeder hat das Recht auf Bildung"). Dieser Anspruch richtet sich zunächst an das Bildungssystem insgesamt, das allen Kindern und Jugendlichen die Möglichkeit garantieren muss, eine Schule zu besuchen – eine Forderung, die auch heute noch nicht in allen Ländern der Welt eingelöst ist. Zum Schulbesuch gehört aber zwingend auch ein Unterricht, in dem sie wirklich etwas lernen können, ganz unabhängig von ihren individuellen Lernvoraussetzungen und Vorerfahrungen. Erst dadurch kann das Recht auf Bildung wirklich eingelöst werden.

Das Recht auf Bildung begründet im Blick auf den Religionsunterricht zum einen, dass ein solcher Unterricht *tatsächlich angeboten* werden muss. Zum anderen darf sich dieser Unterricht anders, als es in der Vergangenheit offenbar häufig der Fall war, *nicht etwa nur auf diejenigen Kinder und Jugendlichen beziehen, die religiös sozialisiert* sind oder sich *besonders aufgeschlossen* für die Themen des Religionsunterrichts zeigen (vgl. Unser, 2019). In der Praxis liegt es zwar nahe, sich beim Unterrichten auf als interessiert und engagiert wahrgenommene Schüler:innen zu konzentrieren. Diese sich gleichsam von selbst einstellende Tendenz ist jedoch religionspädagogisch zu problematisieren. Zugespitzt: Gerade diejenigen, auf die die genannte Wahrnehmung nicht zutrifft, verdienen die größte Aufmerksamkeit!

Insofern ist noch einmal auf das Problem hinzuweisen, dass die Schüler:innen den Religionsunterricht vielfach als ein Angebot für nur diejenigen wahrnehmen, die den christlichen Glauben teilen, nicht hingegen oder jedenfalls weniger für diejenigen, die vor allem *Fragen und Zweifel* haben (zu diesem Problem vgl. Schweitzer et al., 2018). Darüber hinaus muss das religionsunterrichtliche Lernangebot so ausgestaltet sein, dass beispielsweise auch Kinder und Jugendliche aus *bildungsfernen Elternhäusern* davon profitieren können. Auch dies scheint, neueren Befunden zufolge (vgl. Unser, 2019), oft nicht gewährleistet zu sein.

Die erste bildungswissenschaftliche Anforderung an das Lernen im Religionsunterricht lässt sich so *zusammenfassen,* dass der Unterricht allen Schüler:innen ein religionsbezogenes Lernen ermöglichen muss. Diese Forderung betrifft keineswegs nur die programmatische Ebene, sondern ebenso die Ausrichtung und konkrete Ausgestaltung von Religionsunterricht.

14.1.2 Systematisch geplanter und strukturierter Unterricht

Gelernt wird immer und überall, zumindest der Möglichkeit nach. *Informelle,* also nicht formalisierte Lernprozesse finden vom Beginn des Lebens an statt. Der Umgang mit Eltern und anderen Bezugspersonen bietet für das gesamte Leben grundlegende Erfahrungen, ebenso die Begegnung mit der Welt der Dinge, und auch die Allgegenwart von Medien eröffnet zahlreiche Lernmöglichkeiten.

Alles dieses Lernen, dessen Bedeutung kaum überschätzt werden kann, findet ohne die Schule statt. Das gilt auch für stärker formalisierte Lernangebote im außerschulischen Bereich, etwa bei der Kinder- und Jugendarbeit, die häufig als Paradebeispiel für *non-formale,* also nicht von der Schule ausgehende Lernangebote genannt wird.

Schule und schulischer Unterricht gewinnen ihren besonderen Sinn dadurch, dass sie *formale Lernangebote* über das informelle und non-formale Lernen hinaus eröffnen. Nur die Schule verfügt über die Möglichkeit, ihre Angebote systematisch zu planen und den Unterricht entsprechend zu strukturieren, und dies über viele Jahre hinweg. Insofern kann es nicht überraschen, dass schon pädagogische Klassiker wie Friedrich Schleiermacher (1849) die Schule von einem Bildungsplan her konzipieren wollten, der sowohl an einer systematischen Welterschließung ausgerichtet ist als auch an einem systematischen Aufbau von Fähigkeiten und Fertigkeiten.

In der Gegenwart sind allerdings noch weitere Entwicklungen zu bedenken, insbesondere hinsichtlich der Verfügbarkeit von Informationen. Aufgrund der *Digitalisierung* sind Informationen in nicht mehr überschaubarem Maße verfügbar geworden, gleichsam immer und überall. Die besondere Chance von Schule und Unterricht muss daher immer mehr darin bestehen, Kinder und Jugendliche bei der Verarbeitung und kritischen Wahrnehmung von Informationen sowie beim Erkennen von Zusammenhängen zu unterstützen.

Soll die Schule, so gesehen, ausdrücklich ein Kontrastprogramm zum sich unabhängig von ihr immer schon vollziehenden informellen und non-formalen Lernen bieten, so bedingt dies allerdings zugleich eine *Ambivalenz des schulischen Lernens,* auf die in der Schulkritik immer wieder hingewiesen wird (vgl. Flitner, 1992): die Lebensferne schulischer Lernangebote, die aus der Abgrenzung von der außerschulischen Lebens- und Erfahrungswelt erwächst. Schule und Unterricht brauchen deshalb nicht nur den Fokus auf systematisch geplanten und strukturierten Unterricht, sondern auch ergänzende und erweiternde Angebote, die diesen Unterricht gleichsam erst erträglich machen.

Diese Anforderung lässt sich gut auf Fächer wie den *Religionsunterricht* beziehen, deren Gegenstände und Themen sich grundsätzlich weniger systematisieren lassen, als dies – jedenfalls im traditionellen Verständnis – für den Sprach- und den naturwissenschaftlichen Unterricht der Fall ist. Ein Religionsunterricht, der sich nur die systematische und geordnete Erschließung von Religion zur Aufgabe macht, wäre in der Tat lebensfern und würde seine persönliche Bedeutung für die Schüler:innen verlieren. Auf diesen Punkt zielte nicht umsonst die reformpädagogische Kritik an der Schule und einer verschulten Katechetik. Erfahrungs- und handlungsbezogenes Lernen soll dafür sorgen, dass der Religionsunterricht lebendig und lebensbedeutsam sein kann.

Umgekehrt ist aber *zusammenfassend* festzuhalten, dass der Religionsunterricht die sonst nirgends gegebene Chance für eine systematische Erschließung von Religion bietet und dass Bildungspläne sich an dieser Grundaufgabe orientieren müssen.

14.1.3 Bildung als normativer Horizont allen Unterrichts

Wenn das Lernen im Unterricht allein von den Inhalten her konzipiert wird, droht das *lernende Subjekt* auf der Strecke zu bleiben. In der bildungstheoretischen Didaktik wird in diesem Falle von einem „materialen" Bildungsverständnis gesprochen, das insofern problematisiert werden muss, als es die Bildung der Lernenden und sich entwickelnden Subjekte nicht angemessen berücksichtigt. Mitunter wurde umgekehrt eine von den Inhalten absehende Perspektive hervorgehoben, die dann als „formale" Bildung bezeichnet wird. Traditionell wurde hier von „Kräftebildung" gesprochen, heute kann eher an den Kompetenzbegriff gedacht werden, der mit dem Fokus auf Fähigkeiten ebenfalls ohne Bezug auf bestimmte Inhalte auskommen will (→ S. 25).

In einer bis heute grundlegend gebliebenen Bestimmung hat Wolfgang Klafki die beiden einseitigen Auffassungen von Bildung in einer Synthese zusammengeführt, die gerade auch für die Religionsdidaktik konstitutiv ist. Klafki (1963a) spricht von „kategorialer Bildung", die er als wechselseitige Erschließung von Person und Sache versteht. In einem ähnlichen Sinne wurde dafür oben der allerdings etwas anders ausgerichtete Begriff *integrale Bildung* vorgeschlagen (→ S. 236). Einem Bildungsanspruch wird der Unterricht jedenfalls erst dann gerecht, wenn beides zugleich erreicht wird: die Erschließung von Welt und die Bildung des Subjekts.

Aus heutiger religionsdidaktischer Sicht lässt sich dies so beschreiben, dass Bildung über alles nur inhaltsbezogene Lernen hinausführt, indem im Unterricht stets die übergreifende Perspektive der *Bildung des Subjekts* im Blick sein muss. Lernen geht dann nie darin auf, dass Kenntnisse oder Fähigkeiten erworben werden, sondern das Lernen muss immer auch die Selbstbestimmung und Mündigkeit der Kinder und Jugendlichen stärken. Für den Religionsunterricht wird in diesem Sinne auch darauf hingewiesen, dass er einen Beitrag zur Persönlichkeitsbildung leisten soll (→ S. 270).

Auch später von Klafki (1985) herausgearbeitete weitere Bezüge, vor allem gesellschaftlicher Art, sind religionsdidaktisch bedeutsam. Bildung darf nicht *individualistisch* verengt werden, so als wäre Selbstbestimmung isoliert zu erreichen. Stattdessen soll Selbstbestimmung in einem *sozialen und gesellschaftlichen sowie politischen Zusammenhang* verstanden werden, der bildungstheoretisch zugleich normativ ausgedeutet wird. So gesehen soll Bildung ebenso die Partizipationsfähigkeit stärken wie die Bereitschaft, solidarisch für andere Verantwortung zu übernehmen.

Für den Religionsunterricht, so kann *zusammenfassend* festgehalten werden, ergibt sich daraus die Anforderung, dass dieser Unterricht durchweg einem Bildungsanspruch gerecht werden muss. Dieser Anspruch konkretisiert sich im konsequenten Bezug auf das Subjekt, im Horizont von Partizipation, Solidarität und Verantwortung.

14.1.4 Bezug auf erlebte Gegenwart und offene Zukunft

Dass Unterricht niemals allein auf Tradierungsaufgaben beschränkt sein darf, sondern auf *Zukunftsaufgaben* eingestellt sein muss, erscheint heute allgemein akzeptiert. Ausschließlich geschichtlich ausgerichtete Bildungsvorstellungen finden sich nunmehr selten. Wenn in der Überschrift zu diesem Abschnitt von erlebter Gegenwart und offener Zukunft gesprochen wird, geht es jedoch um mehr. Angesprochen sind damit grundlegende pädagogische Kriterien, die auch religionsdidaktisch von zentraler Bedeutung sind.

Schule und Unterricht sollen Kinder und Jugendliche *auf die Zukunft vorbereiten,* sowohl im Sinne einer erfolgreichen Lebensführung, beispielsweise im Rahmen eines bestimmten Berufes, als auch des gesellschaftlichen Bedarfs an Arbeitskräften. Pädagogisch gesehen wird dieser Zukunftsbezug problematisch, wenn er das Leben von Kindern und Jugendlichen in ihrer jeweiligen Gegenwart verzweckt. Von Friedrich Schleiermacher (1849, S. 70 ff.) stammt die Maxime, dass die Gegenwart des Kindes der Zukunft nicht zum Opfer gebracht werden darf. Für den Religionsunterricht impliziert dies, dass alle Lernaufgaben einer doppelten kritischen Prüfung unterliegen: Werden sie dem Leben und Erleben von Kindern und Jugendlichen in ihrer Gegenwart gerecht, indem sie sich sinnvoll in deren Horizont einfügen? Und erschließen sie zugleich individuelle und gesellschaftliche Zukunftsmöglichkeiten?

Pädagogisch gesehen muss der Zukunftsbezug jedoch weiter qualifiziert werden, wobei zugleich der wiederum religionsdidaktisch zentrale *Aspekt der Hoffnung* bedeutsam wird. So hat etwa Paulo Freire (1973, S. 63, S. 75) die Auffassung vertreten, dass es ohne eine als veränderbar wahrgenommene Zukunft keine wirkliche Bildung geben könne. Wenn die Zukunft als immer schon determiniert angesehen wird, wirkt sie auch pädagogisch determinierend. Kinder und Jugendliche können sich dann nicht zu *freien,* selbst die Zukunft mitbestimmenden *Subjekten* entwickeln, sondern können nur noch für die festliegende Zukunft abgerichtet werden. Die Hoffnung auf eine veränderbare und deshalb beeinflussbare Zukunft wird damit als Bedingung der Möglichkeit jeder freiheitlichen, auf Mündigkeit und Partizipationsfähigkeit zielenden Bildung wahrgenommen.

Wie für allen Unterricht kann der Bezug auf erlebte Gegenwart und offene Zukunft also als grundlegend für den Religionsunterricht angesehen werden. Darüber hinaus tritt der Aspekt der Hoffnung zur Stärkung offener Zukunftsorientierungen beim Religionsunterricht aus fachlichen Gründen besonders hervor.

14.1.5 Pädagogische Lernprinzipien: Vielfältige Formen und Dimensionen des Lernens nutzen

Wenn die Pädagogik immer wieder neue Lernprinzipien entwickelt, so lässt sich dies zusammenfassend als Versuch verstehen, ein mit der *Ambivalenz der Schule* als Institution verbundenes verengtes Lernverständnis zu überwinden. Diesem Verständnis zufolge funktioniert der schulische Unterricht gleichsam mechanisch als ein Übertragungsprozess von Wissen von den Lehrer:innen auf die Schüler:innen. Lernen wird dabei allein rezeptiv aufgefasst. Wichtigste Voraussetzung dafür ist die disziplinierte Bereitschaft der Schüler:innen zu solchen Rezeptionsprozessen, weshalb im Klassenzimmer Disziplin herrschen muss, etwa mit einer Sitzordnung (traditionell gewährleistet durch die am Boden festgeschraubten Schulbänke) sowie weiteren Verhaltensregeln, wie ruhig sein und sich für Redebeiträge melden müssen.

Gegen solche der Geschichte der Schule tief eingeschriebene Lernformen richten sich leicht erkennbar modern-pädagogische Lernprinzipien wie Handlungsorientierung, Erfahrungsorientierung, Subjektorientierung, aktives, selbstgesteuertes, entdeckendes Lernen, soziales und praktisches Lernen usw. Alle diese Prinzipien überschreiten den herkömmlichen Rahmen des Unterrichts, indem sie dabei ausgeblendete Lerndimensionen aufnehmen und deren Potenziale für die Schule nutzen (einen leicht zugänglichen Überblick hinsichtlich der Didaktik geben Jank & Meyer, 2019).

Im Blick auf den Religionsunterricht entspricht der traditionellen Form schulischen Unterrichts vor allem die *katechetische Unterweisung,* die sich in Gestalt festliegender Fragen und auswendig gelernter Antworten vollzog. Auch wenn bereits in dieser Tradition immer wieder auf die Grenzen eines ins rein Mechanische abdriftenden Verfahrens verwiesen wurde sowie umgekehrt auf die Notwendigkeit, sich beim Katechisieren auf die Verstehensprozesse der Schüler:innen einzulassen, konnten sich Prinzipien wie *Erfahrungs- und Handlungsorientierung* doch erst im Zuge entsprechender Schulreformen durchsetzen.

Dabei stand und steht die Religionsdidaktik nicht nur auf der empfangenden Seite, sondern hat auch selbst in wichtigen Hinsichten zur Öffnung des Lernverständnisses beigetragen. Das gilt etwa für die in der Religionspädagogik besonders stark ausgeprägten Versuche, sich im Horizont einer theologischen Anthropologie auf eine besondere Würdigung des Kindes- und Jugendalters in seinem Eigenrecht sowie auf Kinder und Jugendliche als Subjekte einzustellen (vgl. Schweitzer, 1992).

Das religionsdidaktische Bemühen um ein vielfältiges Lernverständnis hat sich nicht zuletzt in einer eigenen *Methodenliteratur für den Religionsunterricht* niedergeschlagen (vgl. etwa Adam & Lachmann, 2010; Riegger, 2019). Darin ist ein deutlicher Gewinn für den Unterricht zu sehen, auch wenn zugleich immer wieder vor Methodengläubigkeit gewarnt werden muss. Es gibt keine beste Methode an sich – welche Methoden eingesetzt werden sollen, lässt sich immer erst im weiteren didaktischen Zusammenhang entscheiden.

Ein weiteres Problem, das erst in der Gegenwart stärker bewusst geworden ist, betrifft die *empirischen Grundlagen* von Aussagen über den Nutzen oder die Wirksamkeit bestimmter Methoden und Formen von Unterricht. Bislang herrscht in dieser Hinsicht noch immer der Hinweis auf – vorzugsweise – „gute Erfahrungen" mit bestimmten Methoden vor, aber das entspricht schon längst nicht mehr den Kriterien einer empiriebasierten Didaktik. Die Bewährung bestimmter Methoden muss diesem Verständnis entsprechend mit den Mitteln der empirischen Forschung geprüft werden.

Grundsätzlich kann kein Zweifel daran bestehen, dass die bildungswissenschaftliche Forderung, vielfältige Formen des Lernens zu nutzen und unterschiedliche Dimensionen des Lernens zu berücksichtigen, auch für den Religionsunterricht gilt. Das schließt ebenso die Forderung ein, bei der Unterrichtsgestaltung, wo immer möglich, empirische Erkenntnisse zu berücksichtigen.

14.2 Bildung und Lernen pädagogisch-psychologisch: zur Bedeutung der empirischen Lernforschung für die Religionsdidaktik

Ähnlich wie bei der Bildungswissenschaft soll es auch bei der Pädagogischen Psychologie, heute vielfach als Empirische Bildungsforschung bezeichnet, nicht um einen Überblick zu dieser Disziplin als solcher gehen. Vielmehr steht erneut die Frage nach Impulsen und Perspektiven für die Religionsdidaktik im Vordergrund.

Auch die Pädagogische Psychologie hat ein *eigenes Lernverständnis* ausgebildet (Überblick: Hasselhorn & Gold, 2022). Den Ausgangspunkt stellten behavioristische Ansätze dar. Bei Iwan Petrowitsch Pawlow, einem der Väter solcher Lerntheorien, ging es um das Auslösen bestimmter Reaktions- oder Verhaltensweisen mithilfe von Belohnung. Auch komplexere Theorien dieser Art, die weiterreichend auf das Antrainieren neuer Verhaltensweisen zielten (Skinner, 1974), waren für die Didaktik wenig anschlussfähig. Das änderte sich ein Stück weit mit der Forschung zum Lernen von Vorbildern, bei dem auch Vorbilder in den Medien Beachtung fanden (Bandura, 1979), aber erst mit der sogenannten „kognitiven Wende" in der pädagogisch-psychologischen Lernforschung wurden engere Verbindungen zum Unterricht möglich.

Die Religionsdidaktik war lange Zeit weniger an der psychologischen Lernforschung interessiert, sondern vor allem an der *Entwicklungspsychologie* (Ausnahme: Neidharts *Psychologie des Religionsunterrichts,* 1967). Die hervorgehobene Bedeutung der Entwicklungspsychologie (vgl. Schweitzer, 2016) entspricht den für die Schule charakteristischen Unterschieden zwischen den Klassen- oder Altersstufen, angefangen bei der Grundschule (Kindheit) und bis hin zur Sekundarstufe II (mittleres oder späteres Jugendalter). Für die religionsdidaktische Diskussion der Gegenwart ist darüber hinaus das Bemühen kennzeichnend, Impulse aus der *Empirischen Bildungsforschung* fruchtbar zu machen (vgl. Schweitzer, 2020; Schambeck & Riegel, 2018). Von besonderem Gewicht sind hier das Prinzip der *kognitiven Aktivierung* sowie das Verständnis von Lernen im Horizont des *Angebots-Nutzungs-Modells,* die deshalb auch im Folgenden im Zentrum stehen sollen. Daneben erwächst aus der Bedeutung von religionsunterrichtlichen Bildungszielen wie Toleranz, Offenheit für andere Glaubensüberzeugungen, wechselseitigem Respekt und wechselseitiger Anerkennung die zunehmende Beachtung der psychologischen *Einstellungsforschung.* Auf einen weiteren für den Religionsunterricht wichtigen Aspekt – die Ausbildung von *Interesse* – wurde bereits eingegangen (→ S. 165).

14.2.1 Kognitive Aktivierung

Kognitive Aktivierung gehört in der Sicht der Pädagogischen Psychologie – neben der konstruktiven Unterstützung und der Lern- oder Klassenatmosphäre – zu den zentralen Qualitätsmerkmalen von Unterricht (nach Kunter & Trautwein, 2013; vertiefend: Sawyer, 2014). Damit wird eine Anforderung beschrieben, die auf der Unterscheidung zwischen Sichtstrukturen und Tiefenstrukturen beruht. Im Unterschied zu lange Zeit vorherrschenden Betrachtungsweisen, die sich an Merkmalen von Unterricht orientierten, die unmittelbar aus der Beobachterperspektive wahrnehmbar sind *(Sichtstrukturen)*, wird nun auf Prozesse gleichsam unterhalb einer solchen Beobachtungsperspektive fokussiert *(Tiefenstrukturen)*, die sich nur indirekt erfassen lassen. Von solchen Prozessen sei die tatsächlich realisierte Unterrichtsqualität am Ende abhängig (vgl. Kunter & Trautwein, 2013, S. 63 ff.).

Die kognitive Aktivierung bezieht sich auf die bei den Schüler:innen erreichte oder nicht erreichte *intensive, möglichst selbstständige Auseinandersetzung mit einem Lerngegenstand:* „Unterricht, der hohe kognitive Aktivierung aufweist, regt die Lernenden zur vertieften Auseinandersetzung mit dem Lerngegenstand und zu mentaler Selbstständigkeit an, um eine erfolgreiche Integration neuer Wissensinhalte in bestehendes Wissen zu erreichen" (Holzberger & Kunter, 2016, S. 43). Eine zentrale Voraussetzung für eine solche Aktivierung wird im *Erfahrungsbezug* des Lernens gesehen. Durch diesen Bezug fühlen sich die Lernenden offenbar stärker zu der gewünschten Auseinandersetzung motiviert. Ohne solche Bezüge bliebe es bei einer Ansammlung „trägen Wissens", d. h., bei Einzelkenntnissen, die keinen Lebensbezug aufweisen und die auch nicht zur Lösung von Problemen oder Aufgaben eingesetzt werden können.

Für die *Religionsdidaktik* ist die Hervorhebung von kognitiver Aktivierung als Kriterium für Unterrichtsqualität zunächst irritierend. In diesem Feld geht die Tendenz häufig eher dahin, vor „kognitiver Einseitigkeit" zu warnen und die *Bedeutung von Emotionen* hervorzuheben. Inzwischen wird das Prinzip der kognitiven Aktivierung aber auch in der Religionspädagogik bejaht (vgl. Pirner, 2013; Hermann, 2022). Dieses Prinzip dürfe nicht mit kognitiver Vereinseitigung verwechselt werden. Gerade im Religionsunterricht sei eine intensive und möglichst selbstgesteuerte Auseinandersetzung mit Lerngegenständen anzustreben. Dies könne auch hier nur gelingen, wenn der Erfahrungsbezug des Lernens gewährleistet ist (→ S. 132). Das Gegenteil von kognitiver Aktivierung ist nicht emotionales Lernen, sondern die Vermittlung eines Wissens, das nicht genutzt werden kann.

So gesehen muss die religionsdidaktische *Kritik* an einer kognitionsbezogenen Betrachtung von Unterricht *präziser gefasst* werden. Auch diese Kritik greift vor allem im Blick auf „träges Wissen", wie es auch im Religionsunterricht zum Teil vermittelt zu werden scheint. Den Befunden von Rudolf Englert und seiner Forschung zufolge (Englert et al., 2014) bleibt im Religionsunterricht eine kognitive Aktivierung häufig aus. In diesem Sinne lässt sich auch die konstatierte Unterforderung der Schüler:innen verstehen (vgl. Schwarz, 2019) oder ähnlich der Befund, dass die „großen Fragen“ der Schüler:innen, so sie denn im Unterricht überhaupt gestellt werden, am Ende häufig übergangen werden (vgl. Roose, 2019). Demnach sollte im Religionsunterricht verstärkt darauf geachtet werden, wie eine solche Aktivierung gelingen kann.

Zu beachten ist allerdings, dass das Kriterium der kognitiven Aktivierung auch in der Pädagogischen Psychologie keineswegs das einzige Merkmal „guten Unterrichts“ ist. Weitere Kriterien wie das Lern- und Klassenklima sowie die von der Lehrkraft ausgehende konstruktive Unterstützung des Lernens beispielsweise verweisen immer auch auf die *Beziehungsdimension,* einschließlich motivationaler und emotionaler Aspekte (→ S. 286).

14.2.2 Angebots-Nutzungs-Modell

In der Pädagogischen Psychologie hat sich eine Sicht von Unterricht durchgesetzt, die sich im sogenannten *Angebots-Nutzungs-Modell* konkretisiert (vgl. Helmke, 2015, S. 42). Dieses Modell bringt besonders deutlich zum Ausdruck, dass sich Lehren oder Unterrichten nur sehr bedingt als transitive Vorgänge im Sinne *direkter Instruktion* verstehen lassen. Das Lehren kann das Lernen nicht determinieren. Wie beispielsweise der Konstruktivismus gezeigt hat, beruht Lernen grundsätzlich auf Deutungs- und Aneignungsprozesse bei den Schüler:innen, die sich von außen nicht einfach herbeiführen lassen (für die Didaktik vgl. Siebert, 2005). Insofern kann Unterricht am besten als ein Angebot verstanden werden, über dessen Annahme oder Nutzung am Ende die Schüler:innen selbst entscheiden. Damit ist nicht zwingend eine bewusste Entscheidung gemeint, sondern nur die Abhängigkeit des Lernens von der Bereitschaft aufseiten der Schüler:innen.

Die *Rolle der Lehrkräfte* wird durch diese Deutung von Unterricht keineswegs abgewertet, sondern präziser gefasst. Sie bezieht sich zum einen auf die Gestaltung und Bereitstellung von Lernangeboten sowie zum anderen auf die Unterstützung der Schüler:innen dabei, das Lernangebot erfolgreich zu nutzen. Damit Lehrkräfte diese Aufgabe erfüllen können, werden im Angebots-Nutzungs-Modell verschiedene Aspekte identifiziert, die für erfolgreiches Lernen im Sinne der Nutzung von Lernangeboten wichtig sind. Sie verweisen auf erforderliche Passungsverhältnisse zwischen Angebot und Nutzung und können damit, soweit dies für Unterricht möglich ist, gewissermaßen als „Stellschrauben“ verstanden werden.

Das von der Pädagogischen Psychologie entwickelte Modell bleibt insofern im Allgemeinen, als es für die Abbildung von Unterricht unabhängig vom jeweiligen Unterrichtsfach geeignet sein muss. Daher ist es erforderlich, dieses Modell für den Religionsunterricht weiter zu präzisieren. Im Rahmen der Qualitätsdiskussion zum Religionsunterricht wurde dies bereits versucht und eine auf dieses Fach bezogene Weiterentwicklung vorgeschlagen (s. Schweitzer, 2020, S. 118), die auch hier wiedergegeben werden soll:

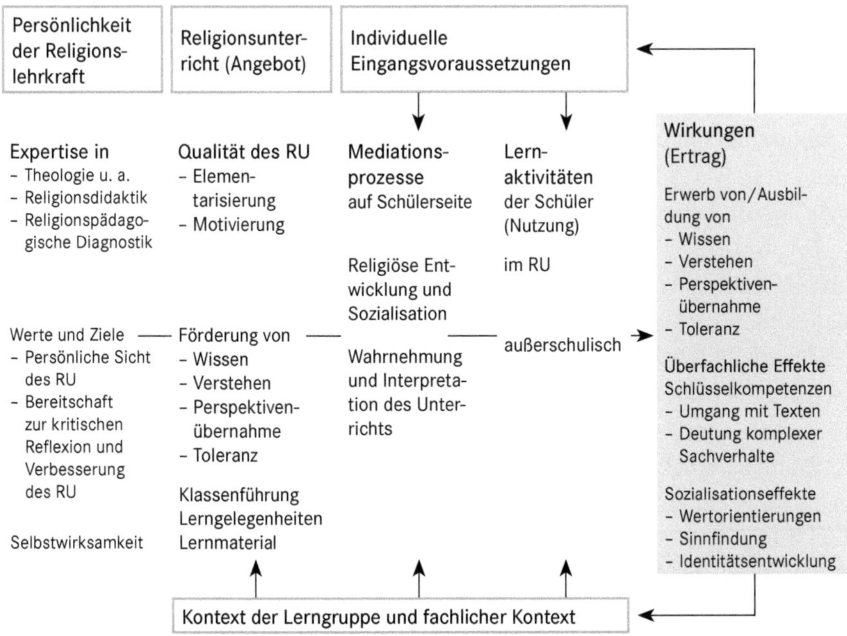

Abbildung 1: Angebots-Nutzungs-Modell der Wirkungsweise des Religionsunterrichts (eigene Weiterentwicklung im Anschluss an Andreas Helmke; Schweitzer, 2020, S. 118)

Bei dieser *religionsdidaktischen Weiterentwicklung des Modells* werden fachdidaktische Perspektiven aufgenommen, vor allem der Elementarisierungsansatz (Schweitzer et al., 2019). Auf diese Weise kann das Angebots-Nutzungs-Modell fachdidaktisch spezifiziert werden, wobei das Elementarisierungsmodell seinerseits in einen veränderten Zusammenhang rückt. Beispielsweise wird dadurch deutlich, dass sich auch der Elementarisierungsansatz auf ein *Lernangebot* bezieht und noch nicht auf das Lernen selbst. Darüber hinaus wird erkennbar, dass die bei diesem Ansatz gewünschte Fokussierung auf „elementare Erfahrungen“ sowie „elementare Zugänge“ (→ S. 281) auf Fragen zielt, die auch in pädagogisch-psychologischer Hinsicht von zentraler Bedeutung für die Unterrichtsqualität sind. Die Verbindung zwischen dem Angebots-Nutzungs-Modell und dem Elementarisierungsansatz kann so zum Ausgangspunkt für produktive Weiterentwicklungen werden.

14.2.3 Einstellungen und Vorurteile

In wohl so gut wie allen Bildungsplänen, aber auch in der religionspädagogischen Lehrbuchliteratur, wird heute hervorgehoben, dass der Religionsunterricht einen wichtigen Beitrag zum gelingenden Zusammenleben in einer multikulturellen und multireligiösen Gesellschaft leisten soll. Entsprechend werden *Haltungen* wie Offenheit, Toleranz und wechselseitiger Respekt hervorgehoben. Wie aber lassen sich solche Haltungen erreichen?

Psychologisch gesehen geht es dabei um habitualisierte Bewertungen, die als *Einstellungen* (attitudes) bezeichnet werden (vgl. bspw. Orey, 2010, S. 93 ff.). Solche Bewertungen können ebenso positiv wie negativ sein. Sie schließen kognitive, affektive und verhaltensbezogene Dimensionen ein. Kennzeichnend ist die dauerhafte Natur solcher Einstellungen, die deshalb auch nur schwer zu verändern sind.

Zu den Einstellungen gehören insbesondere auch *Vorurteile,* die sich auf Angehörige anderer Gruppen beziehen, beispielsweise von Religionsgemeinschaften (vgl. Mikulincer & Shaver, 2015). Auf solchen Vorurteilen soll hier der Schwerpunkt liegen. Am bekanntesten und am besten erforscht sind *antisemitische Einstellungen,* die sich auf jüdische Menschen, das Judentum oder auch den Staat Israel beziehen (Überblick etwa bei Benz, 2015; für die Schule: Bernstein, 2020). Ein weiteres Thema von zunehmender Bedeutung ist *Muslim- oder Islamfeindlichkeit* (die Terminologie schwankt, vgl. Diekmann, 2023). Die negative Einstellung hat dabei den Charakter stereotyper, also vorab festliegender und sich entsprechend wiederholender Negativwahrnehmungen. Bedeutsam ist dabei die Unterscheidung zwischen expliziten und impliziten Einstellungen (bspw. Bernstein, 2020). Während explizit antisemitische Einstellungen inzwischen etwa bei Umfragen seltener bejaht werden, finden doch nach wie vor zahlreiche diskriminierende Aussagen zum Judentum weithin Zustimmung. Ob aus Vorurteilen auch ein entsprechendes Handeln erwächst, ist wie bei allen Einstellungen eine eigene Frage.

Religionsbezogene Vorurteile wurden ursprünglich vor allem bei *Erwachsenen* gesehen und untersucht, wohingegen nunmehr auch Vorurteile im *Kin-*

des- und Jugendalter vermehrt erforscht werden. Die Annahme, dass Kinder noch ohne Vorurteile seien, trifft offenbar nicht zu (vgl. Preissing & Wagner, 2003; Edelbrock et al., 2010). Spätestens ab der mittleren Kindheit bilden sich entsprechende Vorurteile heraus (vgl. Fitzgerald et al., 2019), was auch für den Religionsunterricht in Zukunft stärker beachtet werden muss (vgl. Schlag & Schweitzer, 2023).

Zentral für Schule und Religionsunterricht ist die Frage, wie sich *Vorurteile abbauen* lassen. In der Psychologie stehen dabei insbesondere zwei Theorien im Vordergrund, die schon vor Jahrzehnten von Gordon Allport und Lionel Festinger entwickelt wurden. Allport (1954) erwartete einen Abbau von Vorurteilen durch *persönliche Kontakte* zwischen den verschiedenen Gruppen. Festinger (1957) verwies auf *kognitive Dissonanzen,* die entstehen, wenn positive und negative Wahrnehmungen aufeinandertreffen und beide als überzeugend empfunden werden. An beide Theorien haben sich zahlreiche Einzeluntersuchungen angeschlossen (vgl. Pettigrew & Tropp, 2006; Blair, Dasgupta & Glaser, 2015). Darüber hinaus hat besonders der Zusammenhang zwischen Vorurteil und *Zugehörigkeit zu bestimmten Gruppen* in der psychologischen Forschung breite Aufmerksamkeit gefunden, vor allem im Anschluss an Henri Tajfel (1984). Die Unterscheidung zwischen *Eigengruppe* und *Fremdgruppe* spielt demnach auch für die Ausbildung von Vorurteilen eine wichtige Rolle. Den Befunden zufolge ist die Wirksamkeit von Kontakt im Sinne Allports durchaus zu bestätigen, aber sie stellt sich nicht in allen Fällen ein. Vielmehr kommt es darauf an, dass die Kontakte im Horizont etwa eines gemeinsamen Engagements für geteilte Ziele stattfinden. Mitunter können Begegnungen Vorurteile sonst sogar verstärken. Ähnlich gelten auch für Einstellungsänderungen aufgrund kognitiver Dissonanz wichtige Einschränkungen. Zwar können Informationen, die den Vorurteilen widersprechen, durchaus den gewünschten Effekt des Abbaus von Vorurteilen haben, aber offenbar reicht dafür die bloße Präsentation von Informationen nicht aus. Demnach ist beispielsweise von einer argumentativen Ablehnung von Vorurteilen etwa durch Religionslehrkräfte kaum ein Effekt zu erwarten. Zu beachten sind vielmehr immer auch die persönliche Bedeutsamkeit bestimmter Informationen sowie die Zugehörigkeit zu bestimmten Gruppen (Eigengruppe), mit denen die eigenen Einstellungen geteilt werden, während die Angehörigen anderer Gruppen (Fremdgruppe) abgewertet werden. So gesehen muss der Abbau von Vorurteilen immer auch bei solchen Gruppenstrukturen ansetzen.

Bislang zum Religionsunterricht vorliegende Untersuchungen im Bereich interreligiösen Lernens zeigen allerdings, dass sich der Unterricht *kaum auf Ein-*

stellungen und Vorurteile auszuwirken scheint (vgl. Ziebertz, 2010; Schweitzer et al., 2017; Schweitzer & Bucher, 2020). Die dabei eingesetzten Unterrichtseinheiten entwickelten in dieser Hinsicht keine Wirksamkeit. Insofern gehört die erwünschte Veränderung von Einstellungen zu den vordringlichen Themen für die künftige religionspädagogische Forschung. Beispielsweise könnte vermutet werden, dass Projekte oder gemeinsame Aktionen in der Schule hier stärkere Effekte haben als der reguläre Unterricht (vgl. Unser, 2022). Ob und in welchem Sinne dies zutrifft, lässt sich aber nur auf der Grundlage weiterer empirischer Untersuchungen sagen.

14.3 Zusammenfassung

Der kurze Überblick zum Lernen in bildungswissenschaftlicher und pädagogisch-psychologischer Sicht führt in beiden Fällen zu Anforderungen, die sich auch auf den Religionsunterricht erstrecken. Während die *Bildungswissenschaft* in dieser Hinsicht vor allem normative Sichtweisen, beispielsweise im Blick auf den grundlegenden Bildungsanspruch allen Unterrichts, vertritt, setzen die *psychologischen Untersuchungen* in der Regel empirisch an und zielen auf Erkenntnisse zu unterrichtlichen Wirkungszusammenhängen. Darüber hinaus werden aber auch weiterreichende Vorstellungen von Unterricht angeboten, vor allem das Angebots-Nutzungs-Modell, in dem sich theoretische und empirische Erkenntnisse miteinander verbinden. Solche Modelle müssen dann allerdings noch fachdidaktisch weiterentwickelt werden, wofür sich im Bereich des Religionsunterrichts das Elementarisierungsmodell anbietet.

Angesichts gesellschaftlicher Herausforderungen erweist sich zunehmend aber auch die Dimension der Einstellungen als bedeutsam. Sie betrifft Haltungen, die für ein gelingendes Zusammenleben in einer multikulturellen und multireligiösen Gesellschaft besonders wichtig sind, beispielsweise Toleranz und wechselseitigen Respekt. Allerdings zeigt die Einstellungsforschung auch, dass es im Unterricht noch kaum gelingt, die gewünschten Einstellungsänderungen tatsächlich zu bewirken. Hier wurde eine Lücke identifiziert, die in Zukunft in Zusammenarbeit zwischen religionspädagogischer Forschung und Praxis geschlossen werden sollte.

15 Religionsdidaktische Lernprinzipien

Ein *religionsdidaktisches Lernverständnis* wird insbesondere in den *Lernprinzipien* greifbar, die in der religionspädagogischen Literatur vielfach beschrieben werden. Vor allem drei solchen Prinzipien kommt eine hervorgehobene Bedeutung zu: *Subjektorientierung, Erfahrungsorientierung, Handlungsorientierung.* Wie leicht zu erkennen ist, handelt es sich dabei nicht um Unterrichtsmethoden, sondern um übergeordnete Orientierungen, die sich ebenso in der methodischen Ausgestaltung von Unterricht auswirken wie bei der Auswahl von Inhalten.

Weniger Beachtung als diese drei Prinzipien haben andere, ebenfalls für den Unterricht zentrale Perspektiven gefunden: die handwerkliche Qualität des Unterrichts, seine fachliche Qualität im Horizont der Elementarisierung sowie die übergreifende Frage nach dem unterrichtlichen Beziehungsgeschehen und der Persönlichkeitsbildung. Auch darauf soll daher im Folgenden eigens eingegangen werden.

15.1 Die handwerkliche Qualität des Unterrichts sichern

Die Betonung der handwerklichen Qualität von Religionsunterricht klingt banal. Dies erklärt vielleicht, warum darauf in der Religionspädagogik so selten eingegangen wird. Aber auch Religionsunterricht ist Teil der schulischen Alltagsrealität, die von einer Vielfalt institutioneller Voraussetzungen und schulisch eingespielter Routinen bestimmt wird. Was kann getan werden, damit Religionsunterricht unter diesen Voraussetzungen gelingt? Wie eine Studie zur Kindertheologie im Unterricht (Roose, 2019) eindrücklich belegt, ist diese Frage bislang fachdidaktisch noch zu wenig reflektiert. Tatsächlich verlaufen beispielsweise Gespräche im Religionsunterricht vielfach in der berüchtigten Gestalt des „Ping-Pong“ oder als „getarnte“ Vorträge der Lehrperson (Reese-Schnitker et al., 2022). Von Schüler:innen mitunter aufgeworfene „große Fragen“, wie sie von der Kindertheologie ins Zentrum gerückt werden, fallen in der Regel offenbar dem durchgeplanten Unterricht zum Opfer, weil sie den Ablauf stören oder das Gefühl auslösen, dass sie die Expertise der Lehrkraft überschreiten.

Aus solchen Beobachtungen ist zu folgern, dass die handwerkliche Seite des Unterrichtens, die sich auf Standardelemente und -abläufe bezieht, auch in der Religionsdidaktik deutlich mehr Beachtung verdient. Erfreulicherweise gibt es zumindest *erste Schritte* in dieser Richtung. Zentral sind hier beispielsweise Fragen folgender Art (wobei keineswegs alle diese Fragen schon wirklich untersucht sind oder nur ältere Literatur dazu verfügbar ist):

- Wie sollen *Gespräche im Religionsunterricht* gestaltet sein und welche Rolle sollen verschiedene Gesprächsformen dabei spielen (vgl. Riegger, 2019; Reese-Schnitker et al., 2022)?
- Wie sollen *Lernaufgaben* im Religionsunterricht aussehen (vgl. Philipp, 2020; Käbisch, 2014; Schweitzer, 2014c)?
- Welches Gewicht haben *Üben und Ergebnissicherung* im Religionsunterricht?
- Welche Form von *Hausaufgaben* ist für den Religionsunterricht empfehlenswert (vgl. Jendorf, 1983)?
- Wie sind *Tests und Prüfungen* zu gestalten und welche Art der *Leistungsmessung* ist sinnvoll (vgl. Zimmermann, 2015)?
- Ist gesichert, dass es regelmäßig ein *Feedback* zum Unterricht gibt und, wenn ja, in welcher Form (vgl. Schweitzer, 2020, S. 174 ff.)?

Die Aufzählung solcher Fragen kann an dieser Stelle nicht vollständig sein. Schon die genannten Fragen machen aber deutlich, wie bedeutsam die jeweilige Ausgestaltung des Unterrichts in diesen Hinsichten für dessen Realität im Alltag der Schule tatsächlich ist. Allerdings besteht die besondere fachdidaktische Herausforderung dann darin, die Fachspezifität auch in all diesen Hinsichten so zum Tragen zu bringen, dass der Religionsunterricht, ohne den Rahmen der Schule verlassen zu können, doch ein Fach mit besonderem Profil bleibt.

15.2 Fachliche Qualität und Elementarisierung

Für die Anforderung fachlicher Qualität ist domänenspezifisch letztlich der Bezug auf *Theologie* oder *Transzendenz* entscheidend (→ S. 240 ff.). Dabei soll nicht der damit verbundene Glaube gelehrt werden (→ S. 231), sondern es geht um ein breites Lernspektrum, vor allem bezogen auf Wissen, Verstehen und

Urteilsfähigkeit. Was bedeutet hier fachliche Qualität und welche Bedeutung hat dabei die Aufgabe der Elementarisierung?

Fachliche Qualität

Fachliche Qualität erwächst für den Religionsunterricht aus der Auswahl von *Inhalten* sowie deren Präsentation im Unterricht. „Guter Fachunterricht" ist dabei fachwissenschaftlich auf der Höhe der Zeit und sorgt für eine zumindest ansatzweise bestehende Vertrautheit mit den für die Fach- oder Bezugswissenschaft(en) maßgeblichen Formen der Erkenntnisgewinnung (vgl. Schweitzer, 2020, S. 39 ff. sowie → S. 263). Auch die Theologie ist eine in dem Sinne dynamische Wissenschaft, dass sie immer wieder neue Erkenntnisse hervorbringt. Beispielsweise hat sich die Datierung der Entstehung des Alten Testaments und seiner Bücher in den letzten Jahrzehnten grundlegend verändert, woraus sich auch entsprechende Veränderungen für die Auslegung dieser Texte ergeben. Viele dieser Texte sind offenbar erst viel später entstanden, als zuvor angenommen wurde, und sie müssen daher als rückblickende Deutungen oder Konstruktionen verstanden werden.

Fachdidaktische Qualität

Die Schule und ihr Unterricht sollen dem heutigen Verständnis zufolge auf die Wissenschaft bezogen sein, aber sie folgen zugleich einer anderen Logik. In der Schule geht es immer um *Bildung für Kinder und Jugendliche* sowie um *aufbauende Lernprozesse,* die nicht aus der fachwissenschaftlichen Forschung abgeleitet werden können (→ S. 263). Damit die fachliche Qualität des Unterrichts nicht dazu führt, dass an den Kindern und Jugendlichen vorbei unterrichtet wird, sind didaktische Transformationen der fachwissenschaftlichen Inhalte erforderlich.

Zu Recht wird dabei heute großer Wert auf die *Fachdidaktik* gelegt, im vorliegenden Zusammenhang also die *Religionsdidaktik.* Denn die didaktische Erschließung von Inhalten folgt zwar durchaus allgemeinen, mitunter als allgemeindidaktisch bezeichneten Anforderungen, aber sie muss doch immer auf bestimmte Inhalte oder Domänen bezogen sein. In der Religionsdidaktik wird dazu inzwischen weithin auf das *Elementarisierungsmodell* zurückgegriffen, das auch in diesem Buch bereits kurz beschrieben wurde (→ S. 118; ausführliche aktuelle Darstellung bei Schweitzer, Haen & Krimmer, 2019). Zentrales Anliegen der Elementarisierung ist die wechselseitige Erschließung von Sache und Person. Die konstitutive Orientierung an einer solchen Erschließung ist ein fundamentales Lernprinzip für den Religionsunterricht.

Transzendenz und Lernen im Religionsunterricht

Unter dem Aspekt der *Domänenspezifität* hat sich der Bezug auf die *Theologie* als entscheidend erwiesen (→ S. 240 ff.). Dies lässt sich noch weiter zuspitzen, indem vom *Transzendenzbezug des Lernens* gesprochen wird. Auch dabei ist allerdings wiederum bewusst zu halten, dass dieser Bezug im Alltag des Religionsunterrichts keineswegs immer im Zentrum steht. Entsprechend zeigt schon ein kurzer Blick in einen beliebigen Religionslehrplan, dass weithin Themen eher allgemeiner Art behandelt werden sollen, beispielsweise Ökologie, soziale Gerechtigkeit, Drogen, Lebenskunst usw. Selbst wenn beispielsweise bei ökologischen Fragen der Bezug auf Transzendenz zumindest zunächst nicht im Vordergrund steht, sondern eben die Befassung mit ökologischen Herausforderungen sowie mit gesellschaftlichen Lösungsstrategien, muss im Religionsunterricht am Ende aber doch deutlich werden, was all dies mit religiösen Überzeugungen zu tun hat. Der Bezug auf Transzendenz oder, theologisch ausgedrückt, der Bezug auf Gott muss den Religionsunterricht gleichsam beständig begleiten, auch wenn dieser Bezug nicht in jedem Falle eigens hervortritt. Damit dieser Bezug sich nicht verflüchtigt, muss es immer wieder Unterrichtseinheiten geben, bei denen die menschliche Suche nach Transzendenz und die Frage nach Gott Thema sind.

Aus Schüler:innenäußerungen („Wir hatten eigentlich gar keinen richtigen Religionsunterricht") geht mitunter hervor, dass ihnen der beschriebene Wechsel zwischen allgemeinen und ausdrücklich auf religiöse Fragen im engeren Sinne bezogenen Stunden und Unterrichtseinheiten eher als ein unverbundenes Nebeneinander erscheint. Die allgemeinen Themen haben für sie dann „eigentlich" nichts mit Religion zu tun. Deshalb erscheint es sinnvoll, den Bezug auf die Gottesfrage auch dort immer wieder anzusprechen, wo er zunächst nicht im Vordergrund steht, um auf diese Weise ein – etwa als metakognitiv zu bezeichnendes – Bewusstsein zu wecken.

Beim Thema Transzendenz oder Gott wiederholt sich für den Religionsunterricht, was als *grundlegende Wende der neuzeitlichen Theologie* bezeichnet werden kann: Gott lässt sich weder wissenschaftlich erforschen noch als unterrichtlicher Lerngegenstand begreifen. Da sich Gott selbst der Wissenschaft ebenso wie dem Lernen entzieht, kann der Gegenstand der Theologie und des Unterrichts nur der menschliche Glaube an diesen Gott sein.

Die Befassung mit dem *Gottesglauben* kann sehr unterschiedliche Gestalten annehmen – angefangen bei distanzierter Kenntnisnahme bis hin zur engagierten persönlichen Auseinandersetzung etwa bei der Theodizeefrage. Sie kann rein beschreibend sein, wenn beispielsweise unterschiedliche Vorstellungen von einem Leben nach dem Tod in verschiedenen Religionen nebeneinandergestellt oder auch miteinander verglichen werden. Dabei spielt das, worauf sich dieser Glaube als Gottesglaube bezieht, keine hervorgehobene Rolle. Das ändert sich in dem Maße, in dem das eigene Verhältnis zu diesem Glauben ins Spiel kommt, so wie dies im Religionsunterricht zumindest immer wieder möglich sein soll.

Die Auseinandersetzung mit *existenziellen Fragen,* so wird an diesem Beispiel deutlich, geschieht nie allein kognitiv, sondern ist immer auch mit *emotionalen* Zugängen und Reaktionen verbunden. Das beginnt mit der Frage: Gibt es Gott? Und wenn ja, was bedeutet das für mich? In Theologie und Religionspädagogik wurde und wird an diesem Punkt mitunter von einer „Entscheidung" gesprochen, vor die sich Menschen dann gestellt sehen – letztlich ist es die Frage, ob man selbst glauben will und kann oder nicht. Heutige Kinder und Jugendliche nehmen hier aber wohl nur selten eine solche hervorgehobene Entscheidungssituation wahr (vgl. Lorenzen, 2020). Für sie steht vielfach eher die *Relevanzfrage* im Vordergrund, weil sie nicht erkennen können, was die tradierten und institutionalisierten Formen von Religion für sie persönlich bedeuten.

Beim Bezug auf Transzendenz kommt das Lernen auf jeden Fall insofern an eine prinzipielle Grenze, als sich das Verhältnis zu Gott nicht in die Sprache von Lernzielen oder Kompetenzen übersetzen lässt. Darin begegnet die *Grenze des Unverfügbaren.* Lernen ist nur unterhalb dieser Grenze möglich, aber es kann immer wieder an diese Grenze heranführen und sie zumindest wahrnehmbar machen. Eine besondere Chance des Religionsunterrichts besteht genau darin, dass dies immer wieder geschieht.

15.3 Erfahrungs-, Subjekt- und Handlungsorientierung

Ein zentrales, wenn nicht überhaupt das zentrale Anliegen der Religionsdidaktik der Gegenwart besteht darin, dass der Unterricht *lebensbezogen* und das Gelernte *lebensbedeutsam* sein soll. Eine Auseinandersetzung mit Inhalten und Themen ohne wahrnehmbaren Lebensbezug wird von den Schüler:innen oft als „langweilig" kritisiert. Sowohl bei der Auswahl von Themen als auch bei deren Bearbeitung muss daher darauf geachtet werden, Bezüge zur *Erfahrungs- und Lebenswelt der Schüler:innen* zu identifizieren und ihnen diese Bezüge auch bewusst zu machen. Dafür stehen in der Religionsdidaktik insbesondere die drei Prinzipien von Erfahrungs-, Subjekt- und Handlungsorientierung.

Lebensbezug als religionsdidaktischer Horizont

Es sind keineswegs nur die Erwartungen der Schüler:innen, die nach einem Lebensbezug des Unterrichts verlangen, sondern diese Forderung entspricht auch den *Inhalten* des Religionsunterrichts. Eine persönliche Auseinandersetzung mit Transzendenz und Gottesglauben wird überhaupt erst möglich, wenn ein Lebensbezug zumindest als Möglichkeit wahrgenommen werden kann. Darüber hinaus zeigen die Befunde aus der Pädagogischen Psychologie, dass wirksames Lernen (kognitive Aktivierung) ohne Erfahrungsbezüge und also ohne Bezug auf die eigene Person nicht erreichbar ist (→ S. 255).

Die Entwicklung der Religionsdidaktik der letzten Jahrzehnte lässt sich in dieser Perspektive so deuten, dass hier immer wieder neue Versuche unternommen worden sind, die Lebensbedeutsamkeit des Lernens zu sichern. Dabei treten dann verschiedene Möglichkeiten für die Ausrichtung des Unterrichts vor Augen, hinter denen nicht zuletzt unterschiedliche Auffassungen von Leben und Lebensbezug zu erkennen sind. Beim problemorientierten Religionsunterricht wird der Lebensbezug vor allem im Blick auf *gesellschaftliche Herausforderungen* konkretisiert. Bei der Symboldidaktik steht die *Ästhetik* im Vordergrund, während biografische Zugangsweisen auf *lebensgeschichtliche Zusammenhänge* zielen.

Erfahrungsorientierung

Der Erfahrungsbegriff hat in der Religionsdidaktik eine lange Geschichte (vgl. Ritter, 1989). Er wurzelt in der *Aufklärungspädagogik* des 18. Jahrhunderts und gewinnt dann zu Beginn des 20. Jahrhunderts zentrale Bedeutung. Dabei geht es zunächst um eine Kritik des herkömmlichen Religionsunterrichts, der an den Erfahrungen von Kindern und Jugendlichen allzu oft vorbeigehe und dessen Inhalte deshalb für die Lernenden kaum eine wirkliche Bedeutung gewinnen können. Weiterreichend steht hinter dieser Kritik die theologische Grundanforderung, dass sich der Religionsunterricht wie auch die Theologie den *Herausforderungen durch die Moderne* stellen müssen. Der „moderne Mensch", wie dann auch formuliert wurde (im Kontext des Bibelunterrichts s. etwa Stallmann, 1958), finde nur überzeugend, was sich anhand der eigenen Erfahrungen verifizieren lässt.

In der neueren didaktischen Diskussion sind diese weiterreichenden Hintergründe in der Regel nicht im Blick. Es geht vielmehr um unterrichtspraktische Möglichkeiten, wie der Unterricht Verbindungen zwischen bestimmten Inhalten und der *Erfahrungs- oder Lebenswelt der Kinder und Jugendlichen* sichtbar machen kann. Dabei spielen auch *sprachliche Fragen* eine wichtige Rolle (vgl. Altmeyer, 2011). Die religiösen Überlieferungen begegnen Kindern und Jugendlichen in einer ihnen oft fremden Sprachgestalt. Darüber hinaus stammen sie aus weit zurückliegenden Zeiten. All dies macht es notwendig, sie im Horizont heutiger Erfahrungen neu zu erschließen. Darauf zielt deshalb auch die Elementarisierungsdimension der *elementaren Erfahrungen* (vgl. S. 281).

In der Theologie gilt die Forderung, die Texte der religiösen Überlieferung mit höchstmöglicher Sorgfalt sowie in Anwendung aller verfügbaren methodischen Zugänge auszulegen. Religionsdidaktisch lässt sich ähnlich im Blick auf die heutigen Lebens- und Erfahrungswelten fordern, dass diese Zusammenhänge eine nicht weniger sorgfältige Wahrnehmung verdienen. Dabei ist die Religionsdidaktik auch auf andere wissenschaftliche Disziplinen wie etwa die Kinder- und Jugendforschung, die Soziologie und Psychologie sowie religions- und kulturwissenschaftliche Zugangsweisen angewiesen.

Subjektorientierung

Dieses Unterrichtsprinzip ist erst in den letzten Jahrzehnten bedeutsam geworden, zumindest vom Begriff her. Es bezieht sich auf ein sogenanntes *Grundparadox der Pädagogik* (vgl. Benner, 1987, S. 49 ff., bes. S. 67):

Die Pädagogik soll der *Subjektwerdung* von Kindern und Jugendlichen dienen und sie deshalb als Subjekte wahrnehmen. Dabei orientiert sich die Pädagogik an einem Zustand, der erst in der Zukunft erreichbar ist. Zugleich kann eine Subjektwerdung nur dadurch erreicht werden, dass die Kinder und Jugendlichen immer schon als Subjekte anerkannt werden. Als *paradox* ist diese Verhältnisbestimmung insofern zu bezeichnen, als etwas vorausgesetzt werden soll, was zugleich ausdrücklich nicht oder jedenfalls noch nicht gegeben ist.

Eine solche Sicht von Kindern und Jugendlichen als Subjekten, die sie immer schon sind und zu denen sie doch erst noch werden müssen, ist auch *theologisch* zu bejahen, vor allem aus dem Zusammenhang zwischen *Schöpfungsglaube* und *Gottebenbildlichkeit* heraus (vgl. grundlegend Biehl, 1991; Schweitzer, 2011, 2014b). In diesem Sinne kann von einer grundlegenden Anerkennung von Kindern und Jugendlichen als selbstverantwortlichen Subjekten, die sie immer schon sind, gesprochen werden, wie auch von einem Auftrag, dass Kinder und Jugendliche immer mehr zu Subjekten werden sollen und damit ihrer Bestimmung als Menschen gerecht werden können.

Neben der *Beziehungsqualität* (→ S. 268) ist für die praktische Konkretion der Subjektorientierung besonders die *Offenheit des Unterrichts* für die Sichtweisen und Deutungsformen, die von den Kindern und Jugendlichen eingebracht werden, entscheidend. Und nicht zuletzt sind auch die *Ziele* des Religionsunterrichts unter dem Aspekt der Subjektorientierung in den Blick zu nehmen: Diese Ziele müssen einen ausdrücklichen Beitrag zur Selbstwerdung von Kindern und Jugendlichen einschließen, so wie dies von der Erziehungswissenschaft als Bildungsanspruch allen Unterrichts gefordert wird (→ S. 250).

Handlungsorientierung

Die Handlungsorientierung zielt vor allem auf die *methodische Gestaltung.* Diesem Prinzip zufolge soll der Unterricht durchweg so angelegt sein, dass sich Lernen aktiv – im Rahmen eines eigenen Handelns oder Tuns der Schüler:innen – vollziehen kann (vgl. Riegger, 2019). Forderungen dieser Art finden sich schon in der gesamten pädagogischen Tradition, aber die herkömmliche Gestalt von Schule und Unterricht ließ ein aktives Lernen bestenfalls als geistiges Tun zu. Erst mit den reformpädagogischen Aufbrüchen zu Beginn des 20. Jahrhunderts und besonders der von John Dewey geprägten Formel „Lernen durch Handeln" (learning by doing) konnte sich eine veränderte Unterrichtsgestaltung stärker durchsetzen.

In Fächern wie dem Religionsunterricht, die von einer textlichen Überlieferung ausgehen und mitunter überhaupt als Auslegung von Quellen konzipiert wurden, besteht immer die Gefahr, dass die Gestalt von Unterricht hinter den Anforderungen der Handlungsorientierung zurückbleibt. Deshalb ist in diesem Falle ganz besonders nach *aktivierenden Formen der Unterrichtsgestaltung* zu fragen.

15.4 Lernen als Beziehungsgeschehen

In der traditionellen Vorstellung von Lernen, wie sie in der Religionspädagogik heute gern mit dem Begriff *Katechese* verbunden wurde, erscheint Lernen als eine lediglich *zweistellige Relation:* Es geht um die *Inhalte* auf der einen und um die *Lernenden* auf der anderen Seite. Die Lehrkraft als Person bleibt dabei im Hintergrund. Sie sorgt lediglich für das äußere Arrangement und für die Zufuhr von Inhalten. Ähnlich scheint dabei die Gruppe oder Klasse, die in der Regel gemeinsam unterrichtet wird, nicht weiter wichtig. Ihre Existenz gewährleistet bestenfalls die Effizienz des Unterrichts, der sich dann gleichzeitig an mehrere Schüler:innen wenden kann.

In der Moderne erweitert sich das religionspädagogische Lernverständnis zu einer *dreistelligen Relation,* indem die Bedeutung der *unterrichtenden Person* aufgewertet wird. Paradigmatisch wird dies bei Friedrich Schleiermacher (1850, S. 357) greifbar, wenn er beschreibt, dass im Unterricht das eigene Verhältnis der Lehrkraft zu den Inhalten wahrnehmbar werden soll. Dahinter steht sein Verständnis von religiöser Kommunikation, in der sich religiöse Gefühle, wie er es nennt, mitteilen können. Für diesen Modus der Kommunikation hat Schleiermacher sogar einen eigenen Begriff geprägt, *darstellende Mitteilung,* bei der nicht nur Inhalte kommuniziert werden, sondern zugleich deren Bedeutung für den Mitteilenden selbst – und dann, als mögliche Wirkung der Kommunikation, auch die Bedeutung für alle, die am Kommunikationsprozess beteiligt sind. Auf diese Weise wird Lernen im Religionsunterricht grundlegend als *Beziehungsgeschehen* zwischen Lehrkraft und Schüler:innen verstanden und entsprechend gestaltet.

Aus heutiger Sicht muss der Umkreis der Beziehungsdimension beim Lernen noch einmal weiter gezogen werden – im Sinne einer *vierstelligen* Konstellation. Lernen im Unterricht wird immer auch durch die *Beziehungen innerhalb der Lerngruppe* bestimmt. Die Effekte können dabei sehr unterschiedlich ausfallen. Sie können das Lernen verstärken, aber auch erschweren. Deshalb ist es sehr wichtig, die Lernatmosphäre im Religionsunterricht systematisch zu pflegen.

Reinhold Boschki (2003) hat versucht, „Beziehung" systematisch als „Leitbegriff der Religionspädagogik" zu entfalten. Dabei gelangt er zu dem „Axiom": „religiöse Lehr- und Lernprozesse bzw. religiöse Bildungsprozesse ereignen sich in Konvergenz aller Beziehungsdimensionen menschlichen Daseins" (Boschki, 2003, S. 350, im Orig. kursiv). Er nennt ausdrücklich fünf Beziehungsrichtungen: „zu sich selbst, zu anderen, zu Welt und Geschichte, zu Gott und zu der Dimension der Zeit" (S. 353). Interessanterweise taucht in dieser Aufzählung die Religionslehrkraft nicht eigens auf. Sie ist offenbar bei der Beziehung „zu anderen" mitgemeint. Vermutlich wollte Boschki auf diese Weise eine einseitige Lehrkraftzentrierung vermeiden, so wie er an späterer Stelle im Blick auf die Religionslehrkräfte ausdrücklich hervorhebt: *„‚Beziehung' darf nicht gegen Inhalte ausgespielt werden.* Im Gegenteil, religiöse Inhalte können nur beziehungsorientiert vermittelt und angeeignet werden" (Boschki, 2003, S. 437).

Diese These entspricht der zu Beginn des vorliegenden Buches dargestellten Auffassung, dass zwischen Lerninhalten, Lernaufgaben, Lernwegen und Lernprinzipien ein *Implikationsverhältnis* besteht, wobei nun auch die Beziehungsdimension als konstitutiver Bestandteil religionsdidaktischer Lernprinzipien eigens betont wird. Diese hervorgehobene Bedeutung muss nicht zuletzt unterrichtspraktisch eingeholt werden:

- Die *Beziehung zwischen Unterrichtenden und Lernenden* verdient eigene religionsdidaktische Beachtung und muss – im Ideal gesprochen – für alle Schüler:innen je individuell gestaltet und gepflegt werden. Der Aufbau einer entsprechenden Beziehung gehört zu den zentralen Aufgaben des Unterrichts.
- Wichtig ist nicht nur die Beziehung zu einzelnen Schüler:innen, sondern immer auch die *Beziehung zur ganzen Klasse oder Gruppe* der Schüler:innen. Beide Aspekte machen eine darauf eingestellte Balance erforderlich.
- Das *Beziehungsgeschehen innerhalb der Schüler:innengruppe* ist religionsdidaktisch ebenfalls zentral, nicht nur in sozialer Hinsicht, sondern auch für das Lernen. In der Praxis wird dies häufig durch Partner- und Gruppenarbeit wahrgenommen, aber auch weiterreichende soziale Erfahrungsmöglichkeiten, etwa im Rahmen von Exkursionen oder Projekten, können hier bedeutsam sein.

Hinsichtlich der Beziehungsdimension und des Lernens als Beziehungsgeschehen ist noch auf eine weiterreichende theologische Deutungsmöglichkeit hinzuweisen: Im Anschluss an Helmut Peukert hat Norbert Mette (1994, S. 108 ff.) herausgearbeitet, dass kommunikative Beziehungen religionspädagogisch als *Befreiungsgeschehen* und *Identitätsermöglichung* verstanden und ausgestaltet werden können. Beziehung erscheint in dieser Sicht als eine kreative Möglichkeit, Subjektwerdung zu unterstützen. Solche Deutungen lassen sich allerdings nicht unmittelbar praktisch im Unterricht umsetzen. Sie bieten aber einen Horizont, in dem sich die Beziehungsdimension (religions-)pädagogisch und theologisch weiterführend begreifen lässt.

15.5 Der weitere Horizont: Religionsunterricht und Persönlichkeitsbildung

Die beschriebenen religionsdidaktischen Lernprinzipien stehen in einem weiteren Horizont, der häufig als Persönlichkeitsbildung bezeichnet wird. Darauf verweisen auch Begriffe wie *Wertebildung* oder *Charakterbildung* sowie, etwas veraltet, *Tugendbildung.* Die Frage nach Einstellungen oder Haltungen geht in eine ähnliche Richtung. Alle diese Begriffe machen deutlich, dass es beim Lernen im Religionsunterricht um mehr geht und gehen muss als den Erwerb von Wissen und die Ausbildung bestimmter Fähigkeiten.

Zugleich kann sich die Persönlichkeitsbildung in aller Regel nur im *Medium des unterrichtlichen Lernens* vollziehen – gleichsam den Erwerb von Wissen und Fähigkeiten begleitend in der Gestalt der dabei realisierten sozialen und kommunikativen Verhältnisse. Es gibt heute zwar in der Schule oder auch im Rahmen der universitären Lehrer:innenbildung zum Teil besondere Angebote und Kurse zur Persönlichkeitsbildung, in denen es um die Stärkung der Persönlichkeit sowie um die Überwindung möglicher persönlicher Schwächen unabhängig von allen fachlichen Bezügen geht. Im Unterschied dazu soll der Religionsunterricht seinen Beitrag zur Persönlichkeitsbildung nicht losgelöst von seinen Inhalten leisten, beispielsweise also nicht indem er besondere Unterrichtseinheiten zur Persönlichkeitsbildung bietet.

Wenn im Religionsunterricht Deutungsmöglichkeiten von Selbst und Welt sowie von Vergangenheit und Zukunft bearbeitet werden, so kann dies die *persönliche Sinnfindung* unterstützen. Zu klären, wie individuelle Autonomie und Mündigkeit mit sozialer Verantwortung zusammenhängen, gehört ebenfalls zu den Grundaufgaben von Religionsunterricht. *Haltungen* wie die Anerkennung aller Menschen und ihrer Rechte, die Ausrichtung nicht am Recht der Stärkeren, sondern an einer umfassenden Gerechtigkeit für alle, sind zentrale Orientierungen, die im Religionsunterricht kontinuierlich unterstützt werden und die wichtige Wurzeln im Christentum wie in anderen Religionen haben.

Aus seinem Beitrag zur Persönlichkeitsbildung erwächst für Öffentlichkeit und Politik eine wichtige *Legitimation* für den Religionsunterricht. Dies unterstreicht zugleich die Notwendigkeit, es nicht bei legitimatorischen Argumenten zu belassen, sondern die damit verbundenen Aufgaben im Unterricht tatsächlich wahrzunehmen. Anders ausgedrückt, sollten die genannten Orientierungen im Unterricht wirksam präsent gehalten werden.

Zuzugeben ist freilich, dass sich der weitere Horizont der Persönlichkeitsbildung der empirischen Überprüfung weithin entzieht. Diese Einschränkung gilt nicht nur im Blick auf die Wissenschaft. Auch die Religionslehrkräfte können sich eine entsprechende Wirksamkeit von Religionsunterricht zwar wünschen, aber kaum überprüfen. Sinnlos wird eine solche Zielsetzung dadurch aber nicht. Vielmehr zeigt sich hier exemplarisch, dass sich nicht alle Bildungsaufgaben – und gerade wichtige Aufgaben übergreifender Art – sinnvoll operationalisieren lassen und deshalb auch nicht oder jedenfalls nicht vollständig durch empirische Untersuchungen erfasst werden können.

15.6 Über die Schule hinaus: religiöses Lernen als personale Transformation und Rekonstruktion

In diesem Buch steht das Lernen im Religionsunterricht im Zentrum. Durchweg geht es deshalb um die Schule sowie darum, was in deren begrenztem Rahmen sinnvoll und möglich ist. Immer wieder ist deutlich geworden, dass ein im engeren Sinne religiöses Lernen, das über ein inhaltlich auf Religion bezogenes, aber in persönlicher Distanz verbleibendes Lernen hinausgeht und eigene Erfahrungen mit Religion sowie, zugespitzt, *religiöse Erfahrungen* einschließt, im schulischen Rahmen zumindest nicht in geplanter Weise angestrebt werden kann. Solche Erfahrungen mit Religion stellen jedoch auch für den Religionsunterricht einen *Verweisungszusammenhang* von grundlegender Bedeutung dar, auf den daher ebenfalls noch eingegangen werden soll – nun ausdrücklich mit dem Blick über die Schule hinaus.

Dazu muss eine veränderte Perspektive eingenommen werden, bei dem religiöses Lernen ins Zentrum rückt. Damit geht es unmittelbar um den *Zusammenhang zwischen Lernen und Transzendenz,* nicht nur im Sinne eines allgemeinen thematischen Bezugs, wie er für die Domäne Religion konstitutiv ist (→ S. 240 ff.), sondern in einem persönlichen Sinne des *eigenen Glaubens.* Wie lässt sich ein solches Lernen beschreiben?

Auch in dieser Hinsicht ist zunächst noch einmal die *Grenze* nicht nur des Religionsunterrichts, sondern darüber hinaus allen Lernens in Erinnerung zu rufen: Der Glaube kann weder einfach gelehrt noch gelernt werden (→ S. 221). Er stellt vielmehr eine Gewissheit dar, über die Menschen nicht verfügen können, weder im Blick auf andere noch auf sich selbst.

Auch wenn diese Grenze bewusst bleibt, kann dennoch von Lernprozessen gesprochen werden, bei denen über Wissen, Verstehen und Urteilen hinaus das eigene *Leben* und dessen *letzter Sinn* angesprochen sind. Lernen bedeutet dann so viel wie sich bewusst mit den Orientierungen auseinanderzusetzen, auf denen das eigene Leben gründet und gründen soll. Soweit solche Lernprozesse auf das Christentum bezogen sind, kann dazu ebenso die Frage gehören, wie sich diese Orientierungen verändern müssten, wenn sie dem christlichen Glauben entsprechen sollen.

Beim religiösen Lernen geht es also um nicht weniger als darum, *wer ich wirklich bin und sein möchte.* Dabei wird nicht einfach etwas gelernt, das man dann weiß und das man vielleicht anwenden kann. Stattdessen verändert sich das *lernende Subjekt selbst* – in grundlegender Weise. Deshalb können entsprechende Lernprozesse als *Rekonstruktion* der Person oder des Selbst bezeichnet werden (vgl. zur Seelsorge: Rössler, 1973): Das veränderte, vom Glauben ausgehende Verständnis des eigenen Lebens und der eigenen Lebensgeschichte als Sinnzusammenhang gibt ihnen eine insgesamt neue Bedeutung.

In der theologischen Tradition werden für solche Veränderungen, die als Rekonstruktion oder Transformation die gesamte Person betreffen, verschiedene Bezeichnungen verwendet. Besonders plastisch sind die Formulierungen des Mystikers Meister Eckhart (1963, S. 482), der als einer der ersten den damals noch ungewohnten Bildungsbegriff verwendet und von *Entbildung, Einbildung* und *Überbildung* spricht. Bei Johann Georg Hamann, einem aufklärungskritischen Philosophen des 18. Jahrhunderts, ist davon die Rede, dass der Mensch dann Gott als den *Autor der eigenen Lebensgeschichte* wahrnehmen kann (dazu Bayer, 1988). In heutiger Sprache könnte man bei solchen Transformationen vielleicht von einem „Gestaltswitch" sprechen oder auch davon, dass das eigene Dasein durch eine Gewissheitserfahrung komplett „neu konfiguriert" wird. Solche Beschreibungen erinnern zugleich an den Begriff der *Bekehrung*. Im Neuen Testament hat besonders Paulus eine solche Bekehrung erfahren (1 Kor 15), durch die sein Leben eine völlig andere Ausrichtung gewann (sprichwörtlich: vom Saulus zum Paulus). Vor allem im Pietismus wurde und wird der Bekehrungsbegriff gern verwendet (vgl. Wallmann, 2019).

Man kann darüber streiten, ob die mit den verschiedenen Begriffen jeweils unterschiedlich akzentuierten Rekonstruktions-, Transformations- oder gar Bekehrungsprozesse sinnvoll als Lern- oder Bildungsprozesse bezeichnet werden können. Auf jeden Fall gehen sie weit über die Grenzen von Schule und Unterricht hinaus. Es handelt sich um Veränderungen, die sich nicht einfach planen und am Ende gar abprüfen lassen. Der schulische Religionsunterricht kann bestenfalls indirekt zu einem solchen Lernen beitragen, beispielsweise indem er sich mit Biografien befasst, die solche Transformationserfahrungen einschließen. Dabei ist nicht nur an ausdrücklich religiöse oder christliche Bekehrungserfahrungen zu denken, wie sie klassisch bei Paulus, Augustinus oder neuzeitlich bei August Hermann Francke zu finden sind. Albert Schweitzer (1954, S. 132) beispielsweise beschreibt in ähnlicher Weise die Entdeckung seiner „Ethik des Lebens", der er in einem bestimmten Moment – auf einem Fluss im afrikanischen Dschungel – gewahr und gewiss geworden sei.

Der schulische Unterricht zielt auf *langfristige und stetige Lernprozesse*, durch die solche, häufig als *einmalig* beschriebenen und *plötzlich eintretenden Gewissheitserfahrungen* als Möglichkeit bewusst gemacht und reflektiert werden können. Darüber hinaus kann das im Religionsunterricht Gelernte auch zu einem Instrumentarium werden, auf das bei der *Deutung solcher Erfahrungen* zurückgegriffen wird. Wenn beispielsweise davon gesprochen wird, dass sich jemand „plötzlich" des Glaubens an Jesus Christus „ganz gewiss" geworden sei, so ist dies kaum vorstellbar, wenn der Inhalt dieses Glaubens nicht schon zuvor in irgendeiner Form bekannt war. An Jesus Christus glauben ist nur möglich, wenn Jesus Christus bekannt ist. Insofern kann das Lernen im Religionsunterricht durchaus auch für religiöses Lernen im engeren Sinne bedeutsam werden. Auf jeden Fall gehört religiöses Lernen auch im engeren Sinne zu den unerlässlichen Themen des Religionsunterrichts.

15.7 Zusammenfassung

In diesem Kapitel wurden *religionsdidaktische Lernprinzipien* vorgestellt und diskutiert. Über die religionspädagogisch gemeinhin als zentral angesehenen Prinzipien von Erfahrungs-, Subjekt- und Handlungsorientierung hinaus, deren konstitutive Bedeutung hier erneut zu unterstreichen war, wurden auch sonst eher vernachlässigte Aspekte wie die *handwerkliche Qualität* des Unterrichts aufgenommen. Eigene Beachtung verdient die ebenfalls bei den religionsdidaktischen Lernprinzipien nicht immer angemessen berücksichtigte *fachliche Qualität* des Unterrichts, die didaktisch gesehen allerdings durchweg in den Horizont der *Elementarisierung* gerückt werden muss. Andernfalls droht eine Verwechslung von Unterricht und (Fach-)Wissenschaft. Hervorgehoben wurde nicht zuletzt, dass alles Lernen im Religionsunterricht bei alldem ein *Beziehungsgeschehen* darstellt und dass dieses Geschehen entsprechend wahrgenommen und ausgestaltet werden muss. Schließlich wurde der gerade für den Religionsunterricht wichtige Anspruch erörtert, dass dieser Unterricht einen wichtigen Beitrag zur *Persönlichkeitsbildung* leiste. Dieser Anspruch lässt sich zwar kaum operationalisieren und auch empirisch nicht vollständig einholen, bleibt aber dennoch bedeutsam, nicht zuletzt im Sinne einer Unterstützung der Identitätsbildung im Jugendalter.

Am Ende des Kapitels stand die Frage nach ausdrücklich religiösem Lernen, die zugleich notwendig *über Schule und Religionsunterricht hinausgeht.* Dennoch bleibt sie auch für den Unterricht ein Verweisungszusammenhang und kann als solcher auch im Unterricht selbst thematisiert werden, beispielsweise anhand von Biografien, in denen eine glaubensbezogene Wende eine wichtige Rolle spielt.

Teil 4: Vom Lehren zum Lernen: Praxis des Religionsunterrichts im Perspektivenwechsel

In allen Teilen dieses Buches geht es um die Praxis des Religionsunterrichts. Das gilt ebenso für die Frage, was im Religionsunterricht gelernt werden soll, wie für die Bestimmung des dabei leitenden Lernverständnisses. Im Folgenden soll nun aber die Frage, was der Fokus auf Wissen, Verstehen und Urteilen für die *Gestaltung von Religionsunterricht* bedeutet, ganz im Vordergrund stehen. Dazu werden *sieben Gestaltungsperspektiven* beschrieben, in denen sich die in diesem Buch entwickelten Bestimmungen im Blick auf die Unterrichtspraxis konkretisieren lassen. Insofern könnte man auch von *unterrichtspraktischen Konkretionen* sprechen.

Diese Konkretionen können damit zugleich als *Probe aufs Exempel* der Bestimmungen zum Lernen im Religionsunterricht verstanden werden. Denn nur, wenn diese Bestimmungen etwas für die praktische Unterrichtsgestaltung austragen, und nur wenn sich für die Praxis zeigen lässt, dass sie tatsächlich tragfähige Impulse für die Weiterentwicklung von Unterricht bieten, können sie überzeugen.

Den Horizont der Darstellung bildet dabei ein Perspektivenwechsel vom Lehren zum Lernen. Zugespitzt: *Statt des Lehrens soll das Lernen im Zentrum stehen.* Diese Forderung erscheint auf den ersten Blick paradox, da sich dieses Buch ja an Lehrkräfte wendet und die Unterrichtsgestaltung deren Aufgabe bleibt. Der erforderliche Perspektivenwechsel muss deshalb noch einmal anders gefasst werden: Im Kern zielt er darauf, dass sich die *Lehrkräfte* bei der Unterrichtsgestaltung von einer veränderten Perspektive leiten lassen – nämlich des Lernens, das ermöglicht und erreicht werden soll. An erster Stelle muss dann die Frage stehen, was die Schüler:innen lernen sollen und wie sie darin wirksam unterstützt werden können. Erst an zweiter Stelle, nämlich als Implikation der Konzentration auf die Lernprozesse der Schüler:innen, kommen dann Überlegungen dazu, was daraus für das Unterrichten folgt.

Wie ein solches verändertes Planen und Gestalten von Unterricht konkret aussehen kann, wird im Folgenden erläutert. Von vornherein muss sich dabei zeigen, wie sich die Schwerpunkte bei Wissen, Verstehen und Urteilen, die in den ersten beiden Teilen des Buches dargestellt und dann im dritten Teil mit einem darauf bezogenen Lernverständnis verknüpft wurden, im Unterricht selbst fruchtbar machen lassen.

Darin besteht die Probe aufs Exempel. Darüber hinaus bieten die Konkretionen für die Praxis die Chance, möglichen *Missverständnissen* vorzubeugen. So könnte insbesondere die Hervorhebung des Wissens, das im Religionsunterricht erworben werden soll, zu einer einseitigen Stofforientierung führen, wie sie von vielen Religionslehrkräften zu Recht abgelehnt wird. Die im Folgenden dargestellten Perspektiven für die Unterrichtsgestaltung sollen demgegenüber zeigen, wie eine sinnvolle Aneignung von Wissen geschehen kann.

Die Ausführungen wenden sich damit an einzelne Religionslehrkräfte. Zugleich ist aber darauf hinzuweisen, dass sich in der Erziehungswissenschaft ebenso wie in der Religionspädagogik zunehmend die Auffassung durchsetzt, dass Unterricht zumindest immer wieder gemeinsam mit anderen vorbereitet und weiterentwickelt werden sollte (vgl. Schweitzer, 2020, S. 180 ff.). Deshalb mündet dieser Teil des Buches in verschiedene Ansätze, die auf Möglichkeiten zielen, Unterricht gemeinsam weiterzuentwickeln.

16 Von den Kindern und Jugendlichen ausgehen: Religionsdidaktik im Perspektivenwechsel gestalten

Der geforderte *Perspektivenwechsel vom Lehren zum Lernen* kann seine tatsächliche Bedeutung erst dann gewinnen, wenn er als Implikation einer *pädagogischen Grundentscheidung* vollzogen wird – nämlich dass der Sinn allen Unterrichts letztlich darin bestehen muss, dass die Schüler:innen tatsächlich etwas lernen. Damit ist keine Rückkehr zu dem obsoleten Programm einer „Pädagogik vom Kinde aus" gemeint, wie sie zum Teil in der Reformpädagogik des frühen 20. Jahrhunderts angestrebt wurde. Bildung ist nicht einfach mit Wachsen-Lassen gleichzusetzen. Zwar lernen Kinder und Jugendliche vieles durchaus für sich und unabhängig von Schule und Unterricht, aber vieles erschließt sich ihnen doch nur mithilfe gezielten Unterrichts.

Der Unterricht wird von den Lehrkräften geplant und gestaltet, die sich dabei zumindest in einem weiten Sinne an den Vorgaben und Zielen in den *Bildungsplänen* orientieren. Genau daraus ergibt sich die Spannung, die in dieser Hinsicht bewusst gehalten werden muss. Von den Bildungsplänen her stehen an erster Stelle nicht die Schüler:innen, sondern *inhaltliche Vorgaben und Ziele.* Durch die Einführung der Kompetenzorientierung soll zwar verdeutlicht werden, dass der Unterricht von den zu erwerbenden Kompetenzen her konzipiert werden muss, aber auch die Kompetenzorientierung führt faktisch oft lediglich zu ausdifferenzierten Fähigkeitskatalogen, hinter denen die Kinder und Jugendlichen am Ende zu verschwinden drohen.

Insofern zielt die Forderung nach einem Perspektivenwechsel hin zu den Kindern und Jugendlichen auf eine *grundlegende (Neu-)Ausrichtung des (religions-)didaktischen Denkens.* Alle Vorgaben für den Unterricht müssen demnach von Anfang an von den Schüler:innen her wahrgenommen werden. Die Ausrichtung an Wissen, Verstehen und Urteilen ändert daran nichts – sie muss vielmehr konsequent in diesen Horizont gerückt werden: Im Zentrum müssen das Wissen, Verstehen und Urteilen der *Kinder und Jugendlichen* stehen! Wenn es im Unterricht beispielsweise um „Gottesbilder" gehen soll, ist zuallererst zu klären, welche Gottesbilder die Schüler:innen wahrscheinlich mitbringen, was sie interessiert und was nicht, aber auch, wo solche Gottesbilder vielleicht problematisch sein können. Darüber hinaus ist zu prüfen, von welchen Impulsen beispielsweise aus der Bibel Kinder und Jugendliche hinsichtlich ihrer Gottesbilder profitieren könnten. Welchen Beitrag der Unterricht zum Wissen, Verstehen und Urteilen leisten soll, muss sich am Ergebnis dieser Prüfung entscheiden.

Wie schon an diesem Beispiel zu sehen ist, bedeutet ein Unterricht, der von den Kindern und Jugendlichen ausgeht, keineswegs, dass bei der Unterrichtsplanung von allen inhaltlichen Zielsetzungen abgesehen werden sollte, was dem Charakter von Unterricht grundsätzlich widersprechen würde. Vielmehr ist gemeint, dass solche Zielsetzungen von Anfang an immer von den Kindern und Jugendlichen her zu befragen sind. Dazu müssen die Lehrkräfte versuchen, die *Perspektive der Kinder und Jugendlichen* einzunehmen – im Blick auf das jeweilige Thema.

Voraussetzung gelingenden Unterrichtens aufseiten der Lehrkräfte ist demnach ein bestimmtes *Mindset* – gleichsam eine *habitualisierte Mehrperspektivität,* die automatisch zwischen der eigenen Perspektive der unterrichtenden Person und der Perspektive der Schüler:innen unterscheidet und beide unterrichtspraktisch aufeinander bezieht.

Diese Forderung ist weder revolutionär noch neu. Tatsächlich zeigen beispielsweise Umfragen, dass ein großer Teil der Religionslehrkräfte ihren Unterricht so konzipieren will, dass er den Kindern und Jugendlichen „wirklich etwas bringt“, auch aus Schüler:innensicht (vgl. bspw. Feige & Tzscheetzsch, 2005). Zugleich zeigen solche Umfragen, dass dieses Ziel im Religionsunterricht zwar zum Teil erreicht wird, aber doch noch nicht immer in ausreichendem Maße (vgl. Schweitzer et al., 2018; Schwarz, 2019).

Zusammenfassend ist festzuhalten, dass der Unterricht gerade dann von den Schüler:innen ausgehen muss, wenn das Lernen im Religionsunterricht im Vordergrund stehen soll. Die erste Forderung einer Religionsdidaktik im Perspektivenwechsel lautet daher, die gesamte Unterrichtsplanung und -gestaltung in diesen Horizont zu rücken – im Sinne eines veränderten religionspädagogischen Mindsets.

17 Relevante und zentrale Fragen identifizieren: Elementarisierung als übergeordneter Horizont

Wenn die Forderung, beim Religionsunterricht von den *Kindern und Jugendlichen* auszugehen, kein bloßes Lippenbekenntnis bleiben soll, muss sie weiter konkretisiert werden. Sie muss die reale Gestaltung des Unterrichts bestimmen. Damit tritt die religionsdidaktische Bedeutung der *Relevanz* von Inhalten und Themen für die Schüler:innen in den Vordergrund. Zugleich bleibt aber auch die Notwendigkeit bestehen, dass diese Inhalte und Themen ebenso fachlich gesehen von zentraler Bedeutung sind. Für die Umsetzung dieser Aufforderung wird in der Religionsdidaktik heute in der Regel auf das *Elementarisierungsmodell* zurückgegriffen, das diese beiden Pole einer konsequenten *Subjektorientierung* einerseits und *fachlicher Fundierung* andererseits ausbalancieren soll (vgl. Schweitzer et al., 2019). Zu klären ist daher an dieser Stelle, wie die drei für das Lernen im Religionsunterricht gewonnenen Bestimmungen – Wissen, Verstehen und Urteilen – sich zu diesem Modell verhalten und was eine Elementarisierung dieser Bestimmungen für eine Religionsdidaktik im Perspektivenwechsel bedeutet.

Das Elementarisierungsmodell als solches soll an dieser Stelle nicht erneut dargestellt werden. Dazu liegen aktuelle Darstellungen vor (vgl. bes. Schweitzer et al., 2019), auf die in diesem Buch bereits mehrfach verwiesen wurde. Den Ausgangspunkt bilden auch im Folgenden die fünf Dimensionen, die diesem Modell zugrunde liegen: elementare Strukturen, elementare Zugänge, elementare Erfahrungen, elementare Wahrheiten sowie elementare Lernformen.

Die Verbindungen zwischen den *Dimensionen der Elementarisierung* und den *Bestimmungen zum Lernen im Religionsunterricht*, wie sie in diesem Buch herausgearbeitet wurden, sind leicht einsichtig zu machen:

- Das *Wissen* entspricht den *elementaren Strukturen*, wie sie in den einschlägigen Wissenschaften – besonders der Theologie – fachlich geklärt werden. Zugleich hält der Anspruch der Elementarisierung bewusst, dass auch in dieser Hinsicht die dabei zu treffende Auswahl sowie die daraus resultierende Konzentration eine didaktische Aufgabe darstellen, die nicht allein von der fachwissenschaftlichen Forschung und Diskussion her gelöst werden kann. Das im Religionsunterricht zu erwerbende Wissen muss vielmehr religionsdidaktisch bzw. elementarisierungstheoretisch identifiziert werden, wobei die Religionsdidaktik ihrerseits auf die Zusammenarbeit mit der Fachwissenschaft angewiesen bleibt. Denn die fachliche Qualität des Unterrichts hängt nicht allein von der Didaktik ab, sondern zugleich auch davon, dass die Inhalte fachlich zentral sind und wissenschaftsorientiert, also im Sinne des aktuellen Stands der Forschung, aufgenommen werden.

Anders ausgedrückt sorgt die Elementarisierung dafür, dass das Wissen im Religionsunterricht sich nicht verselbstständigt, sondern konstitutiv in einen didaktischen Zusammenhang eingebunden bleibt. Voraussetzung dafür ist die Identifikation von Inhalten, die für Kinder und Jugendliche aus ihrer eigenen Wahrnehmung heraus relevant sind. Hier greifen die verschiedenen Dimensionen der Elementarisierung ineinander, da die Relevanz von Inhalten für die Schüler:innen immer von ihren *Zugängen* und *Erfahrungen* abhängig ist. Das Elementarisierungsmodell zielt aber nicht auf eine vordergründige Relevanz nur im Sinne des jeweils gerade Aktuellen, sondern legt ebenso grundlegend Wert auf die fachlich zentrale Bedeutung der ausgewählten Inhalte.

- Die *elementaren Zugänge* beziehen sich darauf, wie Kinder und Jugendliche bestimmte Phänomene oder Sachverhalte *deuten.* Entscheidend sind dabei die sich in der Regel ebenso von denen der erwachsenen Lehrkräften wie der Fachwissenschaft unterscheidenden und insofern eigenen Deutungsweisen der Kinder und Jugendlichen. Diese Deutungsweisen betreffen damit das *Verstehen,* aber auch das *Urteilen.*

  Entwicklungspsychologische Untersuchungen sowie konstruktivistische Analysen zum Unterricht belegen, dass es sich didaktisch gesehen beim Verstehen und Urteilen nicht um einfach objektiv vorgegebene Ziele im Sinne eines bestimmten Verständnisses oder eines bestimmten Urteils handeln kann, die erlernt oder erworben werden (→ S. 137). Lernen kann sich hinsichtlich der elementaren Zugänge nur *subjektgebunden* und *prozesshaft* vollziehen: Verstehen und Urteilen müssen so gesehen religionsdidaktisch von den Deutungsweisen der Kinder und Jugendlichen her konzipiert werden, wobei diese Deutungsweisen zugleich durch das, was ihnen im Unterricht fachlich begegnet, in Gang gehalten werden. Durch diesen doppelten Bezug gewinnt das jeweils – auf einer bestimmten Klassenstufe oder auch in einer bestimmten Unterrichtsstunde – zu realisierende Verstehen und Urteilen erst seine

konkrete Gestalt. Wenn es darüber hinaus bei allem Unterricht um die Förderung der Kinder und Jugendlichen gehen muss und damit auch um eine Weiterentwicklung ihrer Verstehens- und Urteilsfähigkeit, so ist dies ebenso in beiden Richtungen auszugestalten – im Blick auf die fachlichen Inhalte wie auf die persönliche Entwicklung der Kinder und Jugendlichen.
Nicht nur hinsichtlich des Wissens, sondern auch des Verstehens und Urteilens sorgt eine elementarisierungstheoretische Perspektive dafür, im Unterricht eine *vermittlungsorientierte Haltung* im Sinne der *Instruktion* zu vermeiden. Diese Perspektive soll zugleich gewährleisten, dass der Unterricht nicht gleichsam nach der anderen Seite hin „kippt", indem er keine inhaltlichen Ansprüche mehr stellt.

- Die Dimension der *elementaren Erfahrungen* lässt sich im vorliegenden Zusammenhang am besten als erfahrungsbezogene Erweiterung der elementaren Zugänge verstehen. Damit betrifft diese Elementarisierungsdimension ebenso das *Wissen* wie das *Verstehen* und *Urteilen.* Der Akzent liegt hier auf den lebensweltlichen Zusammenhängen, aus denen die Zugangs- und Deutungsweisen der Schüler:innen erwachsen und mit denen sich – im besten Fall – das im Unterricht Gelernte verbinden kann. Vor allem im Blick auf das im Religionsunterricht zu erwerbende Wissen liegt darin eine beständige Herausforderung, die hinsichtlich der für die Kinder und Jugendlichen wahrnehmbaren Relevanz des Unterrichts von entscheidender Bedeutung ist. Ob etwas für Kinder und Jugendliche relevant ist, entscheidet sich für sie daran, ob sie damit „etwas anfangen" können – in ihrem eigenen Leben und Handeln – und was „ihnen wirklich etwas bringt".
  In der hervorgehobenen Bedeutung des Erfahrungsbezugs erfolgreichen Lernens konvergieren im Übrigen religionsdidaktische und lerntheoretisch-psychologische Perspektiven. Die aus psychologischer Sicht für das Lernen zentrale kognitive Aktivierung hängt von einem solchen Erfahrungsbezug ab (→ S. 255). Insofern kann Lernen überhaupt nur im Horizont elementarer Erfahrungen gelingen.
- Über die drei grundlegenden Bestimmungen von Wissen, Verstehen und Urteilen hinaus wurde in den ersten beiden Teilen dieses Buches noch auf zwei Aufgaben verwiesen, die nicht als zusätzliche Bestimmungen neben Wissen, Verstehen und Urteilen zu sehen sind, sondern als aktuelle und didaktisch besonders bedeutsame Zuspitzungen (→ S. 49 ff.): *Orientierung in der religiösweltanschaulichen Vielfalt ermöglichen* und *den eigenen Glauben klären.* Auch diese Lernaufgaben sind elementarisierungstheoretisch zu buchstabieren.

Im Elementarisierungsmodell entspricht insbesondere die Dimension der *elementaren Wahrheiten,* deren Akzent bei existenziellen Fragen liegt, den beiden zuletzt genannten Aufgaben. Der Religionsunterricht soll solchen Fragen bewusst Raum geben – nicht im Sinne von Glaubensgesprächen und abgelöst von den elementaren Strukturen, Zugängen und Erfahrungen, sondern darauf aufbauend und daraus erwachsend. Auch wenn nach Orientierung und eigenem Glauben gefragt wird, geht es um sachgemäße Informationen und Erkenntnisse, um Verstehen und Urteilen, nun allerdings ausdrücklich in ihrer Bedeutung für die *eigene Person* und die *eigenen Glaubensüberzeugungen.* In Darstellungen zum Elementarisierungsmodell wird darauf hingewiesen, dass der besondere Charakter von *Religionsunterricht* im Unterschied etwa zur *Religionskunde* in der Dimension der elementaren Wahrheiten besonders deutlich zum Ausdruck kommt. Über Wahrheitsfragen und entsprechende Überzeugungen kann auch in einem religionskundlichen Unterricht neutral informiert werden, aber die Lehrkräfte sind streng gehalten, ihre eigenen Glaubensüberzeugungen dabei aus dem Spiel zu lassen. Im Unterschied dazu zielt der Religionsunterricht auf eine dialogische Bearbeitung von Wahrheitsfragen, bei der die Religionslehrkräfte Position beziehen dürfen und sollen – allerdings nie so, dass die Schüler:innen dadurch in ihren Überzeugungen determiniert würden. In einer solchen positionell-dialogischen Ausgestaltung des Unterrichts kommt zugleich die *Beziehungsdimension* des Lernens zum Tragen (→ S. 286).

- Die fünfte Elementarisierungsdimension nimmt die *elementaren Lernformen* in den Blick. In der vorliegenden Darstellung verweist dies auf das religionsdidaktische *Lernverständnis.* Über die dazu bereits beschriebenen Bestimmungen (→ S. 236 ff.) hinaus unterstreicht die Elementarisierungsperspektive noch einmal die Notwendigkeit, das *Was* und das *Wie* des Lernens nicht voneinander zu trennen. Die fünf Elementarisierungsdimensionen sind in dieser Hinsicht als ein *innerer Zusammenhang* zu verstehen, sodass auch Lerninhalte und Lernformen genau aufeinander abgestimmt sein müssen. Für den Religionsunterricht – und wohl auch für die anderen Schulfächer – lässt sich aus diesem Grund kein Kanon von Unterrichtsmethoden festlegen, die gleichsam in allen Fällen empfehlenswert wären. Spezielle Darstellungen zu Unterrichtsmethoden sind für den Religionsunterricht zwar durchaus nützlich, die wichtigste religionsdidaktische Aufgabe besteht jedoch darin, die Methoden stimmig in den elementarisierungstheoretischen Gesamtzusammenhang einzubinden.

Aus diesem Grund orientiert sich die geforderte Religionsdidaktik im Perspektivenwechsel nicht an Einzelmethoden, sondern an den beschriebenen *religionsdidaktischen Lernprinzipien* (→ S. 261 ff.). Bei der Darstellung dieser Prinzipien ist allerdings deutlich geworden, dass es zugleich bestimmte Affinitäten zwischen diesen Lernprinzipien und solchen Methoden gibt, die auf ein erfahrungsbezogenes und aktivierendes Lernen zielen, aber die Unterrichtsprinzipien reichen stets über bestimmte Methoden hinaus.

18 Den Perspektivenwechsel vollziehen: von der Instruktions- zur Ermöglichungsdidaktik

Der hier geforderte Perspektivenwechsel wurde oben bereits als ein verändertes *Mindset* für die Vorbereitung und Ausgestaltung von Unterricht beschrieben. Nicht das Lehren, sondern das Lernen soll zum entscheidenden Bezugspunkt für den Unterricht werden. *Direkte Instruktion* war zwar lange Zeit das sich offenbar intuitiv einstellende kennzeichnende Merkmal von Unterricht, aber tatsächlich erweist sich diese Form des Unterrichtens als *wenig wirksam.* Lernen können die Kinder und Jugendlichen nur selbst und „guter Unterricht" soll ihnen genau dies ermöglichen: wirklich lernen können. Dafür steht heute der Begriff der *Ermöglichungsdidaktik.*

Diese Form von Didaktik, die auf die *Ermöglichung* statt auf die *Lenkung* von Lernprozessen zielt, hat sich besonders im Kontext der Erwachsenenbildung entwickelt (vgl. Arnold & Gómez Tutor, 2007; Arnold & Schüßler, 2015). Sie kann aber auch auf andere Kontexte subjektorientierten Lernens bezogen werden. Der Akzent auf der Ermöglichung von Lernen entspricht zugleich dem heute in der empirischen Bildungsforschung weithin vorausgesetzten *Angebots-Nutzungs-Modell* von Unterricht, wie es in religionspädagogischer Adaption dargestellt wurde (→ S. 257). Unterricht soll demnach als Angebot konzipiert werden, das von den Schüler:innen genutzt werden kann und tatsächlich genutzt wird.

Zum Teil stehen hinter der Ermöglichungsdidaktik noch weiterreichende Begründungen, die sich auf die *Systemtheorie (*Niklas Luhmann) sowie den *Konstruktivismus* berufen (bibeldidaktisch etwa: Theis, 2018). Zum einen geht es dabei um das Verständnis des Subjekts als eines selbstreferenziellen Systems, das nicht einfach von außen bestimmt werden kann. Der entsprechende Fachbegriff heißt *Autopoiese,* was wörtlich mit „Selbsterschaffung" übersetzt werden kann. Im Zusammenhang der Didaktik verweist dieser Begriff auf Prinzipien wie *selbstgesteuertes* oder *eigenaktives Lernen.* In dieser Hinsicht konvergieren die systemtheoretischen Sichtweisen mit dem Konstruktivismus, der das menschliche Erkennen als einen vom Subjekt ausgehenden Prozess der Konstruktion versteht (→ S. 137). Lernen ist auch in dieser Sicht nur als ein selbstgesteuerter Vorgang denkbar.

Mitunter wird bei einer Ermöglichungsdidaktik nur an bestimmte Unterrichtsformen wie *Lernstraßen* und *Stationenlernen* gedacht, die das Prinzip der Ermöglichung unmittelbar umzusetzen versuchen (vgl. bspw. Kirchhoff, 2009). An jeder Lernstation findet sich hier ein sorgfältig, häufig mit speziellen Materialien vorbereitetes Angebot, mit dessen Hilfe bestimmten Fragen nachgegangen oder spezielle Fähigkeiten geübt werden können. Das entspricht dem Ansatz der Ermöglichungsdidaktik, aber dieser Ansatz geht zugleich über solche punktuelle Umsetzungen hinaus und sollte als *allgemeines Prinzip der Unterrichtsgestaltung* verstanden werden. Konkret geht es dann um alle Lernaufgaben, die im Religionsunterricht durchweg so konzipiert sein müssen, dass sie gezielt selbstständig zu nutzende Lernmöglichkeiten eröffnen.

In der Begrifflichkeit der vorliegenden Darstellung ausgedrückt müssen *Lernaufgaben* dem dreifachen Ziel des möglichst selbstständigen Erwerbs von Wissen sowie der eigenaktiven Entwicklung von Verstehen und Urteilsfähigkeit dienen. Auch der Erwerb von Wissen geschieht demnach nicht als Instruktion oder Vermittlung, sondern als Aneignung im Zuge der Erschließung von Themenfeldern durch die Schüler:innen selbst.

19 Das Lernen begleiten und befördern: Unterstützung, Beziehungen und Lernkultur

Bei der Ermöglichungsdidaktik liegt vielleicht das Missverständnis nahe, dass sich gewünschte Lernprozesse ganz von selbst vollziehen, sobald ein entsprechender Rahmen bereitgestellt wird. Dabei würde übersehen, dass auch selbstgesteuerte Lernprozesse immer wieder neu auf *Motivation* und *Interesse* angewiesen sind sowie darauf, dass erfolgreich Wege für das eigene Lernen gefunden werden. Wie der schulische Alltag zeigt, kann dies nicht einfach vorausgesetzt werden. Ohne dass das Prinzip der Ermöglichung oder der Horizont des Angebots-Nutzungs-Modells durchbrochen oder verlassen werden müsste, ist in diesen Hinsichten eine *gezielte Unterstützung* deshalb nicht nur möglich, sondern vielfach unerlässlich. Ohne eine solche Unterstützung stellen sich leicht Frustrationserfahrungen ein und bleiben Lernerfolge aus. Die „konstruktive Unterstützung" beim Lernen gehört deshalb der empirischen Bildungsforschung zufolge zu den zentralen Aufgaben der Unterrichtenden (→ S. 256).

Wenn im Religionsunterricht beispielsweise ein anspruchsvoller Text in Einzel- oder Gruppenarbeit erschlossen werden soll, bieten dafür angebotene Fragen eine erste Form der Unterstützung. Darüber hinaus sind weiterreichende Hinweise zu der Art und Weise, wie Texte bearbeitet werden können, ebenso sinnvoll wie das Einüben der Erschließung von Texten. Exemplarisch: Unterstreichen zentraler Begriffe, Identifikation zentraler Thesen, Rekonstruktion der Argumentationsstruktur durch Klassifikation von Aussagen (Voraussetzungen, Hypothesen, Beweise usw.). Schon diese kurze Aufzählung macht deutlich, dass eine gezielte Unterstützung selbstgesteuerten Lernens eine *Diagnose* zu möglichen *Lernhindernissen* voraussetzt. Warum genau gelingt die Erschließung des Textes nicht? Betrifft diese Wahrnehmung alle Schüler:innen in gleichem Maße oder gibt es Unterschiede zwischen ihnen, die für die Ausgestaltung eines Lernangebots gezielt berücksichtigt werden müssen?

Im Blick auf eine Unterstützung des Lernens, die dessen Selbststeuerung nicht konterkariert, wird heute auch von *Scaffolding* gesprochen (vgl. Orey, 2010, S. 226 ff.): Gemeint ist das Angebot eines Gerüsts oder eines Geländers, mit dessen Hilfe sich die Lernenden bewegen können, ohne ihre Selbstständigkeit zu verlieren. Für den Religionsunterricht ist bislang erst ansatzweise – etwa für eine sprachsensible Unterrichtsgestaltung – genauer geklärt, wie ein solches Scaffolding aussehen kann (vgl. die Vorschläge bei Green, 2021). Entscheidend ist bei einem solchen Gerüst, dass es Lernhilfen bietet, die wegfallen, sobald eine ausreichende Selbstständigkeit – im Bild gesprochen: des Hauses, dessen Bau das Gerüst unterstützt – erreicht ist. Das ist natürlich ein Grundanliegen jeder Didaktik und betrifft keineswegs nur den (religionsbezogenen) Spracherwerb. Prinzipiell lässt sich sogar der gesamte Religionsunterricht als ein solches Scaffolding verstehen, wenn er – etwa vor dem Hintergrund religionspsychologischer Befunde zur Suche nach religiöser Selbstständigkeit im Jugendalter – gedeutet wird (vgl. Pearce & Lundquist Denton, 2011). Die zumindest für einen Teil der Jugendlichen bezeichnende Suche nach eigenem Glauben (Schweitzer, 1996) passt gut zu einer Form der unterstützenden religionspädagogischen Begleitung, die möglichst viel Autonomie zulässt und sich am Ende selbst überflüssig macht.

Wenn Lernen im Religionsunterricht dabei immer auch als ein *Beziehungsgeschehen* verstanden werden muss, so liegt im Blick auf die Unterstützung des Lernens die entscheidende Herausforderung darin, die *Beziehungsdimension* mit der *Inhaltsdimension* des Unterrichts zu verbinden. Anders ausgedrückt kann die gezielte Unterstützung des Lernens nur gelingen, wenn sie durch motivierende und von Anerkennung bestimmte Beziehungen getragen wird – insbesondere zwischen den Lehrkräften und den Schüler:innen, aber auch in der Schüler:innengruppe selbst. Ermöglichungsdidaktik macht gestaltete Beziehungen nicht überflüssig, sondern setzt sie voraus.

An dieser Stelle wird sichtbar, warum für erfolgreiches Lernen auch eine *Lernkultur* oder *Klassenatmosphäre* erforderlich ist, die in jeder Lerngruppe eigens aufgebaut und sorgfältig gepflegt werden muss. Damit sind keine besonderen Aktionen oder Veranstaltungen gemeint, die eine gezielte Pflege von Beziehungen und Gemeinschaft erlauben (auch das bleibt sinnvoll). Vielmehr muss die soziale Dimension des Lernens im Unterricht ebenso bewusst wahrgenommen werden wie die inhaltliche Dimension, um noch einmal an den Ausgangspunkt dieses Buches anzuknüpfen.

20 Lehr-Lernstrategien kriteriengeleitet auswählen: religionsdidaktische Lernprinzipien und empiriebasierte Fachdidaktik

Die Frage nach dem Lernen im Religionsunterricht zielt von Anfang an darauf, dass ein solches Lernen tatsächlich realisiert werden kann. Damit ist die *Wirksamkeit* von Religionsunterricht und religionsunterrichtlichen Lernangeboten angesprochen, wie sie derzeit im Zusammenhang neuerer Entwicklungen in allen Fachdidaktiken starke Beachtung findet (zum Religionsunterricht vgl. Helbling & Riegel, 2021). Den Horizont bilden dabei Herausforderungen aus der *empirischen Bildungsforschung*, deren Befunde deutlich machen, dass Schule und der Unterricht ihre Ziele keineswegs selbstverständlich erreichen. Davon ist auch der Religionsunterricht nicht ausgenommen. Ob in diesem Unterricht tatsächlich Wissen erworben wird sowie das Verstehen und Urteilen gefördert werden, lässt sich nicht allein an den Zielen des Unterrichts ablesen. Deshalb ist es so wichtig, an dieser Stelle nach Möglichkeiten zu fragen, die Wirksamkeit des Unterrichts zu verbessern.

Damit kommen erneut die *religionsdidaktischen Lernprinzipien* in den Blick – insbesondere also Erfahrungs-, Subjekt- und Handlungsorientierung (→ S. 261 ff.), die sich allerdings als ebenfalls präzisierungsbedürftig erweisen, wenn auch nach der Wirksamkeit des Unterrichts gefragt wird. Erste empirische Befunde zur Subjektorientierung im Religionsunterricht machen deutlich, dass dieses Lernprinzip unterschiedlich ausgelegt werden kann und dass darüber hinaus geprüft werden muss, durch welches Maß an Subjektorientierung das Lernen am besten gefördert wird. Die bislang dazu verfügbaren Befunde sprechen dafür, dass es durchaus auch ein Zuviel an Subjektorientierung geben kann (vgl. Schweitzer et al., 2017, auch zum Folgenden). Bei einer Studie mit einer Unterrichtseinheit zum Thema „Zinsverbot“ bzw. Islamic Banking zeigte sich gerade bei solchen Schüler:innen, denen das Thema von ihrem Ausbildungsgang her (Religionsunterricht mit angehenden Bankern in der Berufsschule) besonders nahe stand, ein vergleichsweise geringerer Lernerfolg. Eine andere Unterrichtseinheit, die stärker themen- als subjektorientiert angelegt war, erwies sich als wirksamer. Auch wenn sich die Ergebnisse solcher Studien nicht unbedingt verallgemeinern lassen, machen sie doch deutlich, dass die religionsdidaktischen Lernprinzipien für den Unterricht genauer gefasst und präzisiert werden müssen. Die Berufung auf Subjektorientierung besagt didaktisch gesehen noch zu wenig.

Zu ähnlichen Folgerungen führte im vorliegenden Buch die genauere Analyse von Wissen, Verstehen und Urteilen im Religionsunterricht. Während in Bildungsplänen offenbar vorausgesetzt wird, dass geklärt ist, wie das Lernen hinsichtlich dieser drei grundlegenden Bereiche auszusehen hat, stellte sich bei dieser Analyse heraus, dass die in dieser Hinsicht erforderlichen Lernprozesse tatsächlich höchst klärungsbedürftig sind. Welches Wissen erworben werden soll und was zum Lernen von Verstehen und Urteilen gehört, muss in ausgewiesener Weise begründet und möglichst genau gefasst werden. Im Sinne einer *empiriebasierten Religionsdidaktik* müssten sich daran empirische Untersuchungen anschließen, bei denen die theoretisch entwickelten Erwartungen praktisch bzw. empirisch überprüft werden.

Auf dieser Grundlage würden sich auch die Voraussetzungen für eine *kriteriengeleitete Wahl von Lehr-Lern-Strategien* entscheidend verbessern (vgl. Schweitzer, 2020; Gärtner, 2018). Eine solche Auswahl wird faktisch für jede einzelne Unterrichtsstunde getroffen, und vielleicht – auch das ist bislang nicht wirklich untersucht – gibt es bei den Religionslehrkräften jeweils individuelle Präferenzen im Sinne eines persönlichen Stils des Unterrichtens. Solche Auswahlentscheidungen und Präferenzen werden in der Religionsdidaktik traditionell mit der Entscheidung für bestimmte „Konzeptionen" begründet (etwa hermeneutischer, problemorientierter, symboldidaktischer, performativer Religionsunterricht usw.). Tatsächlich bleiben solche „Konzeptionen" aber insofern hinsichtlich des Unterrichtens in der Praxis abstrakt, als sie noch wenig Auskunft über die damit im Unterricht selbst zu gestaltenden Lernprozesse geben. Dass beispielsweise Symbole oder religiöse Vollzüge im Unterricht eine hervorgehobene Rolle spielen sollen, sagt noch nichts darüber aus, auf welche Weise – etwa mithilfe welcher Medien und Arbeitsformen – dies am besten geschieht. Deshalb ist stärker von Lehr-Lern-Strategien her zu denken und die Notwendigkeit einer begründeten Wahl solcher Strategien zu betonen.

Im Ideal sollte diese Wahl auf einer *geprüften Einschätzung der Wirksamkeit* verschiedener Strategien beruhen und dafür im Sinne der empiriebasierten Fachdidaktik auf entsprechende *empirische Befunde* zurückgegriffen werden können (vgl. bspw. Leuders, 2015). Der bislang erreichte Stand der empirischen Forschung zum Religionsunterricht erlaubt es allerdings erst punktuell, unterrichtsbezogene Entscheidungen zu Lehr-Lern-Strategien auf einer in diesem Sinne ausgewiesenen Grundlage zu treffen. Soweit allerdings entsprechende Befunde vorliegen, sollten sie genutzt werden. Maßgeblich muss dabei sein, mit welchen Strategien sich der Wissenserwerb sowie die Entwicklung von Verstehen und Urteilen am besten unterstützen lassen.

Soweit noch keine entsprechenden Befunde verfügbar sind, stellt sich für Religionslehrkräfte die Aufgabe, den eigenen Einsatz bestimmter Lehr-Lern-Strategien selbst *zu evaluieren.* Zur Unterrichtsplanung gehört dann zwingend mit dazu, jeweils bestimmte Elemente vorzusehen, die eine solche Evaluation erlauben. Anders ausgedrückt impliziert eine kriteriengeleitete Auswahl von Lehr-Lern-Strategien, deren Einsatz am Ende kritisch zu bewerten.

21 Sich der Ergebnisse vergewissern: Prüfungen, Erfolgskontrolle und Feedback

Prüfungen sind in der Religionspädagogik kein beliebtes Thema. Die dazu verfügbare religionspädagogische Literatur hält sich sehr in Grenzen (vgl. Überblick: Zimmermann, 2015). Dies erinnert noch einmal an die mitunter gerade in dieser Hinsicht gewollte Sonderstellung des Religionsunterrichts in der Schule sowie an die theologisch begründete Relativierung von Leistung und Leistungsnormen. Zugleich kann sich der Religionsunterricht aber dem schulischen Zusammenhang auch nicht entziehen wollen, ohne sich als Fach der Schule zu isolieren und zu delegitimieren.

Doch soll hier nicht mit äußeren Zwängen argumentiert werden, denen der Religionsunterricht unterliegt. Vielmehr bleibt die Frage nach dem Lernen im Religionsunterricht entscheidend und damit das Interesse daran, entsprechende Lernprozesse zu unterstützen. Die in der Überschrift zu diesem Abschnitt ebenfalls verwendeten Begriffe Erfolgskontrolle und Feedback machen das Gemeinte in gewisser Hinsicht deutlicher als der Verweis auf Prüfungen. Es geht pädagogisch gesehen darum, sicherzustellen, dass die gewünschten Ziele tatsächlich erreicht werden, oder, vorsichtiger ausgedrückt, Einblick in die faktisch immer nur teilweise Zielerreichung zu nehmen – und zwar in der Absicht, diese weiter zu optimieren. Als „teilweise" ist die Zielerreichung deshalb zu bezeichnen, weil sie bei verschiedenen Schüler:innen in einer Lerngruppe in aller Regel unterschiedlich ausfällt. Der Einblick in den tatsächlichen Lernerfolg ist die Voraussetzung für eine gezielte Förderung des Lernens und insofern ein genuin (religions-)pädagogisches Anliegen und nicht nur eine Folge der Anpassung an schulische Leistungsnormen.

In der didaktischen Diskussion der Gegenwart hat sich in dieser Hinsicht der Begriff *Diagnostik* durchgesetzt, und mitunter wird auch ausdrücklich von „pädagogischer Diagnostik" gesprochen (Jürgens & Lissmann, 2015). Auch hier geht es um die Voraussetzungen für eine gezielte Lernförderung. In der Religionsdidaktik werden diagnostische Aufgaben noch immer selten thematisiert, obwohl sich inzwischen ein erster Diskussionsstand herauszubilden scheint (vgl. Klose, 2014; Reis & Schwarzkopf, 2015; Schwarzkopf, 2018). Dabei steht allerdings noch die sogenannte Kompetenzdiagnostik im Vordergrund und damit ein bestimmtes didaktisches Denkmodell, an dessen Grenzen die Frage der Diagnostik aber nicht gebunden ist. Die Aufgaben der Religionsdidaktik reichen über die Kompetenzorientierung hinaus. Im vorliegenden Buch wurde dies schon bei der Frage nach den Inhalten des Unterrichts deutlich, zu der der Kompetenzdiskurs nur wenig beiträgt. Diagnostische Wahrnehmungen sind deshalb nicht nur hinsichtlich der Kompetenzen wichtig, sondern für die Gestaltung von Religionsunterricht insgesamt.

Während mit dem Bezug auf Prüfungen und Erfolgskontrolle die Perspektive der Unterrichtenden hervorgehoben wird, sind beim *Feedback* ausdrücklich die *Schüler:innen* gefragt (Überblick mit Bezug zur Unterrichtsqualität s. Zierer et al., 2019). Sie sollen selbst die Möglichkeit haben, ihre Wahrnehmungen zum Unterricht zum Ausdruck zu bringen. Diese Wahrnehmungen dürfen durchaus subjektiv sein und müssen von den Lehrkräften auch in diesem Sinne verstanden werden – es geht beim Feedback nicht um eine objektive Beurteilung der Qualität von Unterricht, für die Voraussetzungen fachlicher und fachdidaktischer Art erforderlich wären, über die die Schüler:innen nicht verfügen. Eine der Stärken des Feedbacks liegt in ihrer kommunikativen Funktion: Den Schüler:innen wird hier signalisiert, dass sie wahrgenommen und ernst genommen werden sollen. Insofern besteht eine deutliche Nähe zwischen Feedback und dem Lernen als Beziehungsgeschehen (→ S. 286). Feedback oder gar eine Feedback-Kultur, wie sie mitunter angestrebt wird, kann auf diese Weise die Beziehungsqualität von Unterricht stärken. In der Schulpädagogik stellt Feedback inzwischen ein wichtiges Thema dar – bis hin zu professionellen digitalen Feedback-Instrumenten (vgl. feedbackschule.de). Diese Instrumente integrieren darüber hinaus Erkenntnisse aus der Pädagogischen Psychologie und stellen insofern Verbindungen zur empirischen Unterrichtsforschung her. Auch wenn zu wünschen ist, dass solche Möglichkeiten künftig im Religionsunterricht verstärkt genutzt werden, bleiben aber auch informelle Formen des Feedbacks ebenso sinnvoll.

In der neueren pädagogisch-psychologischen Forschung wird *Schüler:innenurteilen zur Qualität von Unterricht* allerdings ausdrücklich eine eigene Expertise zugetraut. Die Verlässlichkeit von entsprechenden Schüler:innenurteilen wurde auch empirisch untersucht, wobei sich zeigte, dass solche Urteile zwar in bestimmten Hinsichten nicht als verlässlich oder verallgemeinerbar gelten können, dass sie aber in anderer Hinsicht doch eine sehr wichtige Quelle für

Fragen der Unterrichtsqualität darstellen (vgl. Göllner et al., 2016). Auch für den Religionsunterricht wird dies, mit ähnlichen Einschränkungen, so gesehen (vgl. Schwarz, 2019, S. 543 ff.). Dies entspricht zugleich dem religionspädagogischen Lernprinzip der Subjektorientierung, die in dieser Hinsicht die Notwendigkeit impliziert, Kinder und Jugendliche auch bei der Bewertung von Unterricht als Subjekte ernst zu nehmen.

Aus den Perspektiven von Erfolgskontrolle im Sinne der Diagnostik, des Feedbacks und der Beurteilung der Qualität von Unterricht ergeben sich nicht zuletzt auch Anforderungen an *Prüfungen* im Religionsunterricht. Zwar bleiben Tests und Klassenarbeiten in einer Schule, die grundsätzlich, also in ihrer gesamten Gestalt, dem Leistungsprinzip folgt, immer eine Form der vergleichenden Leistungsmessung. Dies muss aber nicht bedeuten, dass eine Nutzung von Prüfungen im Sinne von Erfolgskontrolle und Feedback von vornherein ausgeschlossen wäre. Voraussetzung für eine solche Nutzung ist allerdings eine gezielte Ausgestaltung der Prüfungen. Sie sollten konsequent so angelegt sein, dass sie die Funktion von Erfolgskontrolle und Feedback zumindest ein Stück weit übernehmen können.

22 Das Ende zum Anfang machen: Erfahrungen im Unterricht als Ausgangspunkt für die Unterrichtsentwicklung

Der geforderte *Perspektivenwechsel vom Lehren zum Lernen* schließt noch eine weitere Pointe ein: das Ende zum Anfang machen. Damit ist hier nicht etwas völlig Neues oder Ungewöhnliches gemeint, sondern es wird ein Empfinden bewusst gemacht, das zu allem Unterrichten gehört. Unterricht wird nicht nur geplant und gehalten, sondern die Lehrkräfte nehmen am Ende auch wahr, ob der Unterricht die gewünschten Ziele erreicht hat oder nicht. Das gilt nicht nur für die im vorangehenden Abschnitt beschriebenen Formen einer ausdrücklichen Erfolgskontrolle, sondern zunächst ganz allgemein für ein persönliches Empfinden der Zufriedenheit oder auch der Unzufriedenheit. An dieses Empfinden schließen sich hier zwei Vorschläge an:

- Die Zufriedenheit oder Unzufriedenheit am Ende einer Unterrichtsstunde oder einer Unterrichtseinheit kann zu einer *genaueren Analyse des gehaltenen Unterrichts* führen: Warum genau stellt sich bei mir das genannte Empfinden ein? Voraussetzung dafür ist eine Gestalt der Unterrichtsplanung, die es am Ende zulässt, möglichst präzise festzustellen, in welchen Hinsichten bei welchen Schüler:innen welche Ziele (nicht) erreicht wurden. Vom Lernen her denken bedeutet in diesem Falle, den Akzent der Analyse auf diesen Aspekt zu legen.
- Der zweite Vorschlag ist stärker *konstruktiv* ausgerichtet. Didaktisch gesehen ist die Analyse des gehaltenen Unterrichts eine unschätzbare Quelle für *gezielte Verbesserungen,* weil damit klare Ansatzpunkte für die Weiterentwicklung des eigenen Unterrichts verfügbar sind. In aller Regel können Unterrichtsstunden oder -einheiten allerdings nicht sogleich in verbesserter Form wiederholt werden, da in der Lerngruppe oder Klasse nun andere Themen anstehen. Der verbesserte Unterricht kann dann vielleicht erst im nächsten Schuljahr umgesetzt werden. Deshalb empfiehlt es sich, bei diesem konstruktiven Schritt immer auch mitzubedenken, welche bei der Analyse des gehaltenen Unterrichts gewonnene Einsichten sich vielleicht auf Unterricht zu anderen Themen übertragen lassen.

Beide Vorschläge lehnen sich an ein (religions-)didaktisches Modell an, das als *Design Research* bezeichnet wird (vgl. Gärtner, 2018). Bei diesem Modell werden vier Schritte durchlaufen: Unterricht wird *geplant, realisiert, analysiert* und *verbessert,* um dann erneut realisiert zu werden. Dabei handelt es sich um ein sich wiederholendes (iteratives) Verfahren, das seinen Abschluss erst dann findet, wenn die Unterrichtseinheit als möglichst zufriedenstellend wahrgenommen wird. In der Beschreibung von Claudia Gärtner wird dabei allerdings eine Zusammenarbeit zwischen Wissenschaft und Praxis vorausgesetzt, die im Alltag von Schule und Unterricht nicht verfügbar ist. Insofern wird hier nicht vorgeschlagen, einfach das gesamte Modell zu übernehmen. Entscheidend ist vielmehr der Grundgedanke einer iterativen Entwicklung von Unterricht durch sich wiederholende Zyklen von Planung, Realisierung, Auswertung und Verbesserung. In dieser Form entspricht dies auch einem weiteren, ursprünglich aus der Schulpraxis in Japan stammenden Modell, das inzwischen unter der Bezeichnung *Lesson Studies* weltweite Beachtung gefunden hat (vgl. Dudley, 2015; Mewald & Rauscher, 2019; mit Schwerpunkt auf der Ausbildung im Studium: Soukup-Altrichter, Steinmair & Weber, 2020).

So am eigenen Unterricht zu arbeiten und gleichsam zu feilen ist für jede einzelne Lehrkraft möglich und wird in der Praxis vielfach zumindest in Ansätzen umgesetzt. Erfahrungen aus dem Bereich der Fortbildung für den (Religions-)Unterricht machen aber deutlich, dass eine solche Form des Arbeitens weit besser gelingen kann, wenn sie in Arbeitsgruppen geschieht. In diesem Sinne wird von *Professionellen Lerngemeinschaften* gesprochen, bei denen sich eine Gruppe von Lehrkräften zusammenschließt, um gemeinsam Unterricht zu planen und weiterzuentwickeln (für den Religionsunterricht vgl. Schweitzer & Rutkowski, 2022, S. 19 ff.). Während die noch nicht ausgeschöpften Potenziale Professioneller Lerngemeinschaften auch für den Bereich der Religionspädagogik inzwischen bekannt sind, ist der Ansatz der Lesson Studies hier bislang noch weniger beachtet worden. Offenbar gibt es hier ebenfalls noch Entwicklungspotenzial.

Das vorliegende Buch kann in diesem Zusammenhang auch so gelesen werden, dass mit der Frage nach dem Lernen im Religionsunterricht Voraussetzungen dafür bereitgestellt werden, die bei der Planung, Realisierung, Auswertung und Verbesserung von Unterricht eingesetzt werden können. Die Schwerpunkte bei Wissen, Verstehen und Urteilen sowie deren möglichst differenzierte Konzeptualisierung in den ersten Teilen dieses Buches lassen sich dann ebenso als analytische wie als konstruktive Perspektiven nutzen.

Wer (den eigenen) Unterricht verbessern will, braucht eine klare Vorstellung davon, wie dieser Unterricht am Ende aussehen soll. Die Frage nach dem Lernen im Religionsunterricht kann eine Leitlinie bieten, wenn der Perspektivenwechsel vom Lehren zum Lernen tatsächlich vollzogen werden soll. Das Ende zum Anfang zu machen ist dafür eine gute Maxime.

Literatur

Adam, G. & Lachmann, R. (Hg.) ([5]2010). Methodisches Kompendium für den Religionsunterricht. Bd. 1: Basisband. Göttingen.

Ahme, B. (2022). Internationalisierung in der Religionspädagogik. Methodologische Grundlagen und Diskursanalysen in international-vergleichender Perspektive. Paderborn.

Alberts, W., Junginger, H., Neef, K. & Wöstemeyer, C. (Hg.) (2023). Religionskunde in Deutschland. Berlin.

Allport, G. W. (1954). The nature of prejudice. Cambridge, Mass.

Altmeyer, S. (2011). Fremdsprache Religion? Sprachempirische Studien im Kontext religiöser Bildung. Stuttgart.

Arnold, R. & Gómez Tutor, C. (2007). Grundlinien einer Ermöglichungsdidaktik. Bildung ermöglichen – Vielfalt gestalten. Augsburg.

Arnold, R. & Schüßler, I. ([2]2015). Ermöglichungsdidaktik. Erwachsenenpädagogische Grundlagen und Erfahrungen. Baltmannsweiler.

Artelt, C., Stanat, P., Schneider, W. & Schiefele, U. (2001). Lesekompetenz: Testkonzeptionen und Ergebnisse. In: Deutsches PISA-Konsortium (Hg.). PISA 2000. Basiskompetenzen von Schülerinnen und Schülern im internationalen Vergleich (S. 69–140). Opladen.

Baldermann, I. (1986). Wer hört mein Weinen? Kinder entdecken sich selbst in den Psalmen. Neukirchen-Vluyn.

Bandura, A. (1979). Sozial-kognitive Lerntheorie. Stuttgart.

Bandura, A. (1997). Self-efficacy: The exercise of control. New York.

Baudler, G. (1984). Korrelationsdidaktik. Leben durch Glauben erschließen. Theorie und Praxis der Korrelation von Glaubensüberlieferung und Lebenserfahrung auf der Grundlage von Symbolen und Sakramenten. Paderborn.

Bauer, J. (2019). Religionsunterricht für alle. Eine multitheologische Fachdidaktik. Stuttgart.

Baumert, J. (2002). Deutschland im internationalen Bildungsvergleich. In: Killius, N., Kluge, J. & Reisch, L. (Hg.). Die Zukunft der Bildung (S. 100–150). Frankfurt a. M.

Baumert, J., Stanat, P. & Demmrich, A. (2001). PISA 2000: Untersuchungsgegenstand, theoretische Grundlagen und Durchführung der Studie. In: Deutsches PISA-Konsortium (Hg.). PISA 2000. Basiskompetenzen von Schülerinnen und Schülern im internationalen Vergleich (S. 15–68). Opladen.

Bayer, O. (1988). Zeitgenosse im Widerspruch. Johann Georg Hamann als radikaler Aufklärer. München u. a.

Bedford-Strohm, H. (2015). EKD-Ratsvorsitzender fordert „religiöse Alphabetisierung“ in der deutschen Gesellschaft. https://www.ekd.de/news_2015_01_29_1_bedford_strohm.htm (Zugriff am 25.09.2023).

Bedford-Strohm, H. & Jung, V. (2015). Vernetzte Vielfalt. Kirche angesichts von Individualisierung und Säkularisierung. Die fünfte EKD-Erhebung über Kirchenmitgliedschaft. Gütersloh.

Benner, D. (1987). Allgemeine Pädagogik. Eine systematisch-problemgeschichtliche Einführung in die Grundstruktur pädagogischen Denkens und Handelns. Weinheim & München.

Benner, D. (2014). Bildung und Religion. Nur einem bildsamen Wesen kann ein Gott sich offenbaren. Paderborn.

Benner, D., Schieder, R., Schluß, H. & Willems, J. (Hg.) (2011). Religiöse Kompetenz als Teil öffentlicher Bildung. Versuch einer empirisch, bildungstheoretisch und religionspädagogisch ausgewiesenen Konstruktion religiöser Dimensionen und Anspruchsniveaus. Paderborn u. a.

Benner, D. & Nikolova, R. (Hg.) (2016). Ethisch-moralische Kompetenz als Teil öffentlicher Bildung. Der Berliner Ansatz zur Konstruktion und Erhebung ethisch-moralischer Kompetenzniveaus im öffentlichen Erziehungs- und Bildungssystem mit einem Ausblick auf Projekte zu ETiK-International. Paderborn.

Benz, W. (2015). Antisemitismus. Präsenz und Tradition eines Ressentiments. Schwalbach.

Berg, H. K. (1993). Grundriss der Bibeldidaktik. Konzepte – Modelle – Methoden (Handbuch des Biblischen Unterrichts 2). München & Stuttgart.

Berger, P. L. (1980). Der Zwang zur Häresie. Religion in der pluralistischen Gesellschaft. Frankfurt a. M.

Berger, P. L. & Luckmann, T. (1969). Die gesellschaftliche Konstruktion der Wirklichkeit. Eine Theorie der Wissenssoziologie. Frankfurt a. M.

Bernhardt, R. (2005). Die Polarität von Freiheit und Liebe. Überlegungen zur interreligiösen Urteilsbildung aus dogmatischer Perspektive. In: Bernhardt, R. & Schmidt-Leukel, P. (Hg.). Kriterien interreligiöser Urteilsbildung (S. 71–102). Zürich.

Bernstein, J. (2020). Antisemitismus an Schulen in Deutschland. Befunde – Analysen – Handlungsoptionen. Weinheim & Basel.

Betz, A. (2018). Interreligiöse Bildung und Vorurteile. Eine empirische Studie über Einstellungen zu religiöser Differenz. Berlin.

Biehl, P. (1989). Symbole geben zu lernen. Einführung in die Symboldidaktik anhand der Symbole Hand, Haus und Weg. Neukirchen-Vluyn.

Biehl, P. (1991). Die Gottebenbildlichkeit des Menschen und das Problem der Bildung. Zur Neufassung des Bildungsbegriffs in religionspädagogischer Perspektive. In: ders. Erfahrung, Glaube und Bildung. Studien zu einer erfahrungsbezogenen Religionspädagogik (S. 124–223). Gütersloh.

Biehl, P. (1996). Didaktische Strukturen des Religionsunterrichts. In: Biehl, P. (Hg.). Religionspädagogik seit 1945. Bilanz und Perspektiven (JRP 12; S. 197–223). Neukirchen-Vluyn.

Biehl, P. (1999). Festsymbole. Zum Beispiel: Ostern. Kreative Wahrnehmung als Ort der Symboldidaktik. Neukirchen-Vluyn.

Biesinger, A. & Hänle, J. (Hg.) (1997). Gott – mehr als Ethik? Der Streit um LER und Religionsunterricht. Freiburg i. Brsg. u. a.

Biesta, G., Aldridge, D., Hannam, P. & Whittle, S. (2019). Religious literacy: A way forward for Religious Education? https://www.reonline.org.uk/wp-content/uploads/2019/07/Religious-Literacy-Biesta-Aldridge-Hannam-Whittle-June-2019.pdf (Zugriff am 25.09.2023).

Blair, I. V., Dasgupta, N. & Glaser, J. (2015). Implicit Attitudes. In: Mikulincer, M. & Shaver, P. R. (Hg.). APA Handbook of Personality and Social Psychology. Vol. 1: Attitudes and Social Cognition (S. 666–691). Washington.

Blankertz, H. (1969). Theorien und Modelle der Didaktik. München.

Bohl, T., Budde., J. & Rieger-Ladich, M. (Hg.) (2017). Umgang mit Heterogenität in Schule und Unterricht. Grundlagentheoretische Beiträge, empirische Befunde und didaktische Reflexionen. Bad Heilbrunn.

Bönsch, M. (2018). Grundlegungen sozialen Lernens heute – Personen stärken, Beziehungen kultivieren, Humanität fördern. Baden-Baden.

Bloom, A. (1987). The closing of the American mind. How higher education has failed democracy and impoverished the souls of today's students. New York u. a.
Boschki, R. (2003). „Beziehung" als Leitbegriff der Religionspädagogik. Grundlegung einer dialogisch-kreativen Religionsdidaktik. Ostfildern.
Brahm, T., Iberer, U., Kärner, T. & Weyland, M. (Hg.) (2022). Ökonomisches Denken lehren und lernen. Theoretische, empirische und praxisbezogene Perspektiven. Bielefeld.
Bucher, A. (1990). Gleichnisse verstehen lernen. Strukturgenetische Untersuchungen zur Rezeption synoptischer Parabeln. Freiburg/Schweiz.
Bucher, A. (2000). Religionsunterricht zwischen Lernfach und Lebenshilfe. Eine empirische Untersuchung zum katholischen Religionsunterricht in der Bundesrepublik Deutschland. Stuttgart u. a.
Bucher, A. u. a. (Hg.) (2002 ff.). Jahrbuch für Kindertheologie. Stuttgart.
Bundesministerium für wirtschaftliche Zusammenarbeit und Entwicklung (2022). Grundbildung. https://www.bmz.de/de/service/lexikon/grundbildung-14452 (Zugriff am 25.09.2023).
Bundesverband Alphabetisierung und Grundbildung e. V. & Knabe, F. (Hg.) (2009). Wissenschaft und Praxis in der Alphabetisierung und Grundbildung. Münster.
Bundeszentrale für Politische Bildung (2011). Beutelsbacher Konsens. https://www.bpb.de/die-bpb/ueber-uns/auftrag/51310/beutelsbacher-konsens/ (Zugriff am 25.09.2023).
Bundeszentrale für politische Bildung (2020). Kurz & knapp. Soziale Situation in Deutschland: Religion. https://www.bpb.de/kurz-knapp/zahlen-und-fakten/soziale-situation-in-deutschland/145148/religion/ (Zugriff am 18.10.2023).
Burrichter, R., Langenhorst, G. & von Stosch, K. (Hg.) (2015). Komparative Theologie. Herausforderung für die Religionspädagogik. Perspektiven zukunftsfähigen interreligiösen Lernens. Paderborn.
Büttner, G. (Hg.) (2006). Lernwege im Religionsunterricht. Konstruktivistische Perspektiven. Stuttgart.
Büttner, G. & Dieterich, V.-J. ([2]2016). Entwicklungspsychologie in der Religionspädagogik. Göttingen.
Castro Varela, M. do Mar & Dhawan, N. ([3]2020). Postkoloniale Theorie. Eine kritische Einführung. Bielefeld.
Ceylan, R. & Kiefer, M. (2018). Radikalisierungsprävention in der Praxis. Antworten der Zivilgesellschaft auf den gewaltbereiten Neosalafismus. Wiesbaden.
Comenius, J. A. (1658). Orbis Sensualium Pictus/Die sichtbare Welt. Nürnberg.
Comenius-Institut (2022). Grundbildung/Alphabetisierung. https://comenius.de/thema/alphabetisierung/ (Zugriff am 25.09.2023).
Commission on Religious Education (2018). Final Report. Religion and Worldviews: The Way Forward. A national plan for RE. London.
Csikszentmihalyi, M. ([2]1987). Das Flow-Erlebnis. Jenseits von Angst und Langeweile im Tun aufgehen. Stuttgart.
de Maizière, T. (2017). Leitkultur für Deutschland – Was ist das eigentlich? Ein Diskussionsbeitrag von Bundesinnenminister Dr. Thomas de Maizière zur Frage, „was uns im Innersten zusammenhält". https://www.bundesregierung.de/breg-de/service/bulletin/rede-des-bundesministers-des-innern-dr-thomas-de-maizi%C3%A8re-798958 (Zugriff am 01.12.2023).
Detjens, J. (2013). Politikkompetenz Urteilsfähigkeit. Schwalbach.
Deutsches PISA-Konsortium (Hg.) (2001). PISA 2000. Basiskompetenzen von Schülerinnen und Schülern im internationalen Vergleich. Opladen.
Diederichs, K. (2021). Kategoriale Urteilsbildung im Politikunterricht. Frankfurt a. M.

Diekmann, I. (2023). Muslim*innen- und Islamfeindlichkeit. Zur differenzierten Betrachtung von Vorurteilen gegenüber Menschen und Religion. Wiesbaden.

Dieterich, V.-J. (2007). Religionslehrplan in Deutschland (1870–2000). Gegenstand und Konstruktion des evangelischen Religionsunterrichts im religionspädagogischen Diskurs und in den amtlichen Vorgaben. Göttingen.

Domsgen, M. (2019). Religionspädagogik. Leipzig.

Domsgen, M. & Evers, D. (Hg.) (2014). Herausforderung Konfessionslosigkeit. Theologie im säkulären Kontext. Leipzig.

Domsgen, M. & Witten, U. (Hg.) (2022). Religionsunterricht im Plausibilisierungsstress. Interdisziplinäre Perspektiven auf aktuelle Entwicklungen und Herausforderungen. Bielefeld.

Dressler, B. (2006). Unterscheidungen. Religion und Bildung. Leipzig.

Dubach, A. & Campiche, R. J. (Hg.) (1993). Jede(r) ein Sonderfall? Religion in der Schweiz. Ergebnisse einer Repräsentativbefragung. Zürich u. a.

Dudley, P. (Hg.) (2015). Lesson Study. Professional learning for our time. London & New York.

Ebrahim, R. & Karagedik, U. (Hg.) (2021). Kopftuch(verbot). Rechtliche, theologische, politische und pädagogische Perspektiven. Wiesbaden.

Edelbrock, A., Schweitzer, F. & Biesinger, A. (Hg.) (2010). Wie viele Götter sind im Himmel? Religiöse Differenzwahrnehmung im Kindesalter. Münster.

EKD (Evangelische Kirche in Deutschland) (1958/1987). Wort der Synode der Evangelischen Kirche in Deutschland zur Schulfrage. In: Kirchenamt der Evangelischen Kirche in Deutschland (Hg.). Die Denkschriften der Evangelischen Kirche in Deutschland. Bd. 4/1: Bildung und Erziehung (S. 37–39). Gütersloh.

EKD (Evangelische Kirche in Deutschland) (1994). Identität und Verständigung. Standort und Perspektiven des Religionsunterrichts in der Pluralität. Gütersloh.

EKD (Evangelische Kirche in Deutschland) (2005). Im Geist der Liebe mit dem Leben umgehen. Argumentationshilfe für aktuelle medizin- und bioethische Fragen. Ein Beitrag der Kammer für Öffentliche Verantwortung der Evangelischen Kirche in Deutschland (EKD-Texte 71). Hannover.

EKD (Evangelische Kirche in Deutschland) (2010a). Kerncurriculum für das Fach Evangelische Religionslehre in der gymnasialen Oberstufe. Themen und Inhalte für die Entwicklung von Kompetenzen religiöser Bildung (EKD-Texte 109). Hannover.

EKD (Evangelische Kirche in Deutschland) (2010b). Kompetenzen und Standards für den Evangelischen Religionsunterricht in der Sekundarstufe I. Ein Orientierungsrahmen (EKD-Texte 111). Hannover.

EKD (Evangelische Kirche in Deutschland) (2014a). Religiöse Orientierung gewinnen. Evangelischer Religionsunterricht als Beitrag zu einer pluralitätsfähigen Schule. Gütersloh.

EKD (Evangelische Kirche in Deutschland) (2014b). Engagement und Indifferenz. Kirchenmitgliedschaft als soziale Praxis. V. EKD-Erhebung über Kirchenmitgliedschaft. Hannover.

EKD (Evangelische Kirche in Deutschland) (2015). Christlicher Glaube und religiöse Vielfalt in evangelischer Perspektive. Ein Grundlagentext des Rates der Evangelischen Kirche in Deutschland. Gütersloh.

EKD (Evangelische Kirche in Deutschland) (2020). „Hinaus ins Weite – Kirche auf gutem Grund" – Zwölf Leitsätze zur Zukunft einer aufgeschlossenen Kirche. 7. Tagung der 12. Synode der EKD, 8. und 9. November 2020. https://www.ekd.de/zwoelf-leitsaetze-zur-zukunft-einer-aufgeschlossenen-kirche-60102.htm (Zugriff am 25.09.2023).

EKD (Evangelische Kirche in Deutschland) (Hg.) (2022). Zwischen Nächstenliebe und Abgrenzung. Eine interdisziplinäre Studie zu Kirche und politischer Kultur. Leipzig.

Elschenbroich, D. (2001). Weltwissen der Siebenjährigen. Wie Kinder die Welt entdecken können. München.
Englert, R., Hennecke, E. & Kämmerling, M. (2014). Innenansichten des Religionsunterrichts. Fallbeispiele, Analysen, Konsequenzen. München.
Englert, R., Schwab, U., Schweitzer, F. & Ziebertz, H.-G. (Hg.) (2012). Welche Religionspädagogik ist pluralitätsfähig? Strittige Punkte und weiterführende Perspektiven. Kontroversen um einen Leitbegriff. Freiburg i. Brsg.
Fadel, C., Bialik, M. & Trilling, B. (2017). Die vier Dimensionen der Bildung. Was Schülerinnen und Schüler im 21. Jahrhundert lernen müssen. Hamburg.
Fauser, P., Heiler, F. & Waldenburger, U. (2015). Verständnisintensives Lernen. Theorie, Erfahrungen, Training. Seelze.
Faust-Siehl, G. (1987). Themenkonstitution als Problem von Didaktik und Unterrichtsforschung. Weinheim.
Feifel, E., Leuenberger, R., Stachel, G. & Wegenast, K. (Hg.) (1974). Handbuch der Religionspädagogik. Bd. 2: Didaktik des Religionsunterrichts – Wissenschaftstheorie. Gütersloh u. a.
Feige, A. & Tzscheetzsch, W. (2005). Christlicher Religionsunterricht im religionsneutralen Staat? Unterrichtliche Zielvorstellungen und religiöses Selbstverständnis von ev. und kath. Religionslehrerinnen und -lehrern in Baden-Württemberg. Eine empirisch-repräsentative Befragung. Ostfildern.
Festinger, L. (1957). A theory of cognitive dissonance. Stanford.
Fetz, R. L., Reich, K. H. & Valentin, P. (2001). Weltbildentwicklung und Schöpfungsverständnis. Eine strukturgenetische Untersuchung bei Kindern und Jugendlichen. Stuttgart u. a.
Fit in Führung (2022). https://seminar-ag.de/fuehrungs-abc/kritikfaehigkeit (Zugriff am 18.10.2023).
Fitzgerald, H. E., Johnson, D. J., Baolian Qin, D., Villarruel, F. A. & Norder, J. (Hg.) (2019). Handbook of Children and Prejudice. Integrating Research, Practice, and Policy. Cham, Schweiz.
Flick, U., von Kardorff, E. & Steinke, I. (Hg.) ([13]2019). Qualitative Forschung. Ein Handbuch. Reinbek b. Hamburg.
Flitner, A. (1992). Reform der Erziehung. Impulse des 20. Jahrhunderts. Jenaer Vorlesungen. München.
Flitner, A. & Lenzen, D. (Hg.) (1977). Abitur-Normen gefährden die Schule. München.
Flitner, W. (1967a). Die Geschichte der abendländischen Lebensformen. München.
Flitner, W. ([3]1967b). Hochschulreife und Gymnasium. Vom Sinn wissenschaftlicher Studien und von der Aufgabe der gymnasialen Oberstufe. Heidelberg.
Forschungsinstitut gesellschaftlicher Zusammenhalt (2022). www.fgz-risc.de (Zugriff am 25.09.2023).
Fowler, J. W. (1991). Stufen des Glaubens. Die Psychologie der menschlichen Entwicklung und die Suche nach Sinn. Gütersloh.
Franck, O. & Thalén, P. (Hg.) (2023). Powerful knowledge in religious education: Exploring paths to a knowledge-based education on religions. Cham, Schweiz.
Freire, P. (1973). Pädagogik der Unterdrückten. Bildung als Praxis der Freiheit. Reinbek b. Hamburg.
Gadamer, H.-G. (1960). Wahrheit und Methode. Grundzüge einer philosophischen Hermeneutik. Tübingen.
Gärtner, C. (2015). Religionsunterricht – ein Auslaufmodell? Begründungen und Grundlagen religiöser Bildung in der Schule. Paderborn.

Gärtner, C. (Hg.) (2018). Religionsdidaktische Entwicklungsforschung. Lehr-Lernprozesse im Religionsunterricht initiieren und erforschen. Stuttgart.

Gemeinsame Synode der Bistümer in der Bundesrepublik Deutschland. Offizielle Gesamtausgabe (2001). Band 1. Freiburg i. Brsg.

Göllner, R., Wagner, W., Klieme, E., Lüdtke, O., Nagengast, B. & Trautwein, U. (2016). Erfassung der Unterrichtsqualität mithilfe von Schülerurteilen: Chancen, Grenzen und Forschungsperspektiven. In: BMBF (Hg.). Forschung in Ankopplung an Large-Scale Assessments (Bildungsforschung Band 44; S. 63–82). Bonn & Bielefeld.

Gräb, W. (2000). Praktische Theologie als religiöse Kulturhermeneutik. Eine deutende Theorie gegenwärtig gelebter Religion. In: Hauschildt, E. (Hg.). Praktische Theologie als Topographie des Christentums. Eine phänomenologische Wissenschaft und ihre hermeneutische Dimension. Wolfgang Steck zum 60. Geburtstag am 20. Februar 2000 (S. 86–110). Rheinbach.

Gräb, W. (2008). Religiöse Bildung als Teil der Allgemeinbildung. Das Konzept der Spiritualität. In: Schreiner, M. (Hg.). Religious literacy und evangelische Schulen. Die Berliner Barbara-Schadeberg-Vorlesungen (S. 25–42). Münster.

Green, J.-P. (2021). Scaffolding im Religionsunterricht. Lerngerüste als Hilfen zur Entwicklung religiöser Diskursfähigkeit. In: Sprachsensibler Religionsunterricht. Jahrbuch der Religionspädagogik 37, Göttingen, 169–178.

Grimmitt, M. (1987). Religious Education and Human Development: The Relationship Between Studying Religions and Personal, Social and Moral Education. Great Wakering.

Grunddaten (2023) Kinder und Medien 2023, zusammengestellt aus aktuellen Befragungen und Studien von H. vom Orde (IZI) und A. Durner. https://www. Grunddaten_Kinder_u_Medien.pdf

Grunder, H.-U. & Schweitzer, F. (Hg.) (1999). Texte zur Theorie der Schule. Historische und aktuelle Ansätze zur Planung und Gestaltung von Schule. Weinheim & München.

Grümme, B. (2009). Religionsunterricht und Politik. Bestandsaufnahme – Grundsatzüberlegungen – Perspektiven für eine politische Dimension des Religionsunterrichts. Stuttgart.

Grümme, B. (2022). Subjekt und Subjektorientierung in der Religionspädagogik – Unterscheidungen und Perspektiven. In: Religion subjektorientiert erschließen. Jahrbuch der Religionspädagogik 38, Göttingen, 33–49.

Grümme, B. & Schlag, T. (Hg.) (2016). Gerechter Religionsunterricht. Religionspädagogische, pädagogische und sozialethische Orientierungen. Stuttgart.

Grunder, H.-U. & Schweitzer, F. (Hg.) (1999). Texte zur Theorie der Schule. Historische und aktuelle Ansätze zur Planung und Gestaltung von Schule. Weinheim & München.

Gutmann, D. & Peters, F. (2020). German Churches in Times of Demographic Change and Declining Affiliation: A Projection to 2060. In: Comparative Population Studies 45, 3–34.

Habermas, J. (2001). Glauben und Wissen. Friedenspreis des Deutschen Buchhandels 2001. Frankfurt a. M.

Haen, S. & Krimmer, E. (2015). Argumentieren Lernen – Religionspädagogik und Medizinethik im Dialog. In: Ethisches Lernen. Jahrbuch der Religionspädagogik 31, Neukirchen-Vluyn, 151–162.

Halafoff, A., Singleton, A., Bouma, G. & Rasmussen, M. L. (2020). Religious Literacy of Australia's Gen Z Teens: Diversity and Social Inclusion. In: Journal of Beliefs & Values 41, 195–213.

Halbfas, H. (1982). Das dritte Auge. Religionsdidaktische Anstöße. Düsseldorf.

Hamman, M. & Asshoff, R. (2014). Schülervorstellungen im Biologieunterricht. Ursachen von Lernschwierigkeiten. Seelze.

Harari, Y. N. (2018). Homo Deus. Eine Geschichte von Morgen. München.

Härle, W. (1992). Der Glaube als Gottes- und/oder Menschenwerk in der Theologie Martin Luthers. In: Marburger Jahrbuch Theologie, 4, 37–77.

Hartmann, U., Sauer, M. & Hasselhorn, M. (2009). Perspektivenübernahme als Kompetenz für den Geschichtsunterricht. Theoretische und empirische Zusammenhänge zwischen fachspezifischen und sozial-kognitiven Schülermerkmalen. In: Zeitschrift für Erziehungswissenschaft, 12, 321–342.

Harvard Religious Literacy Project (2021). What is Religious Literacy. https://rpl.hds.harvard.edu/what-we-do/our-approach/what-religious-literacy (Zugriff am 25.09.2023).

Hasselhorn, M. & Gold, A. (⁵2022). Pädagogische Psychologie: Erfolgreiches Lernen und Lehren. Stuttgart.

Heckel, M. (1997). Religionsfreiheit. Eine säkulare Verfassungsgarantie. In: ders. Gesammelte Schriften. Staat, Kirche, Recht, Geschichte, Bd. 4 (S. 647–859). Tübingen.

Hecker, W. (2022). Die Kopftuchdebatte. Verfassungsrecht und Sozialwissenschaften. Baden-Baden.

Heil, S. (2015). Korrelation. In: WiReLex https: bibelwissenschaft.de

Heimbrock, H.-G. (Hg.) (2017). Taking position: empirical studies and theoretical reflections on religious education and worldview. Teachers views about their personal commitment in RE teaching. International contributions. Münster & New York.

Helbling, D. & Riegel, U. (Hg.) (2021). Wirksamer Religions(kunde)unterricht. Baltmannsweiler.

Helmke, A. (⁶2015). Unterrichtsqualität und Lehrerprofessionalität. Diagnose, Evaluation und Verbesserung des Unterrichts. Seelze-Velber.

Hennecke, E. (2012). Was lernen Kinder im Religionsunterricht? Eine fallbezogene und thematische Analyse kindlicher Rezeptionen von Religionsunterricht. Bad Heilbrunn.

Herbst, J.-H. (2021). Braucht religiöse Bildung einen Beutelsbacher Konsens? Philosophiedidaktische Impulse für die religionspädagogische Debatte. In: Theo-Web. Zeitschrift für Religionspädagogik, 20 (2), 321–338.

Herbst, J.-H. (2022). Die politische Dimension des Religionsunterrichts. Religionspädagogische Reflexionen, interdisziplinäre Impulse und praktische Perspektiven. Paderborn.

Hermann, S. (2022). Kognitive Aktivierung im Evangelischen Religionsunterricht. Anmerkungen zu einem Qualitätsaspekt von Unterricht und der Entwicklung eines fachspezifischen Unterrichtsfeedbackbogens für die Evangelische Religionslehre. In: Zeitschrift für Pädagogik und Theologie, 74, 222–233.

Herms, E. (1991). Gesellschaft gestalten. Beiträge zur evangelischen Sozialethik. Tübingen.

Herms, E. (1995). Pluralismus aus Prinzip. In: ders. (Hg.). Kirche für die Welt. Lage und Aufgabe der evangelischen Kirchen im vereinigten Deutschland (S. 467–485). Tübingen.

Hessisches Kultusministerium (o. J.). Bildungsstandards und Inhaltsfelder. Das neue Kerncurriculum für Hessen. Sekundarstufe I – Gymnasium. Evangelische Religion. https://kultusministerium.hessen.de/sites/kultusministerium.hessen.de/files/2021-07/kerncurriculum_evangelische_religion_gymnasium.pdf (Zugriff am 25.09.2023).

Höger, C. (2020). Schöpfung, Urknall und Evolution – Einstellungen von Schüler*innen im biographischen Wandel. Ein qualitativ-empirischer Längsschnitt mit dem Ziel religionspädagogischer Pünktlichkeit im Religionsunterricht der Sekundarstufe. Berlin & Münster.

Holzberger, D. & Kunter, M. (2016). Unterricht aus der Perspektive der Pädagogischen Psychologie und der empirischen Bildungsforschung. In: Möller, J., Köller, M. & Riecke-Baulecke, T. (Hg.). Basiswissen Lehrerbildung: Schule und Unterricht, Lehren und Lernen (S. 39–52). Seelze.

Holzkamp, K. (1995). Lernen. Frankfurt a. M. & New York.

Huber, W. (2001) Unantastbare Menschenwürde – Gilt sie von Anfang an? https://www.ekd.de/Huber_011207.htm (Zugriff am 25.09.2023).

Hull, J. M. (2000). Gott und Geld. Berg am Irchel.

Ilg, W., Pohlers, M., Gräbs Santiago, A. & Schweitzer, F. (2018). Jung – evangelisch – engagiert. Langzeiteffekte der Konfirmandenarbeit und Übergänge in ehrenamtliches Engagement. Empirische Studien im biografischen Horizont. Gütersloh.

Iser, W. (1976). Der Akt des Lesens. Theorie ästhetischer Wirkung. München.

Jackson, R. (1997). Religious Education: An Interpretive Approach. London.

Jahrbuch für konstruktivistische Religionsdidaktik (2010 ff.). Hannover (später Babenhausen).

Jank, W. & Meyer, H. ([13]2019). Didaktische Modelle. Berlin.

Janowski, B. (2016). Auf dem Weg zur Buchreligion. Transformationen des Kultischen im Psalter. In: F.-L. Hossfeld, J. Bremer & T. M. Steiner (Hg.). Trägerkreise in den Psalmen (BBB 178; S. 223–261). Göttingen.

Jendorf, B. (1983). Hausaufgaben im Religionsunterricht. München.

Jürgens, E. & Lissmann, U. (2015). Pädagogische Diagnostik. Grundlagen und Methoden der Leistungsbeurteilung in der Schule. Weinheim & Basel.

Kabisch, R. (1910). Wie lehren wir Religion? Versuch einer Methodik des evangelischen Religionsunterrichts für alle Schulen auf psychologischer Grundlage. Göttingen.

Käbisch, D. (2014). Religionsunterricht und Konfessionslosigkeit. Eine fachdidaktische Grundlegung. Tübingen.

Kant, I. (1783/1963). Beantwortung der Frage: was ist Aufklärung? In: Kant, I. Werke VI. Schriften zur Anthropologie, Geschichtsphilosophie, Politik und Pädagogik. Hg. W. Weischedel (S. 7–102). Wiesbaden.

Kant, I. (1785/1956). Grundlegung der Metaphysik der Sitten. In: Kant, I. Werke IV. Schriften zur Ethik und Religionsphilosophie. Hg. W. Weischedel (S. 51–61). Wiesbaden.

Kant, I. (1793/1956). Die Religion innerhalb der Grenzen der bloßen Vernunft. In: Kant, I. Werke IV. Schriften zur Ethik und Religionsphilosophie. Hg. W. Weischedel (S. 645–879). Wiesbaden.

Kattmann, U. (Hg.) (2017). Biologie unterrichten mit Alltagsvorstellungen. Didaktische Rekonstruktion in Unterrichtseinheiten. Seelze.

Khorchide, M. & von Stosch, K. (2018). Der andere Prophet. Jesus im Koran. Freiburg i. Brsg.

Kießling, K. (2003). Religiöses Lernen. Multidisziplinäre Zugänge zu religionspädagogischer Theorie und Praxis. Frankfurt a. M.

Kirchhoff, I. (Hg.) (2009). Religionsunterricht mit Stationen. Sekundarstufe I. Göttingen.

Klafki, W. (1963a). Studien zur Bildungstheorie und Didaktik. Weinheim & Basel.

Klafki, W. ([2]1963b). Das pädagogische Problem des Elementaren und die Theorie der kategorialen Bildung. Weinheim.

Klafki, W. (1976). Aspekte kritisch-konstruktiver Erziehungswissenschaft. Gesammelte Beiträge zur Theorie-Praxis-Diskussion. Weinheim u. a.

Klafki, W. (1985). Neue Studien zur Bildungstheorie und Didaktik. Beiträge zur kritisch-konstruktiven Didaktik. Weinheim & Basel.

Klie, T. & Leonhard, S. (Hg.) (2008). Performative Religionsdidaktik. Religionsästhetik – Lernorte – Unterrichtspraxis. Stuttgart.

Kliemann, P. in Zusammenarbeit mit Kasper, W. (2016). Curriculum – Wohin führt der Weg? Anmerkungen zur Bildungsplanarbeit im Fach Evangelische Religionslehre. Stuttgart.

Klieme, E. et al. (2003). Zur Entwicklung nationaler Bildungsstandards. Eine Expertise, hg. v. Bundesministerium für Bildung und Forschung. Bonn.

Klose, B. (2014). Diagnostische Wahrnehmungskompetenzen von ReligionslehrerInnen. Stuttgart.
Knauth. T. (2003). Problemorientierter Religionsunterricht. Eine kritische Rekonstruktion. Göttingen.
Knauth, T. & Schroeder, J. (Hg.) (1998). Über Befreiung. Befreiungspädagogik, Befreiungsphilosophie und Befreiungstheologie im Dialog. Münster u. a.
Koch, M. (2020). Jugendliche und ihre Sprache des Glaubens. Sprachliche Identifizierungspraktiken in der Konfirmationszeit. Zürich.
Kohlberg, L. (1995). Die Psychologie der Moralentwicklung. Frankfurt a. M.
Könemann, J., Sajak, C. P. & Lechner, S. (2017). Einflussfaktoren religiöser Bildung. Eine qualitativ-explorative Studie. Wiesbaden.
Körtner, U. H. J. (2006). Einführung in die theologische Hermeneutik. Darmstadt.
Krapp, A. (1992). Das Interessenkonstrukt. Bestimmungsmerkmale der Interessenhandlung und des individuellen Interesses aus der Sicht einer Person-Gegenstands-Konzeption. In: Krapp, A. & Prenzel, M. (Hg.). Interesse, Lernen, Leistung. Neuere Ansätze der pädagogisch-psychologischen Interessenforschung. Arbeiten zur sozialwissenschaftlichen Psychologie (S. 297–329). Münster.
Krapp, A. (1998). Entwicklung und Förderung von Interessen im Unterricht. In: Psychologie in Erziehung und Unterricht, 44, 185–201.
Kreiner, A. (2005). Rationalität zwischen Realismus und Relativismus. In: Bernhardt, R. & Schmidt-Leukel, P. (Hg.). Kriterien interreligiöser Urteilsbildung (S. 21–36). Zürich.
Kricks, K., Mittelstädt, E. & Liening. A. (2013). Schwellenkonzepte und Phänomenografie. Explorative Studie zur Messung von Unterschieden im ökonomischen Verstehen. In: Zeitschrift für ökonomische Bildung, 2, 17–41.
Kueh, R. (2018). Religious Education and the ‚Knowledge Problem'. In: Chater, M. & Castelli, M. (Hg.). We Need to Talk About Religious Education: Manifestos for the Future of RE (S. 53–70). London & Philadelphia.
Kunter, M. & Trautwein, U. (2013). Psychologie des Unterrichts. Paderborn u. a.
Kurschus, A. (2022). Die Glaubensfrage: Kurschus begrüßt Waffenlieferungen an die Ukraine. https://www.rnd.de/politik/ekd-ratsvorsitzende-kurschus-begruesst-waffenlieferungen-an-ukraine-OADULUMGMFAFLFB6MR6WINM5JY.html (Zugriff am 25.09.2023).
Landeszentrale für politische Bildung Baden-Württemberg (o. J.). Der Karikaturenstreit – Streit der Kulturen? https://www.lpb-bw.de/karikaturenstreit (Zugriff am 25.09.2023).
Landgericht Köln (2012). Urteil vom 07.05.2012 – 151 Ns 169/11. https://openjur.de/u/433915.html (Zugriff am 25.09.2023).
Landmesser, C. (Hg.) (2017). Bultmann Handbuch. Tübingen.
Lang, B. (1990). Buchreligion. In: Cancik, H., Gladigow, B. & Laubscher, M. (Hg.). Handbuch religionswissenschaftlicher Grundbegriffe. Bd. 2 (S. 143–165). Stuttgart u. a.
Lange, G. (2002). Bilder zum Glauben. Christliche Kunst sehen und verstehen. München.
Leimgruber, S. (2011). Christliche Sexualpädagogik. Eine emanzipatorische Neuorientierung für Schule, Jugendarbeit und Beratung. München.
Lehner-Hartman, A. (2014). Religiöses Lernen. Subjektive Theorien von ReligionslehrerInnen. Stuttgart.
Leuders, T. (2015). Empirische Forschung in der Fachdidaktik. Eine Herausforderung für die Professionalisierung und die Nachwuchsqualifizierung. In: Beiträge zur Lehrerinnen- und Lehrerbildung, 33, 215–234.

Lindner, B. (2020). Kritikfähigkeit als Handlungsmuster. Eine kritisch-hermeneutische Untersuchung zur Kompetenzorientierung in der Philosophie und ihrer Didaktik. Hamburg.

Lingen-Ali, U. & Mecheril, P. (2016). Religion als soziale Deutungspraxis. In: Österreichisches Religionspädagogisches Forum, 24, 17–24.

Loch, W. ([2]1968). Die Verleugnung des Kindes in der Evangelischen Pädagogik. Zur Aufgabe einer empirischen Anthropologie des kindlichen und jugendlichen Glaubens. Essen.

Lorenzen, S. (2020). Entscheidung als Zielhorizont des Religionsunterrichts? Religiöse Positionierungsprozesse aus der Perspektive junger Erwachsener. Stuttgart.

Luckmann, T. (1985). Bemerkungen zu Gesellschaftsstruktur, Bewusstseinsformen und Religion in der modernen Gesellschaft. In: Lutz, B. (Hg.). Soziologie und gesellschaftliche Entwicklung. Verhandlungen des 22. Deutschen Soziologentages in Dortmund 1984 (S. 475–484). Frankfurt a. M. & New York.

Luther, M. (1526). Deutsche Messe und Ordnung des Gottesdiensts. In: WA, 19, 44–113.

Luther, M. (1529). Enchiridion. Der kleine Catechismus für die gemeine Pfarrer und Prediger. In: WA, 30/I, 239–425.

MailOnline (2013). Ban the burka in our classrooms, says Boris Jonhson. https://www.dailymail.co.uk/news/article-2442202/Boris-Johnson-says-ban-burka-classrooms-schools-right-make-pupils-faces.html (Zugriff am 25.09.2023).

Mattes, R. & Schweitzer, F. (Hg.) (2022). Tot – und dann? Vorstellung vom Leben nach dem Tod bei jungen Menschen und als Thema im BRU. Münster & New York.

Meister Eckhart (1963). Das Buch der göttlichen Tröstung. In: Meister Eckharts Traktate (Meister Eckhart, Die deutschen und lateinischen Werke, Bd. 5), hg. v. J. Quint (S. 471–497). Stuttgart.

Menschenrechte und Religionsunterricht (2017). Jahrbuch der Religionspädagogik 33. Göttingen.

Merkt, H., Schweitzer, F. & Biesinger, A. (Hg.) (2014). Interreligiöse Kompetenz in der Pflege. Pädagogische Ansätze, theoretische Perspektiven und empirische Befunde. Münster & New York.

Mette, N. (1994). Religionspädagogik. Düsseldorf.

Mewald, C. & Rauscher, E. (Hg.) (2019). Lesson Study. Das Handbuch für kollaborative Unterrichtsentwicklung und Lernforschung. Innsbruck.

Meyer, K. (2019a). Politikum Religionsunterricht. CDU, SPD, Grüne, FDP, Linke und der RU der Zukunft. Eine Podiumsdiskussion auf der GwR-Tagung 2019. In: Theo-Web. Zeitschrift für Religionspädagogik, 18 (2), 25–41.

Meyer, K. (2019b). Grundlagen interreligiösen Lernens. Göttingen.

Meyer-Blanck, M. (1995). Vom Symbol zum Zeichen. Symboldidaktik und Semiotik. Hannover.

Meyer-Blanck, M. (2011). Gottesdienstlehre. Tübingen.

Mikulincer, M. & Shaver, P. R. (Hg.) (2015). APA Handbook of Personality and Social Psychology, Vol. 1: Attitudes and Social Cognition. Washington.

Ministerium für Kultus, Jugend und Sport Baden-Württemberg (2004). Bildungsplan 2004. Stuttgart.

Ministerium für Kultus, Jugend und Sport Baden-Württemberg (2016). Bildungsplan des Gymnasiums. Evangelische Religionslehre. Stuttgart.

Mittelstraß, J. (2002). Bildung und ethische Maße. In: Killius, N., Kluge, J. & Reisch, L. (Hg.). Die Zukunft der Bildung (S. 151–170). Frankfurt a. M.

Moore, D. L. (2007). Overcoming Religious Illiteracy: A Cultural Studies Approach to the Study of Religion in Secondary Education. New York.

Muller, J. & Young, M. (2019). Knowledge, power and powerful knowledge re-visited. In: The Curriculum Journal, 30, 196–214.
Muth, K. (2021). Bewertungskriterien ethischer und religiöser Urteilskompetenz. Eine qualitative Studie über Prüfungsaufgaben und Bewertungsvorgaben im schriftlichen Abitur des Faches Evangelische Religionslehre. Leipzig.
Negt, O. (1968). Soziologische Phantasie und exemplarisches Lernen. Zur Theorie der Arbeiterbildung. Frankfurt a. M.
Neidhart, W. ([2]1967). Psychologie des Religionsunterrichts. Zürich u. a.
Niehl, F. (2016). Erzählen. https://www.bibelwissenschaft.de/ressourcen/wirelex/3-methoden-und-medien/erzaehlen (Zugriff am 25.09.2023).
Niemi, K. (2018). Religionsvetenskapliga tröskelbegrepp: stötestenar och språngbrädor vid utvecklingen av ett ämnesperspektiv. In: Nordidactica – Journal of Humanities and Social Science Education, 2, 1–22.
Nipkow, K. E. (1982). Das Problem der Elementarisierung der Inhalte des Religionsunterrichts. In: Biemer, G. & Knab, D. (Hg.). Religionspädagogische Lehrplanreform (S. 73–96). Freiburg i. Brsg. u. a.
Nipkow, K. E. (1987). Erwachsenwerden ohne Gott? Gotteserfahrung im Lebenslauf. München.
Nipkow, K. E. (1998). Bildung in einer pluralen Welt. Bd 1: Moralpädagogik im Pluralismus. Gütersloh.
Nipkow, K. E. (2011). Religiöses Weltwissen am Ende der Schulzeit. In: Was sollen Kinder und Jugendliche im Religionsunterricht lernen? Jahrbuch der Religionspädagogik 27, Neukirchen-Vluyn, 105–114.
Nipkow, K. E. & Schweitzer, F. (Hg.) (1991; 1994). Religionspädagogik. Texte zur evangelischen Erziehungs- und Bildungsverantwortung seit der Reformation. Bd. 1: Von Luther bis Schleiermacher; Bd. 2/1: 19. und 20. Jahrhundert; Bd. 2/2: 20. Jahrhundert. München & Gütersloh.
Nord, I. & Zipernovszky, H. (Hg.) (2017). Religionspädagogik in einer mediatisierten Welt. Stuttgart.
Obst, G. ([4]2015). Kompetenzorientiertes Lehren und Lernen im Religionsunterricht, überarb. und aktualisiert von H. Lenhard. Göttingen.
OECD (2001). Knowledge and skills for life. First Results from the OECD Programme for International Student Assessment (PISA) 2000. Paris.
Oelkers, J. & Wegenast, K. (Hg.) (1991). Das Symbol – Brücke des Verstehens. Stuttgart.
Oelkers, J., Osterwalder, F. & Tenorth, H.-E. (Hg.) (2003). Das verdrängte Erbe. Pädagogik im Kontext von Religion und Theologie. Weinheim & Basel.
Ofsted (2021). Research review series: religious education. https://www.gov.uk/government/publications/research-review-series-religious-education (Zugriff am 25.09.2023).
Orey, M. (2010). Emerging Perspectives on Learning, Teaching, and Technology. https://textbookequity.org/Textbooks/Orey_Emergin_Perspectives_Learning.pdf (Zugriff am 25.09.2023).
Osbeck, C. (2018). Values and existential understandings as parts of students' ethical competence. In: Astley, J., Francis, L. J. & Lankshear, D. W. (Hg.). Values, Human Rights and Religious Education: Contested Grounds (S. 19–37). Bern.
Palmer, C. (1865). Art. Kirche. In: Encyklopädie des gesammten Erziehungs- und Unterrichtswesens, bearb. von e. Anzahl Schulmänner u. Gelehrten. Hg. unter Mitwirkung von Dr. v. Palmer u. Dr. Wildermuth von K. A. Schmid. Bd. 4 (S. 1–22). Gotha.

Pannenberg, W. (1983). Anthropologie in theologischer Perspektive. Göttingen.

Parsons, T. (1951). The social system. Glencoe, Ill.

Pearce, L. D. & Lundquist Denton, M. (2011). A faith of their own: Stability and change in the religiosity of America's adolescents. Oxford & New York.

Pettigrew, T. F. & Tropp, L. R. (2006). A meta-analytic test of intergroup contact theory. In: Journal of Personality and Social Psychology, 90, 751–783.

Philipp, L. (2020). Aufgabenanalyse, religionsdidaktisch. In: WiReLex https: bibelwissenschaft.de

Pirner, M. (2003). Religiöse Grundbildung zwischen Allgemeinwissen und christlicher Lebenshilfe. In: Theo-Web. Zeitschrift für Religionspädagogik, 2, 116–135.

Pirner, M. (2013). Kognitive Aktivierung als Merkmal eines guten Religionsunterrichts. Anregungen aus der empirischen Unterrichtsforschung. In: Theo-Web. Zeitschrift für Religionspädagogik, 12, 228–245.

Pirner, M. (2017). Religionspädagogische Perspektiven zur Menschenrechtsbildung. In: Menschenrechte und Religionsunterricht. Jahrbuch der Religionspädagogik 33, 110–121.

Pirner, M. (2019). Öffentliche Religionspädagogik. Religionspädagogik als Übersetzungsaufgabe? In: van Oorschot, F. & Ziermann, S. (Hg.). Theologie in Übersetzung? Religiöse Sprache und Kommunikation in heterogenen Kontexten (S. 97–110). Leipzig.

Plümacher, M. (2006). ‚Weltwissen'. Ein sprachwissenschaftlicher Terminus phänomenologisch betrachtet. In: Lohmar, D. & Fonfara, D. (Hg.). Interdisziplinäre Perspektiven der Phänomenologie. Neue Felder der Kooperation: Cognitive Science, Neurowissenschaften, Psychologie, Soziologie, Politikwissenschaft und Religionswissenschaft (S. 247–261). Dordrecht.

Pohl-Patalong, U., Boll, S., Dittrich, T., Lüdtke, A. & Richter, C. (2017). Konfessioneller Religionsunterricht in religiöser Vielfalt II. Perspektiven von Schülerinnen und Schülern. Stuttgart.

Pohl-Patalong, U., Woyke, J., Boll, S., Dittrich, T. & Lüdtke, A. E. (2016). Konfessioneller Religionsunterricht in religiöser Vielfalt. Eine empirische Studie zum evangelischen Religionsunterricht in Schleswig-Holstein. Stuttgart.

Polak, R. (2023). Islam- und Muslimfeindlichkeit im deutschsprachigen Raum aus praktisch-theologischer Perspektive. In: Zeitschrift für Pädagogik und Theologie, 75, 5–18.

Poncini, A. (2021). Research insights: perceived differences about teaching and assessment practices in religious education. In: Journal of Religious Education, 69, 7–56.

Porzelt, B. (2009). Grundlegung religiöses Lernen. Eine problemorientierte Einführung in die Religionspädagogik. Bad Heilbrunn.

Preissing, C. & Wagner, P. (Hg.) (2003). Kleine Kinder – keine Vorurteile? Interkulturelle und vorurteilsbewusste Arbeit in Kindertageseinrichtungen. Freiburg i. Brsg. u. a.

Preul, R. (2013). Evangelische Bildungstheorie. Leipzig.

Prothero, S. (2007). Religious Literacy: What Every American Needs to Know – And Doesn't. New York.

Radtke, F.-O. (2011). Kulturen sprechen nicht. Die Politik grenzüberschreitender Dialoge. Hamburg.

Ratzinger, J. (1983). Die Krise der Katechese und ihre Überwindung. Rede in Frankreich. Einsiedeln.

Rawls, J. (2003). Politischer Liberalismus. Frankfurt a. M.

Reese-Schnitker, A., Bertram, D. & Fröhle, D. (Hg.) (2022). Gespräche im Religionsunterricht. Einblicke – Einsichten – Potenziale. Stuttgart.

Reis, O. & Schwarzkopf, T. (Hg.) (2015). Diagnose im Religionsunterricht. Konzeptionelle Grundlagen und Praxiserprobungen. Berlin.
Religion subjektorientiert erschließen (2022). Jahrbuch der Religionspädagogik 38. Göttingen.
Riegel, U. (2011). Merkmale religiösen Lernens in der Schule. Fachlichkeit – Benotbarkeit – Sequentialität. In: Was sollen Kinder und Jugendliche im Religionsunterricht lernen? Jahrbuch der Religionspädagogik 26, Neukirchen-Vluyn, 63–71.
Riegger, M. (2019). Handlungsorientierte Religionsdidaktik. Teil 1: Haltungen, Wirkungen, Kommunikation; Teil 2: Unterrichtsmethoden, 2 Bde. Stuttgart.
Riess, R. & Fiedler, K. (Hg.) ([2]2009). Die verletzlichen Jahre. Handbuch zur Beratung und Seelsorge an Kindern und Jugendlichen. Berlin & Münster.
Ritter, W. H. (1989). Glaube und Erfahrung im religionspädagogischen Kontext. Die Bedeutung von Erfahrung für den christlichen Glauben im religionspädagogischen Verwendungszusammenhang. Eine grundlegende Studie. Göttingen.
Rocha Dietz, R. & Rathje, J. (2020). Antisemitismus im Internet und den sozialen Medien. https://www.bpb.de/themen/antisemitismus/dossier-antisemitismus/321584/antisemitismus-im-internet-und-den-sozialen-medien/ (Zugriff am 25.09.2023).
Roose, H. (2019). Kindertheologie und schulische Alltagspraxis. Eine Studie zum Verhältnis von kindertheologischen Normen und eingeschliffenen Routinen im Religionsunterricht. Stuttgart.
Rosa, H. (2018). Resonanz. Eine Soziologie der Weltbeziehung. Berlin.
Rössler, D. (1973). Rekonstruktion des Menschen. Ziele und Aufgaben der Seelsorge in der Gegenwart. In: Wege zum Menschen, 25, 181–196.
Rothgangel, M., Adam, G. & Lachmann, R. (Hg.) ([8]2013). Religionspädagogisches Kompendium. Göttingen.
Rothgangel, M., Abraham, U., Bayrhuber, H., Frederking, V., Jank, W. & Vollmer, H. J. (Hg.) (2020). Lernen im Fach und über das Fach hinaus. Bestandsaufnahmen und Forschungsperspektiven aus 17 Fachdidaktiken im Vergleich. Münster & New York.
Rupp, H. & Schmidt, H. (Hg.) (2001). Lebensorientierung oder Verharmlosung? Theologische Kritik der Lehrplanentwicklung im Religionsunterricht. Stuttgart.
Sajak, C. P. (2019). Art. Kerncurriculum. In: WiReLex https: bibelwissenschaft.de
Sajak, C. P. (2020). Art. Würzburger Synode, Beschluss zum Religionsunterricht. In: WiReLex https: bibelwissenschaft.de
Salzmann, C. G. (1780). Über die wirksamsten Mittel, Kindern Religion beyzubringen. Leipzig.
Sawyer, R. K. (Hg.) (2014). The Cambridge Handbook of the Learning Sciences. Second Edition. Cambridge & New York.
Schambeck, M. (2013). Interreligiöse Kompetenz. Basiswissen für Studium, Ausbildung und Beruf. Göttingen.
Schambeck, M. & Riegel, U. (Hg.) (2018). Was im Religionsunterricht so läuft. Wege und Ergebnisse religionspädagogischer Unterrichtsforschung. Freiburg i. Brsg.
Schapp, W. (1953). In Geschichten verstrickt. Zum Sein von Mensch und Ding. Hamburg.
Schlag, T. (2010). Horizonte demokratischer Bildung. Evangelische Religionspädagogik in politischer Perspektive. Freiburg i. Brsg.
Schlag, T. (2021). „Digital religion(s)". Ein neuer universitärer Forschungsschwerpunkt an der Thf. In: facultativ: Theologisches und Religionswissenschaftliches aus Zürich. Beilage zur Reformierten Presse, 3–4.
Schlag, T. & Schweitzer, F. (2011). Brauchen Jugendliche Theologie? Jugendtheologie als Herausforderung und didaktische Perspektive. Neukirchen-Vluyn.

Schlag, T. & Schweitzer, F. (2023). Muslim:innenfeindlichkeit als Vorurteil und Herausforderung für interreligiöses Lernen – Konsequenzen für den christlichen Religionsunterricht. In: Zeitschrift für Pädagogik und Theologie, 75, 58–72.
Schleiermacher, F. (1849). Erziehungslehre. Aus Schleiermacher's handschriftlichem Nachlasse und nachgeschriebenen Vorlesungen. Hg. C. Platz. Berlin.
Schleiermacher, F. (1850). Die praktische Theologie nach den Grundsätzen der evangelischen Kirche im Zusammenhange dargestellt. Hg. J. Frerichs. Berlin.
Schleiermacher, F. ([6]1967). Über die Religion. Reden an die Gebildeten unter ihren Verächtern (1799). Hg. R. Otto. Göttingen.
Schmid, W. ([20]2016). Gelassenheit. Was wir gewinnen, wenn wir älter werden. Berlin.
Schnaufer, E., Rutkowski, M., Räsänen, A., Osbeck, C. & Schweitzer. F. (2023). Developing a Research Tool for Investigating Religious Knowledge as Part of Religious Literacy: The Questionnaire – First Results – Possibilities for International Comparisons. In: Journal of Empirical Theology, 35, 223–250.
Schoberth, I. (Hg.) (2012). Urteilen lernen – Grundlegung und Kontexte ethischer Urteilsbildung. Göttingen.
Schoberth, I. (Hg.) (2014). Urteilen lernen II. Ästhetische, politische und eschatologische Perspektiven moralischer Urteilsbildung im interdisziplinären Diskurs. Göttingen.
Schoberth, I. & Wiesinger, C. (Hg.) (2015). Urteilen lernen III. Räume des Urteilens in der Reflexion, in der Schule und in religiöser Bildung. Göttingen.
Schreiner, M. (Hg.) (2008). Religious literacy und evangelische Schulen. Die Berliner Barbara-Schadeberg-Vorlesungen. Münster.
Schreiner, P. (2020). Religious Education in Transition. In: Avest, I., Bakker, C., Ipgrave, J., Leonhard, S. & Schreiner, P. (Hg.). Facing the Unknown Future. Religion and Education on the Move (S. 29–46). Münster & New York.
Schröder, B. (2003). Mindeststandards religiöser Bildung und Förderung christlicher Identität. Überlegungen zum Zielspektrum religionspädagogisch reflektierten Handelns. In: Theo-Web. Zeitschrift für Religionspädagogik, 2, 95–115.
Schröder, B. ([2]2021). Religionspädagogik. Tübingen.
Schwarz, S. (2019). SchülerInnenperspektiven und Religionsunterricht. Empirische Einblicke – theoretische Überlegungen. Stuttgart.
Schwarzkopf, T. (2018). Lernausgangslage erheben. In: WiReLex https: bibelwissenschaft.de
Schweitzer, A. (1954). Aus meinem Leben und Denken. Hamburg.
Schweitzer, F. (1992). Die Religion des Kindes. Zur Problemgeschichte einer religionspädagogischen Grundfrage. Gütersloh.
Schweitzer, F. (1996). Die Suche nach eigenem Glauben. Einführung in die Religionspädagogik des Jugendalters. Gütersloh.
Schweitzer, F. (2011). Menschenwürde und Bildung. Religiöse Voraussetzungen der Pädagogik in evangelischer Perspektive. Zürich.
Schweitzer, F. (2014a). Interreligiöse Bildung. Religiöse Vielfalt als religionspädagogische Herausforderung und Chance. Gütersloh.
Schweitzer, F. (2014b). Bildung. Neukirchen-Vluyn.
Schweitzer, F. (2014c). Vom Desiderat zur evidenzbasierten Unterrichtsgestaltung? Lernaufgaben in fachdidaktischer Perspektive am Beispiel Religionsdidaktik. In: Ralle, B., Prediger, S., Hammann, M. & Rothgangel, M. (Hg.). Lernaufgaben entwickeln, bearbeiten und überprüfen. Ergebnisse und Perspektiven fachdidaktischer Forschung (S. 23–32). Münster & New York.

Schweitzer, F. ([8]2016). Lebensgeschichte und Religion. Religiöse Entwicklung und Erziehung im Kindes- und Jugendalter. Gütersloh.

Schweitzer, F. (2018). Religionsunterricht planen. Zum Verhältnis zwischen Kompetenzen und Lernzielen. In: Zeitschrift für Pädagogik und Theologie, 70, 360–371.

Schweitzer, F. ([2]2019). Religionspädagogik. Gütersloh.

Schweitzer, F. (2020). Religion noch besser unterrichten. Qualität und Qualitätsentwicklung im RU. Göttingen.

Schweitzer, F. (2022a). Subjektorientierung in der Religionspädagogik: Grundprinzip, Alleinstellungsmerkmal oder Desiderat? Ein Klärungsversuch. In: Religion subjektorientiert erschließen. Jahrbuch der Religionspädagogik 38, Göttingen, 18–32.

Schweitzer, F. (2022b). Familienreligiosität – im Verschwinden? Warum es vielleicht doch nicht so einfach ist. In: M. Boger, S. Kleint & F. Schirrmacher (Hg.). Familienreligiosität im Bildungshandeln. Theorie – Empirie – Praxis (S. 31–43). Münster & New York.

Schweitzer, F. (im Druck). Paulo Freire und die Religionspädagogik – eine postkoloniale Neuinterpretation.

Schweitzer, F. & Boschki, R. (Hg.) (2018). Researching Religious Education. Classroom Processes and Outcomes. Münster & New York.

Schweitzer, F., Bräuer, M. & Boschki, R. (Hg.) (2017). Interreligiöses Lernen durch Perspektivenübernahme. Eine empirische Untersuchung religionsdidaktischer Ansätze. Münster & New York.

Schweitzer, F. & Bucher, I. (Hg.) (2020). Judentum und Islam im Religionsunterricht. Theoretische Analysen und empirische Befunde im Horizont interreligiösen Lernens. Münster.

Schweitzer, F., Haen, S. & Krimmer, E. (2019). Elementarisierung 2.0. Religionsunterricht vorbereiten nach dem Elementarisierungsmodell. Göttingen.

Schweitzer, F., Maaß, C. H., Lißmann, K., Hardecker, G. & Ilg, W. (2015). Konfirmandenarbeit im Wandel – Neue Herausforderungen und Chancen. Perspektiven aus der zweiten bundesweiten Studie. Gütersloh.

Schweitzer, F., Nipkow, K. E., Faust-Siehl, G. & Krupka, B. (1995). Religionsunterricht und Entwicklungspsychologie. Elementarisierung in der Praxis. Gütersloh.

Schweitzer, F., Osbeck, C., Räsänen, A., Rutkowski, M., & Schnaufer, E. (2022). Current debates about (inter-)religious literacy and assessments of the outcomes of religious education: two approaches to religion-related knowledge in critical review. In: Journal of Beliefs & Values 44 (2), 1–13.

Schweitzer, F. & Rutkowski, M. (Hg.) (2022). Fortbildung für den Religionsunterricht. Theoretische Analysen und empirische Befunde zum evangelischen RU. Münster & New York.

Schweitzer, F., Schwab, U., Ziebertz, H.-G. & Englert, R. (2002). Entwurf einer pluralitätsfähigen Religionspädagogik. Freiburg i. Brsg. & Gütersloh.

Schweitzer, F. & Ulfat, F. (2022) in Zus. m. R. Boschki. Dialogisch – kooperativ – elementarisiert. Interreligiöse Einführung in die Religionsdidaktik aus christlicher und islamischer Sicht. Göttingen.

Schweitzer, F., Wissner, G., Bohner, A., Nowack, R., Gronover, M. & Boschki, R. (2018). Jugend – Glaube – Religion. Eine Repräsentativstudie zu Jugendlichen im Religions- und Ethikunterricht. Münster & New York.

Segnung gleichgeschlechtlicher Paare. https://www.elk-wue.de/glossar/segnung-gleichgeschlechtlicher-paare

Seiple, C. & Hoover, D. R. (Hg.) (2022). The Routledge Handbook of Religious Literacy, Pluralism and Global Engagement. London & New York.

Selman, R. L. (1984). Die Entwicklung des sozialen Verstehens. Entwicklungspsychologische und klinische Untersuchungen. Frankfurt a. M.

Siebert, H. (³2005). Pädagogischer Konstruktivismus. Lernzentrierte Pädagogik in Schule und Erwachsenenbildung. Weinheim.

Simojoki, H., Ilg, W., Schlag, T. & Schweitzer, F. (2018). Zukunftsfähige Konfirmandenarbeit. Empirische Erträge – theologische Orientierungen – Perspektiven für die Praxis. Gütersloh.

Simojoki, H., Schweitzer, F., Henningsen, J. & Mautz, J.-R. (2021). Professionalisierung des Religionslehrerberufs. Analysen im Schnittfeld von Lehrerbildung, Professionswissen und Professionspolitik. Paderborn.

Skinner, B. F. (1974). About behaviorism. New York.

Smith, W. C. (1998). Believing: An Historical Perspective. Oxford.

Soukup-Altrichter, K., Steinmair, G. & Weber, C. (Hg.) (2020). Lesson Studies in der Lehrerbildung. Gemeinschaftliche Planung und Evaluation von Unterricht im Lehramtsstudium. Wiesbaden.

Sparn, W. (Hg.) (1990). Wer schreibt meine Lebensgeschichte? Biographie, Autobiographie, Hagiographie und ihre Entstehungszusammenhänge. Gütersloh.

Spiegel (2004). Schülerinnen vom Unterricht ausgeschlossen. https://www.spiegel.de/lebenundlernen/schule/kopftuchverbot-in-frankreich-schuelerinnen-vom-unterricht-ausgeschlossen-a-324168.html (Zugriff am 25.09.2023).

Spitzer, M. (2002). Lernen. Gehirnforschung und die Schule des Lebens. Darmstadt.

Stachel, G. (1974). Theorie und Praxis des Curriculum. In: Feifel, E., Leuenberger, R., Stachel, G. & Wegenast, K. (Hg.) (1974). Handbuch der Religionspädagogik. Bd. 2: Didaktik des Religionsunterrichts – Wissenschaftstheorie (S. 34–89). Gütersloh u. a.

Stallmann, M. (1958). Christentum und Schule. Stuttgart.

Stark, T. (2019). Verstehenshinderliche Prozesse beim Zusammenwirken von Weltwissen, normativen Wertungen und Textverstehen. In: Didaktik Deutsch, 24, 65–85.

Statistik der EKD/Evangelischen Kirche in Deutschland (2022). Statistik der Evangelischen Kirche in Deutschland (EKD). Zahlen der EKD zu Kirchenmitgliedern, Taufen, Trauungen & vieles mehr. https://www.ekd.de/ekd-statistik-22114.htm (Zugriff am 25.09.2023).

Steins, G. (2016). Perspektivenübernahme und Empathie. In: Bierhoff, H.-W. & Frey, D. (Hg.). Soziale Motive und soziale Einstellungen (Enzyklopädie der Psychologie; S. 795–815). Göttingen.

Steins, G. & Wiekfund, R. A. (1993). Zum Konzept der Perspektivenübernahme: Ein kritischer Überblick. In: Psychologische Rundschau, 44, 226–239.

Stock, H. (1959). Studien zur Auslegung der synoptischen Evangelien im Unterricht. Gütersloh.

Stratomeier, H.-J. (2009). Religionsunterricht an der Berufsschule – im Spiegel seiner Lehrplanentwicklung. Von der katechetischen Unterweisung zum adressaten- und berufsbezogenen Religionsunterricht. Berlin & Münster.

swissinfo.ch (2019). 10 Jahre Minarett-Verbot: Rückblick auf eine hart umkämpfte Debatte. https://www.swissinfo.ch/ger/gesellschaft/islam-in-der-schweiz_10-jahre-minarett-verbot--rueckblick-auf-eine-hart-umkaempfte-debatte/45393798 (Zugriff am 25.09.2023).

Syring, M., Beck, N., Bohl, T. & Tesch, B. (Hg.) (2023). Klasse 6b. Eine Unterrichtswoche. Bildungswissenschaftliche und fachdidaktische Analysen. Tübingen.

Tajfel, H. (Hg.) (1984). The social dimension. Cambridge.

Taylor, C. (2012). Ein säkulares Zeitalter. Berlin.

Tenorth, H.-E. (1986). Bildung, allgemeine Bildung, Allgemeinbildung. Zum Thema dieses Bandes. In: ders. (Hg.). Allgemeine Bildung. Analysen zu ihrer Wirklichkeit, Versuche über ihre Zukunft (S. 7–30). Weinheim & München.

Tenorth, H.-E. (1994). „Alle alles zu lehren". Möglichkeiten und Perspektiven allgemeiner Bildung. Darmstadt.

Tenorth, H.-E. (Hg.) (2001). Kerncurriculum Oberstufe. Mathematik – Deutsch – Englisch. Expertisen – im Auftrag der ständigen Konferenz der Kultusminister. Weinheim & Basel.

Tenorth, H.-E. (2020). Die Rede von Bildung. Tradition, Praxis, Geltung – Beobachtungen aus der Distanz. Stuttgart.

Theis, J. (2018). Ermöglichungsdidaktik, bibeldidaktischer Ansatz. In: WiReLex https: bibelwissenschaft.de

Tödt, H. E. (1988). Perspektiven theologischer Ethik. München.

Tomasello, M. (2009). Die Ursprünge der menschlichen Kommunikation. Frankfurt a. M.

Tracy, D. (1975). Blessed rage for order. The new pluralism in theology. New York.

Ulfat, F. (2023). Decolonizing religious education – a challenge for international knowledge transfer. In: Berglund, J., Roebben, B., Schreiner, P. & Schweitzer, F. (Hg.). Educating Religious Education Teachers. Perspectives of International Knowledge Transfer (S. 167–182). Göttingen.

Unser, A. (2019). Social Inequality and interreligious learning. An empirical analysis of students' agency to cope with interreligious learning tasks. Wien.

Unser, A. (2022). Über Möglichkeiten und Grenzen des Abbaus von Vorurteilen und Stereotypen durch interreligiöses Lernen. In: Khorchide, M., Lindner, K., Roggenkamp, A., Sajak, C. P. & Simojoki, H. (Hg.). Stereotype – Vorurteile – Ressentiments. Herausforderungen für das interreligiöse Lernen (S. 147–164). Göttingen.

van Oorschot, F. & Ziermann, S. (Hg.) (2019). Theologie in Übersetzung? Religiöse Sprache und Kommunikation in heterogenen Kontexten. Leipzig.

Vierzig, S. (1975). Ideologiekritik und Religionsunterricht. Zur Theorie und Praxis eines kritischen Religionsunterrichts. Zürich u. a.

Viinikka, K., Ubani, M., Kallioniemi, A. & Lipiäinen, T. (2023). Religious Education subject teacher education in the 2000s. Some Finnish perspectives. In: Schweitzer, F., Freathy, R., Parker, S. G. & Simojoki, H. (Hg.). Improving Religious Education Through Teacher Training. Experiences and Insights From European Countries (S. 241–254). Münster & New York.

von Brömssen, K. (2013). Religious literacy—är det ett användbart begrepp inom religionsdidaktisk — Pedagogisk forskning? In: Afset, B., Hatlebrekke, K. & Kleive, H. V. (Hg.). Kunnskap Til Hva? (S. 117–144). Trondheim.

von Stosch, K. (2012). Komparative Theologie als Wegweiser in der Welt der Religionen. Paderborn.

Wagenschein, M. (1973). Kinder auf dem Weg zur Physik. Stuttgart.

Wagensommer, G. & Schweitzer, F. (Hg.) (2018). Wertebildung, Interesse und Religionsunterricht. Ethisch und religiös ausgerichteter Unterricht im Vergleich. Theoretische und empirische Untersuchungen zur Wirksamkeit des BRU. Münster & New York.

Wallmann, J. (^{2}2019). Der Pietismus. Göttingen.

Weiß, T. (2016). Fachspezifische und fachübergreifende Argumentationen am Beispiel von Schöpfung und Evolution. Theoretische Grundlagen – Empirische Analysen – Jugendtheologische Konsequenzen. Göttingen.

Willems, J. & Dihle, A. (2020). Identität als Problem? Judentum im evangelischen Religionsunterricht. In: Mokrosch, R., Naurath, E. & Wenger, M. (Hg.). Antisemitismusprävention in der Grundschule – durch religiöse Bildung (S. 243–260). Göttingen.

Winkler, K. & Scholz, S. (2021). Subaltern Thinking in Religious Education? Postcolonial Readings of (German) Schoolbooks. In: British Journal of Religious Education 43 (1), 103–122.

Wissner, G., Nowack, R., Schweitzer, F., Boschki, R. & Gronover, M. (Hg.) (2020). Jugend – Glaube – Religion II. Neue Befunde – vertiefende Analysen – didaktische Konsequenzen. Münster & New York.

Wright, A. (1993). Religious Education in the Secondary School: Prospects for Religious Literacy. London.

Young, M. (2008). Bringing Knowledge Back In: From Social Constructivism to Social Realism in the Sociology of Education. London.

Young, M. (2009). Education, globalisation and the ‚voice of knowledge'. In: Journal of Education and Work, 22, 193–204.

Young, M. (2013). Overcoming the crisis in curriculum theory: A knowledge-based approach. In: Journal of Curriculum Studies, 45, 101–118.

Young, M. (2015). Unleashing the power of knowledge for all. In: Spiked, 1 September. www.spiked-online.com/newsite/article/unleashing-the-power-of-knowledge-for-all/ (Zugriff am 25.09.2023).

Young, M. & Muller, J. (2013). On the powers of powerful knowledge. In: Review of Education, 1, 229–250.

Ziebertz, H.-G. (Hg.) (2010). Gender in Islam und Christentum. Theoretische und empirische Studien. Berlin & Münster.

Zierer, K., Wisniewski, B., Schatz, C., Weckend, D. & Helmke, A. (2019). Wie kann Feedback der Lernenden die Unterrichtsqualität verbessern? In: Journal für LehrerInnenbildung, 19 (1), 26–40.

Ziller, T. (1884). Grundlegung zur Lehre vom Erziehenden Unterricht. Zweite, verbesserte Auflage, mit Benutzung des handschriftlichen Nachlasses des Verfassers. Hg. von T. Vogt. Leipzig.

Ziller, T. (1886). Materialien zur speziellen Pädagogik. Des „Leipziger Seminarbuches" Dritte, aus dem handschriftlichen Nachlasse des Verfassers sehr vermehrte Auflage. Hg. von M. Bergner. Dresden.

Zimmermann, M. (2010). Kindertheologie als theologische Kompetenz von Kindern. Grundlagen, Methodik und Ziel kindertheologischer Forschung am Beispiel der Deutung des Todes Jesu. Neukirchen-Vluyn.

Zimmermann, M. (2015). Leistungsmessung, Leistungsbewertung. In: WiReLex https: bibelwissenschaft.de

Zimmermann, M. & Zimmermann, R. (Hg.) ([2]2018). Handbuch Bibeldidaktik. Tübingen.